最高裁の少数意見

大林啓吾・見平 典 編

成文堂

はしがき

　21世紀に入り，「最高裁に変化が生じているのではないか」，ということが殊に囁かれるようになった。時を同じくして，最高裁裁判官が退官後に回想録や個人の見解等を披歴することが増えてきた。奥田昌道『紛争解決と規範創造——最高裁判所で学んだこと，感じたこと』（有斐閣，2009年），滝井繁男『最高裁判所は変わったか——裁判官の自己検証』（岩波書店，2009年），藤田宙靖『最高裁回想録——学者判事の七年半』（有斐閣，2012年），泉徳治『私の最高裁判所論——憲法の求める司法の役割』（日本評論社，2013年）など，従来よりも書籍の刊行が活発化している。

　これらの本では，最高裁裁判官の仕事内容が明らかにされたりそれぞれの思うところが述懐されたりしているが，滝井元裁判官や泉元裁判官の著書では近時の最高裁の変化についても言及されている。興味深いのは，こうした本の中で，少数意見が最高裁の変化に少なからず影響していると思われるような言述を垣間見ることができる点である。たとえば，泉元裁判官の著書の「はしがき」では，「少数意見は，時間を経て，多数意見へと成長することが少なくない」（上掲書・iv–v頁）と述べられている。

　少数意見のインパクトについては，上記の本以外にも，注目を集めている。2009年に朝日新聞のGlobe27号「日米最高裁　少数意見が社会を変える」で特集され，その特集に関わった山口進・宮地ゆうによる『最高裁の暗闘——少数意見が時代を切り開く』（朝日新聞出版，2011年）でも少数意見が取り上げられている。

　このように，最高裁における少数意見にも少しずつ光が当てられるようになったが，しかし，これまで少数意見に絞って本格的に研究したものは意外と少ない。過去には伊藤正己「少数意見について」ジュリスト130号76頁（1957年），桜田勝義「少数意見論序説」判例タイムズ23巻7号2頁・9号2頁・14号2頁（1972年）など少数意見についての先駆的論文があるものの，

少数意見に焦点を絞って検討した書籍は管見の限り見当たらない。

　そこで本書では，日本および諸外国の少数意見を横断的に分析し，少数意見の意義や課題を考察することにした。具体的内容としては，それぞれの国がいかなる司法制度のもとにあるのかを概観した上で，少数意見（反対意見や同意意見等）がどのような意義や課題を有してきたのかについて，法廷意見（多数意見）との対比も試みながら，個別の判例にも言及しつつ，検討するというものである。その際，主に憲法判例における少数意見を中心に取り上げることにしたが，必要に応じて，他分野の判例の少数意見にも触れながら考察している。なお，少数意見といっても分類方法は多種多様であり，本書では反対意見に限らず，同意意見などを含めて少数意見と呼び，広く個別意見一般を扱う。ただし，国や文脈によって言葉の使い方が異なるので，詳しくは各章の内容をご覧いただきたい。

　比較対象とする国は，日本，アメリカ，イギリス，ドイツ，カナダ，EUである。日本とアメリカについては2つずつ章を設け，日本では記述的分析と実務的分析，アメリカでは記述的分析と理論的分析，に分けて考察した。それ以外の国については司法制度一般を概観しながら少数意見制の考察を行うというスタイルをとった。ちなみに，フランスには少数意見制度が存在しないため，本書では考察対象から外してある。

　本書が少数意見の実態，意義，課題などを明らかにすることで，少数意見の理解が深まり，学問的発展や裁判実務に少しでも寄与することができれば幸いである。

　なお，本書を刊行するにあたり，成文堂の飯村晃弘氏には企画の段階から刊行に至るまで大変お世話になった。この場を借りて厚く御礼申し上げたい。

2016年5月　　編者　大林啓吾　見平典

目　次

はしがき ……………………………………………………………………………… i

第1章　日本における最高裁判所の少数意見
　　　──記述的側面からみた少数意見 ………………………[御幸聖樹] …… 1

　はじめに ……………………………………………………………………………… 1
　Ⅰ　日本の司法制度 ………………………………………………………………… 2
　　1　最高裁判所 …………………………………………………………………… 2
　　2　最高裁判事 …………………………………………………………………… 3
　Ⅱ　日本における少数意見制 ……………………………………………………… 5
　　1　法的根拠について …………………………………………………………… 5
　　2　意見の種類 …………………………………………………………………… 10
　　3　少数意見の表示について …………………………………………………… 22
　Ⅲ　日本における少数意見制の歴史 ……………………………………………… 27
　　1　成立の経緯 …………………………………………………………………… 27
　　2　展開 …………………………………………………………………………… 41
　Ⅳ　少数意見の実際 ………………………………………………………………… 43
　　1　少数意見の数の変遷 ………………………………………………………… 43
　　2　裁判官の出身母体と少数意見の多寡 ……………………………………… 44
　　3　少数意見のインパクト ……………………………………………………… 44
　おわりに ……………………………………………………………………………… 48

第2章　日本における最高裁判所の少数意見
　　　──実務家から見た少数意見 ……………………………[喜田村洋一] …… 49

　Ⅰ　少数意見の影響力～視野をどこまで広げるか ……………………………… 49
　　1　実務家にとって判例とは？ ………………………………………………… 49
　　2　少数意見はなぜ有用か？ …………………………………………………… 49
　　3　判例と異なる立法の可能性 ………………………………………………… 50
　Ⅱ　立法府及び行政府に対する少数意見の影響 ………………………………… 51
　　1　少数意見が立法府や行政府に直接，影響を与えた事例 ………………… 51
　　2　補足意見の影響 ……………………………………………………………… 53
　Ⅲ　最近の最高裁の憲法判断の特徴とそこから実務家が学ぶべきもの ……… 55

	1	最高裁の憲法判断の手法の特徴 ……………………………… 55
	2	実務家が学ぶこと …………………………………………… 68
Ⅳ	少数意見から多数意見へ ……………………………………… 70
	1	非嫡出子相続差別違憲事件から何を学ぶか ……………… 70
	2	議員定数配分事件から何を学ぶか ………………………… 79
	3	実務家は少数意見にどのように向かい合うか …………… 84
Ⅴ	少数意見が教えてくれるもの ………………………………… 86
	1	判決の射程は，どこまで及ぶのか？ ……………………… 86
	2	裁判官たちは何を争ってきたのか？ ……………………… 88
	3	先例の拘束力から脱却する方法を示す少数意見 ………… 90
	4	争い方を示唆する少数意見には必ず注目 ………………… 93
	5	キャッチボールはできているのか？〜司法府と立法府の関係 …… 96
	6	アクティブ・コートの到来？〜多彩な救済（の提案） …… 99
Ⅵ	結語 …………………………………………………………… 102

第3章　アメリカにおける少数意見制の動態　　［見平　典］…… 105

はじめに ………………………………………………………………… 105
Ⅰ　アメリカの司法制度 ……………………………………………… 107
　　1　概要 ……………………………………………………………… 107
　　2　連邦最高裁判所 ………………………………………………… 108
Ⅱ　司法意見の種類 …………………………………………………… 117
　　1　判決を述べる意見 ……………………………………………… 117
　　2　同意意見・反対意見 …………………………………………… 118
Ⅲ　少数意見制の歴史的展開 ………………………………………… 119
　　1　連邦最高裁判所の設立期 ……………………………………… 119
　　2　マーシャル長官期 ……………………………………………… 121
　　3　19世紀中期から20世紀前期まで …………………………… 127
　　4　ストーン長官期 ………………………………………………… 130
　　5　20世紀中期以降 ……………………………………………… 137
おわりに ………………………………………………………………… 139

第4章　アメリカにおける少数意見の意義と課題　　［大林啓吾］…… 143

序 ………………………………………………………………………… 144
Ⅰ　多様な少数意見 …………………………………………………… 146
　　1　反対意見 ………………………………………………………… 147

        2　同意意見と結果同意見 ·· 153
        3　同意意見の機能的分類 ·· 156
        4　相対多数意見 ··· 158
    Ⅱ　少数意見の根拠と正当化 ··· 160
        1　少数意見批判 ··· 160
        2　正当化根拠 ·· 164
        3　5つの機能 ··· 171
    Ⅲ　少数意見の動態 ·· 174
        1　少数意見から多数意見へ ··· 174
        2　多数意見の矯正 ··· 175
        3　外部に向けた機能 ··· 178
        4　憲法カノンと少数意見 ·· 179
        5　司法の官僚化の懸念 ··· 181
    Ⅳ　少数意見と判決のねじれ ··· 181
        1　相対多数意見によるねじれ ··· 182
        2　対立によるねじれ——ロバーツ・コートにおけるねじれ ······ 184
        3　全員一致の中のねじれ ·· 187
  後序 ·· 189

第5章　イギリスにおける法廷意見・少数意見・順繰り意見
——伝統と現代的変容—— ························· ［溜箭将之］···· 193

  はじめに ·· 193
    Ⅰ　ひとつの判決を素材に——ピノチェト事件 ································ 194
    Ⅱ　イギリスの司法制度 ·· 199
        1　裁判所制度 ·· 199
        2　法廷弁論・評議・判決 ·· 201
        3　裁判官 ··· 203
        4　判例集 ··· 205
        5　国会主権と法の支配 ··· 205
        6　憲法改革 ·· 207
    Ⅲ　伝統と変容——順繰り意見・法廷意見・少数意見 ····················· 208
        1　順繰り意見の伝統 ··· 208
        2　「法廷意見」形式の増加 ··· 210
        3　最高裁判所設置に伴う変化 ·· 211
    Ⅳ　少数意見の意義 ·· 212
        1　少数意見の意義 ··· 212
        2　順繰り意見から「法廷意見＋少数意見」へ ··························· 215

V　理論的分析 …………………………………………………………… 217
　　1　少数意見と順繰り意見 ………………………………………… 217
　　2　法的議論の方法論 ……………………………………………… 218
　　3　分かりやすさと効率性 ………………………………………… 220
　　4　国際化の進展 …………………………………………………… 222
　おわりに ………………………………………………………………… 222

第6章　ドイツ連邦憲法裁判所の少数意見制 ……………［柴田憲司］…… 225

　はじめに ………………………………………………………………… 225
　I　ドイツの司法制度──連邦憲法裁判所を中心に ………………… 226
　　1　連邦憲法裁判所の権限 ………………………………………… 227
　　2　法廷・合同部・部会 …………………………………………… 229
　　3　裁判官の選出・任期・定年 …………………………………… 229
　　4　裁判の種類・形式 ……………………………………………… 232
　II　少数意見制の概要 ………………………………………………… 233
　　1　少数意見の種類 ………………………………………………… 233
　　2　法的な位置づけ ………………………………………………… 235
　　3　公表手続 ………………………………………………………… 236
　III　少数意見の歴史的経緯（通説） …………………………………… 238
　　1　全史 ……………………………………………………………… 238
　　2　連邦憲法裁判所法制定（1951年）〜第47回法律家大会（1967年） …… 240
　　3　連邦憲法裁判所法の改正（1970年） ………………………… 242
　IV　少数意見の意義と課題 …………………………………………… 248
　　1　実例から ………………………………………………………… 249
　　2　制度の要否をめぐって ………………………………………… 255
　　3　現状 ……………………………………………………………… 258
　V　少数意見制の理論的分析 ………………………………………… 262
　　1　少数意見制の歴史的経緯・再考①──司法官僚制の生成と確立の意義 …… 263
　　2　少数意見制の歴史的経緯・再考②──判決理由の意義 …… 269
　　3　若干の整理と分析 ……………………………………………… 271
　おわりに ………………………………………………………………… 280

第7章　カナダ最高裁判所の少数意見 ……………………［富井幸雄］…… 283

　はじめに ………………………………………………………………… 283
　I　カナダ最高裁判所:地位・権限・構成 …………………………… 285

  1 制定法によって創設された裁判所 ·································· 285
  2 SCCの権限 ·· 288
  3 多様な裁判官構成（diversity） ································· 290
  4 SCCの判決形成過程 ·· 292
 Ⅱ カナダの少数意見の概念 ·· 295
 Ⅲ カナダのおける少数意見の基盤 ···································· 297
  1 最終上告審としての宿命 ·· 297
  2 コモンロー裁判所としての少数意見の伝統 ···················· 298
  3 制度的要件 ·· 300
  4 カナダ的特徴──全員一致の傾向 ······························· 301
 Ⅳ 反対意見の現実と背景 ·· 303
  1 反対意見者（dissenter）の2つの肖像 ··························· 303
  2 なぜ少数意見になるのか、あるいはunanimousにならないのか ··· 307
  3 少数意見制度への批判 ·· 310
 Ⅴ 少数意見の意義と機能 ·· 312
 むすび ·· 314

第8章 ヨーロッパ人権裁判所における少数意見（個別意見）
 ·· [江島晶子] ···· 317

 はじめに ·· 317
 Ⅰ ヨーロッパ人権裁判所の司法制度 ································ 323
  1 背景 ·· 323
  2 保障される権利 ··· 327
  3 組織 ·· 330
  4 裁判官 ··· 333
  5 裁判手続 ·· 336
  6 現状と課題──制度改革── ···································· 343
 Ⅱ 個別意見の種類・特徴 ·· 345
  1 条約上の位置づけ ·· 345
  2 個別意見に関する仮説 ··· 346
  3 個別意見の状況 ··· 348
 Ⅲ 個別意見の具体例（歴史的経緯を踏まえて） ················· 351
  1 フィッツモーリス裁判官（1974年-1980年在任） ············ 351
  2 ルカイデス裁判官（1998-2008年在任） ························ 355
  3 トゥルケン裁判官（1998-2012年在任） ························ 358
  4 ヌスバーガー裁判官（2011年-現在） ··························· 360
 Ⅳ 個別意見の意義と問題点 ··· 361

1　個別意見の意義（一般論） ………………………………………………… 361
　　2　ヨーロッパ人権裁判所における個別意見の意義と問題 ……………… 364
おわりに ……………………………………………………………………………… 367

事項索引 ………………………………………………………………………… 369

第1章　日本における最高裁判所の少数意見
——記述的側面からみた少数意見

御幸聖樹

はじめに
Ⅰ　日本の司法制度
Ⅱ　日本における少数意見制
Ⅲ　日本における少数意見制の歴史
Ⅳ　少数意見の実際
おわりに

はじめに

　日本の少数意見制につき，記述的側面から描写するのが本稿に与えられた課題である。本稿は4つの部分から成る。まず，「Ⅰ　日本の司法制度」では，本稿のテーマに必要な限りにおいて，日本の司法制度が概説される。次に，「Ⅱ　日本における少数意見制」では，最高裁判所にのみ少数意見制を採用する日本法の法的根拠が示されるとともに若干の検討が行われ，日本における少数意見の分類について英米法的理解と大陸法的理解の対立が示されるとともに日本の判例は事実としてどちらに親和的であるかが分析され，さらに日本における少数意見の表示方式が示される。次に，「Ⅲ　日本における少数意見制の歴史」では，日本において少数意見制が成立した経緯が示されるとともに，その後の展開が記述される。最後に，「Ⅳ　少数意見の実際」では，日本において少数意見制がどのような役割を果たしてきたのかが記述される。

I　日本の司法制度

1　最高裁判所

　日本の裁判所は，最高裁判所と下級裁判所（高等裁判所，地方裁判所，家庭裁判所及び簡易裁判所。裁判所法2条1項）から成る（憲法76条1項）。裁判所間には，上級審が下級審の裁判を取り消し又は変更することができるという上下の審級関係が存在し，最高裁判所は最上位に位置する単一の裁判所であり，後述するように日本の裁判所の中で少数意見制が存在する唯一の裁判所である。また，最高裁判所及び下級裁判所は違憲審査権を有するが，この違憲審査権は裁判所が当該事件の解決に必要な限りにおいて行使されるべきものと考えられている（付随的審査制）。なお，司法権を行う通常裁判所の組織系列に属しない特別裁判所の設置は禁止される（憲法76条2項）。

　最高裁判所への上告が認められる場合は，刑事訴訟と民事訴訟の場合で異なる[1]。刑事訴訟については，権利としての上告（権利上告）が認められるのは原判決が憲法違反，憲法解釈の誤り及び判例違反であることを理由とする場合に限られている[2]（刑事訴訟法405条）が，このような理由がなくとも法令の解釈に関する重要な事項を含むものと認められる事件に限って最高裁判所は上告審として受理することができる（上告受理[3]，刑事訴訟法406条）。民事訴訟については，権利上告が認められるのは原判決が憲法違反，憲法解釈の誤り及び重大な手続違反であることを理由とする場合に限られている（民事訴訟法312条1-2項）が，このような理由がなくとも原判決に判例違反その他の法令の解釈に関する重要な事項を含むと認められる事件に限って最高裁判所が上告受理をすることができる（民事訴訟法318条1項）。

---

[1] 行政事件の最高裁判所への上告については，民事訴訟と同様である（行政事件訴訟法7条）。なお，国家賠償については，国家賠償法が民法の不法行為法の特則であるため，民事訴訟として扱われる。

[2] なお，地方裁判所又は簡易裁判所がした第一審判決に対し，二審を省略して最高裁判所に上告を行ういわゆる跳躍上告については，判例違反を理由とする跳躍上告はできない。刑事訴訟規則254条。跳躍上告を利用してなされた有名な判決として，最大判昭和34年12月16日刑集13巻13号3225頁（砂川事件）。

[3] 上告受理は，最高裁判所の裁量によって上告審として事件を受理することを認めるものであるから，「裁量上告」とも呼ぶべきものである。兼子一・竹下守夫『裁判法（第4版）』168頁（有斐閣，1999年）。

最高裁判所は，1人の最高裁判所長官と14人の最高裁判所判事という，計15名から構成される（憲法79条1項，裁判所法5条1項・3項。以下，本稿では最高裁判所長官と最高裁判所判事を合わせて「最高裁判事」という。）。最高裁判所は審理及び裁判を大法廷又は小法廷にて行う（裁判所法9条1項）。大法廷は全員の最高裁判事による合議体であり（裁判所法9条2項），小法廷は5人の最高裁判事による合議体である（裁判所法9条2項，最高裁判所裁判事務処理規則2条）。事件はまず小法廷で審理される（最高裁判所裁判事務処理規則9条1項）が，①初めての憲法判断，②違憲判断，③判例変更[4]，④小法廷の最高裁判事の意見が2説に分かれ，その説が各々同数のとき[5]，⑤小法廷が大法廷で裁判することを相当と認めたときは，大法廷で審理・裁判を行わなければならない（裁判所法10条，最高裁判所裁判事務処理規則9条1-3項）。

2 最高裁判事

最高裁判所は，上述したとおり15人の最高裁判事から構成される。

最高裁判事の選任につき，最高裁判所長官は内閣の指名に基いて天皇が任命し（憲法6条2項，裁判所法39条1項），その他の最高裁判所判事は内閣が任命し（憲法79条1項，裁判所法39条2項），天皇が認証する（裁判所法39条3項）[6]。

最高裁判事の任命資格は，「識見の高い，法律の素養のある年齢四十年以上の者[7]」（裁判所法41条1項）であり，そのうち少なくとも10人は判事・検

---

[4] 大審院の判例を変更する場合は小法廷でも可能である。最高裁判所裁判事務処理規則9条6項。但し，同規則は裁判所法施行令5条「裁判所法第十条第三号の規定の適用については，大審院のした判決は，これを前に最高裁判所のした裁判とみなす。」と衝突していることに注意が必要である。このような規則と政令の衝突がありながら，最二小判平成18年7月21日民集60巻6号2542頁は大審院の判例（決定）を小法廷で変更している。

[5] 小法廷の定足数は3人であるため（最高裁判所裁判事務処理規則2条2項），4人構成の場合は2対2となることが生じる。

[6] 実際の選任過程においては，最高裁判所長官及び事務総局の幹部が，日弁連会長や検察庁首脳等の推薦も受けて，内閣（直接的には内閣官房長官）と相談しているとされる。市川正人「最高裁判所審理の現状と課題」市川正人ほか編『日本の最高裁判所』209-210頁（日本評論社，2015年）。もっとも，選任過程は外部からは不透明であるとも指摘される。同212-213頁。

[7] 今日，実際の運用上は60歳代で任命されている。そのため，最高裁判事の任期は短い

察官・弁護士・大学の法律学の教授又は准教授等の職に一定期間在職した者でなければならない（裁判所法41条）。

最高裁判事の定年は70歳である（裁判所法50条）。もっとも，定年前であっても，本人が免官を願い出た場合[8]（裁判官分限法1条1項），回復の困難な心身の故障のために職務を執ることができないと裁判された場合[9]（憲法78条，裁判官分限法1条1項），裁判官としての威信を著しく失うべき非行があったこと等を理由に弾劾裁判所によって罷免の裁判がなされた場合[10]（憲法78条，国会法125-129条，裁判官弾劾法2，37条）のほか，任命後初めて行われる衆議院議員総選挙の際になされる国民審査において投票者の過半数が罷免を可とする場合には罷免される（憲法79条2-4項）[11]。

最高裁判事の出身母体としては，現在，裁判官出身者6人，検察官出身者2人，弁護士出身者4人，行政官出身者2人，学者1人という人事慣行が定着している[12]。

なお，最高裁判事を補佐するために，民事・刑事・行政の専門分野毎に40人程度[13]の最高裁判所調査官が配置されている。最高裁判所の事件処理，判例形成において調査官の影響力の強さが指摘されている[14]。

と指摘されている。市川・前掲注6）210-211頁。
8) 最高裁判所発足から2015年11月までの間，依願免職は10件程度存在する。
9) 最高裁判所発足から2015年11月までの間，最高裁判事が分限裁判を受けた例は存在しない。なお，在職中に死亡した例は10件程度存在する。
10) 最高裁判所発足から2015年11月までの間，弾劾裁判所により最高裁判事が罷免された例は存在しない。
11) 最高裁判所発足から2015年11月までの間，国民審査により最高裁判事が罷免された例は存在しない。
12) 渡辺千原「平成期の最高裁判所－変わったこと，変わらないこと」市川正人ほか編『日本の最高裁判所』（日本評論社，2015年）2,10頁。
13) 滝井繁男「最高裁審理と調査官」市川正人ほか編『日本の最高裁判所』（日本評論社，2015年）234,266頁。同文献では，民事18人，行政9人，刑事10人と首席調査官の38人とされている。
14) 多くの文献が存在するが，それらの文献を端的に整理するものとして，市川・前掲注6）200,206-209頁。

Ⅱ 日本における少数意見制[15]

1 法的根拠について

(1) 条文

裁判所法は,「第二編 最高裁判所」に位置する同法11条において,「裁判書には,各裁判官の意見を表示しなければならない」と規定する。同条が,最高裁判所における少数意見制の根拠条文である[16]。

もっとも,最高裁判所に少数意見制を要求する裁判所法11条は,他の裁判所への規律と比して例外的なものであることに注意を要する。すなわち,裁判所法は「第五編 裁判事務の取扱」に位置する裁判所法75条2項後段において,「その評議の経過並びに各裁判官の意見及びその多少の数については,この法律に特別の定がない限り,秘密を守らなければならない」と規定する。同規定により,原則として①評議[17]の経過,②各裁判官の意見,③(②から必然的に明らかになる)各裁判官の意見の多少の数については守秘義務が課されることになる。そして,②各裁判官の意見と③各裁判官の意見の多少の数について守秘義務が課されることは,少数意見制の原則禁止を意味する。

しかし例外的に,最高裁判所については裁判所法11条によって少数意見の表示が義務付けられている。同条により,②各裁判官の意見,及び③各裁判官の意見の多少の数についての守秘義務が解かれる[18]とともに,逆にそれらの表示義務が課されることとなる。そのため,裁判所法11条と同法75条2

---

15) 中野次雄編『判例とその読み方(三訂版)』104-105頁(有斐閣,2009年)(中野次雄執筆)。
16) また,裁判所法11条に関連して,最高裁判事が意見を表示する際にはその理由を明らかにしなければならないとされる(最高裁判所裁判事務処理規則13条)。
17) 評議とは,狭義では合議体が評決を行うまでの各裁判官の意見の陳述・相談を指すが,裁判所法75条の「評議」はそのような狭義の評議及び評決の双方を含むとされる。最高裁判所事務総局編『裁判所法逐条解説(下)』71頁(法曹会,1969年)。
18) なお,あくまで裁判所法11条によって守秘義務が解かれるのは各裁判官の意見及びその多少の数についてであって,最高裁判所も評議の経過については秘密を守らなければならないとされる。最高裁判所事務総局編『裁判所法逐条解説(上)』100頁(法曹会,1968年)。匿名記事「松川判決の少数意見」法セ92号36頁(1963年)。兼子竹下・前掲注3)311頁。桜田勝義「少数意見論──裁判所法11条制定経過とその意義」法学28巻4号91頁脚注24(1964年)。

項後段の規律を総合すると，最高裁判所では少数意見制が義務付けられているが，下級裁判所では少数意見制は禁止されていることになる[19]。

(2) 趣旨

裁判における少数意見の表示を一般的に禁止する裁判所法75条2項後段の趣旨は，①（各裁判官の意見が外部に漏れないようにすることで）評議における自由な意見の発表を保障すること[20]や，②（裁判官の間に意見の不一致があることを示さないことで）裁判の権威を損なわないようにすること[21]にあるとされる。他方，例外的に最高裁判所について少数意見制を義務づける裁判所法11条の趣旨は，①最高裁判所国民審査（憲法79条2-4項）のための資料を提供すること[22]や，②判例の予測可能性を高めること[23]にあるとされる。

(3) 検討

以上が日本における少数意見制の関係法令とその趣旨であるが，まず，最高裁判所と下級裁判所で少数意見制の採用・不採用を分けるという制度設計が合理的かどうかについては検討の余地がある。

そもそも少数意見制を採用すべきでない根拠として，①裁判所の意見が分かれることは法の安定性を害するか，少なくとも法の安定性に対する民衆の信頼を減退させる[24]，②①により，ひいては裁判所の権威を低くするおそれを生じさせる[25]，③重要な論点について裁判官の間に相違のあることを示し，その点の終局的解決を将来に委ねることによって，訴訟を誘発する可能

---

19) 当然のことながら，単独の裁判官によって審理・裁判がなされる場合，少数意見制は問題とならない。そのため，下級裁判所で少数意見制が問題になるのは，審理・裁判が合議体で行われる場合に限られる。水本浩「下級審における少数意見」法セ226号63頁（1974年）。
20) 兼子竹下・前掲注3) 175, 311頁。最高裁判所事務総局・前掲注17) 73-74頁。なお，裁判官は評議においては自らの意見を述べなければならない（裁判所法76条）。
21) 兼子竹下・前掲注3) 175-176頁。裁判の権威を損なわないことは含まれないとする文献として，最高裁判所事務総局・前掲注17) 73-74頁。
22) 兼子竹下・前掲注3) 176頁。中野・前掲注15) 98頁。最高裁判所事務総局・前掲注18) 96頁。
23) 兼子竹下・前掲注3) 176頁。中野・前掲注15) 98頁。
24) 最高裁判所事務総局・前掲注18) 96頁。
25) 最高裁判所事務総局・前掲注18) 96頁。

性がある[26]，④裁判官の間に自己宣伝と論争癖を巻き起こし，合議の目的を忘れて感情的対立をもたらし，個人的反感を示す場となる危険が生じる[27]，⑤少数意見は事件の結論を左右しないため，無責任となりやすく，裁判の本質をあやまる危険性が生じる[28]，⑥裁判官の意見を国民審査における判断の資料にするということは実際問題としてはほとんど望みがたい[29]，⑦（各裁判官の意見が外部に漏れないようにすることで）評議における自由な意見の発表を保障するといったものが挙げられる。このような根拠が正当であると考えるのであれば，最高裁判所と下級裁判所の双方において少数意見制は採用すべきでないという帰結を招くはずである。

　他方，少数意見制を採用すべき根拠として，①各裁判官の所信と責任が明確になる[30]，②少数意見による批判にさらされることで多数意見，ひいては判決そのものが質的に向上する[31]，③少数意見の存在又はその可能性によって，多数意見が裁判官の注意深い考慮の後に到達した結論であることが示されるため，当事者のみならず一般民衆にも信頼感が与えられる[32]，④将来における法の解釈の発展と，新判例の展開に対する契機になるとともに制定法改廃の端緒になる[33]，⑤判例の進化を一般に予見させることになり，判例変更の経過が自然なものになる[34]，⑥裁判官の能力を判断し，かつその適否を知る一資料となる[35]といったものが挙げられる。このような根拠が正当であると考えるのであれば，最高裁判所と下級裁判所の双方においても少数意見制を採用すべきという帰結を招くとも思われる。

　しかし，上述した通り，現行法は最高裁判所では少数意見制を採用するものの，下級裁判所では少数意見制を採用していない。最高裁判所と異なり下級裁判所では少数意見制を採用しない根拠として，①下級裁判所は事実認定

---

26) 最高裁判所事務総局・前掲注18) 96頁。
27) 最高裁判所事務総局・前掲注18) 96頁。
28) 最高裁判所事務総局・前掲注18) 96頁。
29) 最高裁判所事務総局・前掲注18) 96頁。
30) 最高裁判所事務総局・前掲注18) 97頁。
31) 最高裁判所事務総局・前掲注18) 97頁。
32) 最高裁判所事務総局・前掲注18) 97頁。
33) 最高裁判所事務総局・前掲注18) 97頁。
34) 最高裁判所事務総局・前掲注18) 97頁。
35) 伊藤正己「少数意見について」ジュリスト130号78頁（1957年）。

も行うが、事実認定について各裁判官の意見を表示することは裁判の権威を落とすことになること[36]、②下級裁判所の裁判は上訴によって取り消されうるから各裁判官の意見の表示があまり意味をなさないこと[37]、③下級裁判所の裁判官については国民審査の制度がないこと[38]が挙げられる。このような根拠は少数意見制について好意的な論者からも主張されており、現行法もこのような根拠に則っていることに留意すべきである。

問題は、現行法が拠って立つところの、このような根拠の説得力である。まず、①下級裁判所では事実認定を行うため、事実認定については各裁判官の意見を表示することは避けるべきであるから、下級裁判所では少数意見制を採用すべきでないとする根拠は、最高裁判所においても刑事裁判で事実認定が行われており、最高裁判事が事実認定について意見を異にしていることも少なくない現状[39]をどのように説明するのであろうか。もし事実認定について各裁判官の意見を表示することが裁判の権威を落とすことになるのであれば、最高裁判所の現状も許されないものとなろう。しかし、最高裁判事が事実認定について意見を異にすることで裁判の権威が損なわれたとも思われない。そうすると、下級裁判所が事実認定を行うことを理由にして、下級裁判所における少数意見制を否定することは説得力に欠けるように思われる。

次に、②下級裁判所の裁判は上訴によって取り消されうるから、下級裁判所では少数意見制を採用することがあまり意味をもたないという根拠は、下級裁判所における少数意見の存在と内容を知ることによって上訴が動機づけられるとともに、そこで提出された少数意見の理論をさらに向上させるような試みが行われるであろうこと[40]を軽視しているといえよう。

---

36) 後述するように、立法過程（第三次裁判所法案の内閣法制局審査）においてこのような説明がなされている。
37) 最高裁判所事務総局・前掲注18）97頁。
38) 最高裁判所事務総局・前掲注18）97頁。
39) ごく一例として、最三小判平21年4月14日刑集63巻4号331頁。同事件は、満員電車内の強制わいせつ事件の事実認定が争われたが事件であるが、事実誤認ありとして無罪判決を下した多数意見（3人）と、事実誤認なしとする反対意見（2人）に分かれた。なお、近時の最高裁判所の刑事裁判において事実認定が争われた事件を解説する文献として、髙橋省吾「刑事事実認定に関する最近の最高裁判例について」山梨学院ロー・ジャーナル第8号29頁（2013年）。

最後に，③下級裁判所の裁判官については国民審査の制度がないため，下級裁判所では少数意見制を採用する必要がないとの根拠については，そのような根拠は消極的な理由づけにすぎず，少数意見制を採用しないことの積極的な理由にはならないとの批判が可能であろう[41]。上述した通り，およそ少数意見制を採用すべきという根拠は，国民審査に還元されない諸価値に立脚している。最高裁判事の国民審査のためにいわば消極的に少数意見制を採用していると考えるのであれば格別，少数意見制それ自体に内在的な意義があると考えるのであれば，国民審査の制度がないことを下級裁判所における少数意見制不採用の理由として重視することはできないであろう。

　以上のことは，あくまで立法論として最高裁判所と下級裁判所で少数意見制の採用・不採用を分けることの妥当性を論ずるものであるが，憲法適合的な制度設計という視点からも議論は可能であろう。すなわち，憲法76条3項は「すべて裁判官は，その良心に従ひ独立してその職権を行ひ，この憲法及び法律にのみ拘束される。」と規定するが，少数意見の表示が禁止されると反対意見の裁判官も法廷意見と同意見と外部に認識されてしまうため，少数意見制の不採用は裁判官の良心との関係でも問題があると指摘される[42]。あくまで最高裁判事の少数意見制に関する発言ではあるが，田中耕太郎第2代最高裁判所長官が「…重要な問題について裁判官が良心に従って判断する，しかも最終の判断を下すのに当っては，裁判官の良心というものを特に重んじ，どういう議論がそこで行われておるか，どういうポイントが重要であるかというようなことを国民に知らしめる必要がある…[43]」と述べていることは傾聴に値するように思われる。憲法76条3項は最高裁判事に限定せずに「すべて裁判官は」と規定していることに鑑みても，最高裁判所と下級裁判所で少数意見制の採用・不採用を分けることが憲法適合的であるのか，改めて検討すべき問題とも思われる。

　他に，日本における少数意見制について検討を要すべき事項として，少数

---

40) 水本・前掲注19) 62,63頁。
41) 水本・前掲注19) 64頁。
42) 水本・前掲注19) 62頁。
43) 衆議院法務委員会「第26回国会　衆議院法務委員会議事録第29号」9頁［田中耕太郎発言］(1957年4月25日)。

意見制は国会制定法律である裁判所法で規律されていることが挙げられよう。すなわち，少数意見制について規律する裁判所法11条と同法75条2項後段は，その法形式は法律である。他方，憲法77条1項は「最高裁判所は，訴訟に関する手続，弁護士，裁判所の内部規律及び司法事務処理に関する事項について，規則を定める権限を有する。」と規定しており，司法府の自主独立性を確保するために最高裁判所に規則制定権を付与している。すると，少数意見制は訴訟に関する手続に該当するため，法律で規律することが憲法上許されるのかどうかが問題となる。

　憲法77条1項の最高裁判所の規則制定権は，①訴訟に関する手続，②弁護士に関する事項，③裁判所の内部規律事項，④司法事務処理事項に分けられる。考え方としては，これらすべての事項について規則でのみ定めることができるとする見解もあり得るが，憲法31条の要請も踏まえると妥当ではないと考えられる。また，これらすべての事項について法律で定めることができ，かつ，法律が規則に優位すると考える見解が従来の支配的見解であったが，憲法77条1項の趣旨に鑑みると妥当ではないと批判される[44]。そのため，少なくとも司法府の自主独立性に関わる③・④の事項に関しては，規則の専管事項と考えるべきとの見解が有力に主張される[45]。この見解からは，少数意見制は①訴訟に関する手続のため，法律で規律することができるが，法律と衝突する裁判所規則が定められた場合にどちらが優先するのかという問題は残されることになる。いずれにせよ，現行法上は少数意見制を規律する裁判所法11条及び75条後段と衝突する裁判所規則は存在しない。そのため，従来の支配的見解及び現在の有力説のどちらの立場からも，法律によって少数意見制を規律している点に何ら法的な問題は存在しない。

2　意見の種類

　上述のような問題点はありながらも，日本における少数意見制は最高裁判所においてのみ採用され発展してきた。以下では，最高裁判所における少数意見制がどのようなものかについて記述する。

---

44) 佐藤幸治『日本国憲法論』612頁（成文堂，2011年）。
45) 佐藤・前掲注44) 612頁。

(1) 多数意見と少数意見の定義及び根拠

多数意見[46]及び少数意見を定義づける法令は存在しない[47]が，当該事件の評決の結果多数を占めた意見が多数意見であり，多数を占めなかった意見が少数意見と呼ばれる[48]。少数意見はさらに，①多数意見に加わった裁判官がそれに付加して自己の意見を述べる「補足意見[49]」と，②多数意見に結論・理由とも反対する「反対意見[50]」と，③結論は多数意見と同じであるがその理由づけにおいて異なる「意見[51]」の3種類に区別するのが現在[52]の最高裁判所の慣行[53]である。以上が少数意見の3分類であるが，「補足意見」の中には補足意見にさらに付加して自己の意見を述べる「追加補足意見」と

---

[46] 多数意見という用語は，「法廷意見」という用語という用語と互換的に用いられる。中野・前掲注15) 103頁。
[47] 中野次雄「最高裁判所における各裁判官の意見の表示」小山昇＝中島一郎編『裁判法の諸問題（中）』（有斐閣，1969年）59,66,72頁。
[48] 中野・前掲注47) 59,66,72頁。
[49] なお，補足意見を述べた裁判官個人の意見としては，共同意見としての法廷意見と補足意見との双方がその裁判官の意見であると整理される。
[50] なお，反対意見を述べた裁判官個人の意見としては，その反対意見のみが当該裁判官個人の意見であると整理される。
[51] なお，「意見」を述べた裁判官個人については，その「意見」のみが当該裁判官個人の意見であると整理される。
[52] 初期の最高裁判例においては，少数意見を補足意見・反対意見・意見の3種類に分類して呼称することは必ずしも行われていない。例えば，補足意見の意味で「補充意見」という用語を用いる判例（最大判昭和23年3月12日刑集2巻3号191頁，最大判昭和23年9月24日民集2巻10号250頁）がある。また，反対意見として分類されるものに「意見」という用語を用いる判例（例えば，最大判昭和23年5月26日刑集2巻6号529頁，最大判昭和23年7月14日刑集2巻8号856頁，最大判昭和23年7月19日刑集2巻8号944頁，最大判昭和23年9月24日民集2巻10号250頁）もある。また，珍しい判例として，意見の代わりに「見解」という用語を用いる判例（最大判昭和23年5月26日刑集2巻6号529頁）も初期に存在した。さらに，「少数意見」という用語を，反対意見として分類されるものに用いる判例（最大判昭和23年7月29日刑集2巻9号1012頁，最大判昭和24年4月20日刑集3巻5号581頁等），補足意見として分類されるものに用いる判例（最大判昭和23年12月1日刑集2巻13号1661頁，最大判昭和23年12月8日刑集2巻13号1711頁，最大判昭和23年12月22日刑集2巻14号1845頁），意見として分類されるものに用いる判例（最大判昭和24年1月12日刑集3巻1号20頁）が存在した。
[53] 中野・前掲注47) 72頁。なお，最高裁判所内部に「補足意見」「意見」「反対意見」という分類を用いていることの根拠となる文書やそれらの定義を示した文書が存在しないかを調査するため，最高裁判所に司法行政文書開示請求を著者が行ったところ，そのような文書は存在しないとの回答を得た（平成26年8月13日最高裁秘書第1896号司法行政文書不開示通知書）。そのため，日本における少数意見の3分類は，やはり不文の慣行で行われるようになったのであろうと推察できる。

いう形態も判例[54]上認められているとともに,「反対意見」の中にも反対意見にさらに付加して自己の意見を述べる,いわば反対意見の補足意見である「追加反対意見」という形態も判例[55]上認められている。

(2) 多数意見と少数意見が生じる部分

　もっとも,多数意見と少数意見が何を基準にして生じるかについては,①論点毎に生じるという見解(以下,「論点説」という。)と,②判決主文との関係で生じるとする見解(以下,「主文説」という。)の2つの見解が存在してきた。これらの見解の対立は,一回の裁判において多数意見と少数意見が複数の場面で生ずると考えるかどうか,及び,多数意見と少数意見をどのように分類してカウントするのかという2点に関わる。

　論点説とは,多数意見と少数意見は論点毎に生じるという見解である。ここにおける論点とは,「法律上の問題であると事実認定上あるいは量刑上の問題であるとを問わず,もしそれが肯定されたとすれば当然原裁判破棄の結果を招来するもの」であって,原則として破棄事由と同じであるが,例外的に破棄事由が複数の要件からなる場合[56]は要件毎に発生するものであるとされる[57]。

　論点説がこのように主張する根拠は,裁判の評議・評決の仕方にある。すなわち,論点説はまず,多数意見・少数意見といった意見をどのように表示するかといった問題は評議・評決の方法の問題の反映にすぎないとする[58]。そして,英米の法制は裁判の最終結論である主文について端的に評決する主文評決制,ドイツによって代表される大陸法制は理由ごとに評決して主文に及ぶ理由評決制であると整理して,日本はどちらの評決方法を採用したのか

---

54) 例えば,いわゆる一票の較差訴訟である最大判平成16年1月14日民集58巻1号56頁。同事件では,追加補足意見のみならず追加反対意見も確認できる。
55) 例えば,最大判平成16年1月14日民集58巻1号56頁。
56) 例として,法令の違反等が判決に影響を及ぼすことが破棄事由となっている場合は,①法令の違反という要件と②判決への影響という要件の2つがそれぞれ別個の論点であるとされる。中野・前掲注47) 68頁。
57) 中野・前掲注47) 67-68頁。この文献を肯定的に引用する文献として,兼子竹下・前掲注3) 177頁脚注3。
58) 中野・前掲注47) 61頁。

を検討する[59]。そして，裁判に理由を付することを要求している訴訟法上の規定（平成 8 年改正前民事訴訟法191条 1 項 3 号[60]・207条[61]，刑事訴訟法44条[62]）は裁判所の「統一された意思としての理由の表示」を求めていると解釈して，日本法制の下では下級裁判所も最高裁判所[63]も理由評決制を採用していると主張する[64]。そして，理由評決制を採用している以上，理由において多数を占めた意見が多数意見，理由において多数を占めなかった意見が少数意見であると結論づける。そして，この「理由」とは，上述したところの「論点」，すなわち「法律上の問題であると事実認定上あるいは量刑上の問題であるとを問わず，もしそれが肯定されたとすれば当然原裁判破棄の結果を招来するもの」であるとする。

　このような論点説の根拠で興味深いのは，多数意見と少数意見が判決主文との関係で生じるか論点毎に生じるかといった問題は，（論点説が整理するところの）英米法制と，（論点説が整理するところの）大陸法制のどちらを日本法が継受したのかの問題であると考えられている点である。およそ日本の最高裁判所において少数意見制を採用した裁判所法11条の沿革に英米法制があることは明らかであり，論点説もその部分について争うものではない。しかし，たとえ少数意見制それ自体は英米法制に由来するものであったとしても，従来の日本の訴訟制度は（論点説が整理するところの）大陸法制を参照し

---

59) 中野・前掲注47) 62頁。
60) 平成 8 年改正前民事訴訟法191条 1 項 3 号「判決ニハ左ノ事項ヲ記載シ判決ヲ為シタル裁判官之ニ署名捺印スルコトヲ要ス　三　理由」。なお，同様の規定は現行民事訴訟法253条 1 項 3 号にも存在する。現行民事訴訟法253条 1 項 3 号「判決書には，次に掲げる事項を記載しなければならない。　三　理由」。
61) 平成 8 年改正前民事訴訟法207条「決定及命令ニハ其ノ性質ニ反セサル限リ判決ニ関スル規定ヲ準用ス但シ署名捺印ニ代ヘテ記名捺印スルコトヲ得」なお，同様の規定は現行民事訴訟法122条にも存在する。現行民事訴訟法122条「決定及び命令には，その性質に反しない限り，判決に関する規定を準用する。」。
62) 刑事訴訟法44条 1 項「裁判には，理由を附しなければならない。」同条 2 項「上訴を許さない決定又は命令には，理由を附することを要しない。但し，第四百二十八条第二項の規定により異議の申立をすることができる決定については，この限りでない。」
63) なお，論点説の論者は，少数意見制の採用は必ずしも主文評決制の採用とは結びつかないとする。そのため，最高裁判所で少数意見制が採用された以上，たとえ下級裁判所が理由評決制を採用していても最高裁判所は主文評決制を採用したことになるという考え方を否定する。中野・前掲注47) 63-65頁。
64) 中野・前掲注47) 62-63頁。

て構築されており，裁判の評決方法も（論点説が整理するところの）大陸法制に親和的な理由評決制であると解釈できる。そして，意見の表示は評議・評決の方法の反映にすぎないのであるから，多数意見と少数意見も理由，すなわち「論点」毎に生じるものと解釈されるべきとするのである。論点説の主張をやや比喩的に述べると，（論点説が整理するところの）大陸法制に則って構築された訴訟制度という幹に，英米法制の少数意見制という枝を接いだのであるから，少数意見制も従来の訴訟制度に親和的に継受されなければならないというものである。

なお，論点説の論者は，「補足意見」・「反対意見」・「意見」のうち，「意見」の存在意義はないとする。すなわち，論点説に従うと，論点毎にその結論の判断について多数意見と「反対意見」が成立する。そして，多数意見が共同意見方式で表示されることを前提としている以上，多数意見に賛成しつつもそれ以上に自己の意見を述べたい場合に「補足意見」という形式が必要となる。しかし，「意見」という形式は，論点についての多数の結論には賛成するがその理由づけを異にするというものであるが，この場合は論点に対する判断の結論においては多数に与しているわけだからその限りにおいて共同意見としての多数意見に組み入れられるべきであって，他と見解を異にする理由づけの部分は補足意見の性質を有すべきものであり，別個の独立の意見形態ではありえない，と説明される[65]。

いずれにせよ，論点説によれば，一回の裁判における論点毎に多数意見と少数意見が生じ，それぞれの論点における結論において多数に与しているかどうかで多数意見かどうかがカウントされることになる。

他方，主文説とは，多数意見と少数意見が主文との関係で生じるという見解である[66]。

主文説がこのように主張する根拠は，日本における少数意見制の沿革にある。すなわち，日本における少数意見制は，裁判所法11条及び最高裁判所事

---

[65] 中野・前掲注47) 74-75頁。なお，判例上「意見」として整理されているものの中には，反対意見として整理されるべきものがあるとも主張されている。同75-77頁。
[66] 桜田・前掲注18) 64頁。もっとも，同文献はあくまで少数意見の3分類が判例によって採用される前の文献であって，同文献の用語法（特に補足意見の用語法）は現在の用法とは異なる点に注意が必要である。

務処理規則13条によって規定されているが，それらの由来は（主文説が整理するところの）英米法制にある。そして，（主文説が整理するところの）英米法制を前提として，主文との関係で多数意見・少数意見が生じるとする[67]。

主文説に立つのであれば，およそ上告棄却や原判決破棄といった判決主文について多数を占めた意見は，その理由において異なっていても多数意見と呼ぶべきとも考えられる[68]。このように判決主文のみに着目して多数意見・少数意見の分類を用いるのであれば，補足意見や意見も多数意見として分類されることになる[69]。

確かに，主文説において訴訟の帰趨を決するのは主文についての結論の多数・少数である。しかし，主文説を採用するからと言って，常にこのような用語法を用いなければならない必然性はないようにも思われる。

すなわち，主文説に立ったとしても，判決主文とその主文が拠って立つ理由という二つの要素に着目して，多数意見と少数意見を整理することも可能であろう。すなわち，判決主文とその理由において一致した多数派の裁判官グループの意見を多数意見と呼び，多数意見と判決主文が一致しないものを反対意見と呼び，多数意見と判決主文及びその理由において共通するもののそれに付加して自らの意見を述べるものを補足意見と呼び，多数意見と判決主文は一致するが理由は一致しないものを意見と呼ぶことも可能であると思われる。少数意見として整理される補足意見・反対意見・意見は，まさに裁判官の中で多数を占めるに至らなかった意見である。訴訟の帰趨を決する際の多数派・少数派を指す意味での多数意見・少数意見という用法と，判決主文とその理由づけにおいて一致した多数派とそれ以外の少数派を指す意味での多数意見・少数意見という用法は，あくまで用語法の問題にすぎず，両立すると考えられる。

いずれにせよ，主文説によれば，一回の裁判において多数意見・少数意見が生じるのは判決主文（又は判決主文及びその理由）との関係での1回のみで

---

67) 桜田・前掲注18) 64頁。さらに，最大決昭和30年12月23日刑集9巻14号2965頁の真野裁判官少数意見。
68) 中野・前掲注47) 67頁はこのように主張する。
69) 最大決昭和30年12月23日刑集9巻14号2965頁の真野裁判官少数意見の「多数意見」という用語の用法はまさにこのようなものである。

ある。さらに，判決主文（又は判決主文及びその理由）において多数に与しているかどうかで多数意見かどうかがカウントされることになる。

それでは，判例は論点説と主文説のどちらに立つのか。

論点説と主文説の対立が鮮明になったのは，三鷹事件の判決訂正申立事件[70]である。

まず，訂正申立てがなされる対象となった三鷹事件の上告棄却判決[71]について確認する。三鷹事件は，社会的にも有名な電車転覆事件であるが，原審[72]において被告人のうち1人に死刑判決が下された。同死刑判決部分について弁護人及び被告人本人による上告がなされたが，最高裁判所で上告棄却判決が下された。しかし，同判決には，刑法127条の解釈については5人（栗山茂，真野毅，島保，藤田八郎，谷村唯一郎）の少数意見（＝反対意見[73]），刑訴400条但書の解釈については4人（栗山茂，小谷勝重，谷村唯一郎，小林俊三）の少数意見（＝反対意見[74]）が附されており，栗山茂最高裁判事と谷村雄一郎最高裁判事はどちらの少数意見にも与しているので，判決主文との関係でいえば8人が上告棄却，7人が原判決破棄に分かれていた。

そして，この三鷹事件の上告棄却判決について判決訂正申立がなされた事件が本件である。本件では，多数意見は判決の内容に誤りなしとしてあっさりと訂正申立を棄却しているが，真野意見（＝反対意見[75]）と岩松補足意見が附されている。そして，主文説に立脚する真野意見と論点説に立脚する岩松補足意見が，両説の対立を明らかにすることとなったのである。

まず，真野意見は，三鷹事件の上告棄却判決につき「前判決では，棄却意見は八名であり，破棄意見は七名であり，その差は僅かに一票である。…あるいは，破棄意見にはＡＢの二群があるから，棄却意見との差は，その総和

---

70) 最大決昭和30年12月23日刑集9巻14号2963頁。
71) 最大判昭和30年6月22日刑集9巻8号1189頁。
72) 東京高判昭和26年3月30日刑集9巻8号1568頁。
73) 原判決破棄を認めるものであり，現代の判例が用いる少数意見の3分類に沿って整理すると反対意見として整理される。
74) 原判決破棄を認めるものであり，現代の判例が用いる少数意見の3分類に沿って整理すると反対意見として整理される。
75) 前判決である上告棄却判決の取消を認めており，現代の判例が用いる少数意見の3分類に沿って整理すると反対意見として整理される。

の八対七ではなくして，各別に見て一〇対五または一一対四である，と考える者があるかも知れぬ。しかし，これは，最高裁判所の裁判官が各自意見を述べる義務を有する新らしい制度について，十分な認識を欠くことから生ずる誤つた見解であると思う。」と述べて，多数意見と少数意見のカウントについて判決主文をベースにカウントする主文説に立つことを明らかにする。さらに，論点説ではなく主文説を採用すべきとの論拠として，主文説の英米法制と論点説のドイツ法制といった対比を行い，裁判所法11条は英米法制に由来するものであるから主文説に沿って運用されるべきとして以下のように述べる。「…英米の制度では，各裁判官の意見は，自己の良心に従う生地のままの姿で，判決面に現われて来る。たとい評議の過程において，ある論点に対する裁判官の意見が少数とされた場合でも，その少数意見は，ドイツの制度におけるがごとく，埋没せしめられることはなく，判決自体においても主張することができる。裁判官各自の意見は，その判決の内容をなすものであり，裁判官各自は，当該事件を処理するにつき，必要にして十分な意見すなわち結論とその理由を述べることを要する。そしてその破棄または棄却の結論の数の多数・少数によつて定まつた多数結論が，いわゆるマジヨリティーとして事件が処理されてゆくのである。…ドイツの制度では，最後の判決で統一した結論と理由を出さなければならないから，色々の異つた意見を整理する必要上，どうしても各論点ごとに表決して多数・少数を定め，順次少数意見をふるい落とすのであつて，多数意見，少数意見は，主として各論点に関するのである。しかし，英米の制度では，多数意見，少数意見は，前述のように投票された結論の数について決するのが原則である。そして，その結論の多数が破棄意見である場合には，上告の申立は理由あるものとして破棄されることになる。かような制度の下においては，判決の理由が統一されないばかりでなく，各理由につき過半数さえが存在しない場合もあり得る。また結論についても統一されず，例えばしばしば五対四というような僅かの差できめられたことを現わし，外形的な裁判の権威はいちじるしく害せられる観を呈することになる。これらの点は，この制度の短所といえば短所であると思う。しかし，裁判の真の権威はかかる外形的な統一から得られるものではなく，あらゆる批判に堪え得る立派な実質を具備することによつて，は

じめてかち得られるものといわねばならぬ。また各裁判官が，良心に従つて最高の正義と信ずるところを有るがままの姿において卒直・忠実に表明することは，将来の司法制度の進歩発達に大きな貢献をするものといわねばならぬ。また過去・現在にわたり実際において多くの寄与をなしとげて来た。ドイツの制度は，色々人工的に刈り込んで，静的に一つの統一したものを見出そうとするにあるし，これに反し英米の制度は，統一というよりはどこまでも動的に実存するままの姿を表現しようとするにある。これはわたくしが，かつて他の事件で一寸触れたことがあるが，英米における実証的なプラグマテイズム的思想の現われと見ることができるであろう（判例集三巻六号八一五頁）。実質的に見れば，ここにこそ明日へのいうべからざる貴重な発展の芽生えが包蔵されるわけである。これが英米の制度の長所である。…，わが裁判所法一一条は，この英米の制度を採つて，『裁判書には，各裁判官の意見を表示しなければならない』旨を定めている。…それ故，事件は各裁判官の結論の多数によつて処理されることとなるべきである。…そこで，再び前判決を見ると，結論として棄却意見をとる者は八名，破棄意見をとる者は七名であるから，八対七となり差は一票ということになるといわなければならぬ。」

対して，岩松補足意見は，三鷹事件の上告棄却判決につき「実体法の点において刑法一二七条の解釈及びその合憲性につき一〇対五の，また手続法の点において刑訴四〇〇条但書の解釈につき一一対四の多数決によつてそれぞれ裁判所の見解が確定されて成立しているのであつて決して七対八というような僅少の差の多数決によつて決せられたものではない」と述べて，多数意見と少数意見のカウントについて論点をベースにカウントする論点説に立つことを明らかにしている[76]。そして，主文説への批判として「合議体の裁判と称えながら，裁判の理由は合議体を構成する各裁判官の意見を生のまゝに存在することを認め，ただその結論に従つて多数決により最高裁判所の裁判が定まるというのでは，最高裁判所においては合議というものは裁判の理由に関する限り各裁判官が各自の意見を確定するために評議するだけで，採決

---

[76] 同旨，衆議院法務委員会「第26回国会　衆議院法務委員会議事録第20号」5頁［五鬼上堅磐発言］（1957年3月28日）

はかくして形成された各裁判官の意見の結論のみについてなされること、なり、その結果は理由を離れた結論の存在を認め延いては裁判所が裁判の理由を持たずだゞ結論（主文）だけの裁判をなし得ることを肯定することゝなるのである。もしかくの如きことが肯定されるならば，最高裁判所の判決においては裁判所としての理由を説示し得ない場合を生じ殊に，最高裁判所が下級審の判決を破棄差戻した場合において下級審を拘束すべき破棄の理由が存在しないという事態を惹起することもあり得るのである。」と述べる。そして，論点毎に評決を行うべきであり，ある論点で少数意見として退けられても，その他の論点については前論点の多数意見に立脚して合議に当たるべきとして，以下のように述べる。「最高裁判所においても判決裁判所を構成する裁判官全員で案件の判断をなすに必要な前提たるべきすべての理由の一々につき論理の法則に従い，先決問題たるべきものの順序によつて評議し全員一致の意見が得られなければ多数決によつてこれを決し以て終局の結論に到達しなければならない。従つてある前提問題について多数決によつて否決された少数意見の裁判官もなお裁判所の構成員として多数決に拘束され，裁判所の意見と定められた見解に立脚して爾余の問題の合議に当るべき義務があるのであつて，少数意見として裁判所の意見とならなかつた自己の見解を保持し，その見地よりすれば爾後の合議事項の如きは問題とするに足りないというような意見を述べたり若しくは合議に関与することを無意義であるとして合議そのものえの関与を拒否することは許されないのである。」

　まとめると，三鷹事件の上告棄却判決について，主文説に立脚する真野意見は主文との関係で多数意見と少数意見を区別してカウントした結果8対7としたが，論点説に立脚する岩松補足意見は論点との関係で多数意見と少数意見を区別してカウントした結果，刑法127条の解釈という論点については10対5，刑訴400条但書の解釈という論点については11対4としたのである。そして，岩松補足意見の見解には，論点毎に評決を行うべきであり，かつ，ある論点について少数意見となった裁判官も他の論点の評決には参加しなければならないという前提があるため，例えば三鷹事件の上告棄却判決における真野裁判官のように，ある論点について少数意見を提出しているものの他の論点については少数意見を提出していない裁判官は，他の論点に関す

る限りでは多数意見側に回ったと認定されるのである。

　なお，岩松補足意見のように考えるのであれば，例えば7人がある論点について反対意見を提出して原判決を破棄すべきだと主張し，また別の論点について別の7人が反対意見を提出して原判決を破棄すべきだと主張した場合も，上告棄却判決を出すことができることになる[77]。

　三鷹事件の判決訂正申立事件において主文説と論点説の対立が判例上も明らかになったが，それでは判例はどちらの説に立脚しているのであろうか。

　ここで重要なのは，判例における多数意見・少数意見の扱いについて，時代による変遷が見られることである。すなわち，1960年代から，判例において少数意見が補足意見・反対意見・意見の3種類に分類されるようになり，多数意見・少数意見が現在のように分類されるようになった。（3種類の分類を用いていない最後の最高裁判例は，おそらく最大判昭和41年5月18日判時445号15頁と思われる。同判決は第3代最高裁長官である横田喜三郎コート時代に下されており，その後の同コートの事件以降も3分類が用いられているため，変化がもたらされた[78]のは同コート時代においてである。）そして，判例における主文説と論点説の受容も，この時期を境に変化しているように読めるのである。

　論点説は論点毎に少数意見が生じるという見解のため，同説が判例上採用されているというのであれば一人の裁判官が複数の少数意見を記述することが認められるとともに，少数意見も論点毎に表示されているはずである。そして，前述した昭和30年の三鷹事件の上告棄却判決のように，初期の判例においては一人の裁判官が複数の少数意見を記述している例もみられる。前述したように，同事件では，刑法127条の解釈及び刑法400条但書の解釈という二つの論点が分けられるとともに，栗山茂最高裁判事と谷村雄一郎最高裁判

---

77) 同旨，兼子竹下・前掲注3）176-177，306-307頁。また，後述するように，裁判所法案の立法過程（第二次裁判所法案のGHQの審査において）でも，日本側の説明において日本の合議・評決の仕方につき同じような説明がなされている。
78) このような変化をもたらした背景に何があったのかについては，今後調査を要する。もっとも，少数意見制の研究者であった桜田勝義が，まさに変化の時期である昭和39年（1964年）の論文において，少数意見の用語の統一を行うべきとの提案を行っていたことは興味深い事実である。桜田・前掲注18）80頁参照。同論文によって提案された用語法は，最高裁判所による少数意見の3分類と必ずしも一致するものではないが，この時期に用語法統一の必要性が意識されてきたことがわかる。

事はどちらの論点においても少数意見を述べている。このような判例の存在からすると，少なくとも初期の判例[79]は論点説に立脚していたとも考えられる。

しかし，遅くとも最大判昭和41年5月18日判時445号15頁より後の最高裁判例，すなわち少数意見を補足意見・反対意見・意見と分類するようになってからの最高裁判例には，このような例は見当たらないように思われる。すなわち，各最高裁判事が提出する少数意見は論点毎に複数表示されているわけではなく，各最高裁判事につき一つの少数意見が表示されている。そのため，最大判昭和41年5月18日判時445号15頁より後の最高裁判例は論点説に立脚しているとは言い難い。

さらに，多数意見の末尾に着目すると，遅くとも平成14年[80]から現在に至るまでの判例は主文説に親和的であるように思われる。例えば，最大判平成27年11月25日民集69巻7号2035頁は，多数意見の末尾に「判示3について裁判官A，同B，同Cの各反対意見があるほか，裁判官全員一致の意見で，主文のとおり判決する。なお，判示3について裁判官Dの補足意見，裁判官E，同Fの意見がある。」というような記述がなされている。「判示3について」というような限定が示されている点は論点説を想起させるものの，ここで興味深いのは，反対意見と，補足意見・意見が主文との関係で区別されて記述されているという点にある。すなわち，このような記述からは，「裁判官全員一致の意見で，主文のとおり判決する。」という文言に対して，反対意見を述べた最高裁判事は「裁判官全員一致の意見で，主文のとおり判決する。」の裁判官から除外されるという意図が読み取れ，他方，補足

---

79) その他の論点説に親和的な初期の判例として，例えば，最大判昭和24年12月21日刑集3巻12号2048頁，最大判昭和25年2月1日刑集4巻2号88頁。
80) 正確には，最二小判平成14年3月8日判時1785号38頁以降。同判例は，多数意見の末尾において反対意見と意見を主文との関係で区別して記述している。なお，多数意見の末尾において反対意見と補足意見・意見が区別されるような記述になったのは平成14年からであり，それ以前は，多数意見の末尾は「裁判官Aの補足意見及び裁判官Bの反対意見があるほか，裁判官全員一致の意見で，主文のとおり判決する。」といったように，補足意見と反対意見を主文との関係で特に区別していない。このような変化は，少数意見の補足意見・反対意見・意見という分類が主文との関係で判決文上も整理されていることを示しており，主文説に親和的な判例であることを示していると考えられる。

意見や意見を述べた最高裁判事はあくまで「裁判官全員一致の意見で，主文のとおり判決する。」の裁判官に含まれるという意図が読み取れるのである。これは，まさに主文との関係で補足意見・反対意見・意見といった少数意見が整理されていることを示しており，主文説に親和的であるように思われるのである。このような近時の判例が主文評決によって下されたかどうかはともかく，少なくとも少数意見の分類としては主文説に立脚していると考えられる。

3 少数意見の表示について

(1) 少数意見の表示主体

少数意見は各裁判官が個別に表示する必要はなく，共同意見の方式で表示できることに争いはない。もっとも，個別意見方式が本来的には要請されているが，裁判官に個別意見を書くように求めることは実際の負担を考慮すると不可能であるため共同意見が消極的に認められるという見解[81]と，個別意見方式はそもそも要請されておらず，共同意見の方式をとるかどうかは便宜の問題にすぎないとする見解[82]がある。これらの見解の対立は，後述する起草者の表示の要否に対する見解の対立にもつながる。

なお，補足として，多数意見についても類似した見解の対立が存在する。個別意見方式が本来的には要請されているが実際の負担のために共同意見が消極的に認められるとする見解[83]と，多数意見については共同意見の方式が要請されているとする見解[84]がある。後者の見解の根拠は，訴訟法上，

---

81) 桜田・前掲注18) 69-73頁。日本の少数意見制はイギリスの個別意見に起源しているので，個別意見方式が本来であるとする。しかし，このような見解は，後述するように立法過程（裁判所法案要綱の第三次案に対する審議）で否決されていることに注意が必要である。
82) 中野・前掲注47) 82-84頁。なお，同84頁では，共同意見の方式と，ある裁判官の意見に他の裁判官が同調するという個別意見の方式とを比較して，前者の場合において共同意見は各裁判官自らの意見に他ならないため字句の末まで各裁判官に責任があるが，後者の場合は当該意見は同調者自らの意見ではなく賛成しているにすぎないため共同意見よりも責任はゆるやかになると述べている。
83) 桜田・前掲注18) 69-73頁は少数意見制についての文章であるが，多数意見も同様の見解をとるものとも読める。
84) 中野・前掲注47) 83頁。

裁判所としての統一的な理由を示すことが要求されているため，多数意見は統一された共同意見として表示されなければならないとする。

いずれにせよ，個別意見が本来的に要請されているかどうかという見解の対立は，共同意見の方式をとった場合の起草者の表示の要否のスタンスにかかわる。

（多数意見であっても少数意見であっても）個別意見が本来的に要請されると考える見解からは，個別意見の方式が現実的には不可能であり共同意見の方式が消極的に採用されたのであるから，せめて判決筆者の署名が必要であるとされる[85]。この見解によると，多数意見・少数意見の判決文における記載として，以下のようなものが求められる。「この判決は，裁判官A，同B，同Cを除く他の裁判官の全員一致の意見であり，D裁判官の起草したものである。裁判官Aの補足意見は次の通りである。裁判官Bの反対意見は次の通りである。裁判官Cは裁判官Bの反対意見に同調する[86]。」

他方，（多数意見であっても少数意見であっても）個別意見が本来的に要請されていないとする見解からは，起草者の表示は不要とされる。この理由として，①共同意見はそれが確定するまでの間に他の裁判官によって修正が行われることが当然であり，最大公約数的に各人にとって異存のないものが共同意見として表示されるのであるから，共同意見は本来的に非個性的で全裁判官が共同起草者といえること，②国民審査のために必要なのは各裁判官の判断であって，各裁判官の学識・見識・人生観などは判断を通じて知れば足りるということが挙げられる[87]。

それでは，判例は起草者の表示についてどのように考えているだろうか。少なくとも[88]近時の判例は，多数意見についても少数意見についても，共

---

[85] 桜田・前掲注18）69-73頁。
[86] 桜田・前掲注18）72頁の表現を一部修正した。
[87] 中野・前掲注47）83頁。
[88] 最高裁判所の比較的初期の判例には，多数意見及び少数意見の起草者を明示するものがある。前者の判例として，最大判昭和23年6月23日刑集2巻7号715頁，最大判昭和23年6月23日刑集2巻7号722頁，最大判昭和23年6月23日刑集2巻7号734頁，最大判昭和23年6月30日刑集2巻7号777頁。前者の判例では，多数意見の末尾に「この判決は裁判官全員の一致した意見であつて，A裁判官の起草したものである。」といったような記述がなされている。後者の判例として，最大判昭和37年2月21日刑集16巻2号107頁，最大判昭和37年4月4日刑集16巻4号345頁。後者の判例では，特定

同意見方式の場合は起草者を表示しない。例えば，前述した最大判平成27年11月25日民集69巻7号2035頁は，多数意見の末尾に「判示3について裁判官A，同B，同Cの各反対意見があるほか，裁判官全員一致の意見で，主文のとおり判決する。なお，判示3について裁判官Dの補足意見，裁判官E，同Fの意見がある。」といった記述がなされているが，多数意見の起草者が誰であるかは明らかにされていない。また，同判例では櫻井・池上裁判官による共同意見方式の意見が附されているが，やはり起草者はどちらの裁判官であるかは明らかにされていない。（特に，同共同意見の主語が「私たち[89]」とされているのは，共同意見の場合はそれに関与した裁判官が共同起草者であるとの理解も伺える。）このように，少なくとも近時の判例においては，共同意見方式をとる場合に起草者の表示は不要とされている。

(2) 少数意見が表示される客体

裁判所法11条に基づき，少数意見は「裁判書」に表示されなければならない。裁判書とは，判決書や決定書（勾留・保釈等に関する決定を記載した決定書も含む。）等のように，裁判を記載した裁判所の文書である[90]。裁判書が作成されない裁判については，少数意見の表示は認められていないと解されている[91]。

(3) 少数意見で表示されるべき内容

裁判所法11条は「各裁判官の意見」を表示しなければならないとされてい

　　の少数意見の記述がなされた直後に「裁判官Aは，右B裁判官の補足意見に同調する。」や「裁判官A，同Bは右C裁判官の反対意見に同調する。」といったような記述がなされている。なお，これらの判例の整理として，桜田前掲注18) 81頁の記述が参考になるが，同文献では後者の判例として単独意見方式の判例も挙げられており，そもそも共同意見方式における起草者の表示の問題とは無関係の判例も挙げられていることに注意が必要である。
89)「私たち」という主語は，朝日訴訟（最大判昭和42年5月24日民集21巻5号1043頁）の松田二郎・岩田誠裁判官の共同反対意見（草鹿浅之介裁判官同調）や，平成7年の非嫡出子法定相続分合憲決定（最大決平成7年7月5日民集49巻7号1789頁）における千種秀夫・河合伸一裁判官の共同補足意見にも見られる。おそらく，「私たち」という主語を用いることは，共同意見では一般的な用語法と思われる。
90) 最高裁判所事務総局・前掲注18) 97-98頁。
91) 最高裁判所事務総局・前掲注18) 98頁。

るが,「各裁判官」とは裁判に関与した全裁判官,すなわち評議に加わった裁判官であり,「意見」は評議の際に当該裁判官の確定的な意見として述べられたものをいう[92]。そのため,評議の際に述べられた意見であっても,評議における討論の結果修正されたような場合は,修正された後の意見のみが表示できる[93]。さらに,評議の際に述べられなかった意見を表示することはできない[94]。

また,すでに裁判所法11条と75条2項に関係して触れたことではあるが,少数意見制が採用されている最高裁判所であっても,評議の経過については守秘義務が課されていると解されている(裁判所法75条2項)。そのため,少数意見において評議の経過を明らかにすることは許されない。

さらに,少数意見の表示は理由を明らかにしなければならない(最高裁判所事務処理規則13条)とされているが,この理由の程度が問題となる。すなわち,多数意見の場合は主文に掲げる結論を導き出す経路を明らかにするに足りる限度の理由を明らかにする必要があると解されている[95]が,少数意見の場合も同様に,主文に掲げるべき(と考えている)結論を導き出す経路を明らかにする必要があるかどうかが問題とされる。この点について,朝日訴訟[96]の松田二郎・岩田誠裁判官の共同反対意見(草鹿浅之介裁判官同調)は,少数意見の場合,主文に掲げるべき(と考えている)結論を導き出す経路を明らかにする必要はなく,むしろすべきではない場合があると述べる。すなわち,同事件では,上告人死亡により本件訴訟が終了したとする多数意見に対し,同共同反対意見は訴訟承継を認める立場であったが,同共同反対意見は進んで主文に掲げるべき(と考えている)結論を導き出すために実体問題について意見を表示すべきかが問題になったが,同共同反対意見は以下のように述べている。「上告人の死亡による本件訴訟終了の点につき,反対意見を有した私たちも,本件訴訟が既に終了したものと認めざるを得ない以上,その訴訟が未だ終了していないことを前提として本案の上告理由にまで

---

92) 最高裁判所事務総局・前掲注18) 98頁。
93) 最高裁判所事務総局・前掲注18) 98頁。
94) 最高裁判所事務総局・前掲注18) 98頁。
95) 最高裁判所事務総局・前掲注18) 99頁。
96) 最大判昭和42年5月24日民集21巻5号1043頁。

立入つて意見を述べるということはなすべきことでないのである。そしてたとえ上告理由について意見を述べたとしても，本件訴訟が既に終了したとされた以上，その意見なるものは，法律的には意味を有し得ないものである。私たちが敢て本件の上告理由について意見を述べないのは，このために外ならない。」

しかし，朝日訴訟の松田二郎・岩田誠裁判官の共同反対意見は，必ずしも判例上のルールとして機能しているとは言い難い。例えば，平成24年施行の衆議院議員総選挙におけるいわゆる一票の較差が問題となった事件[97]では，多数意見は，本件選挙当時における公職選挙法の区割り規定の定める選挙区割りは投票価値の平等の要求に反する状態にあったものではあるが，合理的期間内における是正がされなかったとはいえず違憲ではないとしていた。これに対し，大谷剛彦・大橋正春・木内道祥裁判官の各反対意見は，合理的期間内における是正がされなかったため違憲であるが，さらに進んで本件選挙の有効性について論じた上で選挙は有効とする。

結局のところ，現在の判例としては，少数意見の場合には主文に掲げるべき（と考えている）結論を導き出す経路を明らかにするように要請されていないものの，禁止もされていないと理解しているように思われる。

最後に，少数意見は個人的反感を表示するものであってはならないとされる[98]。これは現代から見ると当然のように思われるが，少数意見制は裁判所法の下で初めて我が国に導入されたのであって，特に初期の判例の少数意見には感情的なものが散見される[99]。おそらく最も有名なものは，昭和25年の尊属傷害致死事件[100]の斎藤悠輔裁判官の意見であろう。同事件では，尊属傷害致死に関する平成7年改正前刑法205条2項[101]の合憲性が争われた。ア

---

97) 最大判平成25年11月20日民集67巻8号1503頁。
98) 匿名・前掲注18) 36-37頁。伊藤・前掲注35) 78-79頁。桜田・前掲注18) 82-89頁。
99) 本文に挙げた斎藤意見以外では，松川事件（最一小判昭和38年9月12日刑集17巻7号661頁）の下飯坂裁判官少数意見が有名である。匿名・前掲注18) 36-37頁，桜田・前掲注18) 84-89頁。
100) 最大判昭和25年10月11日刑集4巻10号2037頁。
101) 平成7年改正前刑法205条は以下のように規定していた。1項「身体傷害ニ因リ人ヲ死ニ致シタル者ハ二年以上ノ有期懲役ニ処ス」2項「自己又ハ配偶者ノ直系尊属ニ対シテ犯シタルトキハ無期又ハ三年以上ノ懲役ニ処ス」。

メリカ連邦最高裁判所に掲げられている標語や世界人権宣言を挙げつつ同項を違憲とする真野毅少数意見に対し，斎藤悠輔裁判官は「わが憲法一四条を解釈するに当り冒頭これらを引用するがごときは，先ず以て鬼面人を欺くものでなければ羊頭を懸げて狗肉を売るものといわなければならない。…要するに民主主義の美名の下にその実得手勝手な我儘を基底として国辱的な曲学阿世の論を展開するもので読むに堪えない。」と強い口調で非難している。しかし，もちろんこのような個人的反感を少数意見において表示することは（法的なルールか妥当性の問題なのかはともかく[102]）避けるべきであろう。

(4) 少数意見の表示義務

裁判所法11条に「表示しなければならない」と規定されているように，少数意見を表示するかどうかは各裁判官の自由に委ねられているわけではなく，各裁判官は裁判書にその意見を表示すべき義務を負う[103]。

Ⅲ 日本における少数意見制の歴史

1 成立の経緯[104]
(1) 裁判所構成法における少数意見制の禁止

明治22年（1889年）制定の大日本帝国憲法57条2項は「裁判所ノ構成ハ法律ヲ以テ之ヲ定ム」と規定し，同項を受けて裁判所構成法が制定された。同法は日本における近代裁判制度を確立したものとされるが，同法121条後段は「其ノ評議ノ顚末竝ニ各判事ノ意見及多少ノ數ニ付テハ嚴ニ秘密ヲ守ルコトヲ要ス」と規定しており，少数意見制を禁止していた[105]。

[102) 問題は，このような感情的な少数意見を述べたことを理由にして，国民審査で罷免されるのはともかく，弾劾裁判所によって罷免されることを許容するかどうかであろう。程度問題かもしれないが，弾劾裁判所による罷免については司法権の独立の観点から慎重であるべきであろう。
103) 最高裁判所事務総局・前掲注18) 98頁。
104) 明治期における裁判所構成法制定に至るまでの裁判制度における少数意見制につき，桜田・前掲注18) 23-33頁。同論文によれば，明治期の裁判所法制定以前においても少数意見制は存在しなかったと推測されている。
105) 裁判所構成法の制定経緯，構造，同法121条後段の立法趣旨等につき，桜田・前掲注18) 33-42頁。

(2) 裁判所法の制定過程

このような法制度を変更させるきっかけとなったのは，終戦後の憲法改正に伴う司法制度の改革であった[106]。

まず，裁判所法案要綱について記述する。

裁判所法案要綱の作成に関与した組織は，昭和21年（1946年）7月3日に内閣に設けられた臨時法制調査会と，ほぼ同時期に司法省に設けられた司法法制審議会である。

前者の臨時法制調査会は，内閣総理大臣の諮問に応じて「憲法改正に伴ふ諸般の法制の整備に関する重要事項を調査審議する」ために設けられた。この調査会は4つの部会に分かれ，司法関係は第三部会で審議されることとなった。

後者の司法法制審議会は，司法大臣の諮問に応じて「憲法改正に伴ふ司法関係諸法制の改正に関する重要事項を審議する」ために設けられた。

そして，両者の調整の結果，司法法制審議会は臨時法制調査会の第三部会の委員・幹事をすべて包摂し，両者は一体となって審議にあたることとなった。臨時法制調査会第三部会すなわち司法法制審議会は，さらに3つの小委員会に分かれ，司法制度に関しては司法法制審議会の第一小委員会で審議立案されることとなった。

以下では，裁判所法案要綱において少数意見制がどのように審議立案されたかを記述する。

まず，第一次案（昭和21年（1946年）7月22日[107]）及び第二次案（同年7月27日[108]）について。司法法制審議会の第一小委員会が初めて少数意見制につ

---

[106] 裁判所法の制定過程に関する文献は数多く存在するが，関連資料を整理した資料集として，内藤頼博『終戦後の司法制度改革の経過』全六冊（司法研修所，1959-61・71年）。（復刻版として，内藤頼博『終戦後の司法制度改革の経過（日本立法資料全集別巻91～94）』（信山社，1997-98年）。）裁判所法制定過程につき，佐々木雅寿『現代における違憲審査権の性格』（有斐閣，1995年）150-176頁，大石眞『憲法秩序への展望』（有斐閣，2008年）285-350頁。裁判所法の制定過程をコンパクトに一覧できる文献として，内藤頼博「司法制度」ジュリスト100号（1956年）16-19頁。特に少数意見制に着目して裁判所法の制定過程を記述する文献として，桜田・前掲注18）42-63頁。

[107] 内藤頼博『終戦後の司法制度改革の経過(3)（日本立法資料全集　別巻93）』（信山社，1997年）（以下，「内藤3」と引用。）3頁。

[108] 内藤3・15頁。

いて審議を行ったのは，昭和21年7月16日[109]の第二回第一小委員会においてである。第二回第一小委員会では，末延委員により，下級裁判所でも少数意見制を認めるべきことと，少数意見の表示は義務ではなく任意にすべきとの提案がなされている[110]が，梶田主査により今後も考慮すべき事項として決定は留保されている[111]。

そして，少数意見制度に関してはこのようなごくわずかな議論しかなされないままに，第一次案が起草された[112]。第一次案では，最高裁判所の審理及び裁判の大法廷に関する部分において，「評議に於て意見を述べた判事は，その意見が少数であった場合には，これを判決書に附記することを求めることができるものとすること[113]。」と規定されており，少数意見制は最高裁判所の大法廷に限り，かつ，少数意見の表示は任意であるとされた。さらに，第一次案の5日後に起草された第二次案においても，特に議論なく第一次案と同一の文言が規定されている[114]。

この第二次案については，昭和21年7月27日[115]の第一小委員会幹事会において，少数意見を附記することが原則であるから，上記の「附記することを求めることができる」という文言のうち「を求めること」を削除するという決定がなされている。

このように，第一次案と第二次案においては，①少数意見制は大法廷に限ること，②判決書に少数意見を表示するのは義務ではなく任意であることが確認できる。また，第一次案の起草に先立つ第二回第一小委員会において下級裁判所でも少数意見制を認めるべきとの提案がなされていることが興味深

---

109) 内藤頼博『終戦後の司法制度改革の経過(2)（日本立法資料全集　別巻92）』（信山社，1997年）（以下，「内藤2」と引用。）136頁。
110) なお，この会議の際，末延委員はアメリカでは各裁判官の意見は別段判決書に記載しないと発言しているが，このような発言に対しては，アメリカの少数意見制について十分な知識がなかったことが伺えるとの厳しい指摘がなされている。桜田・前掲注18) 46-47頁。
111) 内藤2・145頁。
112) なお，第一次案から第三次案までの起草がどのようになされたかにつき，内藤2・199-200頁。
113) 内藤3・7頁。
114) 内藤3・17頁。
115) 内藤2・191頁。

い。

次に，第三次案（昭和21年（1946年）8月7日[116]）について。上記のような議論を経て起草された第三次案は，最高裁判所の審理及び裁判の大法廷に関する部分において，「㈡裁判官は各自評議に於ける意見を判決書に附記することが出来るものとすること。㈹裁判官は判決の言渡に際し各自評議に於ける意見を述べることが出来るものとすること。[117]」と規定されていた。しかし，同規定については，昭和21年8月7日[118]の第十一回第一小委員会及び昭和21年8月8日[119]の第十二回第一小委員会において，司法権の理解に関わる興味深い修正意見が附されることとなった。

第十一回第一小委員会において小林幹事は，最高裁判所では合議制を廃し最高裁判事各自が裁判すべきという考えの下，第三次案の上記㈡㈹の文言を「最高裁判所の裁判官は各自公開の法廷で裁判の言渡を為すことを要す[120]」と修正すべきとの意見を述べた。この修正意見は，司法権の担い手を裁判所と考えるか，それとも各裁判官と考えるかという問題に関わるものである。ドイツ法は前者であり英米法は後者であると整理でき[121]，小林幹事の修正意見は当然英米法の司法権理解に親和的であるが，この修正意見に対しては，広範囲に訴訟法の改正が必要であること（内藤幹事）等が指摘され，結局は否決されている[122]。

もっとも，少数意見を表示することの重要性については委員の中でも共通了解が存在したのか，第十二回第一小委員会において，第三次案の上記㈡の文言を「裁判官は各自評議に於ける意見を判決書に明確に表示するものとすること。」と修正し，㈹の文言を削除すべきとの田多井委員による修正意見が通ることとなった[123]。

---

116) 内藤3・24頁。
117) 内藤3・27頁。
118) 内藤2・225頁。
119) 内藤2・239頁。
120) 内藤2・235頁。
121) 桜田・前掲注(18) 51頁。
122) 内藤2・236頁。なお，桜田・前掲注(18)51頁は英米法型の司法権理解に沿った小林幹事の修正意見に賛意を示すとともに，条文成立後も同司法権理解に則って少数意見制が運用されるべきとするが，否決されている点を軽視しているようにも思われる。

すなわち，第三次案に対する修正の結果，①少数意見制は大法廷に限るという点では第一次案・第二次案と同じであるが，②判決書における少数意見の表示は任意ではなく義務であるとされたのである。

なお，このような議論の中で，少数意見制は裁判所法制の改革の主要事項であるが，裁判官も含めて誰もが嫌うものであるとの細野委員の発言[124]も注目される。立案当時，少数意見制の重要性が認識されていながらも，なお少数意見制の導入に消極的な者も多かったことが伺えることができる。

次に，第四次案（第三次案の修正[125]），第五次案（昭和21年（1946年）8月21日[126]）及び第六次案（昭和21年（1946年）9月9日）について。上記のような議論を経て第三次案の修正として起草された第四次案では，最高裁判所の審理及び裁判の大法廷に関する部分において「判決書には裁判官各自の意見を明確に表示することを要するものとすること。[127]」と規定された。すなわち，上述したように，①少数意見制は大法廷に限ること，及び，②判決書において少数意見の表示が義務づけられることが規定されたのである。

この第四次案は，昭和21年8月12日[128]の司法法制審議会第四回総会において議論されることとなった。

まず，原委員は，少数意見の表示が義務づけられている点について，国民は裁判を求める場合に一々各裁判官の意見を求めるものではなく，国民審査の場合であっても少数意見を理由にして投票を決することはないのではと疑問を呈している[129]。これに対し，兼子委員は，国民審査の資料と判例評価の意味があると端的に答えている[130]。さらに，末延委員は，第二回第一小委員会での発言と同趣旨の，下級裁判所である高等裁判所においても少数意

---

123) 内藤2・240頁。
124) 内藤2・236頁。
125) 内藤3・39頁。
126) 内藤3・55頁。
127) 内藤3・42頁。
128) 内藤2・255頁。
129) 内藤2・258頁。
130) 内藤2・259頁。このような兼子委員の応答に対し，桜田・前掲注18）52頁は少数意見制の真意を理解していないと批判する。なお，兼子委員は，第三次案に対する修正の議論を踏まえて，判決は裁判官全員が作成するとの建前で，ただ少数意見を裁判所に書くものであるとも述べている。

見制を導入すべきではないかと質問した[131]が，兼子委員は端的に高等裁判所の裁判では少数意見の発表の必要はないと考えると応答している[132]。

このような議論の後に起草された第五次案も第四次案と同様の規定[133]となっており，さらにその後に起草された第六次案も特に議論なく同内容の規定[134]となっている。

このように第四次案から第六次案まで，①少数意見制は大法廷に限ること，及び，②判決書において少数意見の表示が義務づけられることが規定された。そして，第四次案に関する議論において，少数意見制は国民審査と判例評価に資するものであることが明らかにされている点が注目に値する。

次に，第七次案（昭和21年（1946年）9月27日[135]）について。第七次案も第六次案と同様に，①少数意見制は大法廷に限ること，及び，②判決書において少数意見の表示が義務づけられることが規定された[136]。そして，第七次案は，臨時法制調査会第三回総会第二日（昭和21年10月23日[137]）において審議されたが，そこで原委員によって，小法廷でも少数意見制が採用されるのかが質問された[138]。しかし，第七次案においては小法廷の判決は全員一致とされていたため，小法廷では少数意見を表示する必要は当然にないと奥野幹事が対応している[139]。

ここにおいて重要なのは，少数意見制が大法廷にのみ認められているのは，その当時は小法廷の裁判は「事件に対する判断に於て[140]」裁判官が全員一致する場合にのみ可能であると規定されていたため，およそ小法廷では少数意見が生じることはないと考えられていたことが原因であるということである。すなわち，特に少数意見制を大法廷にのみ認めようと考えていたわ

---

131) 内藤2・265頁。
132) 内藤2・265頁。
133) 内藤3・58頁参照。なお，第五次案はGHQの審査がなされているが，その際，特に少数意見制についての議論はない。内藤2・505-511頁。
134) 内藤3・111頁。
135) 内藤3・121頁。
136) 内藤3・124頁。
137) 内藤2・328頁。
138) 内藤2・356頁。
139) 内藤2・357頁。
140) 内藤3・124頁。

けではなく，単にその当時は小法廷では少数意見がおよそ生じないと考えられていたにすぎない[141]。そうすると，小法廷に全員一致を要求しないのであれば，当然に小法廷にも少数意見制が認められる余地が生じるし，後述するように，以後そのようにして小法廷においても少数意見制が認められることとなる。

第七次案は，このような審議を経て臨時法制調査会第三回総会の議決（昭和21年10月23日[142]）を経て，昭和21年10月26日[143]，内閣総理大臣に答申された。そして，これに基づいて裁判所法等が立案されることとなる[144]。

以上が裁判所法案要綱の成立過程である。まとめると，①少数意見制は大法廷に限るか小法廷も含むか，②少数意見を述べるのは義務か任意かといった点に関する議論が注目に値する。裁判所法案要綱段階では，一貫して少数意見制は大法廷に限るとされていたが，それは小法廷では全員一致の場合のみ裁判ができるとされていたため，小法廷での少数意見制は考えられなかったためである。また，少数意見の表示は第三次案までは任意であったが，修正意見を経て第四次案以降は義務となった。

また，少数意見制を採用すべき理由として，国民審査の資料と判例評価の意味があると述べられた点も，立法趣旨を知るうえで重要であろう。

それでは次に，裁判所法案について記述する。

裁判所法案の作成は，司法省における立案・修正，内閣法制局の審査，GHQ（最高司令官総司令部）の審査[145]，枢密院の審査といった複数の組織が関与する複雑なプロセスを経ることによって作成されている。ここでは，主として少数意見制に関係する限りにおいて，同法案の規定がどのように変化したか，その際どのようなことが議論されたかを記述する。

---

141) もっとも，この全員一致というのが単に事件の結論のみの全員一致であれば，当然に少数意見（現在の用語でいう「意見」）は生じてくるはずであるが，その点はこの時の議論ではあまり意識されていなかったようである。この点は，後述するようにGHQの審査においてブレークモアから指摘されることとなる。
142) 内藤2・361頁。なお，同328頁。
143) 内藤2・362頁。
144) 内藤2・362頁。
145) 裁判所法案の作成時は連合国軍の占領下であって，法案はすべてGHQの審査を受け，その承認を得ることが必要とされていた。内藤・前掲注106）18頁。

まず，第一次裁判所法案（昭和21年（1946年）8月22日[146]）及び第二次裁判所法案（昭和21年（1946年）10月21日[147]）について。第一次裁判所法案は，司法法制審議会第一小委員会起草委員・幹事によって，前述した裁判所法案要綱第五次案に基づき起草された。第一次裁判所法案の「第二編　最高裁判所」に位置する第11条は，「大法廷の裁判は，出席した判事の過半数の意見による。判決書には，各判事の意見を，それぞれ明確に表示しなければならない。[148]」と規定している。さらに，第二次裁判所法案は，第18条〔評議における意見の公表〕として条文に見出しを付けた上で，同条で「大法廷の裁判においては，裁判書に，各裁判官の評議で述べた意見を，それぞれ明確に表示しなければならない。[149]」と規定する。どちらも，①少数意見制は大法廷に限ること，及び，②判決書において少数意見の表示が義務づけられることといった，裁判所法案要綱と同趣旨の規定が置かれている点では共通するものの，少数意見を表示する客体として，第一次裁判所法案では「判決書」となっていたのが，第二次裁判所法案では「裁判書」として少数意見を表示する客体が拡大している点が異なる。

第二次裁判所法案については，司法省民事局の局議において，第18条の「裁判書」は判決書，決定書，勾留更新決定書を含み，裁判書のない裁判には本条の適用がないこととされた。なお，裁判書は，議事録的なものか，合議の結果の総合か，作成者は誰かといった問題に関しては決定が留保されている。

また，第二次裁判所法案については，GHQの審査がなされている[150]。少数意見制に関わる点では，第二次裁判所法案18条が少数意見の表示を義務づけている点につき，GHQのブレークモアから，多忙のため結論には反対なものの十分意見をまとめる時間のない最高裁判事も出てくるであろうから，少数意見の表示は任意にすべきではないかとの意見が述べられている。さらに，少数意見の理解にも関わる点で重要なのは，合議の方法について議論が

146）内藤3・148頁。
147）内藤3・186頁。
148）内藤3・151頁。
149）内藤3・189頁。
150）内藤2・512-513頁。

されている点である。合議の結果として少数意見が生じるという関係にある以上，合議の方法がどのようなものであるかは少数意見制を理解する上でも重要である。第二次裁判所法案17条は，その後削除されることになった規定であるが，同条２項は大法廷の裁判につき「ある点について裁判官の意見が二に分れ，各々同数のときは，左の意見によって裁判をする。一　法律，命令，規則または処分が憲法に適合するかしないかに関する場合においては，憲法に適合するとの意見。二　法律，命令，規則または処分が憲法に適合するかしないかに関する場合においては，憲法に適合するとの意見。三　その他の場合においては，原審の判断を正当とする意見。」と規定していた。同項の「ある点について裁判官の意見が二に分れ」との文言につき，GHQのブレークモアが「ある点」とは「ある事件」の間違いではないかと問うているところ，日本側は「ある点」で間違いではなく，大陸法系の日本が英米と合議について違いがあると説明する。すなわち，日本側の説明によると，日本では合議の時にいきなり事件の勝敗だけについて合議せず，事件の各ポイント毎に合議して裁判所の意見を決定していき，最後に結論について合議するという。その例として，例えば原告がある契約に基づく代金支払いを請求している事件において，被告が①契約が公序良俗により無効，②契約は通謀虚偽表示により無効，③代金はすでに弁済しているという３つの抗弁を主張している場合に，甲・乙・丙の３人の裁判官はそれぞれ原告を敗訴すべきと考えているが，その理由はそれぞれ甲は①の抗弁，乙は②の抗弁，丙は③の抗弁について理由ありと考えるとともに，それ以外の抗弁についてはそれぞれ理由なしと考えている場合に，日本の合議の仕方ではそれぞれの抗弁について合議した結果，それぞれの抗弁は理由なしということになるので，３人の裁判官は原告が敗訴すべきと考えているにもかかわらず被告が敗訴することになるという。このような日本側の説明について，GHQのブレークモアはアメリカでは勝敗の結論だけについて投票すると述べた上で，日本の合議の仕方は余りに学問的に過ぎると批判する。それに対して，日本側は，大陸法系の日本が英米と違うところで仕方がない，英米法の合議の仕方にも良いところはあって考えるべきだが，と応答している。このように，日本側は論点評決の説明を行っており，論点評決は論点説が拠って立つところであるこ

とも踏まえると,ここでの議論は興味深い。

次に,第三次裁判所法案(昭和21年(1946年)11月11日[151]),第四次裁判所法案(昭和21年11月19日[152]),第五次裁判所法案(昭和21年12月2日[153]),第六次裁判所法案(昭和22年1月18日[154]),第七次裁判所法案(昭和21年1月28日[155])について。前述した第二次裁判所法案は,司法省民事局での討議・修正がなされ,第三次裁判所法案が起草された。第三次裁判所法案の15条〔評議における意見の公表〕は,「裁判書には,各裁判官の評議における意見をそれぞれ明確に表示しなければならない。[156]」と規定している。この規定上は,大法廷の裁判に限定されていないような文言になっていることが目を引くが,単純に小法廷での裁判では全員一致という仕組みがその当時は予定されていた以上,小法廷では少数意見の表示はありえないのであって,特に少数意見の表示について大法廷に限るような文言とすることは不要と考えられていたにすぎない[157]。

第三次裁判所法案は,民事局の局議を経たにすぎず,司法省の省議を経ていなかったが,下審査の意味で内閣法制局の審査がなされた。ここで特に重要なのが,上記第三次裁判所法案15条の立法趣旨,すなわち最高裁判所における少数意見制の立法趣旨が詳細に明らかにされている[158]点である。ここで明らかにされた最高裁判所における少数意見制の立法趣旨は,①最高裁判事各人の意見が重大であり,政治的,文化的にその公表が要請されること,②裁判官も,公務員として,国民に対し責任を明らかにする必要があること,③憲法79条2・3項によって最高裁判事は国民審査に付されることになっているので,そのためには各裁判官の意見を知る必要があること[159],という3点が挙げられるとともに,副次的に④各最高裁判事の意見を明確に表

---

151) 内藤3・246頁。
152) 内藤3・260頁。
153) 内藤3・278頁。日付については,内藤2・402頁及び内藤・前掲注(106)18頁。
154) 内藤3・329頁。
155) 内藤3・344頁。日付については,内藤2・496頁。
156) 内藤3・248頁。
157) 内藤2・420頁。
158) このような説明は,主として原案庁たる司法省側からなされた。内藤2・403頁。
159) ただし,最高裁判事は一つ二つの裁判での意見によって審査されるべきものではなく,より一般的な評価によって審査されるべきとされている。内藤2・420頁。

示することによって最高裁判所の権威を高めることにもなると述べられている[160]。なお，下級裁判所において少数意見制が採用されないのは，①下級裁判所の裁判においては事実認定において各裁判官の意見を表示することは意味がないばかりでなくかえって裁判の権威をおとすことになろうこと，②下級裁判所の裁判は，上訴によって取り消されるから，各裁判官の意見の表示はあまり意味をなさないと考えられることをその理由として挙げている[161]。

また，それ以外の注釈的な説明として，上記第三次裁判所法案15条の「評議における意見」とは，評議の経過をいうのではなく，評議における各裁判官の最後の判断とその理由をいうとされるとともに，「各争点についての」意見を書くことになろうとされている。さらに，「明確に」とは，同じ意見の場合に「同意見」と書くことは良いが，意見が違う場合にただ「反対」と書くだけでは足りず，反対の意見を明瞭に書かなければならないという趣旨であるとされる。最後に，確認的に，大法廷でも最高裁判事全員の意見が一致したときは各裁判官の意見の表示はいらないとされている[162]。

なお，第三次裁判所法案の審査の際には，問題点も提示されている[163]。その問題点とは，「表示しなければならない。」という少数意見の表示を義務づける文言につき，「表示することができる。」というように少数意見の表示を任意にすべきではないかという点である。このように少数意見の表示を任意にすべきと考える理由として，評議の秘密や国民審査との関係から，意見を公表したい人が書くことができるようにすべきという，やや抽象的な理由が示されている[164]。

以上が，第三次裁判所法案の規定とそれに対する内閣法制局での審議である。ここでは，最高裁判所の少数意見制の立法趣旨が明確に表示されているとともに，下級裁判所では少数意見制を認めないことの理由も明らかにされている。さらに，少数意見については「各争点についての」意見を書くとさ

---

160) 内藤 2・420頁。
161) 内藤 2・420頁。
162) 内藤 2・420-421頁
163) 問題点の提示は主として内閣法制局から出された。内藤 2・403頁。
164) 内藤 2・421頁。

れており，前述した主文説・論点説の対立における論点説の立場に親和的であるとも思われる。また，少数意見の表示を任意とするか義務とするかという，裁判所法案要綱の段階で決着が着いたと思われた問題がもう一度現れている点も注目に値する。

　第三次裁判所法案に対するこのような審査を経て第四次裁判所法案が起草され，その後さらに条文を整理して第五次裁判所法案が起草された。その後，司法省の省議，行政考査の審議，GHQ の審査，内閣法制局の審査の結果も織り込む形で第六次裁判所法案及び第七次裁判所法案が起草され，閣議に上程された[165]。第四次裁判所法案～第七次裁判所法案の間の少数意見制に関する規定は，「大法廷で裁判をする場合においては，裁判書に，各裁判官の意見を表示しなければならない。」と一貫して規定されており，「大法廷」という文言が注意的に付け加わったこと，「明確に」や「評議における」といった文言が削除されている点が目を引く。特に，「評議における」という文言について，論点説に親和的な説明をしていたことを想起すると，「評議における」という文言が削除されたのは示唆的である。もっとも，このような文言の付加・削除の理由は明らかではない。

　次に，第八次裁判所法案（昭和22年（1947年）1月28日[166]），第九次裁判所法案（昭和22年2月21日[167]）について。第六次裁判所法案は昭和22年1月24日に閣議上程されたものの審議には入らず，同日に内閣法制局から修正意見が出て同年1月28日に第七次裁判所法案を閣議上程した。そして，閣議において（少数意見制に関わらない部分について）修正がなされて閣議決定がなされた。第八次裁判所法案は，この閣議決定案である[168]。

　第八次裁判所法案第12条（裁判官の意見の表示）は，「大法廷で裁判をする場合においては，裁判書に，各裁判官の意見を表示しなければならない。」と規定しており，第四次裁判所法案～第七次裁判所法案と同じ文言になっている。

---

165) 内藤 2・402-403, 486-487頁。
166) 内藤 3・359頁。日付については内藤 2・496頁。
167) 内藤 3・437頁。日付については内藤 2・593頁。
168) 内藤 2・495-496頁。

第八次裁判所法案は枢密院に諮詢されて昭和22年2月12日から昭和22年3月11日まで6回に渡り審査がなされるとともに，同時並行してGHQの審査を受けている。昭和22年2月13・14日のGHQの審査では，同条につき，①（裁判官の意見が全員一致せずとも結論だけ一致すれば小法廷で裁判できるようにすべきではとのGHQによる意見を前提に，もし小法廷をそのように制度設計するのであれば）小法廷でも各裁判官の意見を表示する必要があるのではないか，②すべての事件に意見の表示を義務づけることは強すぎるのではないかといった問題点がブレークモアから提示されている[169]。

　さらに，第八次裁判所法案[170]は，法案の審議の促進のためにGHQと司法省の双方から全権を委任された委員によって構成された特別法案改正委員会[171]でも審査されている。その第一回（昭和22年3月3日[172]）において，大法廷にのみ少数意見制を認める同法案12条につき，GHQ側の委員から，最高裁判事がどのような意見をもっているかは国民の重大関心事であるから，小法廷でも少数意見を表示するようにしてもらいたいとの要請がなされた。これに対し，司法省側の委員は，小法廷で裁判できるのは全員の意見が一致する場合にのみ限られるとしていた同法案10条の修正をGHQから要請されたことに鑑み，小法廷での全員一致ルールがなくなるのであれば小法廷においても少数意見制が採用されるように修正しなければならないと応答しており[173]，第二回（昭和22年3月4日[174]）において実際に修正された[175]。

　このような議論を経て，昭和22年3月8日に修正の閣議決定がなされ，第九次裁判所法案に修正を加えたものが閣議決定案となった。同法案11条（裁判官の意見の表示）は，「裁判書には，各裁判官の意見を表示しなければならない。[176]」と規定しており，少数意見制を大法廷に限っていた文言が修正さ

---

169) 内藤2・589頁。
170) 第八次裁判所法案に修正の書き込みがなされていたので，実質的には第九次裁判所法案と同内容であった。内藤2・619頁。
171) 設置の経緯について，内藤2・614頁。
172) 内藤2・622頁。
173) 内藤2・631頁。
174) 内藤2・634頁。
175) 内藤2・639頁。
176) 内藤3・439頁。なお，同文献において，第九次裁判所法案の傍線及び小文字に示す修正済みのものが閣議決定案である。内藤2・496頁。

れることとなったのである。

　なお，このような修正につき，枢密院における審査（第五回，昭和22年3月10日[177]）において林顧問官が修正の理由を質問しているが，奥野民事局長は小法廷の裁判が全員一致を要件としないことになったためと，端的に説明している。

　その後，特別法案改正委員会における修正事項（少数意見制は関係なし。）も踏まえて，昭和22年3月11日に再度修正の閣議決定があり，第十次裁判所法案[178]（昭和22年（1947年）3月11日[179]）が閣議決定案となった[180]。少数意見制に関して，第十次裁判所法案も第九次裁判所法案と同じ文言の規定が置かれている[181]。そして，第十次裁判所法案は，昭和22年3月12日，GHQの承認を経て[182]，枢密院本会議において議決上奏された[183]。

　最後に，第十一次裁判所法案（昭和22年（1947年）3月12日[184]）について。第十一次裁判所法案[185]は，第十次裁判所法案の内容に法案の提出理由が附加されている。第十一次裁判所法案は，第92回通常議会に提出され，無修正で両院を通過した。衆議院には昭和22年3月13日に本会議に上程され，特別委員会を経て昭和22年3月18日に本会議で可決され，貴族院には昭和22年3月19日に本会議に上程され，26日に本会議で可決された[186]。

　その後，裁判所法は，昭和22年4月16日，法律第59号として公布され，5月3日の日本国憲法の施行と同時に施行された。こうして，日本の最高裁判所における少数意見制が開始されることとなったのである[187]。

177）内藤2・734頁。
178）内藤3・454頁。
179）内藤2・496頁。
180）内藤2・496頁。
181）内藤3・456頁。
182）内藤2・680頁。
183）内藤2・740頁。
184）内藤2・752頁。
185）内藤3・488頁。
186）内藤2・752-754頁。
187）もっとも，最高裁判事が内閣によって任命されたのは昭和22年8月4日であるため，少数意見制が運用されるのはもうすこし後になる。

2 展開

(1) 初期の混乱期（〜昭和31年）

以上のような経緯で最高裁判所に少数意見制が導入されることとなったが，最高裁判所にて少数意見制が採用されてから現在に至るまで決して順風満帆であったわけではなく，むしろ初期においては裁判所の権威を失わしめるものとして批判も強くなされていた[188]。批判を招いた理由は，①（前述した昭和25年の尊属傷害致死事件の斎藤悠輔裁判官の意見のように）個人的な反感を表示するような少数意見が少なからず附されたこと[189]，②（前述した昭和30年の三鷹事件の上告棄却判決のように）少数意見制によって重大な結論が少数の票数差で導かれていることが明らかになったこと[190]，③少数意見を表示した裁判官が新聞等でも多数意見を批判する論評を行ったこと[191]，の3点に分類できる。

また，前述したように，初期において少数意見は補足意見・反対意見・意見の3種類に分類されていなかったことも重要である。

(2) 少数意見制廃止の是非（昭和32〜39年）

少数意見制への批判も強く存在する状況下において，果たして少数意見制を維持すべきかどうか，少数意見制度の改廃の是非が問われたターニングポイントとなったのが昭和32年（1957年）である。昭和32年の内閣提出法案で

---

[188] 第2代最高裁判所長官の田中耕太郎は「少数意見につきまして，専門家の間のみならず一般国民の間にもずいぶん疑惑を持たれておる面があるということを私どもはよく承知いたしております。」と述べており，遅くとも1957年4月までには少数意見制について批判がなされていたことが伺える。衆議院法務委員会「第26回国会 衆議院法務委員会議事録第29号」［田中耕太郎発言］9頁（1957年4月25日）。

[189] なお，このような感情的な少数意見が生じる背景として，最高裁判事の中には感情的なものもつれがあったことが指摘される。例えば，真野毅裁判官と斎藤悠輔裁判官は，最高裁判所玄関の「菊花の御紋章」を取り外すかどうかを巡って感情的な対立が生じたと言われる。山本祐司『最高裁物語 秘密主義と謀略の時代（上）』（講談社，1997年）117-120頁。また，両裁判官による少数意見につき，同201-233頁。感情的な少数意見が附されたのは戦後の価値観が急激に変化した時代であったことに留意されるべきであろう。

[190] 衆議院法務委員会「第26回国会 衆議院法務委員会議事録第20号」5頁［横井太郎発言］（1957年3月28日）。

[191] 衆議院法務委員会「第26回国会 衆議院法務委員会議事録第20号」5頁［横井太郎発言］（1957年3月28日）。

ある「裁判所法等の一部を改正する法律案[192]」(いわゆる最高裁判所の機構改革案)は、「最高裁判所における取扱い事件の件数は年々増加の一途をたどるとともに、その裁判官の負担は著しく過重となり、…現在の最高裁判所の機構をもっていたしましては、ますます増大する事件の負担に耐えることが困難[193]」になっているとの現状認識の下、「上告事件等の審理の円滑化をはかるため、憲法違反、判例変更等の重要な事件について審判する最高裁判所の裁判官を減員するとともに、別に最高裁判所に最高裁判所小法廷を置き、刑事訴訟についての上告理由の範囲を拡張して、個々の事件における当事者の救済を全うしようとする[194]」大規模な制度の変更を内容とするものであったが、同法案を審議した衆議院法務委員会において少数意見制の是非も審議されたのである。

この時の衆議院法務委員会における少数意見制の是非の議論において特筆すべきは、当時の最高裁長官である第2代最高裁判所長官田中耕太郎の発言であろう。田中は、少数意見制にもデメリットはあるとしながらも、裁判官の良心や国民審査の資料に資することを強調し、結論として「われわれ最高裁判所の現在の同僚諸君は、やはりこの制度をやめたらいいという意見の人は一人もございません。」と少数意見制を強く擁護する[195]。

さらに、この時期には学者からも少数意見制を擁護する意見が出されている。特に、当時東京大学教授であり、後に最高裁判事となる伊藤正己により少数意見制を維持すべきとの論文[196]が出されていることが重要であろう。

このような最高裁判事・学者の反応もあり、少数意見制は昭和32年(1957

---

192) 同法案の内容については、衆議院法務委員会「第26回国会　衆議院法務委員会議事録第13号」1-3頁(1957年3月12日)。なお、同法案は第28回国会における衆議院解散とともに審議未了となり、以後再提出されることはなかった。
193) 衆議院法務委員会「第26回国会　衆議院法務委員会議事録第13号3頁[中村梅吉法務大臣発言](1957年3月12日)。
194) 衆議院法務委員会「第26回国会　衆議院法務委員会議事録第13号3頁[中村梅吉法務大臣発言](1957年3月12日)。
195) 衆議院法務委員会「第26回国会　衆議院法務委員会議事録第29号」[田中耕太郎発言]9頁(1957年4月25日)。なお、補足であるが、同委員会において、田中耕太郎は少数意見制を英米法系に由来するものであるとの認識を示している。
196) 伊藤・前掲注35) 76-79頁。同文献では、最高裁判所の機構改革案に対し自民・社会両党の共同の修正案が提案されており、その修正案の中には少数意見制を廃止する提案が含まれていると述べられている。

年）以後現在に至るまで存続していくこととなるが，この時期を境に少数意見の問題点がすべて解消したわけではない。特に，個人的な反感を表示するような少数意見はその後も散見される。昭和38年には，原審裁判官を「弱い犬程大いに吠えるのたぐいである」と評した松川事件[197]の下飯坂少数意見が附される等[198]，感情的な少数意見はしばらくの間散見されることとなる。

(3) その後の安定（昭和40年代〜）

しかし，昭和40年代以降になると少数意見制も安定する。すなわち，感情的な少数意見が見られなくなるとともに，前述したように昭和40年代頃から少数意見の表示も補足意見・反対意見・意見の3種類に分類されるようになった[199]。

そして，現在でも少数意見制について政治部門で議論されることもあるが，それは廃止・維持に関するものではなく，あくまで少数意見制の維持を前提としたうえでの議論である[200]。

Ⅳ 少数意見の実際

1 少数意見の数の変遷

少数意見の数は近年増大しているといわれる。すなわち，少数意見の数は90年代では215であるが，2000年から2010年までには421と2倍になっているとの調査がある[201]。また，同調査によると，少数意見の内訳は89年から99年までの判決では補足意見89，意見22，反対意見104であるのに対し，2000

---

197) 最一小判昭和38年9月12日刑集17巻7号661頁。
198) また，昭和34年の松川事件大法廷判決（最大判昭和34年8月10日刑集13巻9号1419頁）における田中耕太郎長官の反対意見も批判されている。小林孝輔「最高裁判所の多数意見と少数意見」法律時報31巻12号（1959年）37頁脚注3。
199) 前述の「Ⅱ日本における少数意見制 2 (2)」を参照。
200) 例えば，平成26年4月21日の参議院決算委員会においても少数意見制について議論がなされているが，それは多数意見が反対意見について反論・言及しない判例が多く多数意見と反対意見のすれ違いが生じているという現状認識から，多数意見について反対意見への言及・反論を求めるといったものである。参議院決算委員会「第186回国会　参議院決算委員会会議録第5号5-9頁［小西洋之発言］（2014年4月21日）
201) 渡辺・前掲注12) 15頁。

年から2010年では補足意見212, 意見39, 反対意見170となっており, 補足意見の増加率が特に大きいことが指摘されている[202]。

2 裁判官の出身母体と少数意見の多寡

前述したとおり, 最高裁判事は裁判官出身者6人, 検察官出身者2人, 弁護士出身者4人, 行政官出身者2人, 学者1人の15人という人事慣行が存在する。そして, 少なくとも90年代と2000年代においては弁護士出身者が少数意見をつける割合が相対的に高いと言われている[203]。また, およそ少数意見を書いたことのない判事はまれで, 2000年代ではほぼ皆無であるとも指摘されている[204]。

3 少数意見のインパクト

将来の多数意見形成に影響を与えた少数意見は少なくない[205]。以下では, 過去の判例における少数意見が影響を与えた最高裁判例として, 民法900条4号但し書きのうち非嫡出子の法定相続分を嫡出子の法定相続分の2分の1としていた部分[206]を違憲とした平成25年の非嫡出子法定相続分違憲決定[207]を取り上げることとする[208]。

同違憲決定以前の平成7年の最高裁判例[209]では, 同部分は合憲であるとされていた。しかし, 平成7年の最高裁判例の合憲決定は, 15人の最高裁判

---

202) 渡辺・前掲注12) 15-16頁。
203) 渡辺・前掲注12) 16頁。なお, 市川正人ほか編『日本の最高裁判所』(日本評論社, 2015年) の第Ⅰ部 (2-198頁) では, 各法分野毎に最高裁判所判決について人的構成も踏まえた分析がなされている。
204) 渡辺・前掲注12) 16頁。
205) ある一定時点の判例における少数意見がその後の多数意見に影響を与えた例として, 憲法分野ではいわゆる一票の較差を巡る一連の訴訟や国籍法違憲判決(最大判平成20年6月4日民集62巻6号1367頁) 等が挙げられる。市川正人「違憲審査権行使の積極化と最高裁の人的構成」市川正人ほか編『日本の最高裁判所』23-38頁(日本評論社, 2015年)。
206) 違憲決定(最大決平成25年9月4日民集67巻6号1320頁) を受けて, 平成25年民法改正により削除された。
207) 最大決平成25年9月4日民集67巻6号1320頁。
208) 参考, 渡辺・前掲注12) 17-19頁。市川・前掲注205) 28-29頁。
209) 最大決平成7年7月5日民集49巻7号1789頁。

事のうち5人が違憲とする反対意見に与しており，さらに，補足意見を付した最高裁判事のうち4人の最高裁判事はあくまで当該時点においては違憲とまではいえないとしていた[210]。すなわち，全体としてみると，同部分が合憲・違憲のいずれであるかという点では10対5であったが，合憲派の10人中4人は今後の時の経過によって違憲となる可能性を留保していたこととなる。（なお，反対意見において違憲判断の場合の遡及効の制限についても言及がすでになされていたことは，後の平成25年違憲決定との関係で注目に値する。）

そして，平成7年決定後もしばらくは合憲判断が下されるものの，合憲判断に反対する少数意見が附され続けることになる。①まず，平成12年の第一小法廷判決[211]では，同部分の合憲性につき，5人の最高裁判事のうち1人[212]は違憲とする反対意見を述べ，またさらに他の1人はあくまで現時点では合憲であるとの補足意見を述べている。（さらに，同補足意見では，違憲判断の場合の遡及効等についても触れられている。）②次に，平成15年の第二小法廷判決[213]では，同部分の合憲性につき，5人の最高裁判事のうち2人が違憲とする反対意見を述べた。この事件で反対意見を述べた最高裁判事（梶谷玄，滝井繁男）は，2人とも平成7年決定に関与していない最高裁判事であったことが注目に値する。この2人の最高裁判事は平成7年決定の反対意見を引用しつつ自らの見解を補足しており，ある時点の判例における少数意見が後の最高裁判事に影響を与えていることがわかる好例であるといえよう。③さらに，平成15年の第二小法廷判決の3日後に下された第一小法廷判決[214]では，同部分の合憲性につき，5人の最高裁判事のうち2人が違憲と

---

210) 大西勝也裁判官補足意見（園部逸夫裁判官同調）は，「現時点においては，立法府に与えられた合理的な裁量判断の限界を超えているとまではいえないとしても，本件規定のみに着眼して論ずれば，その立法理由との関連における合理性は，かなりの程度に疑わしい状態に立ち至ったものということができる。」としており，また，千種秀夫・河合伸一裁判官の共同補足意見は，「ある法規の合理性が著しく失われて，憲法一四条一項に照らし，到底容認できない段階に達しているときは，もはや立法を待つことはできず，裁判所が違憲を宣言することによって直ちにその適用を排除しなければならない。しかし，本件規定については，現在まだその段階に達しているとは考えられない。」と述べている。
211) 最1小判平成12年1月27日判時1707号121頁。
212) この反対意見を述べたのは平成7年で反対意見（＝違憲側）に回った遠藤光男裁判官であって，平成7年の際に表明した自らの見解を維持している。
213) 最2小判平成15年3月28日判時1820号62頁。

する反対意見を述べたにとどまらず，補足意見を附した島田仁郎裁判官（後の16代最高裁判所長官）は「明らかに違憲であるとまではいえないが，極めて違憲の疑いが濃いものである」と述べた。あくまで小法廷の段階ではあるが，最高裁判所が違憲へと傾きつつあることが読み取れるとともに，補足意見を附した島田仁郎裁判官は違憲無効としない理由として，「これを違憲としてその適用を排除するには，その遡及効…の問題等について十分な検討と準備が必要である。それなしに直ちに違憲無効の判決をすると，大きな混乱を招いて法的安定性が著しく損なわれることは避けがたい」と述べていることも注目に値する。④また，1年後の平成16年の第1小法廷判決[215]でも，5人の最高裁判事のうち2人[216]が違憲とする反対意見を述べるとともに，島田仁郎裁判官は補足意見を述べて平成15年の補足意見を引用している。⑤さらに，平成21年の第二小法廷決定[217]でも，5人の最高裁判事のうち1人が違憲とする反対意見を述べるとともに，他の1人による「少なくとも現時点においては，本件規定は，違憲の疑いが極めて強いものであるといわざるを得ない」とする補足意見が附されている。（そして，同補足意見には，遡及効の問題についても指摘がなされている。）

　以上のような平成7年の合憲決定後の流れを受けて，平成25年の違憲決定が下されることとなった。同違憲決定は，「昭和22年民法改正時から現在に至るまでの間の社会の動向，我が国における家族形態の多様化やこれに伴う国民の意識の変化，諸外国の立法のすう勢及び我が国が批准した条約の内容とこれに基づき設置された委員会からの指摘，嫡出子と嫡出でない子の区別に関わる法制等の変化，更にはこれまでの当審判例における度重なる問題の指摘等を総合的に考察すれば，家族という共同体の中における個人の尊重がより明確に認識されてきたことは明らかであるといえる。そして，法律婚という制度自体は我が国に定着しているとしても，上記のような認識の変化に

---

214) 最1小判平成15年3月31日判時1820号64頁。なお，本件で反対意見・補足意見を提出した計3名の最高裁判事はすべて平成7年の合憲決定には関わっていない。
215) 最1小判平成16年10月14日判時1884号40頁。
216) 平成15年の判決で反対意見を述べたのは深沢・泉裁判官であるが，平成16年は泉裁判官と，深沢裁判官の後任である才口裁判官である。
217) 最2小決平成21年9月30日判時2064号61頁。

伴い，上記制度の下で父母が婚姻関係になかったという，子にとっては自ら選択ないし修正する余地のない事柄を理由としてその子に不利益を及ぼすことは許されず，子を個人として尊重し，その権利を保障すべきであるという考えが確立されてきているものということができる。」と述べて，いわゆる立法事実の変遷を理由にしつつ，遅くとも当該事案の相続開始時点である平成13年7月当時において民法900条4号但し書きの該当部分は違憲であると全員一致で判示した[218]。さらに，同決定の先例としての事実上の拘束力が及ぶ範囲として，同決定の違憲判断は，当該事案の被相続人の「相続の開始時から本決定までの間に開始された他の相続につき，本件規定を前提としてされた遺産の分割の審判その他の裁判，遺産の分割の協議その他の合意等により確定的なものとなった法律関係に影響を及ぼすものではないと解するのが相当である。」と述べて，同決定の違憲判断が及ぶ範囲を限定する。

同違憲決定については様々な評釈が加えられているが，少数意見との関係では以下のことが指摘できよう。まず，そもそも平成7年の合憲決定の時点から，合憲派の基盤は決して強固なものではなかった。その時点で，15人中9人の裁判官が将来的に違憲判断が下されることを容認していたのである。次に，平成7年の合憲決定後，平成25年の違憲決定が下されるまでの間になされたいくつかの小法廷判決・決定においても，平成7年の少数意見に則って違憲判断を表明する裁判官が常に存在しており，かつ，合憲とする裁判官の中にも，違憲判断が及ぶ範囲をどのように処理すべきかという難問等を避けるためにもまずは国会における法律改正の議論が望ましいとして，いわば消極的に合憲判断を下していた裁判官がいたことがわかる。特に，消極的な合憲判断の立場からすると，違憲の疑いがありながらも国会が動かないのであれば，いつかは裁判所が違憲判断を下さなければならなくなる。まさにその時期が平成25年であったのであろう。このような視点からすると，平成25年の違憲決定は，いわば少数意見によってかねてから予告されていた結末が現実のものになった，極めて予見可能な判例であると評価できよう。政治部門は，たとえ少数意見であっても緊張感をもって認識する必要があることを

---

218) 補足意見が3人の最高裁判事からそれぞれ附されているが，違憲判断について異論を述べるものではない。

示した点でも，重要な判例である。

おわりに

　戦後，裁判所法によって導入されることとなった日本における少数意見制は，曖昧な部分を残しつつ，時にその運用に対して厳しい批判も受けながらも，判例の発展に資する重要な役割を果たしてきた。日本における少数意見制について検討することは，これまでの司法のあり方を確認するものであるとともに，これからの司法のあり方を考えるための礎となるように思われる。今後，少数意見制を巡る議論の更なる深化が必要となろう。

第2章　日本における最高裁判所の少数意見
——実務家から見た少数意見

喜田村洋一

- I　少数意見の影響力〜視野をどこまで広げるか
- II　立法府及び行政府に対する少数意見の影響
- III　最近の最高裁の憲法判断の特徴とそこから実務家が学ぶべきもの
- IV　少数意見から多数意見へ
- V　少数意見が教えてくれるもの
- VI　結語

I　少数意見の影響力〜視野をどこまで広げるか

1　実務家にとって判例とは？

　実務家（本稿では主として弁護士を想定している）は，依頼者の利益を実現することを職務とするが，そのためには法律を知り，それを解釈する判例を知らなければならない。

　しかし，現在の判例あるいは法によって依頼者の正当な利益が守られていないのであれば，これを変更させることを考えなければならない。明日の判例がどうなるか，そのためにどうすべきかを知ることが必要なのだ。

2　少数意見はなぜ有用か？

　最高裁判所の各裁判官が氏名を明らかにしたうえで執筆する少数意見（補足意見，意見，反対意見）は，執筆者が明らかにされない法廷意見ないし多数意見[1]と異なり，執筆した各裁判官の考え方が直截に明らかにされる。少数意見は，法廷意見・多数意見を補足し，あるいは結論は同じながら多数意

見とは別の観点からの論拠を提供し、さらには多数意見とは異なる結論になる理由を説明するものであり、多数意見が何を判示したのか、なぜそのような結論に至ったのかを理解し、あるいは、多数意見の結論を変更させるためには何が必要かを示唆するものとして、実務家にとってその検討は不可欠である。

少数意見の影響力が及ぶ対象は、後の裁判所だけではない。少数意見は、立法や行政に影響を与える場合もあるのであり、実務家は、これについても見ておく必要がある。

3 判例と異なる立法の可能性

国会は、最高裁の判決(法廷意見ないし多数意見)と異なる立法をすることは可能である。特に、最高裁の判決が(憲法ではなく)法律を解釈したものである場合には、この解釈と異なる内容の法律を作ることには何の問題もない。

最高裁の判決が憲法解釈を行ったものである場合には、国会はその解釈に拘束される(憲法81条)。最高裁が法令を違憲と判断すると、国会は、違憲とされた法令をそのまま存続させることはできず、判決に従って、違憲とされた箇所を修正しなければならない。もっとも、違憲とされた要件に代えて新たな要件を策定することなどは否定されない[2] (この新しい要件について、最高裁が憲法適合性を判断することがあるのは別論である)。

---

[1] 法廷意見ないし多数意見にも、これを執筆した裁判官を表示すべきであるとする意見も存する(松田二郎元最高裁裁判官など)。法廷意見ないし多数意見は、多くの裁判官の関与によって完成されたものであるから、執筆裁判官名を表記するのは相当ではないとする考えもあるが、米国の例を見ても、これが説得力ある根拠となるとは考えにくい。

[2] 国籍法3条を違憲とした最高裁平成20年6月4日大法廷判決・民集62巻6号1367頁における近藤崇晴裁判官の補足意見(同1392頁)参照。

II 立法府及び行政府に対する少数意見の影響

1 少数意見が立法府や行政府に直接，影響を与えた事例
(1) 行政事件訴訟法の事例

最高裁大法廷の多数意見を立法府が覆した例としては，行政事件訴訟特例法（昭和23年法律第81号）に関する最高裁昭和35年3月9日大法廷判決・民集14巻3号355頁がある。この事件は，地方自治法に基づく議員の除名処分の取消を求める訴えであるが，8名の裁判官の多数意見[3]は，議員が任期満了等の事由によってその身分を失っている場合には，除名処分を取り消しても議員たる身分を回復することはできないから，この場合には除名処分の取消しを求める訴は，訴訟の利益がなくなるとして，一審原告（板橋区議会議員）[4]の請求を棄却した。これに対しては，7名の裁判官[5]が，原告の本来の任期が既に満了している場合でも，報酬請求権が害されたままの不利益状態が存在し，原告に報酬請求権等を追求する意思があると認められれば，原告はなお取消訴訟を追行する利益を有するとして，一審原告には訴えの利益があるとの少数意見を述べた。

このように，行政事件訴訟特例法の解釈としては，除名処分を受けた地方議会の議員は，任期満了等となった後は，処分取消しを求める訴えをすることができないということは，最高裁判所の大法廷で確定した。

しかし，その後，行政事件訴訟法案が閣法として提出されたとき[6]，1962年5月7日の参議院法務委員会で政府説明員の杉本良吉法務省訟務局参事官は，原告適格の規定を特に設けるもう一つの理由は「〔現行行政事件訴訟法9条のカッコの中〕を実ははっきりと書きたかったわけでございます」として，上記大法廷判決のような事案ではこれまでの裁判所の多数の見解による

---

3) 多数意見は，田中耕太郎，斎藤悠輔，藤田八郎，河村又介，垂水克己，下飯坂潤夫，奥野健一，高橋潔の8裁判官である。
4) 一審原告は，1951年3月28日に板橋区議会から除名処分を受けたが，区議会議員としての任期は，同年4月29日に満了していた。
5) 少数意見は，小谷勝重，島保，入江俊郎，池田克，河村大助，高木常七，石坂修一の7裁判官である。
6) 1962年1月31日，閣法第43号として提出された。

と訴えの利益はないとされているが，「そういう場合を救済するために こういう規定を設けることになったわけであります」（下線引用者。以下同じ）と，上記最高裁大法廷判決で訴えの利益がないとされる場合を救済するために新しい規定を設けたと明確に述べている[7]。

行政事件訴訟法は，9条に上記のカッコ書きが付いたまま，昭和37年5月16日，成立し（同年法律第139号）同年10月1日に施行され，これにより昭和35年最高裁大法廷判決は意味を失ったが，これは，同判決における少数意見の立場を政府が相当と認め，これに基づく法案を策定し，国会がこれを承認したものである。少数意見は，裁判所では敗れたが，その立場は国会において採用されたのである。

(2) 尊属犯加重規定の事例

周知のように刑法200条の尊属殺人の規定については，最高裁昭和25年10月11日大法廷判決・刑集4巻10号2037頁（尊属傷害致死）と最高裁昭和25年10月25日大法廷判決・刑集4巻10号2126頁（尊属殺人）があり，同法205条2項と200条が憲法14条に違反することはないとされていた（前者は，15名中，合憲の多数意見が13名，後者は，11名中，合憲の多数意見が9名で，違憲の少数意見は，どちらも2名〔真野毅，穂積重遠〕であった）。

その後，最高裁は，昭和48年4月4日の大法廷判決・刑集27巻3号265頁によって，上記10月25日判決を変更したが，それよりはるか以前の昭和36年12月に刑法改正準備会が策定した「刑法改正準備草案」では，尊属加害重罰の規定を設けていなかった。同草案説明書では，その理由として，「尊属殺を重く処罰することは，憲法14条に違反する疑いがある」と述べている。

さらに，昭和47年3月に法制審議会刑事法特別部会が決定した「改正刑法草案」でも，尊属に対する犯罪の刑を加重する規定は置かれていなかった。その理由については，「尊属に対する場合に限って特に重い刑を定める合理的な根拠があるかどうかについてはなお疑問があること」（説明書）とされていた。

---

7) 第40回国会参議院法務委員会会議録27号17頁

このように，最高裁は大法廷判決において尊属加重は憲法に違反しないとしていたが，刑法改正を検討していた学者や実務家は，これが憲法に違反する疑いがあるとの立場を維持し，準備草案でも，草案でも，加重要件を規定しなかった。法制審議会において受け入れられたのは，大法廷判決の多数意見ではなく，反対意見だったのである[8]。

2　補足意見の影響

上では，少数意見のうち反対意見が他の二権に影響を与えた例を見たが，補足意見が影響を与えた例は，これよりはるかに多い。

(1)　民法の短期消滅時効の事例

最高裁平成16年4月23日第二小法廷判決・民集58巻4号959頁の事案は，マンション管理組合が組合員である区分所有者に対して有する管理費及び特別修繕費に係る債権は民法169条所定の債権に当たるとしたものであるが，この判決には福田博裁判官が補足意見を附し，「現行法の解釈としては，法廷意見が述べるとおり，〔短期消滅時効の成立〕を首肯せざるを得ない」としたうえで，「短期消滅時効の適用により，不誠実な一部の滞納者がその納付義務を容易に免れる結果とならないようにするための適切な方策が，立法措置を含め十分に検討されるべきものと考える」としていた。

これに関し，2015年3月31日，閣法として国会に提出された「民法の一部を改正する法律案」（平成27年閣法第63号）は，現行民法168条と169条を整備して新しい168条とし，169条は削除することとしている。民法改正は多年にわたって取り組まれてきたところであり，上記の改正案の消滅時効に関する部分は福田裁判官の補足意見だけによって生まれたわけではないが，改正案の方向性を定める一つの要因となったことは確かと思われる。

---

8) 現実には，平成7年法律第91号で，刑法の口語化にともなう全条文の改正に際して，尊属犯加重規定は全面的に削除された。昭和48年の大法廷違憲判決から20年以上が経過していた。

(2) 仮差押解放金の事例

　法律の制定ないし改正は国会の議決が必要であり，実際には，それほど簡単ではない。これに対し，行政実務での対応を変更することは，これに比べれば容易であり，早期に対応することが可能である。

　たとえば，最高裁平成15年1月31日第二小法廷決定・民集57巻1号74頁では，既に発せられた仮差押命令と同一の被保全債権に基づき異なる目的物に対し更に仮差押命令の申立てをすることの許否が問題とされ，最高裁は，一定の要件が満たされる場合にこれが認められると判示した（法廷意見）が，この判決では，北川弘治裁判官が補足意見を附し，先行仮差押命令と同一の被保全債権に基づき，これとは異なる目的物について仮差押命令が発せられると，債務者が供託すべき仮差押解放金が被保全債権の額を超える事態が生じる可能性があるため，これを避けるための方策を提案した。

　これを受けて，法務省は，「既に発せられた仮差押命令と同一の被保全債権に基づき異なる目的物について仮差押命令が発せられた場合における仮差押解放金の供託について」と題する通達（平成15年3月3日付民商631法務局長，地方法務局長あて法務省民事局長通達）[9]を発したが，その内容は，北川裁判官の補足意見を受けたものである。

(3) 再婚禁止期間の短縮の方策

　最高裁大法廷は，2015年12月16日，民法733条1項の規定のうち100日の再婚禁止期間を設ける部分は憲法14条1項，24条2項に違反しないが，同条項のうち100日を超えて再婚禁止期間を設ける部分は，平成20年当時において，憲法14条1項，24条2項に違反するに至っていたと判示した[10]。

　このうち100日の再婚禁止期間が憲法に違反しないとの部分は，関与した15名の裁判官中，13名の多数意見であるが，このうち6名の裁判官[11]が共同で補足意見を執筆し，「100日の期間内であっても，女性が再婚をすることが禁止されない場合を認める余地が少なくないのではないか」との考えか

---

9) 法曹時報55巻11号86頁。
10) 平成25年(オ)第1079号事件。裁判所ホームページ所収。
11) 櫻井龍子，千葉勝美，大谷剛彦，小貫芳信，山本庸幸，大谷直人裁判官の6名。

ら、「具体的には、女性に子が生まれないことが生物学上確実であるなど父性の推定の重複が生じ得ない場合、離婚した前配偶者と再婚するなど父性の推定が重複しても差し支えない場合及び一定の事由により父性の推定が及ばないと解される場合」には民法733条1項の適用がないとして、「100日以内部分の適用除外の事由に当たると解される場合は、民法733条2項に直接規定されている場合や従来の戸籍実務において認められてきた場合に限られるものではない」としている[12]。

この補足意見は、非常に有力なものと思われるのであり、これを受けて法務省がどのような対応をするのか、実務家は注意を払う必要がある。

III 最近の最高裁の憲法判断の特徴とそこから実務家が学ぶべきもの

1 最高裁の憲法判断の手法の特徴

以下では、最高裁の少数意見が後の最高裁の判例にどのような影響を与えてきたかを検討するが、その前提として、最近の最高裁における憲法判断(特に違憲判断)の手法の特徴に触れるとともに、その憲法判断が出される前の裁判所・裁判官の状況との比較を試みる。

(1) 「時の経過」に伴う違憲判断

近時、最高裁は、違憲判断、それも法令の違憲判断を積極的に行うようになってきている[13]。

そのような法令違憲の判決では、当該法令が最初に制定されたとき(あるいは、それから相当経過したとき)には合憲であったが、その後、社会状況の変化など「時の経過」に伴い、かつて合憲であった法令が違憲となったとするものが多い。

---

12) この補足意見は、民法を改正することなく、戸籍実務の取扱いの変更で、100日以内部分の適用除外事由の新たな認定が可能になるとの立場を採るものと思われる。
13) 最高裁大法廷が法令を違憲としたのは1947年の発足から26年後の1973年(尊属殺違憲判決)が最初であり、1970年代は3件(尊属殺違憲事件を含む)、1980年代は2件、1990年代は0、2000年代は3件、2010年代(2015年末まで)は2件である。

非嫡出子相続分の事例

その適例は、非嫡出子に対する相続分の差別を規定した民法900条4号ただし書である。これについては、1995年7月5日の大法廷決定（民集49巻7号1789頁）は合憲としながら、2013年9月4日の大法廷決定（民集67巻6号1320頁）で違憲とされた[14]。

この2つの決定は対照的である。1995年決定は、そこで問題とされた相続が発生したのがいつであるのかについて全く触れるところがない[15]。

すなわち、1995年の最高裁は、民法900条4号ただし書が憲法14条1項に違反するかどうかは、対象となっている相続がいつ発生したか、さらに、その時点での結婚や親子関係に関する社会状況や人々の意識などを考慮することなく、法律の検討だけで解決できるとしていたのである[16]。その意味で、1995年大法廷決定は、「時間」の要素を顧慮することなく合憲の判断を引き出したといえる。

これに対し、2013年の大法廷決定は、理由の本文冒頭に、「本件は、平成13年7月▲▲日に死亡したAの遺産につき、Aの嫡出である子 である相手方らが、Aの嫡出でない子である抗告人らに対し、遺産の分割の審判を申し立てた事件である」と記載し、本件の争点が2001年7月時点における民法900条4号ただし書の憲法適合性であることを明らかにしている。その上で、2013年の最高裁は、1947年の民法改正当時から決定当時までの社会の動向、日本における家族形態の多様化やこれに伴う国民の意識の変化、諸外国の立法のすう勢及び日本が批准した条約の内容とこれに基づき設置された委員会からの指摘、嫡出子と嫡出でない子の区別に関わる法制の変化、最高裁

---

14) 2013年9月4日の違憲判決を踏まえて、同年12月4日、民法の一部を改正する法律（平成25年法律第94号）が成立し（同月11日公布・施行）、民法900条4号ただし書は削除された。
15) 一審（静岡家庭裁判所熱海出張所）の審判によれば、この事件の被相続人が死亡したのは1988年5月である。
16) 多数意見が触れているのは、1947年の民法改正（第4編、第5編）による新しい相続の定め（法定相続分を含む）と、1980年の民法改正による法定相続分の変更と寄与分の新設だけであり、検討対象はすべて法律だけである。なお、大西勝也裁判官の補足意見（園部逸夫裁判官同調）は、憲法適合性の判断にあたって社会状況の変化を考慮する姿勢を示していが、補足意見でこのように述べられているにもかかわらず、多数意見が社会状況に目を向けなかったのは、意図的な選択であると考えられる。

における度重なる問題の指摘等を総合的に評価し，民法900条4号ただし書の規定は，遅くとも2001年7月当時において，憲法14条1項に違反していたと結論づけた。

このように，2013年の最高裁は，1995年最高裁のように，「民法900条4号ただし書の憲法適合性」という時間軸の存在しない形での問題設定をするのではなく，「本件相続が開始された2001年7月時点での上記法条の憲法適合性」を判断したのである。1995年7月5日に合憲とされた民法900条4号ただし書が[17]，（1988年から2001年までの）13年間のどこで違憲になったかの判定は困難であり，また，個別事件の処理においてはそれを確定する必要はないとしても，最高裁の論理に従えば，民法900条4号ただし書は，13年の間のいずれかの時点で，合憲から違憲に転じ，しかもこの2つを截然と区別する単独の事象は存在しないということになる[18]。

国籍法の事例

同様の判示は，これより1つ前の法令違憲判決である国籍法に関する平成20年6月4日大法廷判決・民集62巻6号1367頁でも見られる。

同事件では，昭和59年法律第45号で改正された国籍法3条1項（届出による国籍取得）が，日本国民である父が日本国民でない母との間の子を出生後に認知しただけでは日本国籍の取得を認めず，準正のあった場合に限り日本国籍を取得させることが憲法14条1項に違反しないかが問題とされた。

最高裁の多数意見は，「国籍法3条1項の規定が設けられた当時の社会通念や社会的状況の下においては，日本国民である父と日本国民でない母との間の子について，父母が法律上の婚姻をしたことをもって日本国民である父との家族生活を通じた我が国との密接な結び付きの存在を示すものとみることには相応の理由があったものとみられ…認知に加えて準正を日本国籍取得の要件としたことには，上記の立法目的との間に一定の合理的関連性があっ

---

[17] 2013年大法廷決定の論理に従えば，「民法900条4号ただし書は，1988年5月当時には合憲であった」ということになろう。
[18] 2013年大法廷決定は，「本件規定の合理性に関連する以上のような種々の事柄の変遷等は，その中のいずれか一つを捉えて，本件規定による法定相続分の区別を不合理とすべき決定的な理由となし得るものではない」とする。

たものということができる」とした。

しかし，多数意見は，進んで国籍法3条1項の制定以降の状況を検討し，その結果，「立法目的との間における合理的関連性は，我が国の内外における社会環境の変化等によって失われており，今日において，国籍法3条1項の規定は，日本国籍の取得につき合理性を欠いた過剰な要件を課するものとなっている」と認定し，その結果，上告人が法務大臣あてに国籍法3条1項に基づく国籍取得届を提出した時点（2003年）において，国籍法3条1項の区別は，「合理的な理由のない差別となっていたといわざるを得ず，国籍法3条1項の規定が本件区別を生じさせていることは，憲法14条1項に違反するものであったというべきである」とした。

このように，国籍法3条1項は，制定された1984年5月時点[19]では合憲であったが，それから約19年が経過した時点で違憲となったとされた。この約19年の間のどこで違憲となったかについて，指標となる事象が明示されていない点も，非嫡出子の相続分に関する2013年大法廷決定と同様である。

在外日本人選挙権の事例

時の経過に伴う違憲判断は，国籍法違憲の1つ前の法令違憲判断である最高裁平成17年9月14日大法廷判決・民集59巻7号2087頁でも見られる。

在外日本人は，選挙人名簿の登録が住民基本台帳の記録に基づいて行われるため，選挙権は有するものの，その行使をすることができない状態であった。このため，1996年に，「公職選挙法が原告らに選挙権の行使を認めていないことの違法確認等」を求めて提訴した。

この事件が1審に係属中，国会は公職選挙法を改正し（平成10年法律第47号），これにより在外選挙人名簿が調製され，在外投票ができることとされたが，改正後の公職選挙法附則8項で，「当分の間」，日本国外に居住する日本国民が投票できるのは，両議院とも比例代表選出議員だけであり，（小）選挙区選出議員には投票できないこととされた。

一審原告は，これについても争ったが，最高裁は上記の大法廷判決で，

---

19) 国籍法（昭和59年法律第45号）は，1985年1月1日に施行された（同法附則1条）。

「初めて在外選挙制度を設けるに当たり，まず問題の比較的少ない比例代表選出議員の選挙についてだけ在外国民の投票を認めることとしたことが，全く理由のないものであったとまでいうことはできない」としながら，上記の改正後に在外選挙が繰り返し実施されていること，通信手段が地球規模で目覚ましい発達を遂げていることなどを挙げ，「遅くとも，本判決言渡し後に初めて行われる衆議院議員の総選挙又は参議院議員の通常選挙の時点においては，衆議院小選挙区選出議員の選挙及び参議院選挙区選出議員の選挙について在外国民に投票をすることを認めないことについて，やむを得ない事由があるということはできず，公職選挙法附則8項の規定のうち，在外選挙制度の対象となる選挙を当分の間両議院の比例代表選出議員の選挙に限定する部分は，憲法15条1項及び3項，43条1項並びに44条ただし書に違反するものといわざるを得ない」とした。

このように，在外選挙を比例代表だけに限定するという公職選挙法附則8項の規定は，2000年5月1日に施行された時点では合憲であったが，上記大法廷判決（2005年9月）の次に施行される選挙（現実には，衆議院では2009年8月，参議院では2007年7月）時点では違憲になるとされた。

参政権という最も重要な権利の一つの行使を制限する法律（附則）が，当初は合憲とされながら，約5年で違憲と判断されるというのは極めて特異なことであろう。

公職選挙法（一人別枠方式）の事例

「時の経過」による違憲判断として挙げる最後の例は，やはり公職選挙法に関するものである。

衆議院は，基本的に中選挙区単記投票制をとってきたが，政治改革の掛け声の中で小選挙区比例代表並立制に変更することとされ，1996年の総選挙からこれが実施された。

また，衆議院参議院を問わず，定数の不均衡は常に問題とされており，特に1976年4月14日の大法廷判決・民集30巻3号223頁が，衆議院議員選挙で，有権者分布の最大較差4.9対1について，憲法の選挙権の平等の要求に反する程度になっていたと判示して以降は，毎回の選挙においてこの問題

が争われることとなった。

　国会は、衆議院の小選挙区の区割りについては、衆議院議員選挙区画定審議会を設置し、その勧告に基づいて小選挙区を決定することとしたが、同審議会設置法は、3条で、各選挙区の人口較差が2倍を超えないこととする一方で、各都道府県に配分される議員数は、各都道府県に議員1人を配分し（1人別枠方式）、その余の議員については人口比で配分することとした。1人別枠方式は人口の少ない都道府県に相対的に多数の議員を割り当てるものであるから、憲法が保障する選挙権の平等と反する方向の作用を有する。このため、衆議院総選挙が行われるたびに、この1人別枠方式が憲法に違反しないかが激しく争われることとなった。

　この方式が最初に実施された1996年の総選挙について、最高裁は、平成11年11月10日大法廷判決・民集53巻8号1441頁で、都道府県は選挙区割りをするに際して無視することのできない基礎的な要素であるとして、1人別枠方式に基づく選挙区割りは憲法に違反しないとした。これに対し、5名の裁判官が反対意見を著し、人口較差が2倍以上となった最大要因は1人別枠方式であり、この方式は恣意的な投票価値の操作であると主張した[20]。

　その後、最高裁は、2005年9月11日の衆議院総選挙について、平成19年6月13日大法廷判決・民集61巻4号1617頁で1人別枠方式の合憲性を改めて検討したが、このときの多数意見[21]は、「都道府県は、これまで我が国の政治及び行政の実際において相当の役割を果たしてきたことや、国民生活及び国民感情においてかなりの比重を占めていることなどにかんがみれば、選挙区割りをするに際して無視することのできない基礎的な要素の一つというべきである」としたうえで、1人別枠方式は、「過疎地域に対する配慮などから…相対的に人口の少ない県に定数を多目に配分し、人口の少ない県に居住する国民の意見をも十分に国政に反映させることができるようにすることを目的とするもの」と述べ、そのような選挙区割りは、国会の裁量の範囲を逸脱するものということはできないと判断した[22]。

20）河合伸一，遠藤光男，元原利文，梶谷玄裁判官の反対意見と福田裁判官の反対意見。
21）島田仁郎，上田豊三，甲斐中辰夫，才口千晴，津野修，堀籠幸男，古田佑紀，那須弘平，涌井紀夫裁判官の9名。

ところが、これから4年後に行われた2009年8月30日の衆議院議員総選挙について、最高裁平成23年3月23日大法廷判決・民集65巻2号755頁では、一転して、多数意見[23]は、1人別枠方式の合理性は失われたと判断して、その理由を以下のように述べる。

「新しい選挙制度を導入するに当たり、直ちに人口比例のみに基づいて各都道府県への定数の配分を行った場合には、人口の少ない県における定数が急激かつ大幅に削減されることになるため、国政における安定性、連続性の確保を図る必要があると考えられたこと、何よりもこの点への配慮なくしては選挙制度の改革の実現自体が困難であったと認められる状況の下で採られた方策であるということにあるものと解される。／そうであるとすれば、1人別枠方式は、おのずからその合理性に時間的な限界があるものというべきであり、新しい選挙制度が定着し、安定した運用がされるようになった段階においては、その合理性は失われるものというほかはない。…〔平成21年に実施された本件選挙時においては〕本件選挙制度は定着し、安定した運用がされるようになっていたいたと評価することができるのであって、もはや1人別枠方式の上記のような合理性は失われていたというべきである」

「本件区割基準のうち1人別枠方式に係る部分は、<u>遅くとも本件選挙時においては、その立法時の合理性が失われたにもかかわらず</u>、投票価値の平等と相容れない作用を及ぼすものとして、それ自体、憲法の投票価値の平等の要求に反する状態に至っていたものといわなければならない。そして、本件選挙区割りについては、<u>本件選挙時において上記の状態にあった1人別枠方式を含む本件区割基準に基づいて定められたものである以上</u>、これもまた、本件選挙時において、憲法の投票価値の平等の要求に反する状態に至っていた」

---

22) この多数意見に対し、藤田宙靖、今井功、中川了滋、田原睦夫の4裁判官の意見は、「本件区割規定は、憲法の趣旨に沿うものとはいい難い」と述べ、横尾和子裁判官の反対意見は、本件区割規定は違憲であるとし、泉徳治裁判官の反対意見は、1人別枠方式を採用して定められた本件区割規定は違憲であるとする。
23) 竹崎博允、那須、櫻井、竹内行夫、金築誠志、須藤正彦、千葉、横田尤孝、白木勇、岡部喜代子、大谷（剛）、寺田逸郎裁判官の12名。

多数意見を長く引用したが，「時の経過」による違憲判断という基本的パターンは同じである。2005年総選挙に関して1人別枠方式を合憲とした平成19年大法廷判決は誤りではないが，これと全く同じ方式を用いて実施された2009年総選挙に関しては，1人別枠方式は合理性が失われたのであり，投票価値の平等と相容れない作用を及ぼすとされた。

2つの大法廷判決は共に正しく，並立するというのである。

しかし，1人別枠方式の内容に変わりはなく，これが人口比例に背馳する効果を持つことは当初から指摘されていた[24]。

しかも，2つの総選挙が行われた2005年9月11日と2009年8月30日では4年弱しか離れていない。上に見た非嫡出子の事案や国籍法の事案では，当初の合憲判断から後の違憲判断まで，それぞれの基準時は10年以上離れているが，ここでは僅か4年である。

公職選挙法の附則8項の制定から違憲と判断されるまで約5年であったことは比肩しうるかもしれないが，在外選挙事件では，附則8項が制定当初に合憲であったという司法判断が下されたわけではない。平成17年大法廷判決の中で，附則8項は「全く理由のないものであったとまでいうことはできない」とされているだけである。ところが，1人別枠方式については，平成19年大法廷判決で合憲と明示的に判断されたものが，平成23年大法廷判決では憲法の要請に反するものとされているのであり，この両者が共に成立するという考えは通常は採りにくい[25]。

以上に見てきたとおり，近年の最高裁の違憲判断は，それ以前の合憲判断を変更することなく[26]，社会状況や，国民の意識の変化，外国の動向などを総合的に考慮することによって，新たな結論（違憲）を導いている。

それが憲法判断として妥当かどうかは，それぞれの判決について個別に検

---

24) 前掲注20）参照。
25) 平成23年大法廷判決は，上に見たとおり，選挙制度の改革の実現自体が困難であったと認められる状況において採られた方策であることを合憲判断の重要な要素としているが，これは正に政治の判断であり，これを憲法適合性の判断において行ってよいのか，また，司法裁判所がそのような判断ができるかについては疑問がある。
26) これに対し，尊属殺の規定（刑法200条）を違憲とした1973年大法廷判決は，「尊属殺にも刑法199条を適用するのほかはない」としたうえで，「この見解に反する当審従来の判例はこれを変更する」と，判例変更を明言している。

討すべき論点ではあろうが、実務家としては、現在の最高裁がそのような判断手法を採っていることを前提に訴訟戦略を考えることになる。

(2) 解釈変更の理由の説明不要

最高裁を含め、裁判官が憲法を含め法令の解釈を変更することがありうるのは当然であろう。しかし、最高裁の判決は下級審に大きな影響を与えるのであるから、最高裁の裁判官は、自分がなぜそのような解釈をとるのかをできるだけ説明すべきであろうし、特に、解釈を変更した場合には、その理由を明らかにすることが望まれる。下級審の裁判官と違って、最高裁の裁判官が「意見を表示しなければならない」とされている（裁判所法11条）のは、最高裁判所ではなく、個々の最高裁裁判官がどのように考えているかが重要だと考えられているからに他ならない。

しかし、この観点から最高裁の判例を見ると、解釈変更の理由はもとより、解釈を変更したこと自体に触れないケースが極めて多い。

行政事件訴訟特例法の事例

最高裁昭和34年2月19日第一小法廷判決・民集13巻2号193頁は、町議会が所属議員を除名したという事案で、第一小法廷は、「原判決認定程度の発言を理由にその議員を除名することは違法」と判断したが、これは、関与した裁判官（下飯坂、斎藤（悠）、入江、高木常七）の全員一致による法廷意見であった。

ところが、その翌年、最高裁昭和35年3月9日大法廷判決（板橋区議会議員に対する除名処分の事件。前掲注4）参照）では、田中（耕）、下飯坂、斎藤（悠）の3裁判官の補足意見が附され、この意見では、「区議会の除名決議の効力に関し、裁判所は審査権を有しない」とされていた。

この解釈が正しいかどうかはさておき、問題は、この補足意見に加わった下飯坂、斎藤（悠）の2裁判官は、その前年には町議会議員に対する除名処分を取消す判決に賛成していたことである。なぜ除名処分に対する司法審査権の有無について解釈を変更したのかが説明されなければ、判例の継続、安定という点から不安が残るところである。

尊属殺の事例

刑法において、被害者が加害者の尊属であるとき、これを特別の類型の犯罪として刑を加重できるかは、新しい憲法になって活発に争われた。

刑法200条を違憲とした1973年大法廷判決は、尊属殺人罪を設けることは許されるが、その法定刑が立法目的に比して著しく均衡を失する点において違憲であるとする多数意見[27]と、尊属殺人罪を設けること自体が許されないという6裁判官の意見[28]、そして尊属殺人罪は違憲でないとする1裁判官の反対意見に分かれている。

ここで取り上げたいのは、昭和48年大法廷判決で、尊属殺人罪を、目的違憲か手段違憲かはともかく、違憲と判断した裁判官が、それ以前には同罪を合憲と解していたことである。

すなわち、最高裁昭和39年5月29日第二小法廷判決・集刑151号273頁は、尊属殺人罪の憲法適合性については、昭和25年10月25日及び昭和32年2月20日の各大法廷判決を引用し、今なおこれを変更すべきものとは認められないとしたが、この判決は、関与裁判官（奥野（健）、山田作之助、城戸芳彦、石田）4名全員一致の法廷意見であった。

また、最高裁昭和42年11月21日第三小法廷判決・集刑165号71頁も、尊属殺人が憲法14条に違反するとの上告趣意について、1950年10月25日の大法廷判決を引用して上告を棄却したが、この判決も、関与3裁判官（田中（二）、下村、松本正雄）全員一致の法廷意見であった。

このように、1973年大法廷判決の多数意見に加わり（石田）、あるいは意見を執筆（田中（二）、下村）して、刑法200条が違憲と判断した裁判官は、その9年前、あるいは6年前には、同条が合憲であると解していた。それが1973年までの間に、率然として解釈を変えた理由については何ら明らかにされていない。

尊属加重要件の憲法適合性については、1950年の2つの大法廷判決の後

---

27) 石田和外、村上朝一、関根小郷、藤林益三、岡原昌男、岸盛一、天野武一、岩田誠の8裁判官。
28) 田中二郎裁判官意見（小川信雄、坂本吉勝裁判官同調）、下村三郎裁判官意見、色川幸太郎裁判官意見、大隅健一郎裁判官意見、下田武三裁判官反対意見。

は，最高裁で問題とされた例はそれほど多くなかったし，その場合にも，尊属加重が憲法に違反するとの意見は，昭和25年大法廷判決の反対意見の執筆者以外には現れなかった[29]。

このように，1960年代から1970年代初頭にかけて，学界は別として，裁判実務において尊属加重は憲法14条に違反しないことはほぼ確定していたといえる状態にあった。それだけに，1973年に最高裁が，理由づけはともかく14対1という圧倒的多数で刑法200条を違憲としたことは，このような判例の流れの中に置くと極めて異例としか考えられない。

なお，1973年大法廷判決（刑集27巻3号265頁の事例）の原判決は，東京高裁昭和45年5月12日判決であり。この事件は，上告して第二小法廷に係属したが，大法廷に回付された[30]。大法廷回付が最高裁裁判事務処理規則9条の何号に基づくものかは不明であるが，いずれにせよ，大法廷回付の段階で刑法200条が憲法14条1項に適合しない可能性が認識されたことになる[31]。第二小法廷の中でどのような議論がなされたのかは知る由もないが，それまでの裁判所の支配的見解と全く異なるコースをとろうとする裁判官が第二小法廷に集まり，大法廷に回付したところ，他の小法廷の裁判官たちも，同様の意見を持つ者が大多数だったということであろうか。

---

29) 尊属加重が違憲として争ったものとして，最高裁昭和35年1月19日第三小法廷判決・刑集14巻1号23頁，最高裁昭和34年4月2日第一小法廷判決・刑集13巻4号423頁，最高裁昭和33年10月24日第二小法廷判決・刑集12巻14号3392頁，最高裁昭和32年2月20日大法廷判決・刑集11巻2号824頁，最高裁昭和31年6月12日第三小法廷判決・刑集10巻6号810頁，最高裁昭和29年1月20日大法廷判決・刑集8巻1号52頁などがある。このうち違憲の反対意見が附されたのは，昭和29年大法廷判決の真野裁判官（昭和25年判決の反対意見を援用）だけである。

30)「最高裁判所判例解説　刑事篇　昭和四十八年度」109頁，112頁（田尾調査官執筆）。大法廷に回付された日は明らかでない。なお，同事件の弁論は，昭和47年5月24日に行われた。弁論から判決まで1年弱経過しており，この間，4人の裁判官（田中（二），下村，色川，岩田）が退官している。

31) 第二小法廷の構成は，1970年は草鹿淺之助（同年10月24日まで），城戸（同年12月19日まで），色川，村上，岡原（同年10月28日就任），小川（同年12月22日就任），1971年及び1972年は色川，村上，岡原，小川，1973年は色川（同年1月29日まで），村上（同年5月21日から長官），岡原，小川，大塚喜一郎（同年2月2日就任。大法廷判決に不参加），吉田豊（同年5月21日就任）の各裁判官であり，大法廷判決に参加した裁判官は，いずれも多数意見に属するか意見を執筆している。

公職選挙法の定数配分を争う訴訟の事例

衆参両院の議員の選挙において定数配分が大きな問題とされることは上に見たとおりであるが、この問題に実質的な司法審査が及ぶかという点についても、尊属殺の事例と似た現象が見られる。

この問題についての最初の大法廷判決は、最高裁昭和39年2月5日大法廷判決・民集18巻2号270頁である。この事案は、1962年7月1日に実施された参議院地方選出議員（東京選挙区）の選挙に関するものであり、その時点での選挙区の人口較差は、1対4.09とされていた。

判決では、13名の裁判官中、12名が多数意見を構成し、各選挙区の議員数を人口数に拘らず現行の最低二人を更に低減することは困難であることを挙げ、その他選挙区の大小、歴史的沿革、行政区画別議員数の振合等の諸要素も考慮に値するとして、「選挙人の選挙権の享有に極端な不平等を生じさせるような場合は格別、各選挙区に如何なる割合で議員数を配分するかは、立法府である国会の権限に属する立法政策の問題であつて、議員数の配分が選挙人の人口に比例していないという一事だけで、憲法14条1項に反し無効であると断ずることはできない」と述べ、定数不均衡が生ずるに至ったとしても、「所論のような程度ではなお立法政策の当否の問題に止り、違憲問題を生ずるとは認められない」として上告を棄却した[32]。

その後、最高裁昭和41年5月31日第三小法廷判決・集民83号623頁では、再び参議院地方選出議員（青森選挙区）の選挙が問題とされ、多数意見は、上記昭和39年大法廷判決を引いて上告を棄却した[33]。

次にこの問題を取り上げた最高裁昭和49年4月25日第一小法廷判決・集民111号64頁では、参議院地方選出議員（東京選挙区）の選挙が問題とされた

---

32) 多数意見は、横田喜三郎、入江、下飯坂、奥野（健）、石坂、山田、五鬼上堅盤、横田正俊、草鹿、長部謹吾、城戸、石田裁判官である。この判決には、公職選挙法204条の訴訟で、本件事案におけるような請求を求めることの合法性に疑問があるとする斎藤朔郎裁判官の意見が附されている。
33) 田中（二）裁判官は、意見で、「違憲の主張をなし得〔るのは〕不均衡の程度を理由としてではなく、立法府である国会が、憲法の趣旨を没却してその裁量権を濫用し、全く恣意的に議員数の配分を行つたことが客観的に一見明白であることを理由とする場合に限られるべきである。…実際上には、このようなことは、われわれの常識では考えられない」と述べている。

(人口較差は, 1対5.08)。最高裁は, 昭和39年大法廷判決を引用して上告を棄却したが, これは, 関与した裁判官(大隅, 藤林, 下田, 岸, 岸上康夫) 5 名全員一致の法廷意見である。

その後, 最高裁は, 昭和51年4月14日大法廷判決・民集30巻3号223頁で, 1972年12月10日におこなわれた衆議院議員選挙の千葉県第1区(人口較差は約5対1)における選挙を取り上げた。

多数意見[34]は, 定数配分の定めは単に憲法に違反する不平等を招来している部分のみではなく, 全体として違憲の瑕疵を帯びるとしたが, 事情判決により, 選挙自体は無効とせず, 主文での違法宣言にとどめた。

これに対し, 岡原裁判官ら5裁判官は, 千葉県第1区に関する限り違憲無効であるとして, これに基づく選挙もまた無効なものとして上告人の請求を認容すべきとの反対意見を述べた[35]。また, 岸裁判官も, 千葉県第1区の選挙は無効であるが, 当選人4名は当選を失わないとの反対意見を述べた。

ここで問題にしたいのは, 1974年第一小法廷判決と1976年大法廷判決の関係である。国政選挙における選挙人の平等をどのようにとらえるかという点では両者は共通の問題を取り扱っているが, 1974年第一小法廷判決において, 1964年大法廷判決を引用して上告を棄却したことと, 1976年大法廷判決において, 1964年大法廷判決とは全く違うアプローチを見せたことがどのような関係に立つかは微妙なところがある[36]。

この両方の判決に参加したのは, 1974年第一小法廷判決に参加した大隅裁判官を除く4裁判官であるが, このうち, 大法廷判決では藤林裁判官と岸上裁判官は多数意見を構成し, 下田裁判官と岸裁判官は, それぞれ独立に反対意見を執筆している。

---

34) 村上, 藤林, 天野, 坂本, 岸上, 高辻正己, 団藤重光, 本林譲の8裁判官。
35) 岡原, 下田, 江里口清雄, 大塚, 吉田の5裁判官。
36) 1976年大法廷判決は, 1964年大法廷判決を変更するとは述べていないが(1974年第一小法廷判決は参議院地方選挙区に関するものであり, 1976年大法廷判決は衆議院地方区に関するものであるから, 厳密には両判決が抵触するということはない), 昭和58年4月27日大法廷判決・民集37巻3号345頁で, 伊藤正己裁判官は, 補足意見において, 「三九年大法廷判決は…もし参議院議員の選挙について憲法上投票価値の平等が要求されていないものと判示しているとすれば, その限度で, 五一年大法廷判決によつて変更されているとみるほかない」と述べている。

ここでも，尊属殺の場合と同じく，これら4裁判官が，それまでの最高裁判例とは全く異なるアプローチを採るのであれば，なぜそう変わったのかを説明することが判例を深く理解させることにつながるのではないかと思われるが，それはなされていない。

以上のように，最高裁の裁判官は，憲法を含む法令についての解釈を変更することはあるが，そのことを，解釈を変更した後の判決の中で明らかにすることや，変更の理由を説明することは少ない。

そして，尊属殺や定数配分について見たとおり，最高裁の裁判官が解釈を変更するときには，それまでの判例の流れから離れ，全く新たな解釈を採ることもある。

最高裁の裁判官がなぜそのような対応をするのか，また，それが望ましい姿といえるのかという問題はありうるが，実務家にとってまず必要なのは，最高裁の裁判官がそのような行動をするという認識である。訴訟方針はその認識の上に築かなければならない。

2　実務家が学ぶこと

上に見たとおり，近年の最高裁の違憲判断の特徴は，「時の経過」に伴う違憲判断という点にある。また，最高裁の裁判官は，自らのそれまでの解釈を割合，自由に変更することができ，その場合，変更した事実も，その理由も明らかにする必要はない。また，新しい解釈は，先例と全く異なるものであっても構わない。

実務家にとって，これから導かれる指針はどのようなものだろうか。

私見では，これらの事象は，最高裁に新しい解釈，特に新しい憲法解釈や，法令や行政実務について違憲判断を求めようとする者たちに希望を与えるものである。

憲法解釈が，憲法と関連法令の条文，そして抽象的な言い回し（たとえば，非嫡出子に関する1995年大法廷決定における「民法が法律婚主義を採用している」など）で結論が出されてしまうのであれば，これを変更させるのは相当に困難であろう。

しかし，最高裁が，「過去は合憲であったが，その後の社会状況の変化な

どで違憲と判断される可能性がある」というアプローチを採っているのであれば，過去の敗訴は，明日の敗訴を決定づけるものではない。状況が異なれば，先例拘束性は及ばない。新しい状況が現出すれば，いくらでもチャレンジができるのである。その適例が非嫡出子の事件であり，1995年大法廷決定の後も，2000年，2003年（2回），2004年，2009年と最高裁の判断を5回も求め続けた結果，最終的には2013年の違憲判断となったのである。

また，最高裁の裁判官が解釈を変更する場合に，それまでの支配的な考えとは隔絶した解釈を採ることがあるという事実も，最高裁に新たな判断を求める実務家を勇気づける。尊属加重の規定については，1950年に2人の裁判官（真野，穂積）が違憲としたものの圧倒的多数で敗れ去り，その後は，違憲説が新たに加わった最高裁の裁判官によって唱えられたことはなかった。ところが，1970年の高裁判決が大法廷に回付されるや，1973年には14対1で刑法200条は違憲とされたのであり，その多数意見ないし意見を述べた中には，それまで尊属加重の規定を合憲とする判断をしていた裁判官が3名，含まれていた。明確な改説である。

また，国会議員の定数配分については，1964年の大法廷判決以後，司法審査が現実に及ぶことを示唆する意見は皆無であったにもかかわらず，最高裁大法廷は，1976年に，突然，司法審査が及ぶという「判例変更」（伊藤裁判官）を行った。尊属加重の場合には，古い過去とはいえ2人の反対意見という依拠すべき対象があったが，定数配分においては，そのようなものもなかった。それでも，最高裁は，司法審査が及ぶとする点において15人中，14人の意見が一致したのである。明白な判例変更であった。

このように，最高裁に憲法判断を求めるにあたっては，悲観すべきではない。ここに述べたような最高裁の違憲判断の手法や，最高裁裁判官の思考プロセスを踏まえ，そのうえで基本的所作である「事実に基づき，法解釈を精密に行い，文章を論理的に組み立てる」作業を行い，その上で，状況に応じて何度でもチャレンジすることが必要とされるのである。

Ⅳ 少数意見から多数意見へ

ここでは，かつての少数意見が多数意見になった事例を取り上げ，それを可能にした要因が何であるのか，そのために実務家は何ができたのかを探ることとする。

1 非嫡出子相続差別違憲事件から何を学ぶか

(1) この事件は，1995年大法廷決定（民法900条4号ただし書は合憲）から，2013年大法廷決定（同条項は違憲）へと劇的な転回を遂げた。

上に見たとおり，この2つの大法廷決定の間には，小法廷での判決・決定が5回，示され，多数の裁判官が意見を執筆している。それをまとめると，以下のとおりである（従前と同じ少数意見は内容を省略した）。

① 最高裁平成12年1月27日第一小法廷判決・集民196号251頁

相続発生日　1995年9月26日

多数意見[37]：1995年大法廷決定を引用して上告棄却

藤井正雄裁判官補足意見：国民の意識の変化はみられるが，<u>合憲から違憲へと飛躍的な移行を裏付ける劇的な社会変動をどこに捕らえるかは，甚だ困難である</u>。法律制定後の社会事象の変動，国民の意識の変化に対処するには，国会の立法作用により，制度全般の中で関係規定との整合性に留意しつつ，<u>明確な運用基準時を定めて法改正を行うことが最も望まし〔い〕</u>。

遠藤裁判官反対意見

② 最高裁平成15年3月28日第二小法廷判決・集民209号347頁

相続発生日　2000年9月

多数意見[38]：1995年大法廷決定を引用して上告棄却

梶谷，滝井繁男裁判官反対意見：1995年大法廷決定の中島敏次郎裁判官以下4裁判官の反対意見及び尾崎行信裁判官の追加反対意見のとおり

③ 最高裁平成15年3月31日第一小法廷判決・集民209号397頁

相続発生日　2000年9月

---

37) 小野幹雄，井嶋一友，藤井，大出峻郎裁判官。
38) 北川，福田，亀山継夫裁判官。

多数意見[39]：1995年大法廷決定を引用して上告棄却

島田裁判官補足意見：立法した当時に存した本件規定による区別を正当化する理由となった社会事情や国民感情などは，現時点ではもはや失われたのではないかとすら思われる状況に至っている。少なくとも現時点においては，本件規定は，明らかに違憲であるとまではいえないが，極めて違憲の疑いが強いものであると考える。本件規定については，相続分を同等にする方向での法改正が立法府により可及的速やかになされることを強く期待する。

深澤武久裁判官反対意見：民法900条4号ただし書は憲法14条1項に違反して無効と考える。婚姻観，家族観等について国民感情の形成に影響するとみられる社会事情は，大法廷決定後も大きく変動している。

泉裁判官反対意見：民法900条4号ただし書は憲法14条1項に違反して無効である。法律上の婚姻を尊重し保護するという立法目的には正当性が認められるが，非嫡出子の相続分を嫡出子の2分の1とするという手段が上記立法目的の促進に寄与する程度は低い。本件が提起するような問題は，立法作用によって解決されることが望ましいことはいうまでもないが，多数決原理の民主制の過程において，本件のような少数グループは代表を得ることが困難な立場にあり，司法による救済が求められている。

④ 最高裁平成16年10月14日第一小法廷判決・集民215号253頁

相続発生日：2000年9月

多数意見[40]：1995年大法廷決定を引用して上告棄却

島田裁判官補足意見

泉裁判官反対意見

才口裁判官反対意見：民法900条4号ただし書は憲法14条1項に違反して無効である。社会事情や国民感情が大きく変動したことは，〔これまで〕述べられているとおりである。このような状況に照らすと，憲法の基本原則に則り，できる限り早い時期に法律の改正によって救済すべきであるが，それを待つまでもなく，司法においても救済する必要がある。

⑤ 最高裁平成21年9月30日第二小法廷決定・集民231号753頁

---

39) 島田，横尾，甲斐中裁判官。
40) 島田，横尾，甲斐中裁判官。

相続発生日：2000年6月30日

多数意見[41]：1995年大法廷決定を引用して上告棄却

　竹内裁判官補足意見：多数意見は，相続発生日において本件規定が憲法14条1項に違反しないとするものであって，この日以降の社会情勢の変動等によりその後本件規定が違憲の状態に至った可能性を否定するものではない。少なくとも現時点においては，本件規定は，違憲の疑いが極めて強いものであるといわざるを得ない。立法府が本件規定を改正することが強く望まれている。

　今井裁判官の反対意見：本件規定は憲法14条1項に違反する。法律婚の尊重という立法目的と相続分の差別との間には，合理的な関連性は認められない。我が国における家族生活や親子関係に関する意識も一様ではなく，その実態も変化し，多様化している。ヨーロッパを始め多くの国で，非嫡出子の相続分を嫡出子のそれと同等とする旨の立法がされている。我が国でも民法の改正意見があり，法制審議会総会が改正要綱を決定した。本件規定を変更する場合には，その効力発生時期等についても慎重な検討が必要であり，本来国会における立法によって行われるのが望ましい。裁判所が違憲と判断した規定について，その規定によって権利を侵害され，その救済を求めている者に救済を与えるのは裁判所の責務であって，国会における立法が望ましいことを理由として違憲判断をしないことは相当でない。

　(2)　大法廷で合憲の判断が示されたにもかかわらず，その後も，小法廷で違憲の反対意見や，違憲の疑いが極めて強いとする補足意見が附されるのは極めて異例である（尊属殺の場合と比較すれば明らかである）。特に，③の第一小法廷判決は，多数意見3名，反対意見2名となったものの，多数意見に加わった島田裁判官が「少なくとも現時点においては，本件規定は極めて違憲の疑いが強いものである」と述べていたのであるから，同裁判官が違憲説に転ずれば，大法廷回付になる状況であった（裁判所法10条3号参照）[42]。

---

41) 古田，中川，竹内裁判官。
42) 2013年大法廷決定の法廷意見は，「〔③の判決〕以降の当審判例は，その補足意見の内容を考慮すれば，本件規定を合憲とする結論を辛うじて維持したものとみることができる」と述べる。

したがって，民法900条4号ただし書を違憲とする判断はそう遠くはないと考えられたが，それにもかかわらず，各小法廷は合憲判断に固執してきた。その理由として一番考えられていたのは，「この条項を違憲とした場合に，その影響はどこまで及ぶのか。既にこの条項に依拠してなされた審判や遺産分割の合意にも影響を与えるのか」ということであったと想定される。

刑法200条（尊属殺人）を違憲とした1973年の大法廷判決は，1950年10月25日大法廷判決等を変更したため，この違憲の条文によって処断される（た）被告人の処遇が問題になった[43]。この判決変更の影響を受けるのは，尊属殺人罪で起訴され，有罪とされた者であるから，この者たちが何名いて，その者たちが1973年大法廷判決の時点でどのようになっているかは資料が存するし，これを探す手立てもないわけではない。つまり，尊属殺について違憲判決を出すとすれば，それがどの範囲に影響を及ぼすかは，裁判所にとって，ある程度予想可能だった。

しかし，民法900条は相続分の規定であり，これは基本的に民対民の問題である。当事者間で上記規定が存在することを前提に遺産分割協議が成立した事案がどのくらいあるのかについては，誰にもわからない。この規定が，1947年の制定の時点からにせよ，その後のいつか特定の時点からにせよ，違憲無効とされた場合に，それが社会にどのような影響をもたらすかは想定することができない。直接の相続人の数も不明であるし，遺産分割が無効とされることによって，遺産の転得者まで影響を受けるとすれば，影響の及ぶ範囲は広大なものとなってしまう。

これを防ぐためにどうしたらよいかというのが，1995年の大法廷から，そ

---

[43] 裁判所あるいは政府は違憲判決について個別効力説を採っていると考えられるが（2013年9月4日大法廷決定における金築裁判官の補足意見参照），検察官は，1973年大法廷判決後は，尊属殺人罪で起訴することをせず，刑法199条で起訴するから，同大法廷判決後，新たな問題が生じることはない。同大法廷判決時に尊属殺人罪で起訴されていた被告人に対しては，検察官が罰条を刑法200条から刑法199条に変更するので，これも問題が生じない。尊属殺人罪で有罪とされた既決囚は，「殺人罪で起訴され，判決を受けていたならば下されていたであろう刑期を標準として（無期囚の場合には，殺人罪で無期とされた者が仮釈放されるであろう期間を標準として）仮釈放を行う」ことで一応の対処が可能である。問題は，既に処刑された者であるが，適切な対処ができるかは不明である（尊属殺人で死刑判決を受けた者の数は「最高裁判所判例解説　刑事篇　昭和四十八年度」130～132頁に記載されている）。

れ以降の各小法廷を含め，この問題を審理した全ての裁判官が考慮した難題であったはずである。

(3) そのような問題意識の中で1995年大法廷決定が出され，民法900条4号ただし書を合憲とした。

一般的にいえば，その当時（1990年代後半以降）の最高裁が，近い過去に下された最高裁判決を変更することは行っていないことを考えると，1995年大法廷決定から間もない時期に，これを変更して違憲判決を出すことは考えにくいと判断される[44]。

そうすると，最高裁に違憲判決を出させるためには，1995年大法廷決定の効力に触れることなく，新たに違憲判断をしてもらうことが可能性として高いと判断される。

すなわち，1995年大法廷決定を動かすことなく，大法廷決定の年である1995年，あるいは同判決の事案で相続が発生した1988年より後に，同決定が前提としてこなかった新しい事象が生じており，これらの事象に基づき違憲と判断しうると立論できればよいことになる（憲法適合性の判断の基準となる年が違うのであれば，先例抵触の問題は生じない）[45]。

そのような観点で，上記①～⑤の小法廷判決（決定）を見ると，民法900条4号ただし書の憲法適合性を疑問視する補足意見は，「区別を正当化する理由となった社会事情や国民感情などは，現時点ではもはや失われたのでは

---

44) 大法廷が直近の大法廷判決を改めた例としては，債務者が任意に支払った利息制限法所定の制限を超える利息・損害金が残存元本に充当されるとした最高裁昭和39年11月18日大法廷判決・民集18巻9号1868頁（最高裁昭和37年6月13日大法廷判決・民集16巻7号1340頁を変更），関税法118条1項の規定により第三者の所有物を没収することは憲法31条，29条に違反し，被告人は，これを違憲として上告できるとした最高裁昭和37年11月28日大法廷判決・刑集16巻11号1593頁（最高裁昭和35年10月19日大法廷判決・刑集14巻12号1574頁を変更）があり，また，小法廷の判決を変更した例としては，弁護士法72条本文は弁護士でない者が，報酬を得る目的で，業として，同条本文所定の法律事務を取り扱い又はこれらの終戦をすることを禁止する規定（一罪説）であるとした最高裁昭和46年7月14日大法廷判決・刑集25巻5号690頁（最高裁昭和38年6月13日第一小法廷判決・民集17巻5号744頁及び最高裁昭和39年2月28日第二小法廷決定・刑集18巻2号73頁を変更）などがある。

45) 1995年大法廷決定の後に，民法900条4号ただし書が憲法14条1項に違反すると主張するとき，対象となる相続が1988年より後に生じたのであれば，1995年大法廷決定との抵触を考慮する必要はない。逆に，当該相続が1988年以前に生じたのであれば，上記決定と抵触するから，1995年大法廷決定の変更を求める必要がある。

ないかとすれ思われる状況に至っている」,「<u>少なくとも現時点において</u><u>は</u>本件規定は極めて違憲の疑いが強い」(③判決の島田裁判官補足意見),あるいは,「<u>少なくとも現時点においては</u>,本件規定は,違憲の疑いが極めて強いものであるといわざるを得ない」(⑤決定の竹内裁判官の補足意見)と述べているとおり,いずれも,「現時点」を基準として憲法適合性に疑問を呈している。

　そうであれば,民法900条4号ただし書の違憲性を主張する実務家は,「新しい事象の発生により,『現時点では』上記条項は憲法14条1項に違反する」との主張を前面に押し出すべきことになる[46]。

　(4)　そして,新しい事象については,上記の小法廷判決(決定)の中でも,「少子高齢化に伴う家族形態の変化,シングルライフの増加,事実婚・非婚の増加傾向とそれに伴う国民の意識の変化」(③判決における島田裁判官の補足意見),「婚姻観,家族観等について国民感情の形成に影響すると思われる社会事情〔の〕大き〔な〕変動」(③判決における深澤裁判官の反対意見),「人口動態統計〔による〕非嫡出子の出生割合〔の増加〕」(⑤決定における竹内裁判官の補足意見),「我が国における…家族生活や親子関係に関する意識も一様ではなく…〔その〕実態も変化し,多様化している〔こと〕,ヨーロッパを始め多くの国で,非嫡出子の相続分を嫡出子のそれと同等とする旨の立法がされている〔こと〕,我が国でも民法の改正意見があり,法制審議会総会が改正要綱を決定した〔こと〕」(⑤決定の今井裁判官の反対意見)など,種々の要素が豊富に挙げられているのであるから,実務家は,これらの示唆を有効に活用すべきである[47]。

　(5)　2013年9月4日に出された大法廷決定は,1995年大法廷決定はもとより,上記①～⑤の小法廷判決(決定)も変更するものではなかった[48]。

---

[46] もちろん,同条項が1947年の制定当初(あるいは,それ以降の特定の時期)から違憲であったとの主張をすることも構わないが,この主張は,近い過去の判例変更を求めるものであることを意識すべきである。なお,上記②～④判決の基となった相続が発生した2000年9月より後に生じた相続についてであれば,上記の各小法廷判決(決定)との抵触も問題にならない。

[47] 2015年大法廷決定の抗告理由でも,これらの点は相当程度,主張されている(民集67巻6号1343～1344頁)。

[48] 2013年大法廷決定は,この点を「本決定は,本件規定が遅くとも平成13年7月当時に

そして，2013年大法廷決定が，民法900条4号ただし書の合理性に関連する事柄の変遷として挙げているのは，諸外国（特に欧米諸国）の立法状況（嫡出子と非嫡出子の相続分に差異を設けている国は世界的にも限られた状況にあること），日本が批准する市民的及び政治的権利に関する国際規約や児童の権利に関する条約に基づく複数の委員会が，1993年以降，国籍，戸籍及び相続に関する差別的規定を問題にし，懸念の表明や法改正の勧告等を繰り返してきたこと，国内でも住民基本台帳事務処理要綱の一部改正（1994年12月）や，戸籍法施行規則の一部改正（2004年）が住民票や戸籍における嫡出子と非嫡出子の記載上の区別を改めたこと，嫡出子と非嫡出子を区別する国籍法を最高裁大法廷が違憲としたこと（2008年6月），1979年に法務省民事局参事官室が，1996年に法制審議会が，それぞれ嫡出子と非嫡出子の相続分を平等とする「相続に関する民法改正要綱試案」，「民法の一部を改正する法律案要綱」を発表したことなどである。

これらは，上に見たとおり，③〜⑤の小法廷判決（決定）の補足意見や反対意見で挙げられたもの，あるいはその延長線上にあるものであり，実務家にとって，これらの少数意見の検討が必須であることを物語っている。

(6) 嫡出子と非嫡出子の相続分をどのようにすべきは，司法判断ではなく，立法によって決定すべきであるとの指摘は，1995年大法廷決定の時点からなされていた（千種秀夫・河合裁判官補足意見）。その後も，上記①〜⑤の小法廷判決において，補足意見，反対意見を問わず，同様の指摘はなされていた。「本件規定は親族・相続制度の一部分を構成するものであるから，これを変更するに当たっては，右制度の全般に目配りして，関連する諸規定への波及と整合性を検討し，もし必要があれば，併せて他の規定を改正ないし

おいて憲法14条1項に違反していたと判断するものであり，平成7年大法廷決定並びに前記〔①〜⑤〕の小法廷判決及び小法廷決定が，それより前に相続が開始した事件についてその相続開始時点での本件規定の合憲性を肯定した判断を変更するものではない」（民集67巻6号1331頁）と明示的に確認している。これらの小法廷判決（決定）の中で，憲法適合性の判断の基準年月が最も遅いのは2000年9月（②〜④事件）であり，2013年大法廷決定の基準年月は2001年7月であるから，民法900条4項ただし書は，この約10か月の間に合憲から違憲に転じたことになる。ワラ1本が加わることでラクダの背が折れるということはあるであろうが，この約10か月間に起きたどのような事象が加わって違憲となったかは不明である。

新設すべきものである。…本件規定を変更する場合，その効力発生時期ないし適用範囲の設定も，それらへの影響を考慮して，慎重に検討すべき問題である。これらのことは，すべて，国会における立法作業によって，より適切になし得る事柄であり，その立法の過程を通じて世論の動向を汲み取るとともに，国民に対し，改正の趣旨と必要性を納得させ，周知させることもできる」（上記千種・河合裁判官補足意見。なお，①小法廷判決における藤井裁判官の補足意見参照）というのは，最高裁裁判官としては普通の思考であろう[49]。

特に，裁判所の判断によって本件規定を違憲とする場合には，憲法適合性の基準日は，当該事件における被相続人の死亡日となるから，「いつから」（あるいは「いつまでに」）違憲となったかの判断は，多分に偶然に作用され[50]，その結果，違憲という判断の合理性にも疑念を抱かれる可能性がある。

しかし，個別の紛争を解決することを使命とする裁判所にとって，最も重要なのは，当該事件を適正に処理することである。論理の一貫性は重要ではあるが，それに固執して正しい結論を回避するようなことがあってはならない。その意味で，2013年大法廷決定は，最高裁の正しい判断であったというべきである。

(7) 2013年大法廷決定には，法廷意見の「先例としての事実上の拘束性に

---

[49] 非嫡出子の相続差別の問題を解決するのは立法府による法改正によるべきか，司法府による判決（決定）によるべきかを検討するにあたって，最高裁は，尊属殺違憲判決のその後の状況を考慮したと思われる。刑法200条は最高裁1973年大法廷判決で違憲とされたが，これが実際に廃止されたのは，それから20年以上が経過した1995年のことであった。尊属殺人罪の廃止には保守派議員の抵抗があったとされているが，非嫡出子の相続分を嫡出子と平等にするための法改正には，尊属殺人罪の廃止と同じような立場からの反対が予測された。尊属殺人罪については，最高裁による違憲判決の後は，検察官が同罪で起訴することはないから，尊属殺人罪が違憲であると新たに判断する必要はない。しかし，相続は民対民の争いであるから，大法廷が民法900条4号ただし書を違憲と判断し，下級審がこれに従ったとしても，これに納得しない当事者が「同条項は合憲である」として上告をすることはありうることである。そうすると，最高裁は，何度も違憲判断をしなければならないことになるが，民法という基本法について，司法府と立法府の対立が繰り返されることは，司法府にとって決して好ましいことではない。これを避けるためには，立法による解決が望ましいことになる。
[50] 2013年大法廷決定より前に，最高裁が本件規定の憲法適合性を判断するために大法廷に回付した事件（最高裁平成23年3月9日第三小法廷決定・民集65巻2号323頁参照）では，被相続人は2002年▲月に死亡していたから，同事件で本件規定が違憲と判断されたとすれば，「本件規定は，遅くとも平成14年▲月当時において，憲法14条1項に違反していたものというべきである」とされていたはずである。

ついて」に関して，金築裁判官と千葉裁判官の補足意見が附されている。

この2つの補足意見は，「本決定の違憲判断は，Ａの相続の開始時から本決定までの間に開始された他の相続につき，本件規定を前提としてされた遺産の分割の審判その他の裁判，遺産の分割の協議その他の合意等により確定的なものとなった法律関係に影響を及ぼすものではないと解するのが相当である」との判示について，この部分の意義（単なる傍論と評価すべきではなく〔金築裁判官〕，判旨（ratio decidendi）として扱うべきものである〔千葉裁判官〕），判例の不遡及的変更が許される理由（違憲審査権の謙抑的な行使と見ることも可能〔金築裁判官〕，法的安定性を損なう事態を防ぐために，遡及効の有無，時期，範囲等を一定程度制限するという権能は，違憲審査権の制度の一部として当初から予定されており，これは最高裁の違憲審査権の行使に性質上内在する，あるいはこれに付随する権能ないし制度を支える原理，作用の一部であって，憲法はこれを承認している〔千葉裁判官〕）を明らかにしたものである。

この2つの補足意見は，非嫡出子の相続差別を違憲とする法廷意見を導く力となったものと思われる[51]とともに，最高裁が違憲判断をする際，その効果（たとえば遡及効）を制限することは可能か，可能とすればそれはどのような根拠に基づくのか等を論じたものとして，2013年大法廷決定を理解するためのみならず，今後の最高裁の憲法判断（特に違憲判断）における救済のあり方を考えるにあたって必須のものである。

---

[51] 1995年大法廷決定にも，5人の裁判官（中島，大野正男，高橋久子，尾崎，遠藤）の反対意見が附され，その中で，「違憲判断の不遡及的効力」として，「違憲判断に遡及効を与えない旨理由中に明示する等の方法により，その効力を当該裁判のされた時以降に限定することも可能である」とされていた。しかし，この反対意見には，裁判官出身の最高裁裁判官は参加していない。本文上記①の小法廷判決で藤井裁判官（前職は大阪高裁長官）が，この反対意見のいう違憲判断の不遡及的効力について，「いまだ十分に議論が熟しているとはいえない」と補足意見で述べているように，特に裁判官出身者にとって「判断の不遡及」という考え方は抵抗があったものと思われるのであり，2013年大法廷決定における金築裁判官（前職は大阪高裁長官），千葉裁判官（前職は仙台高裁長官）の補足意見は，法廷意見をもたらす大きな力となったと推測される。なお，このことは，裁判官出身の最高裁裁判官の意見が容れられず，反対意見となる場合があることを否定するものではない（たとえば，最高裁平成26年7月17日第一小法廷判決・民集68巻6号547頁参照）。

2 議員定数配分事件から何を学ぶか

(1) 衆参両議院の定数配分については，司法審査の実質的可能性について，1964年大法廷判決から1976年判決で大きな転換が生じたことは上に見たとおりである。

公職選挙法は，たびたび改正されているが，このうち衆議院の一人別枠方式については，衆議院議員選挙区画定審議会設置法（平成6年法律第3号）で定められ1996年総選挙で始めて実施されたが，この憲法適合性について，最高裁は，1999年大法廷判決で合憲（9名の多数意見[52]）と判断し，2007年大法廷判決（9名の多数意見[53]）で，これを維持した後，2011年大法廷判決で，この方式に基づく定数配分が2009年8月30日の選挙時点では憲法の投票価値の平等の要求に反する状態に至っていたと判示（12名の多数意見[54]）するという変遷を示した[55]。

このように，一人別枠方式に関する最高裁の判例を通観するならば，反対意見が多数意見に転じていく過程と見ることができる。

(2) 次に，参議院議員選挙についてみると，衆議院と比較して参議院の特徴（任期6年，半数改選〔憲法46条〕，解散なし〔45条〕）を，定数配分に関する憲法適合性の審査にあたって，どのように考えるべきかについても，最高裁大法廷の判例は，一人一票の原則を徹底する方向に向かっている。

ア 1977年7月の参議院選挙の定数配分が争われた1983年大法廷判決[56]は，10名の多数意見[57]で，都道府県が歴史的にも政治的，経済的，社会的にも独自の意義と実体を有し一つの政治的まとまりを有する単位としてとら

---

[52] 山口繁，小野，千種，井嶋，藤井，金谷利広，北川，亀山，奥田昌道裁判官。反対意見の5裁判官は前掲注20）。
[53] 前掲注21）。これ以外は，1人別枠方式が憲法の趣旨に沿うものとはいい難いとする意見が4名（藤田，今井，中川，田原裁判官），違憲の反対意見が2名（横尾，泉）であった。
[54] 前掲注23）。なお，反対意見の2名（田原，宮川光治）も，一人別枠方式が憲法に適合しないとする点では多数意見と同旨である。古田裁判官は，一人別枠方式に関するこれまでの判断を変更する必要はないとの意見を述べた。
[55] 国会は，これを受けて，平成24年法律第95号（同年11月26日公布，施行）で，一人別枠方式を定めていた衆議院議員選挙区画審議会設置法3条2項を削除した。
[56] 前掲注36）。
[57] 寺田治郎，中村治朗，木下忠良，鹽野宜慶，伊藤，宮崎梧一，大橋進，木戸口久治，牧圭次，和田誠一裁判官。

えうるとして，「事実上都道府県代表的な意義ないし機能を有する要素を加味したからといつて，これによつて選出された議員が全国民の代表であるという性格と矛盾抵触することになるということもできない」として，都道府県を単位とする選挙区制を採用し，都道府県代表的な意味合いを持たせることを容認した。

イ　これに続く最高裁平成8年9月11日大法廷判決・民集50巻8号2283頁[58]の多数意見[59]は，都道府権を投票単位としたことについては基本的に1983年大法廷判決を踏襲した。

この多数意見に対し，6名の裁判官の反対意見[60]は，「〔投票価値の平等は〕単に他の諸要素と並列して論ぜられるべきでなく，参議院議員の選挙制度の仕組みの決定に当たっても十分尊重されるべきもの」と述べるが，これは，参議院における都道府県単位の選挙制度は，人口比例主義に優先するものでないとするものであり，後の2012年大法廷判決の萌芽を示すものといえよう。

ウ　次に，最高裁平成10年9月2日大法廷判決・民集52巻6号1373頁は，1995年の選挙が対象とされたが，9名の多数意見[61]は，このときの定数配分が憲法に違反するに至っていたものとすることはできないとした。

これに対し，5名の裁判官の反対意見[62]は，参議院議員選挙区選出議員の選挙については都道府県代表的要素が組み込まれているが，「都道府県代表的要素そのものは，憲法に直接その地位を有しているのではない」として，「憲法の観点からみるとき…極めて重要な基準である投票価値の平等に対比し，都道府県代表的要素がはるかに劣位の意義ないし重みしか有しないことは明らかである」と述べ，このときの定数配分規定は憲法に違反すると述べた。

---

58) この間に，最高裁昭和61年3月27日第一小法廷判決・集民147号431頁（1980年6月の定数配分は立法裁量権の合理的な行使の範囲を逸脱するものではない〔谷口正孝裁判官の意見あり〕），最高裁昭和63年10月21日第二小法廷判決・集民155号65頁（1986年7月の定数配分は違憲でない〔奥野久之裁判官の反対意見あり〕）がある。
59) 三好達，可部恒雄，大西，小野，千種，根岸重治，井嶋，藤井の8裁判官。
60) 大野，高橋（久），尾崎，河合，遠藤，福田裁判官。
61) 山口，大西，小野，千種，根岸，井嶋，藤井，大出，金谷裁判官。
62) 尾崎，河合，遠藤，福田，元原裁判官。

さらに，尾崎・福田裁判官の追加反対意見は，これを敷衍して，「選挙の仕組みに関しては，原則として投票価値の平等を阻害するものを許容する裁量権は国会に与えられていない。…国会は…選挙区間の較差を一対一に近づけるため，誠実な努力を尽くすべきである」と述べ，さらに，「〔一対一〕の目標を達するため必要と認められるときには，選挙区割りを変更することもちゅうちょすべきではな〔い〕」「今日複数県にまたがって変更を行うことを不可能とする根拠とはなしえない」と，初めて複数の都道府県を単位とする選挙区の可能性を指摘した。2人の裁判官は，最後に，「我々は，特に憲法に定められた統治システムの基本原理を確保し続けるためには，投票価値の平等が是非とも貫徹されなければならず，司法は，この平等を十分に保障し，憲法の定める統治システムを維持する責任を有するものと信ずる」と結んでいる。この追加反対意見は，最高裁が選挙制度の平等を厳しく確保していく責務を有することを明言したものであり，その後，今日まで続く，裁判所の能動的役割を牽引したものとして高く評価されよう。

　エ　最高裁平成12年9月6日大法廷判決・民集54巻7号197頁は1998年の選挙に関するものであったが，10名の多数意見[63]は，その定数配分が憲法に違反するに至っていたものとすることはできないと判示した。

　これに対し，5名の裁判官[64]が，反対意見で，当該定数配分規定は憲法に違反するとして，「このような不平等が生じた原因は，基本的には，都道府県代表的要素を加味した本件仕組みにある」とし，この「要素は，憲法に直接その地位を有しているものではなく，選挙制度の仕組みを決定するに当たって考慮される要素として，憲法の観点からみるとき…極めて重要な基準である投票価値の平等に対比し，はるかに劣位の意義ないし重みしか有さない」と指摘した。

　オ　このように参議院の選挙区選出議員の選挙について，都道府県単位に選挙区を設定することは，地域代表的要素を加味するものとして国会の裁量権の範囲内とする裁判官が9〜10名，これに反対する裁判官が5〜6名という状態が長く続いていたが，これが大きく崩れたのが，最高裁平成16年1月

63）山口，千種，井嶋，藤井，大出，金谷，北川，亀山，奥田，町田顯裁判官。
64）河合，遠藤，福田，元原，梶谷裁判官。

14日大法廷判決・民集58巻1号56頁である。

　この判決では，2001年の選挙が問題とされたが，9名の多数意見は，結論として国会の立法裁量権の限界を超えるものではなく，本件選挙当時，本件定数配分規定が憲法に違反するに至っていたとすることはできないとしたが，9名の意見が一致したのはここまでであった。このうち5名の裁判官[65]は，補足意見1で，選挙区選挙において，都道府県を単位とすることは，都道府県を構成する住民の意思を集約的に反映させるという意義ないし機能を加味しようとしたものであり，立法裁量権の合理的な行使の範囲を逸脱しないとした。これは，これまでの多数意見を忠実に祖述するものである。

　ところが，多数意見の中でも，補足意見2を著した4裁判官[66]は，立法府の裁量権には，憲法が裁量権を与えた趣旨に沿って適切に行使しなければならないという義務が付随しており，投票価値の平等と地域代表的要素ないし都道府県単位の選挙区制が対等な重要性を持った考慮要素として位置付けられるかという問題は，立法政策上の問題ではなく，法問題であり，司法権が判断しなければならない問題であるとした。そして，偶数配分制と地域の固有性を反映させることを考えるのであれば，選挙区として都道府県を唯一の単位とする制度の在り方自体を変更しなければならないのは自明のことであるが，立法府が一向にそういった作業に着手しないのは何を考慮してのことであるのかが問題になるとした。

　これは，都道府県単位の選挙区制による地域代表的な要素が投票権の平等と対等の重要性を持っているのかを疑問視するものであって，それまでの反対意見に近いものである。また，投票権の平等を維持しながら偶数配分制等を維持するのであれば，現行の都道府県単位の選挙区制は維持できないことを率直に認めたところも，それまでの反対意見と親和性がある。

　この大法廷判決の6名の裁判官[67]による反対意見は，これまでの反対意

---

65) 町田，金谷，北川，上田，島田裁判官。なお，島田裁判官は，補足意見1の追加補足意見において，最大較差1対6.59を違憲の問題が生ずる程度の著しい不平等状態であるとした1996年大法廷判決は，「逆にその範囲内であれば合憲であるとの保証をしたものではないことを銘記しなければならない」と述べている。
66) 亀山，横尾，藤田，甲斐中裁判官。
67) 福田，梶谷，深澤，濱田邦夫，滝井，泉裁判官。

見を再説し，あるいは継承するものである。

したがって，この2004年大法廷判決では，これまでの「都道府県単位の選挙区は地域代表的要素を加味したもので立法裁量権の範囲内」とする立場は少数（補足意見1の5名）となり，これに疑問を呈し，あるいはこれを違憲とする立場の方が多数（補足意見2の4名＋反対意見の6名）を占めるに至ったと考えられる。

カ　このような経緯を辿った後[68]，最高裁は，平成24年10月17日大法廷判決・民集66巻10号3357頁で，初めて，多数意見において，都道府県単位の選挙区制度がもたらす結果が違憲の問題を生ずる程度の著しい不部状態に至っていたと判示した，

この事件の多数意見[69]は，「参議院議員の選挙であること自体から，直ちに投票価値の平等の要請が後退してよいと解すべき理由は見いだし難い」としたうえで，「〔都道府県〕を参議院議員の選挙区の単位としなければならないという憲法上の要請はなく，むしろ，都道府県を選挙区の単位として固定する結果，その間の人口較差に起因して投票価値の大きな不平等状態が長期にわたって継続していると認められる状況の下では，上記の仕組み自体を見直すことが必要になるものといわなければならない」「都道府県を各選挙区の単位とする仕組みを維持しながら投票価値の平等の実現を図るという要求に応えていくことは，もはや著しく困難な状況に至っている」として，上記の選挙当時，選挙区間における投票価値の不均衡は，投票価値の平等の重要性に照らしてもはや看過し難い程度に達しており，これを正当化すべき特別の理由も見いだせない以上，違憲の問題が生ずる程度の著しい不平等状態に至っていたと判示した[70]。

---

68) その後，2004年の選挙に関する最高裁平成18年10月4日大法廷判決・民集60巻8号2696頁と，2007年の選挙に関する最高裁平成21年9月30日大法廷判決・民集63巻7号1520頁があり，いずれも10対5の多数意見で，定数配分が違憲であるとはしなかった。ただし，後者の判決の多数意見を構成した裁判官の中からも，金築裁判官補足意見のように，「都道府県代表的意義という理由をもって較差を合理化することには，憲法上限度がある」とする見解が示されていた。
69) 竹崎，櫻井，金築，千葉，横田（尤），白木，岡部，大谷（剛），寺田（逸），山浦善樹，小貫の11裁判官。
70) 但し，結論としては，定数配分規定を改正しなかったことが国会の裁量権の限界を超

この大法廷判決を受けて、国会は、2015年7月28日、公職選挙法の一部を改正する法律案（参法第11号）を可決し（平成27年法律第60号）、同法は同年8月5日公布され、同年11月5日施行された。この法律によって、2016年に施行される参議院議員選挙では、選挙区選出議員の選挙区について、「鳥取県及び島根県」、「徳島県及び高知県」という2つの合区が生まれることになった。

3　実務家は少数意見にどのように向かい合うか

(1)　上に見たとおり、最高裁の判決によって、国政選挙における定数配分規定についても司法判断が及ぶとされ（1976年大法廷判決）、その後、司法審査の実効性がどれほどあるのかについて疑問を抱かせる判決が続いた時期もあったが、現在は、衆議院議員選挙における一人別枠方式、参議院議員選挙における都道府県単位の選挙区制という制度の根幹部分が投票価値の平等を侵害する状態になっていると判断されるまでになっている。しかも、この判断は、当初は反対意見でしかなかったものが、10年以上の期間をかけて多数意見に転化し、この多数意見を受けて国会も公職選挙法その他の関係法を改正せざるを得なくなったのである。こうして見れば、公職選挙法の事例も、反対意見が国のあり方を変えたものと理解できよう。

このような反対意見から多数意見への転化をもたらしたのは、「1人1票」(one person one vote) の原則[71]に示される平等選挙という民主主義の根本を支える観念の正しさであり、強さであろう。たとえ時間がかかっても、このような原則は必ず最高裁の裁判官の理解を得るのである。

(2)　さらに、定数不均衡を問題とする最高裁判決を詳細に検討すれば、これが民主主義の問題であるということを最も論理的かつ熱情を込めて語り議論をリードしてきたのが福田裁判官であることは明らかである。実務家として見るならば、上告理由書等を作成するときには、このような指導的立場にある裁判官の意見を想起し、「〇〇裁判官であればどう考えるだろう」「〇〇

えるものとはいえないと判断した。なお、反対意見の3裁判官（田原、須藤、大橋正春）は、本件定数配分が違憲であるとの点で反対するものである。
71)　前掲平成16年1月14日大法廷判決の梶谷裁判官追加反対意見。

IV 少数意見から多数意見へ　85

裁判官の理解を得るにはどのような立論にしたらよいだろう」ということを常に考えなければならない[72]。

　例を挙げると，筆者は，在外日本人が選挙権を行使できないことの憲法適合性を争う訴訟の代理人を務めた。この事件は，憲法で選挙権を保障されている者が，公職選挙法という下位法によって，その行使を妨げられているという事案であるから，その違憲性は明らかと考えたが，「警察予備隊事件判決[73]に照らせば公職選挙法の違憲性を裁判で争うことはできない」という国の反論が容易に予想された（現に，1，2 審は，国のこの反論に従って，違法確認を求める訴え部分を却下した）。このため，私たちは，既存の憲法裁判との類似性を指摘して本件での司法審査が可能であることが示せないかと模索した。そのとき辿りついたのが，1996年大法廷判決における福田裁判官の追加反対意見中の「いわゆる定数較差の存在は，結果を見れば選挙人の<u>選挙権を住所がどこにあるかで差別している</u>ことに等しく，そのような差別は民主的政治システムとは本来相いれないものである」という一節だった[74]。これを読んで私たちは，「在外日本人が選挙権を行使できないのは，正に住所による差別だ。しかも，在外日本人は投票自体ができないのだから，（当時の最高裁判決で許容されると理解されていた）1対3どころではない，1対∞（無限大）の較差だ！」と考えた。それから私たちは，福田裁判官の反対意見[75]を検討し，常にこれを念頭に置きながら立論してきた。

　最高裁に出す上告理由書でも上告受理申立理由書でも同様だった[76]。この事件は，「当事者の主張に基いて，法律 が憲法に適合するかしないかを判断する」（裁判所法10条 1 号）ことが必要となるから，大法廷に回付されると思っていた。そのとき福田裁判官に，私たちの上告理由書等で，在外日本人の

---

72) もちろん，その裁判官の意見をそのままコピーするとか，それまでの議論を放擲してその裁判官の考え方に乗り換えるなどということをいっているわけではない。
73) 最高裁昭和27年10月 8 日大法廷判決・民集 6 巻 9 号783頁。
74) 民集50巻 8 号2283，2313頁。
75) 在外選挙の大法廷判決が出された2005年 9 月14日まで，定数較差に関する大法廷事件で，福田裁判官は常に反対意見に回っていた。
76) 民事事件，行政事件では，上告理由書等を提出する時点では，事件がどの小法廷に係属するかはわからない。在外選挙の事件は福田裁判官の属する第二小法廷に係属したが，これは結果論である。

事件と定数訴訟との類似性に気付いてもらい，日本の民主主義を健全化するための議論をリードしてもらいたいと期待したのだ。

この事件では在外日本人の訴えが全面的に認められ，また，福田裁判官は多数意見を構成するとともに，補足意見も著した。私たちの書面等がどこまで寄与したのかはわからないが，実務家としては，常に最高裁を見て，少数意見の中に，これからの最高裁が進んでいく方向を探る努力をすることが必要である。

V 少数意見が教えてくれるもの

ここまでは，特定の論点について経時的に判例の流れを見てきたが，ここでは，少数意見が実務家にどのようなことを教えてくれるかをいくつかの事例について見てみたい。

1 判決の射程は，どこまで及ぶのか？

(1) 裁判員の参加する刑事裁判に関する法律（平成16年法律第63号）が2009年5月21日から施行され，同法2条1項各号に該当する事件の審理は，原則として裁判員の参加する合議体で取り扱うこととされた。同法では，事件によっては併合事件の一部を分割し，順次審理するという区分審理を認めている（同法71条以下）。最高裁平成27年3月10日第三小法廷判決・刑集69巻2号219頁は，この区分審理制度が憲法37条1項（公平な裁判所）に違反するとの主張を退けた（全員一致）。判例集では，この判決要旨は「裁判員裁判における審理及び裁判の特例である区分審理制度は，憲法37条1項に違反しない」と表示されているため，ここだけを読むと，区分審理制度には特段，問題がないような印象を受ける。

しかし，大谷（剛）裁判官（刑事裁判官出身）の補足意見は，区分審理の対象となる事件の選択等に慎重を期さないと裁判員制度における適正な判断の確保への影響が生じかねないとして，「併合した裁判員裁判対象事件が相互に関連して一括して審理しなくては適正な事実認定に困難が想定されるケースや，重要証拠や背景事情が共通するなど事件を一括して審理しなければ

統一的かつ矛盾のない判断に困難が予想されるケースに、あえて区分審理を選択するのは不相当であると考えられる」と述べている。

このように、この事件では区分審理制度と憲法37条との関係が争われていたため、法廷意見は、この点だけを取り上げたが、大谷（剛）裁判官の補足意見は、区分審理が相当でないと想定されるケースを具体的に例示しているのであり、この判決の射程距離がそのようなケースには及ばないことを示している。

したがって、実務家は、区分審理に関する決定に関して意見を述べるにあたっては[77]、常に上記判決における大谷（剛）裁判官の補足意見を念頭においておかなければならない。その前提として、判例集を読む場合には、法廷意見ないし多数意見だけを読むのではなく、少数意見まで読み通す習慣を養っておかなければならない。

(2) 判決の射程を補足意見が示す例として、もう1つ別の刑事事件を取り上げたい。

最高裁平成17年11月29日第三小法廷決定・刑集59巻9号1847頁は、被告人は、当初、殺人等の公訴事実を認めていたが、1審公判の終盤で供述を翻し、全面的に否認するようになったが、弁護人は被告人の従前の供述を前提にした有罪を基調とする最終弁論をし、裁判所もこれについて何らの措置も採らずに終結したという事案であったが、法廷意見は、この第1審の訴訟手続に法令違反は存しないとした。

この事件では、上田裁判官が、補足意見を著し、その中で、「弁護人が、最終弁論において、被告人が無罪を主張するのに対して有罪の主張をしたり、被告人の主張に比してその刑事責任を重くする方向の主張をした場合には、〔被告人のために訴訟活動を行うべき誠実義務〕に違反し、被告人の防御権ないし実質的な意味での弁護人選任権を侵害するものとして、それ自体が違法とされ、あるいは…そのような主張を放置して結審した裁判所の訴訟手続が違法されることがあり得ることは否定し難い」「〔このような〕違法があるとされるのは、当該主張が、専ら被告人を糾弾する目的でされたとみら

---

[77] 同法71条2項参照。

れるなど，当事者主義の訴訟構造の下において検察官と対峙し被告人を防御すべき弁護人の基本的立場と相いれないような場合に限られる」と述べていた。

その後，東京高裁平成23年4月12日判決・判例タイムズ1399号375頁では，この最高裁決定を典拠として引用した上で，原判決が破棄されている。東京高裁判決によれば，「原審弁護人は，その最終弁論に現れているように，被告人の有罪を確信するとともに，被告人の弁解は不合理・不自然であると断じ」たものと認定されている。

同判決は，この認定に基づき，「原審弁護人は，被告人の利益のために訴訟活動を行うべき誠実義務に違反し，被告人の防御権及び実質的な意味での弁護人選任権を侵害しているというほかなく，それを放置して結審した原審の訴訟手続には法令違反がある」として，上記最高裁第三小法廷決定を引いているが，ここで引用されたのは，上田裁判官の補足意見部分であり，この部分が典拠とされた。

このように，実務家が最高裁の判決（決定）を見るにあたっては，厳密な意味での判旨部分とはならない補足意見ではあっても，下級審の裁判官は，当該意見が最高裁の判断を示している（換言すれば，最高裁の判断の射程はそこまで及ぶ）と理解する場合があることを銘記すべきである。

2 裁判官たちは何を争ってきたのか？

(1) 最高裁判決の中には，補足意見ないし意見と，反対意見がそれぞれの根拠を主張し，その双方を読むことで，事件の争点，あるいは事件に対する裁判官のアプローチの違いが浮き彫りになるものがある。

最高裁の初めての法令違憲判決である尊属殺違憲判決では，刑法200条が違憲であるとする裁判官が14名と圧倒的多数を占めたが，合憲説に立つ下田裁判官は，「〔法定刑の加重が〕極端であるか否かは要するに価値判断にかかるものであり」「〔この〕価値判断に際しては，国民多数の意見を代表する立法府が，法的観点のみからではなく…各般の見地から，多くの資料に基づき十分な討議を経て到達した結論ともいうべき実定法規を尊重することこそ，憲法の根本原則たる三権分立の趣旨にそうものというべく，裁判所がたやす

くかかる事項に立ち入ることは，司法の謙抑の原則にもとることとなるおそれがあり，十分慎重な態度をもつて処する要がある」と述べた。

これに対しては，多数意見を構成する岡原裁判官が補足意見で，「刑法のよう〔な〕基本法規〔が〕，時代の進運，社会情勢の変化等に伴い，当初なんら問題がないと考えられ〔ても〕現在においては憲法上の問題を包蔵するにいたつているのではないかと疑われることもありうる〔…〕。このような場合，裁判所は，もはや〔…〕謙抑の立場に終始することを許されず，憲法により付託されている違憲立法審査の権限を行使し，当該規定の憲法適合性に立ち入つて検討を加え…その結果，もし当該規定〔が〕立法府の裁量の範囲を逸脱しているものと認めたならば，当該規定の違憲を宣明する義務を有する」と述べ，田中（二）裁判官も，意見において，「司法の謙抑の原則のみを強調し，裁判所の違憲立法審査権の行使を否定したり，これを極度に制限しようとしたりする態度は，わが現行憲法の定める三権分立制の真の意義の誤解に基づき，裁判所に与えられた最も重要な権能である違憲立法審査権を自ら放棄するにも等しいものであつて，憲法の正しい解釈とはいいがたく，とうてい賛成することができない」と反論している。

これらの反対意見，補足意見ないし意見は，違憲立法審査権のあり方，あるいは司法府と立法府の関係を論じるものであり，個別規定の憲法適合性の有無を超えて，最高裁裁判官が違憲立法審査権を行使する際の基本的考え方を明らかにしたものとして，この権能について検討する際，常に立ち戻って考えるべき出発点となるものである。

(2)　最高裁の判決における裁判官の意見が争点を明確にするもう一つの例として，広島市暴走族追放条例の合憲性に関する最高裁平成19年9月18日第三小法廷判決・刑集61巻6号601頁が挙げられよう。

この事件では，問題となった広島市の条例が，暴走族の追放を目的とするものでありながら，条例中の暴走族の定義が社会通念上の暴走族以外の集団が含まれる文言となっていること等，問題を孕んでいることは，多数意見も反対意見も認めていた。

意見が分かれたのはその先である。この事件で問題とされた集会参加者は社会通念上の暴走族にほかならず，被告人は，問題の集会を主宰し，これを

指揮していた。最高裁の多数意見は被告人の有罪を支持したが，多数意見を構成する堀籠裁判官は，「本条例についてどのような解釈を採ろうとも，本件行為が本条例に違反することは明らかであり…罰則規定の不明確性，広範性を理由に被告人を無罪とすることは，国民の視点に立つと，どのように映るのであろうかとの感を抱かざるを得ない」とした。

これに対し，藤田（宙）裁判官は，反対意見を著し，「〔被告人〕の主張の当否（すなわち処罰根拠規定自体の合憲性の有無）を当審が判断するに際して，被告人が行った具体的行為についての評価を先行せしむべきものでもない。…仮に規律対象の過度の広範性の故に処罰根拠規定自体が違憲無効であるとされれば，被告人は，違憲無効の法令によって処罰されることになるのであるから，この意味において，本条例につきどのような解釈を採ろうとも被告人に保障されている憲法上の正当な権利が侵害されることはないということはできない」とした[78]。

この判決は，憲法上の過度の広範故に無効の理論の実際の適用を考える上で貴重な事例を提供しているが，それだけでなく，「罰則規定の不明確性，広範性を理由に被告人を無罪とすることは，国民の視点に立つと，どのように映るのであろうか」という堀籠裁判官の補足意見と，「本条例自体が違憲無効である以上，被告人の行為を罪に問うことができないのは，やむを得ない」とする田原裁判官の反対意見に見られるように，刑事事件における「国民から見た結果（有罪）の妥当性」と「憲法理論から導かれる結果（無罪）の不可避性」の対立を示すものである。実務家にとって，事件に対する裁判官のアプローチの差（これが結論を分けることも多いと思われる）を教えるものである。

3　先例の拘束力から脱却する方法を示す少数意見

(1) 既に述べたように，非嫡出子の相続分差別に関する1995年大法廷決定は，対象となる相続がいつ生じたかについて言及していなかったが，2013年大法廷決定は，対象となる相続が2001年7月に生じたものであることを前提

---

[78] この判決では，田原裁判官も，多数意見のような限定解釈を施すことはできないとして反対意見を著している。

に，この時点での民法の規定の憲法適合性を判断した。

　これは，1995年大法廷決定を，そこでの相続が発生した1988年5月時点での憲法適合性を判断した判例と理解し，その射程を時間軸の中で限局したものである。これによって，2013年の最高裁は，1995年大法廷決定に拘束されることなく，新たな判断を下すことができた。

　(2)　同様の判断手法は，国家公務員の政治的行為を禁止する国家公務員法の解釈を示した最高裁平成24年12月7日第二小法廷判決・刑集66巻12号1337頁（堀越事件）でも見られるのであり，それを明快に説明したのが千葉裁判官の補足意見である。

　周知のように，この問題に関する先例としては猿払事件の大法廷判決[79]があり，刑集での判決要旨五では，「国家公務員法102条1項，人事院規則14－7・5項3号，6項13号の禁止に違反する本件の文書の掲示又は配布（判文参照）に同法110条1項19号の罰則を適用することは，たとえその掲示又は配布が，非管理職の現業公務員であつて，その職務内容が機械的労務の提供にとどまるものにより，勤務時間外に，国の施設を利用することなく，職務を利用せず又はその公正を害する意図なく，かつ，労働組合活動の一環として行われた場合であつても，憲法21条，31条に違反しない」とされていた。

　さらに，判決文では，「本件行為のような政治的行為が公務員によってされる場合には，当該公務員の管理職・非管理職の別，現業・非現業の別，裁量権の範囲の広狭などは，公務員の政治的中立性を維持することにより行政の中立的運営とこれに対する国民の信頼を確保しようとする〔国家公務員〕法の目的を阻害する点に，差異をもたらすものではない」「個々の公務員の担当する職務を問題とし，本件被告人の職務内容が裁量の余地のない機械的業務であることを理由として，禁止違反による弊害が小さいものであるとしている点も…失当である」とされているのであり，上記堀越事件判決までは，猿払事件大法廷判決は，国家公務員による政治的行為（人事院規則で規定しているもの）は全面的に禁止されている（そのような禁止も違憲でない）

---

[79]　最高裁昭和49年11月6日・刑集28巻9号393頁。

ことを明らかにした先例と理解されていた。

　堀越事件では，そこでの被告人の行為は猿払事件における被告人の行為とほぼ変わらず，ただ堀越事件の被告人の行為は所属労働組合とは無関係に，公務員であることも対外的に知られることなく行われたことだけが猿払事件と異なっていたが，第二小法廷は，被告人を無罪とした原判決を維持した。

　千葉裁判官の補足意見は，猿払事件判決との整合性について，「判決による司法判断は，全て具体的な事実を前提にしてそれに法を適用して事件を処理するために，更にはそれに必要な限度で法令解釈を展開するもの」として，猿払事件判決の「上記の政治的行為に関する判示部分も，飽くまでも当該事案を前提とするものである」と説明している。これは，国家公務員の政治的行為の禁止について一般的解釈を示したと理解される猿払事件判決を，「飽くまでも当該事案を前提とする」事例判決と構成し直したことに他ならない。

　猿払事件判決の上記判旨五は，公務員が，①「非管理職」であっても，②「現業」であっても，③「裁量権がない」場合であっても，④「勤務時間外」であっても，⑤「国の施設を利用しない」場合であっても，⑥「職務を利用せず，又はその公正を害する意図がない」場合であっても，⑦「労働組合活動の一環として行われた」場合であっても，その政治的行為を禁止することは憲法に違反しないことを述べたものであり，「①〜⑦の全てがあった場合でも，その政治的行為の禁止が違憲となるものではない」ことを示したものという理解が一般的になされていた。「7つの全部を満たしても政治的行為は禁止できるのであるから，その1つ，2つを満たすだけであれば，これを禁止できるのは当然」と受け取られたのである。

　しかし，千葉補足意見は，猿払判決を事例判決とすることにより，同判決は，「①〜⑦の全てが充足されている場合に，その政治的行為を禁止することは違憲でない」ことを示しただけであり，前提事実が異なる，すなわち①〜⑦のいずれか一つが欠けた場合については判示していないと読み替え，⑦の要件を欠く堀越事件には，猿払判決の拘束力は及ばないことを説明したのである。

　(3)　最高裁の補足意見は，その裁判官が加わった法廷意見ないし多数意見

を説明するものであるから，当該判決が何を判示したものか，あるいはどのような理屈でそのような結論が生み出されたかを示す重要な手がかりとなる。

上に見た2つの判決・決定は，いずれも，拘束力のあると思われる先例に従うと結論が逆になる可能性がある中で，当該先例の拘束力が及ばない所以を明らかにしている。

実務家が上告理由書や上告趣意書を作成するにあたって，障碍となると思われる先例が存するとき，安易に，「判例を変更すべきである」と主張するのではなく，まず，「この先例は～の理由で本件には当てはまらない」という立論を検討すべきである。この2つの判決・決定とその補足意見は，このことを教えている。

4 争い方を示唆する少数意見には必ず注目

(1) 最高裁のいくつかの判決には，実務家に対し，「今後はこのような争いをしてはどうか」と示唆するものもある。

もっともわかりやすい例は，国籍法3条の違憲性に言及した最高裁平成14年11月22日第二小法廷判決・集民208号495頁である。

この事件で直接問題とされたのは，国籍法3条ではなく，国籍法2条である。この事件では，法律上の婚姻関係にない日本国民である父と，フィリピン国籍を有する母との間の子（上告人）が，出生の約2年9箇月余り後に父から認知されたことにより，出生の時にさかのぼって日本国籍を取得したと主張していた。上告人は，国籍法2条1号の適用において認知の遡及効を否定したのは，嫡出子と非嫡出子との間で，また，胎児認知された非嫡出子と出生後に認知された非嫡出子との間で，日本国籍の取得について不当な差別をするものであり，憲法14条に違反すると主張していた。第二小法廷は，国籍法2条1号は憲法14条1項に違反しないとして上告を棄却したが，この判決には，亀山裁判官と，梶谷・滝井裁判官の，2つの補足意見が附されていた。前者は，国籍法3条の合憲性は原判決の結論に影響しないとしたものの，同法3条が認知に加えて「父母の婚姻」を国籍取得の要件としたことの合理性には疑問を持っており，その点が結論に影響する事件においては，こ

れを問題とせざるを得ないとするとしていた。

また，後者は，国籍法3条が父母の婚姻をも国籍取得の要件としたことの合理性を見いだすことは困難であるとし，同法3条が準正を非嫡出子の国籍取得の要件とした部分は，非嫡出子の一部に対する差別をもたらすことになるが，このような差別はその立法目的に照らし，十分な合理性を持つものというのは困難であり，憲法14条1項に反する疑いが極めて濃いと考えるとしていた。

容易にわかるとおり，これらの補足意見の立場は，国籍法3条を違憲とした2008年大法廷判決の多数意見にほぼ等しい[80]。

最高裁の裁判官が，当該事件で問題とされていない条文の憲法適合性について意見を述べることについて議論はありえようが，実務家として見れば，この判決によって国籍法2条1号による日本国籍の取得の途は閉ざされたとしても，この補足意見（しかも3名）が示唆するとおり，同法3条の規定が違憲と判断される可能性を考え，同条による日本国籍取得という立論を検討するのは当然である。

(2) 在外日本人選挙権の事件で，泉裁判官は，国家賠償の適否の部分についての反対意見で，「本件国家賠償請求は…公職選挙法が在外国民の選挙権の行使を妨げていることの違憲性を，判決理由の中で認定することを求めることにより，間接的に立法措置を促し，行使を妨げられている選挙権の回復を目指しているものである。上告人らは，国家賠償請求訴訟以外の方法では訴えの適法性を否定されるおそれがあるとの思惑から，選挙権回復の方法としては迂遠な国家賠償請求を，あえて付加したものと考えられる」としたうえで，上告人らの選挙権行使の保障について，今回，上告人らの提起した予備的確認請求訴訟で取り上げることになったのであり，このような裁判による救済の途が開かれている限り，あえて金銭賠償を認容する必要もないと述べている。

この事件の一審原告代理人が，「国家賠償請求訴訟以外の方法では訴えの適法性を否定されるおそれがある」との懸念を抱いたのはそのとおりであ

---

[80] 補足意見の3裁判官は，2008年大法廷判決までに退官していたため，同判決には関与していない。

り，現に，この事件の1，2審は公職選挙法の違法確認を求める部分を不適法として却下した。したがって，国家賠償を請求することは訴え提起の時点では不可欠であった。

その後，泉裁判官補足意見が述べるとおり，2005年大法廷判決で予備的確認請求訴訟が適法と認められ，これにより，行政事件訴訟法4条の「公法上の法律関係に関する確認の訴えその他の公法上の法律関係に関する訴訟」（平成16年法律第84号による改正後のもの）の対象が実質的に拡大されたことは確かである。この大法廷判決時点では，当事者訴訟における公法上の法律関係に関する確認の訴えがどこまで認められるかは不分明であったから，国に対して訴えを提起する場合に国家賠償請求をすべきかどうかは，なお積極に解する余地が大きかったと思われる。しかし，その後の判例を見ると，当事者訴訟における公法上の法律関係に関する確認の訴えを適法として，本案について判断する判決が多数出されている[81]。したがって，実務家は，今後，これらの訴訟を提起することを考えるにあたっては，国家賠償の請求を行うべきかどうかを慎重に検討する必要がある[82]のであり，泉裁判官の反対意見は，このことを教えるものである。

(3) 新たな請求法理の定立を示唆するものとしては，平成16年7月13日第三小法廷判決・民集58巻5号1368頁における藤田（宙）裁判官の補足意見がある。

この件は，名古屋市の住民が，世界デザイン博覧会で使用された施設等を，名古屋市が財団法人A博覧会協会から違法に買い受けたなどとして提起した住民訴訟である。法廷意見は，普通地方公共団体の長が当該普通地方公共団体を代表して行う契約の締結には民法108条（双方代理）が類推適用されると判示した。

---

81) 最高裁平成23年10月25日第三小法廷判決・民集65巻7号2923頁（混合診療のケース），最高裁平成24年2月9日第一小法廷判決・民集66巻2号183頁（日の丸・君が代に対する起立斉唱に関するケース），最高裁平成25年1月11日第二小法廷判決・民集67巻1号1頁（薬のインターネット販売のケース）等を参照。
82) 経済的損失が生じている場合に国家賠償を請求するのは当然であるが，他方，国等に対して賠償を請求することを望まない者もいる（金目当てと言われることを嫌う場合など）。実務家としては，事案の内容や当事者の意向を十分に勘案して，適切な訴訟形態を選択すべきである。

藤田（宙）裁判官の補足意見は，本件のような場合，名古屋市と博覧会協会は，法人格を異にする限り両者は法的には同一であるとはいえず，その限りで相互間には「距離」が存在し，この「距離」をキープするための何らかの法的手法が考えられなければならないが，その際，あらゆる法人につき，民法の「双方代理」の法理をもって一律に対処するのが果たして妥当かどうかについては，必ずしも問題がないとはいえないとして，「今後，上記の意味での『距離』を確保するために，民法108条に直接基づくのでなく，それに代わるものとして，このような組織上の実態に即した，何らかの行政法理が考案される可能性はあり得ないではない」とした。

この判決では，行政法を専門とする藤田（宙）裁判官が，民法に基づくのでなく，それに代わる何らかの行政法理が考案される可能性を示唆しているのであるから，この法理の必要性は相当に高いと考えられる。したがって，実務家としては，このような補足意見の存在を認識し，類似の事件に遭遇した場合には，法廷意見が示す民法法理だけに頼るのではなく，当該事件の事実関係を踏まえたうえで，新たな行政法理を創出することによって，より妥当な解決に至ることができないかを常に希求すべきである。

5 キャッチボールはできているのか？～司法府と立法府の関係

(1) これまで見てきたように，司法と立法の関係は単純ではない。司法（それも大法廷）の判断を立法が無意味化する例も見られたし，大法廷の違憲判断に従った法改正を国会が長期にわたって履行しない例もあった。

もっとも最近では，最高裁で違憲判決が出されると，国会は早期に違憲性を除去するための法改正を行ってきているといえよう[83]。

---

83) 薬事法は，違憲判決（最高裁昭和50年4月30日大法廷判決・民集29巻4号572頁）の後，同年7月13日に薬事法の一部を改正する法律（昭和50年法律第13号）が公布・施行され，距離制限に関する同法4条の2項～4項が削られた。森林法は，違憲判決（最高裁昭和62年4月22日大法廷判決・民集41巻3号408頁）の後，同年6月2日に森林法の一部を改正する法律（昭和62年法律第48号）が公布，施行され，共有持分者の分割請求を制限していた森林法186条が削られた。郵便法は，違憲判決（平成14年9月11日大法廷判決・民集56巻7号1439頁）の後，同年12月4日，郵便法の一部を改正する法律（平成14年法律第121号）が公布，施行され，損害賠償を制限していた郵便法68条が改正された。公職選挙法は，違憲判決（最高裁平成17年9月14日大法廷判

(2) それでは、国会議員の身分に直結する公職選挙法の改正はどうだろうか。

近年、最高裁が投票価値の平等保障を厳しく審査しているとされ[84]、これについては、国会も一定の法改正で対応している[85]。問題は、それが投票価値の平等を確保する上で十分な効果をあげているかである。

最高裁は、参議院選挙区選出議員の選挙について、2006年大法廷判決で、「今後も、国会においては、人口の偏在傾向が続く中で、これまでの制度の枠組みの見直しをも含め、選挙区間における選挙人の投票価値の較差をより縮小するための検討を要することが、憲法の趣旨にそうものというべきである」と述べ、2009年大法廷判決では、「国民の意思を適正に反映する選挙制度が民主政治の基盤であり、投票価値の平等が憲法上の要請であることにかんがみると、国会において、速やかに、投票価値の平等の重要性を十分に踏まえて、適切な検討が行われることが望まれる」と述べた（いずれも多数意見）。また、2012年大法廷判決は、「国政の運営における参議院の役割に照らせば、より適切な民意の反映が可能となるよう、単に一部の選挙区の定数を増減するにとどまらず、都道府県を単位として各選挙区の定数を設定する現行の方式をしかるべき形で改めるなど、現行の選挙制度の仕組み自体の見直しを内容とする立法的措置を講じ、できるだけ速やかに違憲の問題が生ずる

決）の後、2016年6月14日に公職選挙法の一部を改正する法律（平成18年法律第62号）が公布され、在外日本人の投票を衆参両院の比例選挙だけに限っていた附則8項が削られた。国籍法は、違憲判決（最高裁平成20年6月4日大法廷判決）の後、同年12月12日に国籍法の一部を改正する法律（平成20年法律第88号）が公布され（翌年1月1日施行）届出による国籍取得の対象を準正子に限定していた国籍法3条が改正された。民法900条4号ただし書については前掲注14）参照。また、再婚禁止期間に関する民法733条1項の規定を一部違憲とした最高裁平成27年12月16日大法廷判決を受けた民法の一部を改正する法律（平成28年法律第71号）が、2016年6月7日、公布・施行された。

84) 千葉裁判官は、「当審は、平成23年大法廷判決を契機として、従前よりも投票価値の較差の評価を厳しく行う姿勢に転じてきているといえよう」と述べている（最高裁平成27年11月25日大法廷判決・民集69巻7号2035頁の補足意見〔同2066頁〕）。
85) 2011年大法廷判決を受けて、国会は、衆議院小選挙区選出議員選挙において一人別枠方式を廃止し（平成24年法律第95号により衆議院議員選挙区画定審議会設置法3条2項は削られた）、また、2012年大法廷判決を受けて、参議院選挙区選出議員選挙において、都道府県単位の選挙区制を廃止した（平成27年法律第60号により、2県から成る選挙区を2つ創設した）。

前記の不平等状態を解消する必要がある」と述べた（多数意見）。

これらの付言ないし説示について，千葉裁判官は，最高裁平成26年11月26日大法廷判決・民集68巻9号1363頁の補足意見で，2004年及び2009年の判決は，最高裁が，その時点での定数配分規定が合憲であるとしながらも，国会に対し，縮小を検討すべき較差が存在していることを警告的な意味で注意喚起したものであるのに対し，2012年の判決は，選挙時点での投票価値の不均衡は，もはや看過し得ない程度に達し，違憲状態に至っていたとしたものであり，同判決の説示は，「もはや単なる注意喚起ではなく，国会の裁量権行使の方向性に言及した上で，国会に対してこの憲法上の責務を合理的期間内に果たすべきことを求めたもの」として，両者は明確に区別されるとした。

同裁判官は，同じ補足意見で，2012年大法廷判決後に成立した公職選挙法改正法（平成24年法律第94号）の附則3項[86]に言及し，「事柄の重大性等に鑑み，国会として司法部の憲法判断に真摯に対応することを宣明したものとして，高く評価されるべきもの」としたうえで，「国会は…現行の選挙制度の仕組み自体の見直しを内容とする立法的措置を講じ違憲状態を解消する対応を採ることが，法的に義務付けられている状態（更にいえば自ら法的に義務付けた状態）にあるといえよう」と述べている。

ところで，国会は，2015年改正法で都道府県単位の選挙区制を改めたが，同法の附則7条は，「平成三十一年に行われる参議院議員の通常選挙に向けて，参議院の在り方を踏まえて，選挙区間における議員一人当たりの人口の較差の是正等を考慮しつつ選挙制度の抜本的な見直しについて引き続き検討を行い，必ず結論を得るものとする」としている。2012年法の附則3項と，2015年法の附則7条を比較すると，結論を得る時期を3年延ばした以外には，前者で「結論を得るものとする」とされていたところが，「必ず結論を得るものとする」と変わったに過ぎない。国会は，「自ら法的に義務付けた」（千葉裁判官）にもかかわらず，2016年の参議院議員通常選挙までには抜本的

[86) この附則3項は，「検討」として，「平成二十八年に行われる参議院議員の通常選挙に向けて，参議院の在り方，選挙区間における議員一人当たりの人口の較差の是正等を考慮しつつ選挙制度の抜本的な見直しについて引き続き検討を行い，結論を得るものとする」というものである。

V　少数意見が教えてくれるもの　99

な見直しができないことを，2015年の時点で事実上認めたのである。

　これが，選挙制度の大改革を目指し，司法部と立法府の間で，「実効性のあるキャッチボールが続いている状況」[87]と呼びうるかは評価の分かれるところと思われる[88]が，この「キャッチボール」という語は，司法と立法の動的な関係に着目することを教えるものであり，実務家にとって忘れがちな視点を提供するものである。

6　アクティブ・コートの到来？〜多彩な救済（の提案）

　本稿の最後に，最近の最高裁において，「違憲」な状態に対しては救済を与えなければならず，しかもその救済として，これまででは考えにくかった多彩なものが提言されていることに触れる。

　(1)　これが主文のレベルで初めて感じられたのが，国籍法違憲判決であり，国籍法3条が違憲であると判断した後の多数意見の救済は斬新なものであった。国籍法（平成20年改正前のもの）は，3条の届出による国籍取得の要件を，「父母の婚姻及びその認知により嫡出子たる身分を取得した子」としていた[89]。伝統的な考え方によれば，仮にこの条文が違憲であるとすると，国籍法3条が違憲な条文として効力を有しなくなるのであるから，「国籍法3条に基づき届出によって日本国籍を取得した」という上告人の請求自体が成立しないということになってしまう[90]。

　しかし，2008年大法廷判決の多数意見は，授権的効果を有する規定が，法

---

87) 2015年11月25日の大法廷判決における千葉裁判官の補足意見（民集69巻7号2072頁）。もっとも，この大法廷判決が対象としているのは，衆議院小選挙区選出議員の選挙である。
88) 2004年大法廷判決で，福田裁判官は，「仮にある程度の較差は認めることができるという司法判断があると，国会は，それを奇貨として更にその例外を温存することに邁進するのが現実である」（民集58巻1号78頁）と，深澤裁判官は，「事情判決を契機として，国会によって較差の解消のための作業が行われるであろうという期待は，百年河清を待つに等しいといえる」（同91頁）と述べている（それぞれの追加反対意見）。これらの意見は，司法判断を示すことによって国会の自主的改革を待つという最高裁裁判官の期待が裏切られ続けてきたことを物語っている。
89) 他に付随的な要件もあるが，本稿の考察に関係しないので省略する。
90) 現に，東京高裁では，2つの部がこの考えを採り，一審原告の請求を棄却していた（東京高裁平成18年2月28日判決・家裁月報58巻6号47頁，東京高裁平成19年2月27日判決・裁判所ホームページ）。

文上は,「A（認知）＋B（父母の婚姻）という2つの項目から成る要件を満たしたときに日本国籍を取得できる」という形式をとっているにもかかわらず，Bの部分が過剰な要件であり憲法14条1項に違反するとした場合に，Aの項目だけしか満たさないにもかかわらず，上告人に日本国籍を認めた。

　国籍が（特に年少者にとって）各種の権利ないし利益を主張するうえに必須の要件となっていることが多いことと，準正によって嫡出子たる身分を得ることと国籍法の立法目的との間に合理的な連関性が認められないことなどから，このような新しい解釈が導かれたと思われるが，泉裁判官，今井裁判官，近藤裁判官の補足意見を読めば，この多数意見をリードしたのは，これらの裁判官であったと推認される。個々の裁判官の意見が法廷意見・多数意見を形成するとき，日本の社会は変わるのである[91]。

　(2)　それでは，これまでたびたび触れてきた公職選挙法についての判決はどうであろうか。この分野では，1976年の「事情判決」以後，判決主文において新たな救済を与えるものは出ていない。

　しかし，補足意見や反対意見まで見れば，新たな救済の提言は百花繚乱の感がある。

　まず，1983年11月の大法廷判決で，中村裁判官は反対意見で，1976年大法廷判決が認めた「事情判決」の法理は，当然に個別的判断を要求するもので，具体的事情のいかんによっては，衡量の結果が逆となり，当該選挙を無効とする判決がされる可能性が存することは，当然にこれを認めているものと解されるとして，「事情判決＝請求棄却」と当然になるわけではないことを明示した。

　続いて，1985年7月の大法廷判決における寺田（治），木下，伊藤，矢口洪一裁判官の補足意見は，今後も現行議員定数配分規定のままで施行された場合における選挙の効力については，その効力を否定せざるを得ないこともあり得るとしたうえで，「選挙を無効とするがその効果は一定期間経過後に始めて発生するという内容の判決をすることも，できないわけのものではない」と述べ，その理由として，「定数訴訟の判決の内容は，憲法によって司

---

91) 既に述べた非嫡出子相続差別違憲判決でも，法廷意見をリードしたと思われる金築裁判官，千葉裁判官の補足意見についても，同じことがいえるであろう。

法権にゆだねられた範囲内において，右訴訟を認めた目的と必要に即して，裁判所がこれを定めることができるものと考えられるからである」とした。判決の効果発生を裁判所が定めた期間経過後とすることができるという考えが，有力な裁判官の共同補足意見として述べられ，その理由として，判決の効果発生は憲法が司法権に委ねた範囲内で裁判所が定めることができるというのは，実定法の枠内で考えることが多い裁判所における提言として極めて注目に値するものである[92]。

その後，最高裁では，人口較差として許容されるのはどこまでか（1対1か，1対2～3でもよいか），あるいは，1人別枠方式（衆議院）ないし都道府県単位の選挙区制（参議院）などに関する意見が交錯していたが，これらの論点が概ね一致を見た近年になると，再び救済について関心が高まってきたと思われる。

たとえば，2014年大法廷判決で，山本裁判官は，反対意見で，「裁判所としては，違憲であることを明確に判断した以上はこれを無効とすべきであり，そうした場合に生じ得る問題については，経過的にいかに取り扱うかを同時に決定する権限を有するものと考える」[93]としたうえで，参議院において全選挙区が訴訟の対象とされているときは，一票の価値が0.8を下回る選挙区から選出された議員は，全てその身分を失うものと解すべきであると述べた。

また，2015年大法廷判決では，木内道祥裁判官が，反対意見で，無効とする選挙区の選定の基準は，違憲判断の及ぶ範囲を一定程度制限するという司法権に委ねられた権限の行使についてのものである[94]としたうえで，本件

---

[92] 最高裁平成5年1月20日大法廷判決・民集47巻1号67頁で，園部裁判官は，その意見で，選挙無効判決に併せて，国会に対して，速やかに議員定数配分規定の改正をすることを義務付ける判決をするか，あるいは，当該選挙管理委員会が判決の趣旨に従って再選挙を施行するために必要かつ具体的な方策を示すのでなければ，当該定数訴訟を提起した当事者の権利の救済に何ら資するところはないと考えるとしたうえで，「私は，これらの手段を裁判所が案出することが司法作用の本質に反するものとは考えない」と述べている。

[93] 民集68巻9号1419～1420頁。これは，2013年非嫡出子相続分違憲判決における千葉裁判官の補足意見と親和性のある見解と思われる。

[94] 民集69巻7号2096頁。この判示は，同じく2013年非嫡出子相続差別違憲判決における金築裁判官の補足意見を想起させるものである。

選挙での選挙区について，無効とするかどうかは投票価値の較差が2倍を超えるか否かによって決するのが相当であるとし，具体的な12の選挙区を挙げ，これらの選挙区については選挙無効とすべきであるとした。

このように，最近の大法廷判決では，反対意見であるとはいえ，裁判官が具体的な選挙無効の基準を設定し，これに該当する選挙区の選挙は無効とすべきであると提言するまでになっている。このような「裁判官による法規範の設定」を認める見解は，1985年の寺田（治）裁判官外の共同補足意見に淵源を有すると考えられ，さらに遡れば，1976年大法廷判決での「平等な選挙権という議会制民主政治に不可欠な国民の基本権が憲法に直結するものであることにかんがみるならば，在来の理論的障壁を乗り越えて，ある程度の自由な法創造的思考の加わることは当然なことと考える」との岸裁判官の反対意見に行きつくのではないかと思われる[95]。

(3) 公職選挙法に関する現在の反対意見が，いつの日にか多数意見となるかはわからない。

しかし，このように多彩な救済の提案が最高裁裁判官から出されるという事態はかつて想像もできなかったところである。実定法に必ずしも縛られない判断を最高裁が下しうる根拠として憲法が司法に委ねた権能が挙げられるのも，これまでなかったことである。

そうであれば，実務家としては，旧来の救済メニューにとらわれることなく，憲法が要求している状態を実現するためにはどのような救済が与えられるべきか，そしてそのような救済を与えることがなぜ憲法上認められるのかの立論を磨くことが要請されているといえよう。

VI 結語

これまで述べてきたように，最高裁の少数意見は，それが補足意見，意見，反対意見のいずれであるかを問わず，最高裁の明日を示す可能性がある。

---

[95] 最近においてこのような考え方に理論的根拠を与えているのは，憲法判断にあたって裁判所は何ができるかに関する金築裁判官，千葉裁判官の補足意見であろう。

実務家は現在の最高裁を知ることが必要であるが，事件の処理においては明日の最高裁を予測することも必要である。
　そのためには少数意見を常に学び，これを自らの立論のために使えるようにする研鑽が不可欠なのである。

第3章　アメリカにおける少数意見制の動態

見平　典

はじめに
Ⅰ　アメリカの司法制度
Ⅱ　司法意見の種類
Ⅲ　少数意見制の歴史的展開
おわりに

はじめに

　アメリカ連邦最高裁判所は，違憲審査権を積極的に行使して国政に大きな影響を及ぼしていることで広く知られるが，同時に，少数意見の提出が活発なことでも知られる[1]。2015年には連邦最高裁判所は，同性間の婚姻を認めないことは合衆国憲法修正14条（デュープロセス条項および平等保護条項）に違反するとして，全米の同性カップルに法的婚姻の道をひらく歴史的な判決を下したが，同判決には4名の裁判官が各々少数意見を提出していた。

　「ケネディ裁判官が，ギンズバーグ，ブライヤー，ソトマイヨール，ケイガン裁判官の参加を得て，法廷意見を述べた。ロバーツ長官は，スカリア，トーマス裁判官の参加を得た反対意見を提出した。スカリア裁判官は，トーマス裁判官の参加を得た反対意見を提出した。トーマス裁判

---

1) アメリカでは一般に「少数意見」（minority opinion）という用語は，反対意見の意味で用いられるが，本稿では日本の一般的な用法に従い，「少数意見」という用語を，反対意見と同意意見の双方を指すものとして用いる。

官は，スカリア裁判官の参加を得た反対意見を提出した。アリート裁判官は，スカリア，トーマス裁判官の参加を得た反対意見を提出した。」（判決文に付される判決要旨より[2]。）

　本判決では4種類の反対意見が提出され，それらは全部合わせて法廷意見（アペンディックスを除き，判決速報で28頁）の倍以上の64頁に達したが，これほどのボリュームではなくても，何らかの少数意見が付されることは，現代の連邦最高裁判所においては一般化している。たとえば，2009年には正式審理事件76件のうち，44件において反対意見，41件において同意意見が提出された[3]。反対意見・同意意見ともに半数以上の事件で付されており，少数意見の積極的な提出は，現代アメリカ連邦最高裁判所の1つの重要な特徴であるといえよう。

　もっとも，そのような連邦最高裁判所においても，古くから活発に少数意見が提出されていたわけではない。現在の法廷意見制度の基礎が形成された19世紀前半のマーシャル・コートから20世紀初頭まで，少数意見の提出は，ごく限られた場合になされる例外的な事態とされてきた。実際に，マーシャル・コート（1801-1835年）からヒューズ・コート（1930-1941年）まで，判決に署名が付された事件のうち反対意見が提出された事件の割合は，各コートとも1割前後であり，同意意見が提出された事件の割合は，いずれのコートにおいても5パーセントを超えることはなかった[4]。ところが，20世紀中期のストーン・コート（1941-1946年）になると，反対意見が提出された事件の割合は45パーセント，同意意見が提出された事件の割合は17パーセントへと急増し，その後さらにこの割合が増えて，現在のような状態に至ったのである[5]。

---

2) Obergefell v. Hodges, 576 U.S. _ (2015) (Syllabus).
3) LEE EPSTEIN, JEFFREY A. SEGAL, HAROLD J. SPAETH & THOMAS G. WALKER, THE SUPREME COURT COMPENDIUM: DATA, DECISIONS, AND DEVELOPMENTS 255, 261 (5 th ed., 2012).
4) PAMELA C. CORLEY, AMY STEIGERWALT & ARTEMUS WARD, THE PUZZLE OF UNANIMITY: CONSENSUS ON THE UNITED STATES SUPREME COURT 19 (2013). 反対意見が付された割合の最高は，ヒューズ・コートの13パーセント，同意意見が付された割合の最高は，トーニー・コート（1836-1864年）の4パーセントであった。Id.

一体，連邦最高裁判所における少数意見の急増の背後には，いかなる要因が働いていたのであろうか。そして，少数意見の活発化は，司法行動・司法制度等にいかなる影響を及ぼしてきたのであろうか。こうした問いは，最高裁判所の少数意見制を活性化する必要性が指摘されている日本においても[6]，重要な意義を有するであろう。そこで本稿は，こうした問いを念頭に，アメリカにおける少数意見制（特に連邦最高裁判所の少数意見制）の歴史的な展開と動態を経験的に明らかにすることを課題とする。そのために，以下ではまずⅠ・Ⅱにおいて，アメリカの司法制度と少数意見制度の概要を説明する。その上で，Ⅲにおいて，アメリカにおける，少数意見制の歴史的な展開を描き出す。

　なお，本稿は，以上のように主にアメリカの少数意見制の歴史的分析・政治学的分析を中心にしている。アメリカの少数意見制の規範的分析については，本書大林論文をご参照願いたい。

Ⅰ　アメリカの司法制度

　本節ではまず，現在のアメリカの司法制度，特に連邦最高裁判所制度について，少数意見制度とのかかわりを中心に概観する[7]。

1　概要

　アメリカでは連邦制度が採用されていることの帰結として，連邦の裁判所機構と各州の裁判所機構が併存している。このうち，連邦の裁判所は，連邦法に関する事件や異なる州の市民間の事件等，合衆国憲法3条2節に列挙されている事項につき管轄権を有する。

---

5) *Id.*
6) たとえば，滝井繁男『最高裁判所は変わったか――一裁判官の自己検証』62-64頁（岩波書店，2009年），滝井繁男「最高裁の憲法上の役割と国民の期待」憲法問題23号133-134頁（2012年）。
7) なお，本節1および2(1)については，見平典「現代アメリカにおける法部門の動態と展望――多元主義的な憲法秩序形成の担い手としての裁判所・訟務長官」大沢秀介・川﨑政司編『現代統治構造の動態と展望』（尚学社，近刊）のⅡ-1と一部叙述が重複している。

連邦の裁判所は，現在，連邦最高裁判所・連邦控訴裁判所・連邦地方裁判所の3層構造をとっている[8]。最上級裁判所である連邦最高裁判所は，1名の長官と8名の陪席裁判官から構成されており，首都ワシントンD.C.に設置されている。日本の最高裁判所とは異なり，小法廷制度はなく，9名全員で各事件の審理にあたっている。前記のように，現代の連邦最高裁判所においては少数意見が活発に提出されている。

　中間上訴裁判所である連邦控訴裁判所は，合議制（通常は3名）の法律審であり，2015年現在全国に13設置され，裁判官の定員は179名である[9]。日本の下級裁判所とは異なり，少数意見制が採用されている。控訴裁判所では，事件数の多さが少数意見執筆の妨げになっていることが指摘されているものの，重要事件においては，裁量上訴制をとる連邦最高裁判所の注意を喚起するために少数意見が提出されることも少なくない[10]。

　最後に，第一審裁判所である連邦地方裁判所は，通常は単独制の事実審であり，全国に94設置され，裁判官の定員は677名である[11]。以上のいずれの裁判所も，法令が合衆国憲法に違反していないかどうかを審査する権限を有することが，判例の蓄積を通して確立している。

2　連邦最高裁判所

(1)　運営の特徴

　次に，連邦最高裁判所について，より詳しくみることにしよう。現在の連

---

[8] 連邦裁判所の組織に関する詳細な邦語文献としては，浅香吉幹『現代アメリカの司法』（東京大学出版会，1999年）第1章参照。なお，連邦裁判所には，以上の通常裁判所の他にも，国際通商裁判所や連邦請求裁判所などの特別裁判所がある。

[9] Administrative Office of the U.S. Courts, U.S. Federal Courts Judicial Facts and Figures (September 30, 2015), Table 1.1 - Total Judicial Officers - U.S. Courts of Appeals, District Courts, and Bankruptcy Courts, available at http://www.uscourts.gov/statistics/table/11/judicial-facts-and-figures/2015/09/30 & Court Role and Structure, available at http://www.uscourts.gov/about-federal-courts/court-role-and-structure (last visited on April 10, 2016).

[10] MELVIN I. UROFSKY, DISSENT AND THE SUPREME COURT: ITS ROLE IN THE COURT'S HISTORY AND THE NATION'S CONSTITUTIONAL DIALOGUE 321-322 (2015).

[11] Administrative Office of the U.S. Courts, *supra* note 8. なお，一部の事件においては例外的に3裁判官による合議制がとられるが，その場合，少数意見の提出が認められる。浅香・前掲注8）34・47頁参照。

邦最高裁判所の運営には次のような特徴がみられるが，これらの特徴はいずれも，裁判官に実務的資源（時間・情報）を供給することを通して，裁判官が活発に少数意見を提出することや積極的に憲法判断を行うことを可能にしている。

第1に，現在の連邦最高裁判所は，裁量上訴制度を通して，法的に重要な少数の事件に絞って審理を行っている。もともと連邦最高裁判所には裁量上訴の仕組みはなかったが，増え続ける事件数に対処するため，1891年裁判所法によってこの制度が部分的に導入され，1925年裁判所法によって本格的に導入された[12]。現在の連邦最高裁判所は，この制度を最大限に利用して審理する事件を絞り込んでおり，たとえば，2012年開延期には裁量上訴の申立は8,806件に達したが，同裁判所が口頭弁論を開いて判決を下したのは79件にすぎない[13]。現状では申立のほとんどが不受理とされており，事実上二審制に近い運用になっている。ただ，こうした制度運用により，連邦最高裁判所の各裁判官が重要事件に時間をかけて正面から臨むこと，それらの事件において少数意見を執筆することが可能になっている。

第2に，現在の連邦最高裁判所は，比較的手厚い裁判官補佐制度を持っている。連邦議会は1919年に，連邦最高裁判所の各裁判官に専従のロークラーク（law clerk）（法的調査等を行う，裁判官の補助者）を公費によって配置することを認めた[14]。その後，この制度は拡充され，現在では各裁判官は4名の

---

12) 1925年裁判所法によって，裁量上訴の範囲は大幅に拡張された。なお，1988年の立法によって，裁量上訴の範囲はほぼ全面化されるに至っている。アメリカの裁量上訴制度の詳細については，浅香・前掲注8）64-68頁，ジェフリー・P・ミネア（市川正人・訳）「事件数の増加と法的複雑性の高まりへの対応——アメリカ合衆国最高裁判所の場合」市川正人ほか編『日本の最高裁判所——判決と人・制度の考察』（日本評論社，2015年），大沢秀介『司法による憲法価値の実現』（有斐閣，2011年）第6章，宮城啓子『裁量上告と最高裁判所の役割——サーシオレイライとヘビアス・コーパス』（千倉書房，1998年），紙谷雅子「上訴裁判管轄——アメリカの社会における合衆国最高裁判所の役割」アメリカ法1990年1号1頁参照。また，見平典『違憲審査制をめぐるポリティクス——現代アメリカ連邦最高裁判所の積極化の背景』157-158頁（成文堂，2012年）も参照。
13) ミネア・前掲注12) 362頁。
14) ロークラーク制度の詳細については，ミネア・前掲注12) 362-363頁，見平・前掲注12) 158-160頁，重村博美「アメリカ合衆国におけるロークラーク制度と裁判官」近畿大学法学51巻1号69頁（2003年），Daniel H. Foote「Reflections of a Former Law

ロークラークを雇用している。現代のロークラークは，裁量上訴の申立の概要書を作成して，裁判官が申立の受理・不受理の判断を迅速に行うことができるようにしているほか，各裁判官の手足として本案審理のための調査を行ったり，各裁判官の討議の相手になったりして，裁判官の見解形成や意見執筆を強力に補佐している[15]。この結果，裁判官は多角的な情報・視点に基づきながら，重要事件に取り組むことや少数意見を作成することが可能になっている。

　第3に，現在の連邦最高裁判所は，公共に開かれた裁判手続をとっている。すなわち，アメリカには，事件の第三者であっても両当事者の同意または裁判所の許可を得られれば裁判に参加できるアミカスキューリー（amicus curiae）の制度があるが，連邦最高裁判所は1950年代末以降，この制度を開放的に運用してきた。このため，現在では口頭弁論実施事件のうち9割近くの事件において，当事者以外のアクターから書面が提出されており，重要な憲法事件においては，社会の様々なセグメントに属する多数の団体・個人から書面が提出されている[16]。それらの書面は，当事者の書面では触れられていない関連判例，代替的な法解釈，政策的含意，関連諸科学の知見などを提供しており，その結果，裁判官は多角的に事件を考察することや少数意見を執筆する際に必要な情報を入手することが可能になっている。

　このように，現在の連邦最高裁判所は，裁量上訴制度，ロークラーク制度，アミカスキューリー制度の運用を通して，裁判実務に必要な資源（時間と情報）を確保している。アメリカの連邦最高裁判所裁判官は，多数の少数

　　Clerk」芝原邦爾・西田典之・井上正仁編『松尾浩也先生古稀祝賀論文集・下巻』（有斐閣，1998年），ピーター・J・スターン「アメリカの司法制度におけるロークラーク制度」国際商事法務26巻5号504頁（1998年），大越康夫「合衆国最高裁首席判事とロークラーク」社会科学討究42巻1号235頁（1996年），マイケル・K・ヤング「アメリカの連邦最高裁判所——ロー・クラーク（law clerk）とその影響を中心として」アメリカ法1979年1号1頁参照。また，TODD C. PEPPERS, COURTIERS OF THE MARBLE PALACE: THE RISE AND INFLUENCE OF THE SUPREME COURT LAW CLERK (2006); Artemus Ward, *Sorcerers' Apprentices; U.S. Supreme Court Law Clerks*, in EXPLORING JUDICIAL POLITICS (Mark C. Miller ed., 2009) 参照。
15) 現在のロークラーク制度の運用・実情については，前掲注14）の諸文献を参照。
16) PAUL M. COLLINS, JR., FRIENDS OF THE SUPREME COURT: INTEREST GROUPS AND JUDICIAL DECISION MAKING 46-47 (2008); Susan Behuniak-Long, *Friendly Fire: Amici Curiae and Webster v. Reproductive Health Services*, 74 JUDICATURE 261 (1991).

意見を執筆し,違憲審査権も積極的に行使しているが,その背景には,以上のような特徴的な制度とその運用に負うところが少なくない[17]。

(2) 裁判官

次に,連邦最高裁判所裁判官人事についてみることにしよう。連邦最高裁判所裁判官は,合衆国憲法の規定により,大統領による指名と上院による承認を経て任命される[18]。大統領は裁判官候補者を指名するにあたり,主に以下の3点を基準として判断しているが,これらが活発な少数意見の基礎となる,多様な裁判官や高い法的能力を持った裁判官の任命をもたらしている。

大統領が重視する第1の基準は,法律家としての候補者の資質である。これが重視される背景には,大統領としての責任意識や名声への関心が働いているが,それにくわえ,候補者が優れた資質を持っていなければ,上院の厳しいチェックを潜り抜けることができず,指名した自己の権威が失墜してしまうとの認識も働いている[19]。このため,通常は連邦控訴裁判所裁判官,連邦訟務長官,エリート法科大学院の教授等を経験した,卓越した能力と経歴を持つ者が連邦最高裁判所裁判官に指名・任命されている[20]。そして,これ

---

17) 裁判所の保有する実務的資源の量が違憲審査制の運用を規定することに関して,詳細は,見平・前掲注12)第1章第2節参照。また,連邦最高裁判所による裁量上訴制度,ロークラーク制度,アミカスキューリー制度の運用の変化と,同裁判所の積極化との関係については,同書第5章第5節参照。
18) 連邦最高裁判所裁判官選任手続の実態については,DAVID ALISTAIR YALOF, PURSUIT OF JUSTICES: PRESIDENTIAL POLITICS AND THE SELECTION OF SUPREME COURT NOMINEES (1999); MICHAEL COMISKEY, SEEKING JUSTICES: THE JUDGING OF SUPREME COURT NOMINEES (2004); RICHARD DAVIS, ELECTING JUSTICE: FIXING THE SUPREME COURT NOMINATION PROCESS (2005); LEE EPSTEIN & JEFFREY A. SEGAL, ADVICE AND CONSENT: THE POLITICS OF JUDICIAL APPOINTMENTS (2005) 等参照。
19) 実際に候補者の資質が大統領の指名過程・上院の承認過程・市民の見解形成過程のいずれにおいても重要な役割を果たしていることについては,前掲注18)の諸文献およびJAMES L. GIBSON & GREGORY A. CALDEIRA, CITIZENS, COURTS, AND CONFIRMATIONS: POSITIVITY THEORY AND THE JUDGMENTS OF THE AMERICAN PEOPLE (2009) を参照。
20) EPSTEIN, SEGAL, SPAETH & WALKER, supra note 3, at 336-370. たとえば,もっとも最近任命されたケイガン裁判官の場合,連邦最高裁判所ロークラーク,ハーバード大学法科大学院教授,同院長,連邦訟務長官等を歴任していた。Supreme Court of the United States, Biographies of Current Justices of the Supreme Court, available at http://www.supremecourt.gov/about/biographies.aspx (last visited on April 10, 2016).

らの人々は既に確立した法律家であるがゆえに，多数意見にすぐには同調せず，その結論と論理を吟味して，必要と判断すれば少数意見を執筆する能力と意思を有している。

大統領が重視する第2の基準は，候補者の価値観である[21]。現代のアメリカでは，裁判官の価値観（特に憲法観と司法観）が憲法判断に定常的に作用していることは広く知られていることから，大統領は自己と同様の憲法観・司法観を持つ者——民主党大統領はリベラルな憲法秩序構想を持つ者，共和党大統領は保守的な憲法秩序構想を持つ者——を選任するように努めている。そして，アメリカでは二大政党制が定着しており，大統領の党派が定期的に交代していることから，連邦最高裁判所内には常に異なる憲法観や司法観を持つ裁判官が存在しており，この価値観の多様性が活発な少数意見提出の下地になっている。

大統領が重視する第3の基準は，候補者の代表性である[22]。連邦最高裁判所人事をめぐっては，伝統的にアメリカ社会を統合する連邦の最上級裁判所として，社会の多様性を反映した人事，代表性を確保した人事が必要であると考えられてきた。このため，古くは地域や宗教，近年では人種やジェンダーが，多様性・代表性という観点から人事に際して考慮に入れられる傾向にある[23]。この結果，連邦最高裁判所は（知的エリートという偏りはあるものの）ある程度多様なバッググラウンド・属性を持った裁判官から構成されることになり，このことも少数意見が活発であることの背景にあると考えられる。

以上のように，現代の連邦最高裁判所裁判官の指名・承認基準は，多様な裁判官，高い法的能力を持った裁判官の任命をもたらしており，これが連邦最高裁判所における活発な少数意見の提出につながっている。（もっとも，これらの要因は活発な少数意見制の基礎を構成しているが，その十分条件ではない。この点については，Ⅲ（少数意見制の歴史的展開）において詳述する。）

---

21) 候補者の価値観が大統領の指名過程・上院の承認過程・市民の見解形成過程のいずれにおいても重要な役割を果たしていることについては，前掲注18)・19) の諸文献参照。
22) DAVIS, *supra* note 18, at 46-51; YALOF, *supra* note 18.
23) DAVIS, *supra* note 18, at 46-51.

(3) 審理過程

次に，現在の連邦最高裁判所の審理過程を，少数意見制との関連に留意しつつみることにしよう[24]。連邦最高裁判所の審理は，同裁判所が裁量上訴の申立を許可することによって始まるが，申立の許可には少なくとも4名の裁判官の賛成が必要である。裁判官は申立を許可するかどうかの判断にあたり，通常，連邦最高裁判所規則10条が挙げている事由（同一の重要な問題をめぐって連邦控訴裁判所間で判決の不一致が存在すること，重要な問題をめぐって原判決が連邦最高裁判所の先例に反していること等）を基準にしているが，それにくわえ，原判決が自己の法的見解と合致しているか，受理した場合に法廷意見が自己の法的見解と合致する見込みがあるか，連邦訟務長官が事件に関与しているか等の事情も考慮に入れているといわれる[25]。

裁量上訴の申立の許可・不許可の決定文には，通常，理由は付されない。ただ，不許可の決定に対して，少数意見が提出されることがある。たとえば，ソトマイヨール（Sonia Sotomayor）裁判官は，死刑事件のウッドワード事件において，不許可決定に対して12頁（アペンディックスを除く）にも上る反対意見を執筆して，アラバマ州の死刑量刑手続の合憲性について連邦最高裁判所が審理すべきことを主張した[26]。

裁量上訴の申立が許可され，さらに略式ではなく全面審理が決定されると，当事者やアミカスキューリーによる書面提出，各裁判官室における調査検討を経て，口頭弁論が開催される。口頭弁論において各当事者に割り当てられる時間は，徐々に短縮されてきており，1970年に現行の30分となった[27]。口頭弁論では，裁判官は事前の調査の中で生じた疑問等を代理人に

---

24) アメリカ連邦最高裁判所の審理過程についての邦語文献としては，大越康夫『アメリカ連邦最高裁判所』（東信堂，2002年），ウィリアム H・レーンクィスト（根本猛・訳）『アメリカ合衆国最高裁――過去と現在』（心交社，1992年）参照。
25) LAWRENCE BAUM, THE SUPREME COURT 90-96 (11th ed., 2013). なお，連邦訟務長官が裁量上訴の申立の判断プロセスにおいて重要な役割を担っていることについては，北見宏介「政府の訴訟活動における機関利益と公共の利益（四）――司法省による「合衆国の利益」の実現をめぐって」北大法学論集59巻4号1763頁（2008年）および見平・前掲注7）参照。
26) Woodward v. Alabama, 571 U.S. _, (2013) (Sotomayor, J., dissenting, joined partly by Breyer, J.).
27) ミネア・前掲注12) 358頁。

次々に問い質し，両当事者の主張の長所と短所を見極めるとともに，代理人とのやりとりを通して他の裁判官の見解形成に影響を及ぼそうとする[28]。各事件における裁判官の質問・コメントの総数は平均して133にものぼり[29]，代理人はこれに的確に応答できる高度の力量が求められることから，有力法律事務所では連邦最高裁判所の弁論を専門とする部署が設置されるなど，専門化が進んでいる[30]。

　口頭弁論が終了すると，次に裁判官の評議が開催される。評議の進め方は長官によって違いがみられるが，20世紀後期以降，長官がはじめに事件の概要を述べた上で自己の見解を提示し，その後，先任順に陪席裁判官が自己の見解を提示するという形がとられている[31]。現在のロバーツ（John G. Roberts, Jr.）長官の下では，その後に自由討議が行われることもあるようだが，前代のレーンキスト（William H. Rehnquist）長官はこれに制限的であった[32]。それは，各裁判官は評議前に既に熟慮を重ねて自己の見解を形成しているため，自由討議が改めて資するところはあまりないとの彼の考えによるものである[33]。ただ，このような運営は，評議を合意形成の場ではなく単なる投票の場とすることにより，少数意見を生み出しやすいといえよう。

　評議を通して，当該事件の多数派の構成が明らかになると，多数意見の執筆者が決定される。決定権は，長官が多数派の場合には長官に，長官が少数派の場合には多数派の最先任裁判官にある[34]。執筆者に指名された者や少数派裁判官は意見を執筆し，回覧に付すが，裁判官は多数意見・少数意見をみて立場を変えることや，多数意見の結論に賛成しつつも論理に賛成できない

---

28) BAUM, *supra* note 25, at 107-108.
29) *Id.* at 107.
30) John G. Roberts, Jr., *Oral Advocacy and the Re-emergence of a Supreme Court Bar*, 30 J. SUP. CT. HIST. 68, 75-79 (2005).
31) BAUM, *supra* note 25, at 109，レーンキスト・前掲注24）13章。
32) BAUM, *supra* note 25, at 109.
33) *Id.* レーンキスト・前掲注24）13章。
34) 長官は，執筆者の決定にあたり，負担の公平性や事件に関する専門性などを考慮しているようであるが，後掲注35）で述べるように，多数派の維持・拡大のために戦略的な考慮も行っているとみられる。Forrest Maltzman & Paul J. Wahlbeck, *May It Please the Chief? Opinion Assignments in the Rehnquist Court*, 40 AM. J. POL. SCI. 421 (1996).

として同意意見の執筆を決断することもある[35]。このため，多数意見執筆者は，多数派の票を失うことのないように，また，少数派から票を獲得できるように，文言を慎重に選び，広範な主張や過度の一般化を避けて抑制的に執筆するとともに，少数派の主張に反論・応答するように努めることになる[36]。また，他の裁判官から修正要求のメモが提出された場合には，票を維持・獲得するために，何度もメモを往復させながら対話を重ねることになる[37]。さらに，回覧に付された少数意見に反論・応答するために，何度も書き直すこともある[38]。このように，少数意見が実際に提出されることや，提出されるおそれがあること，そしてそれにより多数派と少数派が入れ替わる可能性が存在することは，多数意見執筆者に緊張感を与え，自己の意見を何度も見直すことにつながっており，多数意見の質の向上に大きく寄与しているという[39]。

各裁判官が参加する意見を決定すると，判決の言い渡しとなる。通常，多数意見の執筆者がその一部を法廷で朗読するのみであるが，時に反対意見執筆者がその一部を朗読することもある。この反対意見の朗読行為は，少数派が多数意見に対してきわめて強い異論を抱いていることを表明するものであり，非日常的であるがゆえに注目を集めやすい[40]。それゆえ，この方法は，

---

35) このことは，多数派と少数派の人数が僅差の場合，当初の多数意見が相対多数意見や反対意見に転落しうることを意味する。このため，多数派と少数派が僅差の場合，長官はこうした事態を回避するため，多数派の中でも少数派に近い立場の中間派裁判官を，多数意見執筆者に戦略的に指名する傾向にあるとされる。中間派裁判官であれば，多数派と少数派の双方が同意できる意見を執筆して，多数派裁判官の離脱を防止するとともに，少数派の票を奪って僅差を解消することが可能であると考えられるからである。Id. at 435-437; UROFSKY, supra note 10, at 17.
36) UROFSKY, supra note 10, at 15-17.
37) PAMELA C. CORLEY, CONCURRING OPINION WRITING ON THE U.S. SUPREME COURT (2010) の第3章は，いくつかの事件における，多数意見執筆者と多数派裁判官との間の実際のやりとりを，当時の裁判官のメモをもとに描き出している。
38) Ruth Bader Ginsburg, The Role of Dissenting Opinions, 95 MINN. L. REV. 1, 3 (2010).
39) ウロフスキーによれば，ロバーツ長官，スカリア裁判官，ギンズバーグ裁判官，ブライヤー裁判官，アリート裁判官がこうした見方を示している。UROFSKY, supra note 10, at 17-19.
40) Jeff Bleich, Michelle Friedland, Aimee Feinberg & Dan Bress, Dissenting from the Bench: The Origins and Impact of a Modern Trend, 69-OCT. OR. ST. B. BULL. 26 , 29-30 (2008). ある調査によると，2006年開廷期は例年になく多く7件，2007年開廷期

多数意見の不当性を議会や社会に対して強く訴えたい場合に用いられており,実際にこれが立法に影響を及ぼした例もみられる。たとえば,2007年のレッドベター事件では[41],差別的賃金の不服申立期間について制限的な制定法解釈を行った多数意見に対して,ギンズバーグ(Ruth B. Ginsburg)裁判官は反対意見の朗読を行い,連邦議会に対して行動するように求めた。最終的に連邦議会は法改正を行って多数意見を覆したが,この法改正にあたっては,ギンズバーグ裁判官の果たした役割の大きさ——当該問題に対する政治的・社会的関心を喚起し,法改正への道筋をつけた——が指摘されている[42]。

(4) 判例集

判決が下されると,判決の速報版(slip opinion)が連邦最高裁判所の公式ウェブサイト[43]に即日掲載される。速報版は公式判例集である『合衆国判例集』(Unites States Reports)が刊行されるまで掲載され,『合衆国判例集』の刊行後は,これがウェブサイトに掲載される。このため,一般市民であっても,1991年開廷期以降の全事件の多数意見・少数意見に容易にアクセスすることが可能になっている。さらに,公式ウェブサイトには,口頭弁論の記録や録音ファイル,各種決定なども掲載されており,情報公開が進んでいる。

公式判例集である『合衆国判例集』は,連邦最高裁判所職員であり法律家である判決報告官(Reporter of Decisions)によって刊行される。判決報告官室には法律家と法律補助職(パラリーガル)がおり,彼らが判決文の校正を行っている[44]。また,法律家である判決報告官・副報告官・報告官補は,判決要旨を作成し,判決執筆裁判官の確認を得た上で,判決文の前にこれを付

は2件,2008年開廷期は3件であった。Jill Duffy & Elizabeth Lambert, *Dissents from the Bench: A Compilation of Oral Dissents by U.S. Supreme Court Justices*, 102 L. LIB. J. 7, 36-37 (2010).
41) Ledbetter v. Goodyear Tire & Rubber Co., Inc., 550 U.S. 618 (2007).
42) Bleich, Friedland, Feinberg & Bress, *supra* note 40, at 30.
43) http://www.supremecourt.gov/.
44) Frank D. Wagner, *The Role of the Supreme Court Reporter in History*, 26 J. SUP. CT. HIST. 9, 9-12 (2001).

している[45]。

　判例集では，判決を述べる意見，同意意見，反対意見の順に掲載される[46]。一部の例外を除き，各意見の冒頭には執筆者の氏名が明記される[47]。また，判決を述べる意見は，通常，事実の概要，理由，結論（日本の主文に相当）の順に構成されている。

II　司法意見の種類

　次に，アメリカにおける司法意見の種類についてみることにしたい。これについては，本書の大林論文が詳細に説明しているので，本節では以下の議論に必要な範囲で概観する。

1　判決を述べる意見

　まず，判決を述べる意見（main opinion）についてみてみよう。これには，「全員一致意見」（unanimous opinion），「多数意見」（majority opinion），「相対多数意見」（plurality opinion），「パーキュライアム意見」（per curiam opinion）がある。

　全員一致意見・多数意見とは，結論とその理由づけについて，全員もしくは過半数の裁判官の支持を得ている意見のことであり，先例としての価値を有する。現在の連邦最高裁判所では，通例1名の裁判官が代表してこれを執筆し，「法廷意見」（opinion of the Court）として提示する[48]。

　これに対して，相対多数意見とは，結論については過半数の裁判官の支持を，その理由づけについては過半数には及ばない相対多数の裁判官の支持を得ている意見のことである。1名の裁判官が代表してこれを執筆し，「判決」（judgment of the Court）と「意見」（opinion）を述べるという形をとる[49]。

---

45) *Id.* at 12-13.
46) 各意見の詳細については，IIを参照。
47) 次節で説明するように，パーキュライアムという形式の判決では，執筆者名は記載されない。
48) たとえば，本稿冒頭で引用した同性婚判決では，多数意見冒頭に「ケネディ裁判官が法廷意見を述べた。」と記載されている。Obergefell v. Hodges, 576 U.S. _ (2015).

パーキュライアム意見とは，裁判所による意見（opinion by the court）という意味であり，上記の各意見とは異なり，執筆者の氏名は記載されない。連邦最高裁判所では，この形式は主に口頭弁論を経ない略式事件において用いられるが，大統領選挙の投開票手続の合憲性が争われたブッシュ対ゴア事件のように，口頭弁論を伴う重要事件において用いられた例もある[50]。

2 同意意見・反対意見

アメリカの司法意見には他に，「通常同意意見」（regular concurring opinion / regular concurrence），「特別同意意見」（special concurring opinion / special concurrence），「反対意見」（dissenting opinion / dissent）がある。

通常同意意見とは，判決を述べる意見と結論・理由づけの双方を同じくするものの，追加的に提出される意見のことである。

これに対し，特別同意意見とは，多数意見（あるいは相対多数意見・パーキュライアム）と結論を同じくするが，その理由づけを異にする意見のことである。通常同意意見と特別同意意見をあわせて，「同意意見」（concurring opinion / concurrence）と呼ぶ。

反対意見とは，多数意見（あるいは相対多数意見・パーキュライアム）の結論に反対する意見のことである[51]。

以上が一般的な分類であるが，司法政治学者のコーリー（Pamela C. Corley）は，同意意見について，機能別にさらに細分化した類型を提示している[52]。それによると，同意意見には，多数意見の判示や論理を拡張・補完しようとする「拡張型同意意見」（expansive concurrence），多数意見の理由づ

---

49) たとえば，2004年のビース事件では，相対多数意見冒頭に「スカリア裁判官が判決を宣言するとともに，長官，オコナー裁判官，トーマス裁判官の参加を得た意見を述べた。」と記載されている。Vieth v. Jubelirer, 541 U.S. 267 (2004).
50) Bush v. Gore, 531 U.S. 98 (2000). なお，本件の詳細については，見平典「大統領選挙紛争と投票権の平等」大沢秀介・大林啓吾編『アメリカ憲法判例の物語』（成文堂，2014年）参照。
51) なお，連邦最高裁判所の判例集では，通常同意意見の冒頭には「○○裁判官は同意する。」（"JUSTICE ○○, concurring."），特別同意意見の冒頭には「○○裁判官は判決に同意する。」（"JUSTICE ○○, concurring in the judgment."），反対意見の冒頭には「○○裁判官は反対する」（"JUSTICE ○○, dissenting."）との一文が付される。
52) CORLEY, *supra* note 37, at 16-19.

けを退け，別の理由づけを提示する「理論型同意意見」(doctrinal concurrence)，多数意見の判示を限定しようとする「限定型同意意見」(limiting concurrence)，先例の存在等のためにやむなく多数意見に加わることを説明する「不本意型同意意見」(reluctant concurrence)，多数意見の判示の一部を強調して明確化する「強調型同意意見」(emphatic concurrence)，何らの理由も付さずに多数意見の結論に同意する旨のみを述べる「不要型同意意見」(unnecessary concurrence) がみられるという。こうした類型は，同意意見の機能を理解する上で参考になるように思われる。

Ⅲ 少数意見制の歴史的展開

前節まで，アメリカ連邦最高裁判所の少数意見制の現状について，他の諸制度とのかかわりを中心にみてきた。次に本節では，連邦最高裁判所の少数意見制の歴史的展開についてみることにしたい。歴史を紐解くと，連邦最高裁判所の少数意見制が司法内外の状況の変化に伴って大きく変遷してきたことが明らかになる[53]。

1 連邦最高裁判所の設立期
(1) 植民地裁判所・邦裁判所

植民地時代・邦時代のアメリカ司法は，イギリスの司法手続・司法慣行の多くを受け継いでおり，判決の宣言方法についても，イギリスに倣って「順繰り意見制」(seriatim opinion) を採用していた。これは，現在のアメリカ司法のように，1人の裁判官が代表して法廷意見を述べるのではなく，裁判官が1人ずつ順に意見を述べるものである（詳細については，本書溜箭論文を参照）。

---

[53] アメリカの少数意見制の歴史に関する先行の詳細な邦語文献としては，桜田勝義「司法における少数意見制成立前史——アメリカ連邦最高裁判所」山形大学紀要（人文科学）5巻3号303頁（1964年）（連邦最高裁判所の設立期からマーシャル長官期までの歴史）。また，少数意見制をめぐるアメリカの議論については，本書大林論文のほか，桜田勝義「アメリカにおける少数意見論争」法政理論4巻2号51頁（1972年），伊藤正己「少数意見について」ジュリスト130号76頁（1957年）参照。

ただ，18世紀後半にイギリス王座裁判所が一時期，マンスフィールド (William Murray, 1 st Earl of Mansfield) 首席裁判官の下で，法的確実性・一貫性や明確性を確保するために法廷意見型の判決方式を採用すると，これがアメリカにも伝えられ，いくつかの裁判所がこれを実験的に採用した[54]。たとえば，ヴァージニア上訴裁判所はペンドルトン (Edmund Pendleton) 長官時代に，この法廷意見型の判決方式を採用していた。後に第4代連邦最高裁判所長官として，連邦最高裁判所にこの方式を全面導入したマーシャル (John Marshall) は，当時このペンドルトンの法廷で弁護士として弁論を行っていた[55]。また，エルスワース (Oliver Ellsworth) 第3代連邦最高裁判所長官も，マーシャルに先立って連邦最高裁判所にこの方式を導入しようとしていたが，彼が一時期裁判官を務めていたコネティカットの裁判所も，（順繰り意見制を求める立法がなされたにもかかわらず）法廷意見型の判決方式を採用していた[56]。

(2) 連邦最高裁判所

連邦最高裁判所は1790年に開廷したが，1801年にマーシャルが長官に就任するまでは定型的な判決方式といえるものがなく，いくつかの形式がとられていた。その中でも主要な形式の1つが，今日パーキュライアムと呼ばれている形式である。この形式では，判決は特定の裁判官に帰せられることなく，「裁判所によって」("By the Court,") 下されたものとして提示されていた[57]。この形式による判決の多くは，法的分析をほとんど含んでいなかった[58]。

また，順繰り意見形式もとられており，当時の判例集に掲載された事件の

---

54) UROFSKY, *supra* note 10, at 39-41.
55) Charles F. Hobson, *Defining the Office: John Marshall as Chief Justice*, 154 U. PA. L. REV. 1421, 1443 (2006).
56) UROFSKY, *supra* note 10, at 41.
57) John P. Kelsh, *The Opinion Delivery Practices of the United States Supreme Court 1790-1945*, 77 WASH. U. L. Q. 137, 140 (1999); UROFSKY, *supra* note 10, at 41-42.
58) Kelsh, *supra* note 57, at 140; UROFSKY, *supra* note 10, at 41. 法的分析がわずかな判決が多く存在した背景には，当時の連邦最高裁判所の処理事件の多くが重要事件ではなかったことがあるとみられる。*See*, UROFSKY, at 41.

4分の1近くがこの形式であった[59]。順繰り形式は，裁判官の間で意見の対立が存在する場合や，憲法問題が存在する場合に用いられていたとみられている[60]。

さらに，1名の裁判官が代表して法廷意見を述べるという形式もみられた。エルスワース長官は，一時期裁判官を務めていたコネティカット裁判所の慣行に倣って順繰り意見を減らすように努め，裁判官の同意が得られたときには，彼が代表して法廷意見を述べるという形をとった[61]。ただ，上記のように，順繰り意見形式も引き続き用いられており，順繰り形式の判決では，条文解釈が一義的に明確にならないという弊害がみられた[62]。

2 マーシャル長官期
(1) 判決方式の改革

このように，連邦最高裁判所においては設立当初，定型的といえる判決方式はなかったが，こうした状況を大きく変えたのが，第4代長官のマーシャルである。マーシャルは34年間にわたり長官を務め，違憲審査制を連邦最高裁判所判例として確立するなど，司法の基盤を形成するとともに，連邦の権限を広く解して，連邦政府の基盤を形成することにも尽力した。現在のアメリカでは，「連邦最高裁判所と合衆国憲法に［マーシャルより］甚大な影響を及ぼした者はいない」とまで評され[63]，彼は偶像化されているが，そのような彼の功績の1つとされるのが，今日まで続く判決方式の礎を築いたことである。マーシャルは長官に就任すると，直ちに持ち前のリーダーシップを発揮して，判決方式を大きく変更した。マーシャル長官期の判決方式には，次のような特徴がみられる。

---

59) Kelsh, *supra* note 57, at 140-141.
60) *Id.* 実際に，この方式が用いられたのは，憲法事件では50パーセントに上ったのに対し，非憲法事件では17パーセントに止まっていたという。*Id.*
61) *Id.*, at 141; UROFSKY, *supra* note 10, at 42. この形式では，特定裁判官（ここでは長官）が法廷意見を述べるという形をとっており，この点で，特定裁判官に帰することなく，裁判所自身が法廷意見を下すという形をとるパーキュライアムとは異なる。
62) UROFSKY, *supra* note 10, at 43.
63) HENRY J. ABRAHAM, JUSTICES, PRESIDENTS, AND SENATORS: A HISTORY OF THE U.S. SUPREME COURT APPOINTMENTS FROM WASHINGTON TO BUSH II 65 (5th ed., 2008).

第1に，1名の裁判官が法廷意見を代表して述べる形式が原則とされるようになった。当初，他の裁判官はこの形式を進んで受け入れていたわけではなく，マーシャル不在の事件では順繰り意見制を用いていた[64]。しかし，彼らは次第にこの形式を受容するようになり，1810年代中頃にはこれが原則的な形式になった[65]。この結果，順繰り意見はほぼ消滅するとともに，マーシャル長官就任前に多く用いられていたパーキュライアム形式もほとんどみられなくなった[66]。そして，この新たに原則となった方式は，その後，今日まで続くことになった。

第2に，大半の法廷意見を長官であるマーシャル自身が述べた。たとえば，最初の数年間は，マーシャルがほぼ全ての法廷意見を述べた[67]。その後，マーシャルはこの役割を他の裁判官にも割り振るようになったが，長官である自らが法廷意見を述べることを重視する姿勢は変わらなかった。彼は在任中，判例集掲載事件の45パーセント以上，憲法事件の60パーセント近くにおいて，自ら法廷意見を述べたという[68]。

第3に，裁判所として単一の意見を示すことが強く志向され，少数意見の提出は僅かにとどまっていた。これにはマーシャルの強い意向が働いており[69]，たとえば，州裁判所裁判官として順繰り意見に慣れていたジョンソン（William Johnson）裁判官は，着任当初に同意意見を提出したところ，その後，少数意見に否定的な「説教」を繰り返し聞かされたという[70]。マーシャ

---

[64] Kelsh, *supra* note 57, at 144.

[65] *Id.* at 144-145.

[66] *Id.* at 145. 1814年には，判例集に掲載された48件のうち，パーキュライアム形式は2件にすぎなかった。*Id.*

[67] *Id.* at 144. 1801-1806年には，マーシャル以外の裁判官が法廷意見を述べたのは2件のみであり，そのうち少なくとも1件については，マーシャルは担当から外れていた。なお，同時期には5件のパーキュライアム形式の判決が下されたが，いずれもマーシャル不在の事件であった。*Id.*

[68] Donald M. Roper, *Judicial Unanimity and the Marshall Court – A Road to Reappraisal*, 9 AM. J. LEGAL HIST. 118, 119 (1965); Donald G. Morgan, *The Origin of Supreme Court Dissent*, 10 WM. & MARY Q. 353, 363 (1953); Hobson, *supra* note 55, at 1443.

[69] UROFSKY, *supra* note 10, at 46-47; Kelsh, *supra* note 57, at 149.

[70] Karl M. ZoBell, *Division of Opinion in the Supreme Court: A History of Judicial Disintegration*, 44 CORNELL L. Q. 186, 195 (1959); A. J. Levin, *Mr. Justice William Johnson, Creative Dissenter*, 43 MICH. L. REV. 497, 516 (1944).

ル自身も少数意見の提出を極力抑え,自己の立場と異なる法廷意見を長官として述べたこともあったという[71]――結局,マーシャルが反対意見を提出したのは,34年間の在任中7回のみであった[72]。そして,こうした中で,少数意見の提出は例外的であるべきとの意識が連邦最高裁判所の中で浸透していった。この結果,マーシャル・コートでは,反対意見が付された事件は全体の6パーセント,同意意見が付された事件は全体の2パーセントにとどまった[73]。

このように,連邦最高裁判所では19世紀初頭に,マーシャル長官のリーダーシップによって,1名の裁判官が代表して法廷意見を述べる判決方式が確立した。そして,マーシャル長官期には,この役割の多くが長官によって担われるとともに,少数意見の提出は例外的な事態とされた。

それでは,なぜマーシャルはこのような判決方式を採用したのであろうか。1つには,法的安定性,法的確実性を促進するためであったとみられる[74]。前記のように,順繰り意見では,裁判所としての判示事項が明確でなく,条文解釈も定まらないことがあったが,新方式の導入により,こうした問題が克服されることになった。ただ,マーシャルが上記のような判決方式を採用した理由は,それのみではなかった。彼は新方式により,判決と裁判所の権威を高めようとしたのである。彼は,裁判官が各々まとまりなく意見を示すのではなく,一丸となって1つの判断を示すことにより,判決に重みが生じるとともに,裁判所が政治部門や市民から一体的な独立機関としてみられるようになると考えた[75]。彼が,単に法廷意見制を採用するにとどまらず,長官である自らが法廷意見を提示することや少数意見を抑制することにこだわった背後には,このような判決や裁判所の権威・正統性に対する関心

---

71) *Id.* at 516; Kelsh, *supra* note 57, at 149.
72) UROFSKY, *supra* note 10, at 46.
73) CORLEY, STEIGERWALT & WARD, *supra* note 4, at 17.
74) Hobson, *supra* note 55, at 1443.
75) *Id.* at 1443; Morgan, *supra* note 68, at 360-361; Kelsh, *supra* note 57, at 143-144; UROFSKY, *supra* note 10, at 45-46. なお,マーシャルは,判決における一体性のみならず,裁判官の実際の人間関係においても一体性を育むように腐心したといわれる。そして,その際に,各地からワシントンに赴任した裁判官が,同じ寮に居住して寝食を共にしていたことが大きく寄与していたという。Hobson, *supra* note 55, at 1441.

が働いていたのである。

　それでは，なぜマーシャルは，判決・裁判所の権威の向上を重視したのであろうか。それには，当時の連邦最高裁判所の置かれていた状況が大きく関係していたとみられる[76]。独立した庁舎も与えられず，上院の地下の一室を法廷としていたことからも窺われるように，当時の連邦最高裁判所の権威は著しく低かった[77]。初代長官のジェイ（John Jay）は長官を辞職してニューヨーク州知事に転じ，第4代長官候補として再び名前が挙がったときには，連邦最高裁判所が「活力，重要性，尊厳」を欠いていることなどを理由に固辞した[78]。さらに，第2代大統領アダムズ（John Adams）は，連邦裁判所を自党派（フェデラリスト）の砦とするために，連邦裁判所裁判官人事を政治化したため，連邦裁判所は特に対立党派（リパブリカン）から強い不信の目でみられていた[79]。とりわけ，マーシャル・コートの初期には，リパブリカンのジェファーソン（Thomas Jefferson）第3代大統領が，フェデラリストで占められていた連邦最高裁判所に対して敵対的な姿勢を示していた[80]。このため，連邦最高裁判所の独立を確保し，その威信を高めること，名実ともに三権の一翼としての地位を固めることは，マーシャルにとって喫緊の課題であった。このような事情から，彼は連邦最高裁判所が一体となって行動し，1つの声を発することを重視したのである。

(2) 新方式に対する批判

　もっとも，この新たな方式には批判も少なくなかった。なかでも，この方式に強い不満を抱いていたのが，ジェファーソンである。ジェファーソンは連邦最高裁判所が順繰り意見制を退けて法廷意見制（しかも原則，法廷意見のみの単一意見）を採るようになったことを問題視し，自身が任命したジョンソン裁判官に順繰り意見の復活を求める書簡を送っていた。

　ジェファーソンによると，順繰り意見は，裁判所の判断が本当に裁判官の

---

76) Morgan, *supra* note 68, at 360-361; Kelsh, *supra* note 57, at 144.
77) Morgan, *supra* note 68, at 360-361.
78) ABRAHAM, *supra* note 63, at 66.
79) この間の政治事情については，桜田（1964年）・前掲注53）が詳しい。
80) 桜田（1964年）・前掲注53）320-330頁参照。

Ⅲ　少数意見制の歴史的展開　125

全員一致によるものかどうかを明らかにすることにより，当該判断の先例としての価値につき，軽重を付けることを可能にする[81]。また，終身制裁判官を統制しうるのは弾劾と名声のみであるが，これらは裁判官ひとりひとりが各事件において自己の結論と理由を説明することによってはじめて機能する。各裁判官の見解や仕事ぶりが明らかにならなければ，弾劾も名声も機能しえず，裁判官を統制するすべはない[82]。ジェファーソンはこのように述べて，順繰り意見の必要性を主張した。彼は特に，重要事件，難しい事件，市民の一部の反発を招く判決においては，各裁判官は自己の結論とその理由について市民に完全な説明を行うべきであると指摘しており[83]，裁判官ひとりひとりのアカウンタビリティを重視する考えを示していた。

ジェファーソンとジョンソンの間にはこの後書簡のやりとりがあり，ジョンソンは最終的に，この問題について考えた結果，軽微な事件では順繰り意見はほとんど意義を有しないが，憲法事件のような一般の関心の対象となる事件ではジェファーソンの主張を受け入れるとの書簡を送っている[84]。ジョンソンは「最初の反対者」とも称されるように[85]，在任中他の裁判官よりも多くの反対意見を執筆した——当時の反対意見の半数近くは彼によるものであった[86]——が，そこにはこのようなジェファーソンの影響もあったとみられる。

(3)　少数意見の特徴

このように，新方式には批判も存在したが，マーシャル長官はこれを維持し，さらにその在任期間を通して単一の意見の形成を推進した。このため，マーシャル・コートでは少数意見の提出は限られていたが，その限られた少数意見には次のような特徴がみられた。

第1に，裁判官はしばしば少数意見の中で，少数意見を提出することに対

---

81) Levin, *supra* note 70, at 513.
82) *Id.* at 514.
83) *Id.* at 514.
84) *Id.* at 517.
85) *Id.* at 512.
86) Morgan, *supra* note 68, at 377.

する躊躇や遺憾の意を表明した[87]。たとえば，トンプソン（Smith Thompson）裁判官は1827年のブラウン対メリーランド事件において，「躊躇や大変な気後れを感じつつ，私は本件の法廷意見に対して反対を公に表明することにする」との一文から反対意見を始めた[88]。また，ワシントン（Bushrod Washington）裁判官も同年の別の事件において同様に，「不幸にも当裁判所の多数派の意見と［自分の意見が］異なる事件において，反対意見を提出することは私の習慣では決してなかった」との一文から反対意見を始めていた[89]。ここには，少数意見の提出を例外と捉える意識が示されている。

　第2に，裁判官は憲法事件等の重要事件において，少数意見の提出に踏み切る傾向にあった[90]。たとえば，ジョンソン裁判官は，先の書簡において述べていたように，憲法や一般の関心事項にかかわる重要事件であることを理由に少数意見を提出していた[91]。また，先のトンプソン裁判官やワシントン裁判官の反対意見も，憲法事件であることを理由に少数意見の提出を正当化していた[92]。憲法事件等の重要事件においては，例外的に少数意見を提出するという慣行が次第に形成されていったのである[93]。そして，こうした慣行の成立には，先のジョンソン裁判官の影響が少なくなかったと考えられている[94]。

---

[87]　See, Kelsh, *supra* note 57, at 151-152, 155.
[88]　Brown v. Maryland, 25 U.S. 419, 449-450 (1827) (Thompson, J., dissenting).
[89]　Mason v. Haile, 25 U.S. 370, 379 (1827) (Washington, J., dissenting). なお，ストーリー（Joseph Story）裁判官は書簡の中で，ワシントン裁判官が「通常の場合に反対意見を提出する慣行は，連邦最高裁判所の権威を弱め，何ら公共の利益にならない」と「全く正当にも」考えていたことを指摘している。WILLIAM W. STORY ED., LIFE AND LETTERS OF JOSEPH STORY: ASSOCIATE JUSTICE OF THE SUPREME COURT OF THE UNITED STATES AND DANE PROFESSOR OF LAW AT HARVARD UNIVERSITY 303-304 (1851); Morgan, *supra* note 68, at 363 n. 34.
[90]　Kelsh, *supra* note 57, at 150-152.
[91]　*Id.* at 150-151.
[92]　Brown, 25 U.S. at 449-450 (Thompson J., dissenting); Mason, 25 U.S. at 379 (Washington, J., dissenting).
[93]　実際に憲法事件では，少数意見の提出率が通常事件よりも4倍近く高かったという。Kelsh, *supra* note 57, at 152.
[94]　*Id.* at 150-152. なお，憲法事件等の重要事件において，少数意見の提出が認められることの論拠については，いかに考えられていたのであろうか。この点につき，ジョンソン裁判官自身は，裁判官のアカウンタビリティという点から捉えていたことが窺える（「非常に重要で非常に繊細な問題においては，私なりに自己の見解を主張するよ

3　19世紀中期から20世紀前期まで
(1)　例外としての少数意見

　1835年にマーシャル長官は死去したが，彼が取り入れた判決方式は，34年にわたる彼の在任期間中に定着し，その後の各長官にも受け継がれることになった。すなわち，1名の裁判官が代表して法廷意見を述べるという方式が，連邦最高裁判所の基本的な判決方式として確立したのである。マーシャルが築き上げたものは，非常に大きかったといえよう。

　また，マーシャル長官期に形成された，少数意見の提出は限定されるべきであるとの考え方も，その後約1世紀にわたり維持された[95]。たとえば，この1世紀の間に，ホームズ（Oliver W. Holmes, Jr.）やブランダイス（Louis D. Brandeis）のような，今日「偉大な反対者」と呼ばれる裁判官も登場するようになったが，彼らもまた，少数意見の提出は限定されるべきであるとの考え方を持っていたとされる。ブランダイスは，憲法事件においては少数意見に積極的意義を見出していたが，通常事件においては判決の確定性・確実性に対する考慮などから少数意見の提出に慎重であったとされるし[96]，ホームズの少数意見提出割合は，同僚裁判官の平均よりも少なかったといわれる[97]。彼らが「偉大な反対者」と称されるのは，彼らの少数意見の量ではなく質に専ら負っていたことが指摘されている[98]。

　そして，裁判所内で，このような少数意見を例外と捉える意識が共有されていたことは，この時期の裁判官の少数意見提出頻度にも表れていた。1940

　　うに努めることによって，国民への義務をもっともよく果たすことができると考える」（Gibbons v. Ogden, 22 U.S. 1, 223 (1824) (Johnson, J., concurring)），「大いに関心を集めている事件であるので，[法廷意見に反対する]理由を示すことが私の義務であると考える」（Ex Parte Bollman, 8 U.S. 75, 101 (1807) (Johnson, J., dissenting)））。前記ジェファーソンとジョンソンのやりとりも参照。

95) Kelsh, *supra* note 57, at 162, 166; Robert C. Post, *The Supreme Court Opinion as Institutional Practice: Dissent, Legal Scholarship, and Decisionmaking in the Taft Court*, 85 MINN. L. REV. 1267, Part III (2001).
96) Melvin I. Urofsky, *The Brandeis-Frankfurter Conversations*, 1985 SUP. CT. REV. 299, 314, 317, 328 (1985); UROFSKY, *supra* note 10, at 165; Ginsburg, *supra* note 38, at 7-8. なお，憲法事件における少数意見の役割に関する，ブランダイスと他の裁判官との考え方の違いについては，Post, *supra* note 95, at 1351-1355.
97) ZoBell, *supra* note 70, at 202; UROFSKY, *supra* note 10, at 155.
98) UROFSKY, *supra* note 10, at 155.

年代に入るまで，反対意見が付された事件の長官期別の割合は6パーセントから13パーセント，同意意見が付された事件の割合は1パーセントから4パーセントの間で推移していたのである[99]。マーシャル長官期（反対意見は6パーセント，同意意見は2パーセント[100]）よりは増加していたものの，それでも，反対意見は概ね1割前後，同意意見は5パーセント未満にとどまっていた。少数意見の提出は，あくまで例外的なものとして考えられていたのである。

(2) 少数意見の特徴

もっとも，この1世紀の間には，少数意見をめぐって，次のような重要な変化もみられたことが指摘されている。

第1に，少数意見の提出が正当とされる場面が拡大した[101]。前記のように，マーシャル長官期には，少数意見の提出は主に憲法もしくは一般の関心事項にかかわる重要事件に限られていたが，その後次第に，多数意見が先例に反していること，他の事件に対する多数意見の影響が広範に及ぶこと，自己の支持しない意見に与しているとみられるのを回避する（自己の法的立場の一貫性が疑われるのを回避する）必要があること，多数意見に強く反対していることなどを理由として，少数意見が提出されるようになった[102]。少数意見の提出は例外であるべきとの考え方は維持されつつも，提出が正当とされる場面は拡大していったのである。そして，提出が正当とされる場面が拡がった結果，1930年代になると，裁判官が少数意見の中で，意見提出の正当性についてことさらに説明することもなくなっていった[103]。

第2に，少数意見が実際に法の発展に影響を及ぼすようになった。すなわち，少数意見が多数派の思考に影響を及ぼしたり，後年の裁判官の知的資源として機能したりするようになった。たとえば，1870年代の連邦最高裁判所は，経済活動規制を広く容認していたが，フィールド（Stephen J. Field）裁

---

99) CORLEY, STEIGERWALT & WARD, *supra* note 4, at 19.
100) *Id.*
101) Kelsh, *supra* note 57, at 157-159, 162-171.
102) *Id.*
103) *Id.* at 166.

Ⅲ　少数意見制の歴史的展開　129

判官は，合衆国憲法修正14条のデュープロセス条項がこれら立法の手続面のみならず実体面も制約することを主張して，少数意見を執筆し続けた[104]。この結果，次第に実体的デュープロセスの考え方が裁判所内に浸透し，1890年代になると，連邦最高裁判所はついに実体的デュープロセス理論に基づいて違憲判断を下すようになった[105]。これは少数意見が成功した初期の事例とされるが[106]，このような「成功例」の出現は，少数意見が法の発展に重要な役割を果たしうるとの認識を促すことにつながったとみられる。とりわけ，20世紀初頭の司法の謙抑や表現の自由に関するホームズ裁判官とブランダイス裁判官の少数意見[107]は，当時の同僚裁判官に影響を及ぼすことはできなかったものの，ニューディール憲法革命後，新たな憲法秩序における知的資源・規範的資源として活用されることで，少数意見の意義が広く認識されることに寄与した[108]。

また，少数意見は，先例の価値を判断する際の指標としても用いられるようになったことが指摘されている[109]。それによると，裁判官は自己の意見の中で，先例が全員一致であったか否かに頻繁に言及するようになり，少数意見の有無を強い先例と弱い先例の区別の基準として積極的に用いるように

---

104) E.g., Munn v. Illinois, 94 U.S. 113, 136-154 (1877) (Field, J., dissenting); Powell v. Pennsylvania, 127 U.S. 678, 687-699 (1888) (Field, J., dissenting).
105) Allgeyer v. Louisiana, 165 U.S. 578 (1897).
106) UROFSKY, *supra* note 10, at chap. 4.
107) Lochner v. New York, 198 U.S. 45, 74-76 (1905) (Holmes, J., dissenting); Abrams v. United States, 250 U.S. 616, 624-631 (1919) (Holmes, J., dissenting, joined by Brandeis, J.); Whitney v. California, 274 U.S. 357, 372-380 (1927) (Brandeis, J., concurring, joined by Holmes J.).
108) たとえば，ニューディール憲法革命後，ロックナー事件のホームズ反対意見は，司法による立法を諫める訓示として，ロースクールのケースブックに広く掲載されるとともに，連邦最高裁判所の諸意見において引用されるようになった。UROFSKY, *supra* note 10, at 154-155. 本稿冒頭で引用した同性婚判決においても，ロバーツ長官がホームズ反対意見を引用して，多数意見に批判を加えている。Obergefell v. Hodges, 576 U.S. _, _ (2015) (Roberts, C.J., dissenting). また，エイブラムス事件やホイットニー事件のホームズ／ブランダイス少数意見も，表現の自由の保障根拠（思想の自由市場，自己統治）に関する古典として位置づけられるようになり，表現の自由に関する現代アメリカの法思考を形作ってきた。アンソニー・ルイス（池田年穂・籾岡宏成　訳）『敵対する思想の自由―アメリカ最高裁判事と修正第一条の物語』第3章（慶應義塾大学出版会，2012年）参照。
109) Kelsh, *supra* note 57, at 171.

なったという[110]。

このようにして，少数意見は法の発展過程において次第に役割を果たすようになっていった。そして，それとともに，少数意見に付されていた躊躇や遺憾の意の表明も，徐々に姿を消していった[111]。

4　ストーン長官期
(1)　少数意見の急増

このように，マーシャル長官の死後1世紀あまりの間に少数意見制は定着していったが，その一方で，前記のように，少数意見の提出は限定されるべきであるとの考え方も維持されていた。このため，いずれの長官の下でも，反対意見の提出割合は1割前後，同意意見の提出割合は5パーセント未満に止まっていた[112]。

ところが，1940年代に入ると，こうした状況は大きく変化する。ストーン（Harlan F. Stone）長官期（1941-1946年）になると，反対意見の提出割合は45パーセント，同意意見の提出割合は17パーセントへと急増した[113]。一体，このような少数意見の急増の背後には，いかなる要因が働いていたのであろうか。アメリカ法制史学および司法政治学の諸研究を踏まえると，これについては，以下の諸要因が複合的に働いていたとみられる。

(2)　少数意見の急増の背景①――制度的要因

まず，制度的要因としては，第1に，裁量上訴制度の本格導入が挙げられる。1920年代に第10代長官を務めた，元大統領のタフト（William H. Taft）は，連邦最高裁判所の役割は当事者間の紛争解決よりも，重要な法原則を国民に提示するところにあると考えていた[114]。このため，彼は当時の連邦最高裁判所が一般民事事件等の処理に忙殺されていたことを問題と考え，元大統領としての政治手腕を発揮して，連邦議会に裁量上訴制度の本格導入を認

---

110) *Id.*
111) *Id.* at 173.
112) CORLEY, STEIGERWALT & WARD, *supra* note 4, at 19.
113) *Id.*
114) Post, *supra* note 95, at 1272-1273; UROFSKY, *supra* note 10, at 210-211.

めさせた（1925年裁判所法）。この結果，連邦最高裁判所は審理事件を絞ることが可能になったが，このことは，少数意見執筆のための時間的資源を生み出すとともに[115]，見解の対立が生じやすい重要事件の比重が高まることを意味した[116]。実はタフト自身は，マーシャルと同様に裁判所が単一の声を発することを非常に重視していたのだが[117]，このような上訴制度改革を行うことによって，意図せずして後の少数意見急増の制度的下地を築いたのである。

　第2の制度的要因としては，ロークラーク制度の導入が挙げられる。Ⅰにおいて述べたように，連邦議会は1919年に，連邦最高裁判所の各裁判官に1名のロークラークを公費によって配置することを認めた。そして，1940年代には，各裁判官は2名のロークラークを用いるようになった[118]。これにより，裁判官の法的調査の負担が軽減されることになり，裁判官は少数意見を執筆しやすくなった[119]。

　第3の制度的要因としては，ローレビューの広まりが挙げられる。19世紀末から20世紀初頭にかけて，主要な法科大学院がローレビューを相次いで創刊し，1930年までには40を超える法科大学院がローレビューを刊行するようになった[120]。これにより，連邦最高裁判所の判決を学術的に精査するフォ

---

115) 1970年代にワシントン州最高裁判所においても少数意見の提出割合が急増したが，その背景要因の1つとして，1969年に裁量上訴がほぼ全面化され，裁判官が十分な調査・執筆の時間を確保できるようになったことが指摘されている。Charles H. Sheldon, *The Incidence and Structure of Dissensus on a State Supreme Court*, in SUPREME COURT DECISION-MAKING: NEW INSTITUTIONALIST APPROACHES 119-120 (Cornell W. Clayton & Howard Gillman eds, 1999).

116) CORLEY, STEIGERWALT & WARD, *supra* note 4, at 23-24; UROFSKY, *supra* note 10, at 211-212.

117) Thomas G. Walker, Lee Epstein & William J. Dixon, *On the Mysterious Demise of Consensual Norms in the United States Supreme Court*, 50 J. POL. 361, 380-381 (1988); UROFSKY, *supra* note 10, at 214; ALPHEUS THOMAS MASON, WILLIAM HOWARD TAFT: CHIEF JUSTICE chap. ix (1964).

118) 以上の経緯の詳細については，ミネア・前掲注12) 362頁，重村・前掲注14) 72-74頁，Ward, *supra* note 14, at 154-156を参照。

119) David M. O'Brien, *Institutional Norms and Supreme Court Opinions: On Reconsidering the Rise of Individual Opinions*, in SUPREME COURT DECISION-MAKING: NEW INSTITUTIONALIST APPROACHES 103 (Cornell W. Clayton & Howard Gillman eds, 1999); UROFSKY, *supra* note 10, at 224-226.

ーラムが形成されるに至り，少数意見が法学の発展に対して及ぼしうる影響力も高まることになった。このことも，後の少数意見提出の増加の背景になったとみられる[121]。

(3) 少数意見の急増の背景②——法思想的要因

次に法思想的要因としては，第1に，リアリズム法学の影響が挙げられる[122]。1920年代から1930年代にかけて，アメリカの法学界では，法の不確定性や裁判における法外的要素の影響を指摘するリアリズム法学が盛んになった。そこでは，とりわけ判断者である裁判官の個人的要因（特に裁判官の価値観）が裁判に及ぼす影響が注目され，こうした現実を隠蔽して，法の確定性や裁判の中立性を装うことが批判された[123]。このようなリアリズム法学的な見方にしたがえば，少数意見を抑圧して法の確定性や裁判所の一体性・中立性を装うことは，懐疑的に捉えられることになる。むしろ，それは，各裁判官の説明責任を重視する考え方，裁判所内外との継続的議論を通した法解釈・法形成を重視する考え方を導くといえよう[124]。こうした法や裁判に対する見方の変容も，後の少数意見の増加につながることになったと考えられる。

第2に，ホームズ裁判官やブランダイス裁判官の表現の自由論の影響が挙げられる。1910年代末から1920年代にかけて，両裁判官は思想の自由市場や自己統治の観念に立って，表現の自由を擁護する少数意見を提出し，（連邦最高裁判所の中では直ぐに多数派を形成するには至らなかったものの）当時の法学界に大きな影響を及ぼした[125]。ホームズやブランダイス自身は，前記の

---

120) Kelsh, *supra* note 57, at 168, n. 185; Michael I. Swygert & Jon W. Bruce, *The Historical Origins, Founding, and Early Development of Student-Edited Law Reviews*, 36 HASTINGS L. J. 739, 787 (1985).
121) *Note: From Consensus to Collegiality: The Origins of the "Respectful Dissent"*, 124 HARV. L. REV. 1305, 1315 (2011); Kelsh, *supra* note 57, at 168, n. 185.
122) O'Brien, *supra* note 119, at 101; CORLEY, STEIGERWALT & WARD, *supra* note 4, at 24; UROFSKY, *supra* note 10, at 221.
123) リアリズム法学については，和田仁孝『法社会学の解体と再生—ポストモダンを超えて』第1章（弘文堂，1996年）参照。
124) CORLEY, STEIGERWALT & WARD, *supra* note 4, at 24.
125) Abrams v. United States, 250 U.S. 616, 624-631 (1919) (Holmes, J., dissenting, joined

ように，各種考慮から少数意見の提出は限定されるべきとの考えを持っていたが，思想の自由市場や自己統治の考え方からすれば，少数意見の提出は，異なる見解の競い合いを通した真理の発見，あるいは，活発な民主的討議に寄与するものとして正当化されやすい。実際に，論壇ではホームズの思想の自由市場論を引用しながら，少数意見制の積極的意義を説く論考も現れるようになった[126]。このように，思想の自由市場や自己統治の観念に基づく表現の自由論の広まりは，後の少数意見急増の思想的基盤を形成したとみられる[127]。

(4) 少数意見の急増の背景③――人的要因

第1の人的要因としては，連邦最高裁判所の裁判官構成が短期間で大幅に変化したことが挙げられる[128]。1937年から裁判官の退任が相次いだため，ストーン長官期には，大半の裁判官がルーズヴェルト（Franklin D. Roosevelt）政権によって任命された比較的若いニューディーラーになった。彼らのほとんどが控訴裁判所裁判官を経験しておらず（したがって，従来の合議制裁判所の少数意見抑制の慣行を経験しておらず），自由闊達な議論を重んじる学界や議会から直接連邦最高裁判所に来ていた上[129]，リアリズム法学の洗礼を受けていた[130]。このような，裁判官構成の急激な変化は，少数意見急増の重要な要因になったとみられる。

---

by Brandeis, J.); Whitney v. California, 274 U.S. 357, 372-380 (1927) (Brandeis, J., concurring, joined by Holmes J.). 両裁判官の少数意見の影響については，ルイス・前掲注108）第3章・第4章参照。
126) Joseph M. Proskauer, *Dissenting Opinions*, Apr. 1930 HARPER'S MTHLY. MAG. 549, 554 (1930).
127) ストーン長官は上記論考に賛意を表していた。ALPHEUS THOMAS MASON, HARLAN FISKE STONE: PILLAR OF THE LAW 303 (1956). また，1939年に連邦最高裁判所に入ったダグラス裁判官は，「裁判官間の不一致は，言論の自由そのものに忠実であるように，民主政の本質に忠実である」と述べて，少数意見制を擁護した。William O. Douglas, *The Dissent: A Safeguard of Democracy*, 32 J. AM. JUDICATURE SOC'Y 104, 105 (Dec. 1948).
128) Walker, Epstein & Dixon, *supra* note 117, at 371-378.
129) *Id.* at 373-374. ストーン長官期に在職した10名の陪席裁判官の中で，控訴裁判所裁判官経験のある者は1名のみであった。*Id.* at 374.
130) CORLEY, STEIGERWALT & WARD, *supra* note 4, at 24.

もちろん，この時期の裁判官は同一のルーズヴェルト政権によって任命されていたことから，彼らの政治的価値観は比較的近似していた。しかし，司法の果たすべき役割（オールド・コートの過ちを教訓として司法の謙抑に徹するか，リベラルな法目的のために積極的判断を行うか）や，違憲審査の手法（文言を重視するか，比較衡量を重視するか，違憲審査基準を重視するか）などの司法的価値観をめぐって，リベラル派内部にも対立が生じていたことから，全員一致はなかなか得られなかった[131]。

第2の人的要因としては，連邦最高裁判所内の人間関係が悪化したことが挙げられる[132]。この時期の連邦最高裁判所には我の強い裁判官が少なくなく（ブラック（Hugo L. Black），フランクファーター（Felix Frankfurter），ダグラス（William O. Douglas），ジャクソン（Robert H. Jackson）），裁判所内の人間関係は良好ではなかったといわれる[133]。もちろん，我の強い裁判官はそれまでにも少なくなかったが，歴代の長官は裁判所内の一体感が損なわれることのないように尽力していた[134]。これに対し，ストーン長官がこの面でリーダーシップを発揮することはなく，この結果，裁判所内の一体的な雰囲気が損なわれていったことも，少数意見の増加を後押ししたといわれる[135]。

第3の人的要因としては，ストーンの長官就任が挙げられる[136]。ストーン以前の歴代長官は，裁判所として1つの声を発することを重視しており，合意形成や少数意見抑制に努めていた。たとえば，タフト長官は法の確定性に対する考慮から，「単に自己の個人的な反対意見を記録することよりも，

---

131) この時期の連邦最高裁判所におけるリベラル派内部の対立については，THOMAS M. KECK, THE MOST ACTIVIST SUPREME COURT IN HISTORY: THE ROAD TO MODERN JUDICIAL CONSERVATISM chap. 1 & 2 (2004).
132) UROFSKY, *supra* note 10, at 221-224; CORLEY, STEIGERWALT & WARD, *supra* note 4, at 28-29.
133) UROFSKY, *supra* note 10, at 221-222; CORLEY, STEIGERWALT & WARD, *supra* note 4, at 28-29.
134) Walker, Epstein & Dixon, *supra* note 117, at 380-381.
135) CORLEY, STEIGERWALT & WARD, *supra* note 4, at 27; UROFSKY, *supra* note 10, at 221-224.
136) Walker, Epstein & Dixon, *supra* note 117, at 378-384; CORLEY, STEIGERWALT & WARD, *supra* note 4, at 25-27; UROFSKY, *supra* note 10, at 217-219.

Ⅲ 少数意見制の歴史的展開 135

裁判所を支持しその判断に重みを与えることが重要である」として，少数意見の提出を控えて自ら範を示すとともに，他の裁判官にも少数意見の提出に抑制的になるように求めていた[137]。また，ストーンの前任のヒューズ長官は，将来の法発展への訴えとして少数意見が有する積極的意義を認めていたが，他方で長官として連邦最高裁判所を威厳ある一体的な機関として国民に提示することも重視しており，裁判所として1つの声を発することが原則であり，少数意見の提出は例外であるとの考えは維持していた[138]。

これに対し，ストーン長官は，陪席裁判官時代から少数意見の抑圧に批判的であった。彼は，適切な法理は頭の中から成熟した形で生まれるのではなく，異なる経験や利益評価に根ざした競合する考え方，対立する考え方の衝突の中から生まれると考え，自由闊達な議論と意見表明を重視していた[139]。ここには，思想の自由市場的な考え方がみられる[140]。それゆえ，彼は少数意見に高い価値を見出しており，陪席裁判官時代には，当時の長官や同僚裁判官から少数意見の提出に慎重になるように求められてもこれを拒否し，長官に就任してからも，歴代長官を上回る頻度で少数意見を提出し，陪席裁判官に全員一致を強いることもなかったといわれる[141]。こうして，少数意見を提出しやすい雰囲気が醸成されるとともに，裁判所として1つの声を重視する裁判所内の意識は希薄になっていった。

さらに，ストーンが学者的な態度で裁判に臨んだことも，少数意見の提出

---

137) Walker, Epstein & Dixon, *supra* note 117, at 381; UROFSKY, *supra* note 10, at 214; MASON, *supra* note 117, at chap. ix; CORLEY, STEIGERWALT & WARD, *supra* note 4, at 27.
138) Walker, Epstein & Dixon, *supra* note 117, at 381-382.
139) Harlan F. Stone, *In Memoriam, Mr. Justice Sutherland*, 89 L. Ed. 2147, 2149 (1944); Walker, Epstein & Dixon, *supra* note 117, at 379.
140) 前掲注127）参照。
141) CORLEY, STEIGERWALT & WARD, *supra* note 4, at 25-27; UROFSKY, *supra* note 10, at 217-219; Walker, Epstein & Dixon, *supra* note 117, at 383-384. ストーンは，些末な相違による少数意見の提出を一般的に諌めるメモを裁判所内に配布した際にも，「陪席裁判官が個別の事件で反対意見を提出するのをやめるように説き伏せようとすることは，長官の適切な役割ではない」と述べていた。MASON, *supra* note 127, at 608. また，ストーンは長官在任中，公の場で少数意見の意義を説いていた。Harlan F. Stone, *Dissenting Opinions Are Not Without Value*, 26 J. AM. JUDICATURE SOC'Y 78 (Oct. 1942).

を促すことになった。彼は元コロンビア大学法科大学院長であり，裁判官就任後も，「最初から最後まで徹頭徹尾教授であり，全ての論点を探し出し，全ての糸を解きほぐそうとした」（ダグラス裁判官）[142]。彼が執筆する意見は「法律雑誌の論説や注釈」のようであり（タフト長官）[143]，彼からは「互いの意見を法律雑誌の論文であるかのように扱うべきであるとの考え」が感じられた（フランクファーター裁判官）[144]。長官就任後も，ストーンの学者的な態度は変わらず，前任長官らが効率性を重視して評議時間を制限したのに対し，彼は議論を好んで長時間の評議を開催した[145]。この結果，ハーバード大学法科大学院の元著名教授であり，やはり学者的な態度で裁判に臨んだフランクファーター裁判官らの存在もあって，ストーン・コートでは学問的な雰囲気が醸成された[146]。こうした雰囲気は，意見の長文化や外部文献の引用の増加を促したが，これは，意見の中で裁判官が見解を異にする箇所の増加を意味した[147]。また，学問的雰囲気は，比較的小さな不一致に関する少数意見や，結論は同じあっても理由づけを異にする場合の少数意見（特別同意意見）の提出を促進することになった[148]。

このように，ストーンは少数意見の抑圧に否定的であり，各裁判官が互いの意見を吟味し，自己の見解を表明することを尊重した。ストーンは連邦最高裁判所をいわば，機関として一体的に法を確定させる場としてよりも，裁判官が法について継続的に議論する場として運営したのである。この結果，ストーン長官期に少数意見が急増することになった。

---

[142] WILLIAM O. DOUGLAS, THE COURT YEARS 1939-1975: THE AUTOBIOGRAPHY OF WILLIAM O. DOUGLAS 222 (1980); UROFSKY, *supra* note 10, at 218; CORLEY, STEIGERWALT & WARD, *supra* note 4, at 30.
[143] Post, *supra* note 95, at 1299.
[144] CORLEY, STEIGERWALT & WARD, *supra* note 4, at 37.
[145] DOUGLAS, *supra* note 142, at 222-223; UROFSKY, *supra* note 10, at 215-216, 218-219; CORLEY, STEIGERWALT & WARD, *supra* note 4, at 30-32.
[146] CORLEY, STEIGERWALT & WARD, *supra* note 4, at 37-38.
[147] *Id.* at 24, 29-38.
[148] *Id.* at 38-44. なお，ストーン自身は，こうした小さな不一致を理由とする少数意見に対しては否定的に捉えていたが，他方で，長官が個別事件において少数意見を抑圧することも不適切であると考えていた。前掲注141）参照。なお，司法政治学の研究によれば，元法学教授は同意意見をより提出する傾向にあることが指摘されている。CORLEY, *supra* note 37, at chap. 2.

(5) 小括

 以上のように，ストーン長官期にみられた少数意見の激増は，諸要因が複合的に働いていた。その中でも重要な要因は，ストーンが少数意見の抑圧に否定的な考えを持っていたことにある。ストーンは，異なる考え方が競い合い精査・批判に服する中でこそ，適切な法理が導かれると考えていた。そして，これにくわえ，従来の合議制裁判所の慣行を経験していない，新たな法思想の影響を受けた人々が陪席裁判官に就任したことや，少数意見の執筆に必要な資源を供給する制度が導入されていたことなどもあって，少数意見がストーン長官期に急増することになったのである。

5　20世紀中期以降

 このように，ストーン長官期に連邦最高裁判所の少数意見制の運用は大きく変容し，裁判官はそれまでよりも少数意見を躊躇することなく提出するようになった。そして，この新たな状況は，ストーンが急逝した後も変わることはなかった。ストーンの後を継いだヴィンソン（Frederick M. Vinson）長官はコンセンサス志向であったといわれるが，知的リーダーシップを発揮することができず，ストーン時代からの裁判官に影響を及ぼすことはできなかった[149]。このため，少数意見の提出は続き，ヴィンソン長官期には反対意見の提出割合は69パーセント，同意意見の提出割合は29パーセントにまで上った[150]。

 さらに，ヴィンソンの後任のウォーレン（Earl Warren）長官は既に定着していた新たな慣行を特段に変えようとはしなかった[151]。ウォーレンは，人種問題をめぐっては，その特別な法的・政治的重大性ゆえに連邦最高裁判所の結束を強く示す必要性から，卓越したリーダーシップを発揮して単一の全員一致意見を推進した[152]。しかし，このような特別な場合を除き，彼は

---

149) Walker, Epstein & Dixon, *supra* note 117, at 385-386; UROFSKY, *supra* note 10, at 219-220; ABRAHAM, *supra* note 63, at 190-191.
150) CORLEY, STEIGERWALT & WARD, *supra* note 4, at 19.
151) Walker, Epstein & Dixon, *supra* note 117, at 386.
152) Bernard Schwartz, *Chief Justice Earl Warren: Super Chief in Action*, 1998 J. SUP. CT. HIST. 112, 114-122 (1998); G. EDWARD WHITE, EARL WARREN: A PUBLIC LIFE chap.

裁判において全員一致を強く追い求めたわけではなかったといわれる[153]。実際に，ウォーレン長官期の最重要判決とされる，投票価値の較差をめぐるベーカー判決[154]やレイノルズ判決[155]，刑事手続をめぐるミランダ判決[156]には，いずれも複数の少数意見が付されていた。こうして，ウォーレン長官期にも少数意見の提出は続き，反対意見の提出割合は63パーセント，同意意見の提出割合は32パーセントに達した[157]。

このようにして，20世紀後期の連邦最高裁判所においては，少数意見を抑制する意識は消失していった。むしろ，少数意見の執筆・参照が一般化する中で，裁判官の間では，少数意見の存在は多数意見の質を向上させるとともに，将来の裁判官の知的資源として機能することなどを通して法の発展に寄与するとの意識が強まっていった[158]。また，思想の自由市場論が浸透する中で，連邦最高裁判所を思想の自由市場の一部，法的議論の中心的フォーラムであるとする見方が裁判所内で一般化していった[159]。この結果，少数意見の活発な提出が定着するとともに，連邦最高裁判所裁判官が執筆する意見

---

6 (1982); LUCAS A. POWE, JR., THE WARREN COURT AND AMERICAN POLITICS 27-28, 44-46 (2000).
153) Walker, Epstein & Dixon, *supra* note 117, at 386.
154) Baker v. Carr, 369 U.S. 186 (1962).
155) Reynolds v. Sims, 377 U.S. 533 (1964).
156) Miranda v. Arizona, 384 U.S. 436 (1966).
157) CORLEY, STEIGERWALT & WARD, *supra* note 4, at 19.
158) Ginsburg, *supra* note 38, at 3-6; Antonin Scalia, *Dissents*, Fall 1998 OAH MAG. HIST. 18, 22 (1998); William J. Brennan, Jr., *In Defense of Dissents*, 37 HASTINGS L. J. 427, 430 (1986); Urofsky, *supra* note 10, at 17-19. また，現代の連邦最高裁判所裁判官は，少数意見の意義として，本文中に挙げた点以外にも次の点を指摘している。弁護士が各判例の射程や安定性の水準を把握することを可能にする（スカリア裁判官，レーンキスト長官）；裁判が独立した裁判官による熟慮と説得の過程であることを国民に示すことにより，裁判所に対する信頼を高める（スカリア裁判官）；後に深刻な誤りが認識されるようになった判決に，当時から反対していた裁判官がいたことを示すことにより，裁判所に対する国民の信頼を維持する（スカリア裁判官，ギンズバーグ裁判官）；国民の注意を引くことにより立法的対応を促す（ギンズバーグ裁判官）。Scalia, at 19-21, Ginsburg, 5-6, William H. Rehnquist, "*All Discord, Harmony Not Understood*": *The Performance of the Supreme Court of the United States*, 22 ARIZ. L. REV. 973, 978 (1980).
159) こうした見方は，イデオロギーの左右を問わず，20世紀後期の連邦最高裁判所裁判官の間でみられた。*See*, Brennan, *supra* note 158, at 430; Scalia, *supra* note 158, at 21-22.

は，多数意見・少数意見を問わず長文化が進み，ローレビューや各種文献を引用して，討議的色彩を強めていった[160]。連邦最高裁判所は，機関として法を一体的・確定的に決定する場から，裁判官がより良い法の解釈・創造をめぐって継続的に議論する場，法の専門的フォーラムへと変容していったのである。

おわりに

今日，アメリカ連邦最高裁判所では少数意見制は完全に定着しており，各裁判官は活発に少数意見を提出しているのみならず，過去の少数意見を知的資源・規範的資源として積極的に利用している。たとえば，中絶規制の合憲性が争われた1983年のアクロン事件では，多数意見は1973年のロー判決[161]が設定した厳格な違憲審査の枠組みに基づいて違憲判断を下したが，このときオコナー（Sandra D. O'Connor）裁判官は，規制が「不当な負担」を課しているか否かによって違憲審査基準を選択することを主張する反対意見を提出した[162]。その後，ロー判決の枠組みの再検討を迫られたケイシー事件において，相対多数意見はこの「不当な負担」の基準を再構成してロー判決の枠組みの代替とし[163]，2000年のカハートⅠ事件[164]では中道派とリベラル派が，2007年のカハートⅡ事件[165]では保守派が，法廷意見の中でこの再構成された「不当な負担」の基準に照らして判断を下すに至った。このように，現代の連邦最高裁判所においては，少数意見の理論が知的資源・規範的資源として後の多数派によって用いられ，新たな法秩序の形成につながることは珍しいことではない。

また，Ⅰにおいて紹介した，2007年のレッドベター事件におけるギンズ

---

160) Post, *supra* note 95, at 1375 (Fig. 24), 1379 (Fig. 28), 1384 (Fig. B).
161) Roe v. Wade, 410 U.S. 113 (1973).
162) City of Akron v. Akron Center for Reproductive Health, Inc., 462 U.S. 416, 452-475 (1983) (O'Connor, J., Dissenting).
163) Planned Parenthood of Southeastern Pennsylvania v. Casey, 505 U.S. 833 (1992).
164) Stenberg v. Carhart, 530 U.S. 914 (2000).
165) Gonzales v. Carhart, 550 U.S. 124 (2007).

バーグ裁判官の反対意見のように，少数意見が政治部門の対応を引き出して新たな法形成を導くこともある。さらに，オコナー反対意見やギンズバーグ反対意見のように最終的に「成功」を収めるに至らなくても，少数意見の存在は，多数意見の執筆者に練り直しを強いることによって多数意見の質の向上をもたらしており，法秩序の形成に重要な役割を果たしている[166]。

このように，少数意見制は現代アメリカの法秩序形成において重要な一角を占めている。そこにはもはや，1つの声を発することを通して独立性と権威を確保しようとした，かつての連邦最高裁判所の姿はみられない。現代の連邦最高裁判所は，設立以来200年あまりの歴史を通して，もはや少数意見の抑制を通して一体性を演出する必要がないほどまでに三権の一翼としての地位を固めたといえる。その意味で，少数意見制の歴史は，連邦最高裁判所の地位の変化を物語っている。

また，少数意見制の歴史は，連邦最高裁判所裁判官の司法観や正統性観の変容も示しているといえよう。リアリズム法学や思想の自由市場論の浸透に伴い，連邦最高裁判所裁判官は連邦最高裁判所を，法を一義的・一体的に発見して確定する場としてよりも，より良い法の解釈・形成について継続的に議論する場として捉えるようになった。そしてそれに伴って，各裁判官は少数意見を活発に提出するようになり，執筆意見の中で他の意見に応答したり，ローレビューを積極的に引用したり，理由についてより詳細で丁寧な説明を行ったりするようになった。さらに，20世紀後期になると，アミカス・キューリー制度を開放的に運用することを通して，そうした裁判官間／裁判官と法律家（法学者を含む）間の議論に，法律以外の専門家や市民団体も参加することを広く認め，連邦最高裁判所をいわば法に関する国民に開かれた専門フォーラムとして運営するようになった。連邦最高裁判所の正統性の源泉を，専門家による法の価値中立的・一義的発見のイメージから，国民に開かれた専門討議性に求めるようになったのである[167]。20世紀中期以降の連

---

166) I-2-(3)参照。
167) このような連邦最高裁判所の正統性調達のあり方の転換は，アメリカの文脈では適切であったように思われる。アメリカでは，ロックナー・コートおよびニューディール憲法革命等を経て，裁判が価値判断を伴う実践的な法形成であることが，法律家のみならず広く一般市民にも認識されるようになった。そのようなリアリズム的な視点

邦最高裁判所における少数意見の活性化は，このような裁判官の司法観や正統性観の転換を反映しており，その意味で，少数意見制の歴史は連邦最高裁判所の発展の歴史そのものであるといえよう。

※本稿は，JSPS科学研究費（15K16915）の研究成果の一部である。

が浸透している社会においては，裁判所が「裁判＝法の価値中立的発見」という伝統的裁判イメージから正統性を調達することは難しい。さらに，法律専門家の間にも厳しい見解の対立が存在する問題——現代の重要な法的問題の多くがそのような性質を有している——の判断を，専門性にのみ依拠して正統化することにも限界がある。そのような中，連邦最高裁判所が活動領域を過度に限定することなく三権の一翼としての機能を果たしていく上では，専門性にくわえ補充的な正統性の源泉が必要であり，討議性はそのような正統性の源泉として（アメリカ司法の制度構造を活かすことのできる点でとりわけ）有効と考えられる。

　もっとも，裁判所の正統性を討議性から調達するためには，単に裁判官が少数意見を活発に提出し，自己の立場を詳述すればよいというわけではない。裁判所を討議空間とするためには，裁判官が異なる立場からの説得に対して開かれた姿勢を維持すること，そして，提出意見において他の裁判官・下級裁判所・当事者・アミカスの意見に対して丁寧に応答することが求められる。裁判官がこうした姿勢を持ってはじめて，現代の多くの重要事件においてみられるリベラル派裁判官と保守派裁判官との対立も，単なる両派の人数差がものをいうイデオロギー的ブロック化ではなく，両派間の討議として意味づけられるのである。見平・前掲注7）も参照。

第4章　アメリカにおける少数意見の意義と課題

大林啓吾

序
Ⅰ　多様な少数意見
Ⅱ　少数意見の根拠と正当化
Ⅲ　少数意見の動態
Ⅳ　少数意見と判決のねじれ
後序

「反対意見を読むことは多数意見を読むのと同じくらい重要であり，我々が憲法を理解するのに役立つ」（I Dissent: Great Opposing Opinions in Landmark Supreme Court Cases XXVI（Mark Tushnet, ed., 2008））．

序

　ギンズバーグ（Ruth Bader Ginsburg）連邦最高裁裁判官[1]によると，世界の司法システムは，各裁判官が意見を述べる順繰り意見制（seriatim opinion）を採用するイギリス型，匿名の統一意見制を採用する大陸法型，両者の間をとって法廷意見および少数意見を併用するアメリカ型，の3つに大別されるという[2]。これらの中で個別意見がみられるのが英米ということになるが，少数意見といった場合，通常は多数意見との対比で登場する個別意見が想定される。そのため，少数意見制といえば，上記の中ではアメリカ型がその典型ということになろう。実際，アメリカでは少数意見がしばしば重要な役割を果たすことがあり，特に憲法の分野では欠かせない存在であることはエピグラフで述べた通りである。

　ただし，無批判に少数意見が称賛されているわけではなく，少数意見の是非については評価が分かれる。たとえば，かつてストーン（Harlan F. Stone）長官は，少数意見には法的安定性を損なう側面があるものの，将来の事件において法を変えていく力を有し，多数意見に対する警告的機能を持つと指摘した[3]。ここでは少数意見の一長一短が指摘されているわけであるが，とりわけ法的安定性を損なうおそれがあることはしばしば指摘されるところであり，伊藤正己も少数意見の問題についてはこの点を最初に取り上げている[4]。これに対しては，そもそも少数意見はそれほど多くなく，その影響力は潜在的可能性にすぎないことから法的安定性に対する信頼に影響を及ぼす

1）以下，特に表記のない限り，「長官」や「裁判官」はいずれも連邦最高裁レベルのものを指す。また，ここで取り上げる少数意見は連邦最高裁のものを中心とする。アメリカでは下級審においても少数意見が存在するが，連邦最高裁の少数意見の方が，量が多くかつインパクトが強い。See Ruth Bader Ginsburg, *Speaking in a Judicial Voice*, 67 N.Y.U. L. REV. 1185, 1191 (1992).
2）Ruth Bader Ginsburg, *Remarks on Writing Separately*, 65 WASH. L. REV. 133, 134 (1990). ここでいう大陸法型はフランス型を指していると思われる。イギリス型については，本書第5章を参照。
3）Harlan F. Stone, *Dissenting Opinions Are Not Without Value*, 26 J. AM. JUD. SOC. 78 (1942).
4）伊藤正己「少数意見について」ジュリスト130号76頁（1957年）。伊藤は，その他に裁判所の権威を低下させるおそれや訴訟の誘発の問題を少数意見の問題点として挙げている。なお，伊藤自身は少数意見を肯定的に解している。

ことはないという，ルウェリン（Karl N. Llewellyn）の反論などがある[5]。

もっとも，少数意見のインパクトは侮れないものがある[6]。黒人を財産（奴隷）とみなした Dred Scott v. Sandford 連邦最高裁判決[7] においてそれを批判したカーティス（Benjamin Robbins Curtis）裁判官の反対意見[8]，ニューヨーク州の労働時間規制を違憲とした Lochner v. New York 連邦最高裁判決[9] においてそれを批判したホームズ（Oliver Wendell Holmes, Jr.）裁判官の反対意見[10]，カリフォルニア州の違法行為の唱道を規制する法律を合憲とした Whitney v. California 連邦最高裁判決[11] においてより厳密に判断すべきとしたブランダイス（Louis Dembitz Brandeis）裁判官の同意意見[12] など，将来的インパクトを持った少数意見は枚挙に暇がない[13]。

そうなると，少数意見はやはり法的安定性に影響することになるが，しかし，それが法を正しい方向に導くものであれば，なお正当化される余地が出てくる。この点につき，ブレナン（William J. Brennan, Jr.）裁判官は，多数意見が誤った判断をしたときにそれを矯正するのが少数意見であるとし，少数意見の重要性を指摘している[14]。つまり，少数意見には判決内容の是正機能があるというのである。

とはいえ，そうした是正機能は将来になって初めてわかることであり，あくまでそのような役割を果たす潜在的可能性を秘めているにすぎない。さらには，少数意見といっても，反対意見と同意意見があり，さらに同意意見は補足的な同意意見と多数意見の結果にのみ賛同する結果同意意見があり，また多数意見という名はついているがむしろ少数意見に近い相対多数意見な

---

5) Karl N. Llewellyn, *The Case Law System in America*, 88 COLUM. L. REV. 989 (1988).
6) 将来的インパクトに限らず，その決定自体においても少数意見が大きな影響力を持っているという分析もある。See Heather K. Gerken, *Dissenting by Deciding*, 57 STAN. L. REV. 1745 (2005).
7) Dred Scott v. Sandford, 60 U.S. 393 (1857).
8) *Id.* at 564-633 (Curtis, J., dissenting).
9) Lochner v. New York, 198 U.S. 45 (1905).
10) *Id.* at 74-76 (Holmes, J., dissenting).
11) Whitney v. California, 274 U.S. 357 (1927).
12) *Id.* at 372-380 (Brandeis, J., concurring).
13) Ginsburg, *supra* note 2, at 144.
14) William J. Brennan, Jr., *In Defense of Dissents*, 37 HASTINGS L.J. 427, 430 (1986).

ど，その種類は豊富である。少数意見の種類によって将来の裁判に与える影響が異なることがあり，少数意見の種類や機能を正確に分析する必要がある。

そこで本章では，少数意見の諸相を見ながら，その意義と課題を検討する。まず，少数意見の種類について考察する。その上で，少数意見に対する批判とそれに対する反論を考察し，少数意見の正当化根拠と実質的機能を検討する。そして，少数意見の動態的発展を記述的に分析しながら，それが将来の判決や政治に影響を与えてきたことを明らかにする。従来の少数意見への批判や反論，少数意見の正当化の議論は少数意見一般に光を当てながら考察するものであったが，少数意見を種類別に分けて考察していくと，判決のねじれという別の課題が存在することがわかる。そこで最後に少数意見が判決にねじれをもたらしている状況を考察し，少数意見の意義と課題については少数意見一般だけでなく種類別に検討する必要があることを指摘したい。

I　多様な少数意見

まずは，少数意見とは何を指すのかを明らかにしておく必要がある。一般に，アメリカの連邦最高裁における「少数意見」(minority opinion) は，「多数意見」(majority opinion)[15] と結論が異なる「反対意見」(dissenting opinion) を指す。ブラック法律辞典で「少数意見」を引くと，「意見の箇所の反対意見を参照せよ」[16] と記載されている。そこで今度は「意見」(opinion) を引いて「反対意見」の箇所を見ると，「多数派がたどりついた結論に同意しない1人かそれ以上の裁判官による意見」[17] と説明されている。したがって，少数意見は基本的に反対意見を指すことになる。ただし，一般に個別意見という意味で少数意見という言葉を使う場合には「同意意見」(concurring opin-

---

15) 本章では，「多数意見」と「法廷意見」を文脈に応じて使い分けるが，両者を厳密に区別しないことにする。たとえば，少数意見との対比で用いる場合には「多数意見」を使うことが多かったり，反対意見の見解との対比で用いる場合には「法廷意見」を用いることが多かったりするという具合である。
16) BLACK'S LAW DICTIONARY 1147 (10th ed. 2014).
17) *Id.* at 1265.

ion) も含むことがある。本章で少数意見という場合には，反対意見および同意意見の両方を含む意味で使うことにする。

　もっとも，少数意見の実質的な内容に着目するといくつかの種類に分かれることがわかる。たとえば，結論が多数意見と同じであっても，その理由付けが多数意見と異なる結果同意意見がある[18]。とりわけ，連邦最高裁の判決は原審の結論に賛同するか否かによって結論を決めるため，判断内容が多数意見とまったく異なっていても，結論がたまたま合致してしまい，同意意見という位置づけになってしまうことがある。したがって，全員一致であっても，実質的には判断が分かれていることも少なくない。

　また，多数意見を形成できなかった場合，相対多数意見が結論を左右することになるが，それは先例拘束性を有しない。過半数を得ておらず，かつ先例拘束性を有しないという点において，相対多数意見は少数意見と類似している。そのため，本章では相対多数意見も検討対象に含めることにする。

　このように，何に着目するかによって，少数意見の射程も変わってくる。そこでまずは各個別意見の整理を行う。

1　反対意見

(1)　反対意見の形式

　アメリカでは，通常，多数意見と結論が異なるものを反対意見という[19]。反対意見は，多数意見の後に掲載され，反対意見を書く裁判官の名前とともに記載される。たとえば，「スカリア裁判官の反対意見」(Scalia, J., dissenting) といった具合である。反対意見を書く裁判官は，結論のみならず，その理由付けにも反対することが少なくない。そのため，反対意見にはその理由が示されるのが通例であるが，中にはまったく理由が掲載されない反対意

---

18) 多数意見の結論には賛成するが，理由付けが異なる同意意見は，日本でいうところの「意見」に近いものといえよう。
19) 田中英夫編『英米法辞典』262頁（東京大学出版会，1991年）（以下，『英米法辞典』という）。なお，英米法辞典では，「判決の多数意見と結果においても反対の立場に立つ場合のみをさすのが，正確な用法であるが，時に，結果は同じだが理由付けのみに反対の concurring opinion（同意意見）を含む意味で用いられることがある」と説明される。

見もある[20]。その場合は結論が多数意見と異なることは明らかなので，それだけを示す反対意見という位置づけになる。このような意見のついていない反対意見は，一面において多数意見とは別の視点を示したり新たな論点を提示したりしないので判決内容を複雑化させず無用な混乱を招かないといえるかもしれないが，他面においてどのような理由で多数意見の結論に反対しているのかがわからないので内容面での相違点がわからないという問題がある。理由の有無は反対意見が何のために存在するのかという問題に関わるものであり，後述するように反対意見に多数意見の矯正機能があるとすれば理由をつけなければその機能を発揮できない。少なくとも反対意見に何らかの意義を見出すのであれば，理由がついている必要があるといえるだろう。

　さて，今でこそ反対意見の数が増え，その理由も注目されるようになっているが，当初からそうであったわけではない。マーシャル（John Marshall）長官が法廷意見制度を採用して以来，連邦最高裁の意見は全員一致が望ましいという黙示の要請が働き，反対意見の数はそれほど多くなかった。しかし，20世紀に入りロックナー期を迎えると，裁判官の間でも意見の対立が激しくなり，反対意見も少しずつ増えていった。その後，ウォーレン・コートの頃には，各開廷期に下された判決のうち半分以上に反対意見または同意意見がつけられるようになった。ウォーレン・コートといえば，1954年のBrown v. Board of Education of Topeka 連邦最高裁判決[21]において全員一致の判断を下したことで有名であるが，それは同事件の特殊性によるものが大きく，ウォーレン・コート全体としてはむしろ反対意見の数が増加する傾向にあった[22]。

　反対意見が存在感を増す中，反対意見をつける際の言葉にも変化がみられるようになった。裁判官が反対意見を書く際，冒頭あるいは結語の箇所で，「私は反対する」（I dissent）という言葉をつけることが多い。従来はこのフ

---

20) *See, e.g.,* Jacobson v. Massachusetts, 197 U.S. 11, 39 (1905). たとえば，この判決では末尾に，Mr. Justice Brewer and Mr. Justice Peckham dissent とだけ記されているだけで，理由の記載はない。
21) Brown v. Board of Education of Topeka, 347 U.S. 483 (1954).
22) Karl M. Zobell, *Division of Opinion in the Supreme Court: A History of Judicial Disintegration,* 44 CORNELL L. Q. 186 (1959).

レーズが一般的であった。しかし，ウォーレン・コートになると，「私は謹んで反対する」（I respectfully dissent）というフレーズが登場するようになる。このスタイルが初めて登場したのが1957年のことであり，ブレナン裁判官[23]とクラーク（Tom C. Clark）裁判官[24]がその先駆けであったといわれる[25]。その後，このフレーズが主流となり，現在のロバーツ・コートでは7割近くの反対意見がこのフレーズを用いている[26]。

　このフレーズに変化した理由は，反対意見の正当化と同僚関係（collegiality）が重視されるようになったからであるとの指摘がある[27]。ウォーレン・コートにおいて反対意見が増えるにつれ，反対意見の存在意義を考えざるをえなくなり，多数意見との調和をはかる必要性も出てきた。反対意見は，多数意見の対極にあるわけではなく，真理を求める対話に寄与するものであり，裁判所の意見が公平な観点から専門的判断を行っていることを示すために，このようなフレーズにした。また，反対意見はしばしば個人の見解に執着しているとみなされることがあるが，多数意見も自らの見解に固執しているという点では同様であり，どちらも尊重し合う必要がある。そこで，同僚の意見に礼儀をもって接するためにこのフレーズにしたというわけである。

　そのため，「謹んで」（respectfully）という言葉がつく場合は一般に多数意見に配慮したり，それほど強い反対の意を表さなかったりすることが多いと推定されるが，しかし，この副詞の有無が内容に直結しているかどうかは必ずしも定かではない。反対意見にはそもそもその内容において「反対する」（dissent）という言葉が登場しないこともあり，言葉だけではその内容がわからないこともある。

　たとえば，同性婚禁止の合憲性が争われたケースを例にとってみる。同性婚を禁じる連邦法[28]の合憲性が問題となった2013年の United States v.

---

23) La Buy v. Howes Leather Co., 352 U.S. 249, 269 (1957) (Brennan, J., dissenting).
24) Roviaro v. United States, 353 U.S. 53, 71 (1957) (Clark, J., dissenting).
25) Note, *From Consensus to Collegiality: The Origins of the "Respectful" Dissent*, 124 HARV. L. REV. 1305 (2011).
26) *Id.* at 1323. 2005年～2009年における反対意見のうち，このフレーズを用いたものは平均して67.3％であるとされる。
27) *Id.* at 1317-1326.
28) Defense of Marriage Act, 1 U.S.C. § 7.

Windsor 連邦最高裁判決[29]と同性婚を禁じる州法の合憲性が争われた2015年の Obergefell v. Hodges 連邦最高裁判決[30]では，保守派の裁判官がそれぞれ反対意見を書いたが，「謹んで」や「反対する」といった言葉が登場したりしなかったりする。

ロバーツ（John G. Roberts, Jr.）長官は Windsor 判決において多数意見の限界を指摘する内容の反対意見を書き[31]，Obergefell 判決では憲法問題ではなく司法が扱うべきものではない旨の反対意見を書いた[32]。両方とも多数意見と激しく正面衝突しているわけではないが，内容的には後者の方がより多数意見に反対する内容になっている。そのせいか，前者ではそもそも「反対する」という言葉が登場せず，後者では「私は謹んで反対する」という言葉で締めくくられている。したがって，ここでは言葉の有無と内容にある程度つながりがあるといえる。

一方，それとは異なる使われ方もある。スカリア（Antonin Scalia）裁判官は Windsor 判決において民主主義の観点からこの問題について司法が判断すべきではないとの反対意見を書き，「私は反対する」と締めくくった[33]。スカリア裁判官は Obergefell 判決でも民主主義の観点から反対意見を書いたが，ここでは「私は反対する」という言葉を用いなかった[34]。両判決では連邦法と州法などのような問題の違いはあるが，スカリア裁判官は同じ民主主義の観点から反対意見を述べている。しかも，「反対する」という言葉が登場しなかった Obergefell 判決の方ではひたすら多数意見批判を行い，司法判断がフォーチュンクッキーのような判断になりさがってしまったと皮肉っている[35]。そのため，ここでは言葉の有無と反対の程度が必ずしも比例していないといえよう。

また，Obergefell 判決において，視点も内容も多数意見と完全に異なる観

---

29) United States v. Windsor, 133 S. Ct. 2675 (2013).
30) Obergefell v. Hodges, 135 S. Ct. 2584 (2015).
31) 133 S. Ct. at 2696-2697 (Roberts, C.J., dissenting).
32) 135 S. Ct. at 2611-2626 (Roberts, C.J., dissenting).
33) 133 S. Ct. at 2697-2711 (Scalia, J., dissenting).
34) 135 S. Ct. at 2626-2631 (Scalia, J., dissenting).
35) *Id.* at 2630 n.22.

点から反対意見を書いたトーマス（Clarence Thomas）裁判官の反対意見では「私は謹んで反対する」という言葉で締めくくられており，多数意見との乖離が著しい場合でも「謹んで」という言葉がつけられている[36]。

したがって，「謹んで」という副詞がつけられていたり「反対する」という言葉がなかったりする場合，表面上は反対のニュアンスを緩和する効果があるといえるが，内容との関係においてはそれぞれの言葉の有無と必ずしも直結しているわけではないことに注意する必要がある。

なお，同僚との関係という点については，冒頭または結語の箇所に限らず，内容における表現形式にも関わることがある。たとえば，United States v. Johnson 連邦最高裁判決[37]においてホワイト（Byron White）裁判官は，「今日の多数意見は何ら良い意見を提示しておらず本当におろか（just fooling）である」[38]と述べたり，International Union v. Johnson Controls, Inc. 連邦最高裁判決[39]においてスカリア裁判官は多数意見の法解釈に対して「連邦議会がそのような結果を意図していたと考えるのはおろか（foolish）である」[40]と述べたりしている。こうした少数意見は同僚関係にヒビを入れる可能性があり，「裁判官はお互いに強い反対意見（disagreement）を述べることができなければならないが，不快（disagreeably）な方法でそれを行う必要はない」[41]と指摘される。このように内容における表現形式においても同僚関係に影響することがある点に注意する必要がある。

(2) 裁量上訴否定の際の反対意見

アメリカは裁量上訴制度を採用しており，連邦最高裁の4人以上の裁判官が同意しなければ，連邦最高裁では事件を取り上げないことになっている[42]。連邦最高裁が裁量上訴を認めない場合，「裁量上訴を認めない」（cer-

---

36) *Id.* at 2631-2640 (Thomas, J., dissenting).
37) United States v. Johnson, 457 U.S. 537, 567 (1982).
38) *Id.* at 567 (White, J., dissenting).
39) International Union v. Johnson Controls, Inc., 499 U.S. 187 (1991).
40) *Id.* at 219 (Scalia, J., concurring).
41) Edward McGlynn Gaffney, Jr., *Professionalism in the Practice of Law: A Symposium on Civility and Judicial Ethics in the 1990s: The Importance of Dissent and the Imperative of Judicial Civility*, 28 VAL. U.L. REV. 583 (1994).

tiorari denied）という判断のみが判決録に記載されることが多いが，時に裁量上訴を認めなかったことに対して，連邦最高裁の裁判官が反対意見を付すことがある。

ただし，裁量上訴に対する反対意見は実体判断における反対意見と役割が異なる可能性がある。そもそも，裁量上訴については事件を取り上げなかった理由は示されず，それ（事件を取り上げなかったこと）に反対する側の意見しか明らかにされない。そのため，裁量上訴を否定した判断の理由を問いただすことができず，判断内容の対比を行うことができない。ゆえに，ここでの反対意見は事件を取り上げなかったという判断結果のみを問題視することになる。

裁量上訴の否定に対する反対意見の役割については，Chevron U.S.A., Inc. v. Sheffield 事件のスティーブンス（John Paul Stevens）裁判官の意見[43]において述べられている[44]。スティーブンス裁判官によれば，裁量上訴の否定に関する反対意見は連邦最高裁が訴訟事件に対して責任ある方法をもって対応していないことを世に示そうと試みるものであるという。つまり，ここでの反対意見は連邦最高裁の上告不受理の判断に問題がある場合，それを明らかにして問題提起する役割を担っているというわけである。また，反対意見は裁量上訴を認めなかったことに対して反論を加える中で，連邦最高裁が裁量上訴を認めるかどうかを判断する内幕を一部明らかにするわけであり，裁量上訴にまつわる判断の透明化機能も果たしているといえる[45]。

なお，裁量上訴否定に対する反対意見にも他の裁判官が同調する場合がある。たとえば，Ex parte Bower 事件の裁量上訴については，ブライヤー

---

42) *See* Judiciary Act of 1925, ch. 229, 43 Stat. 936. 裁量上訴の概要については，宮城啓子『裁量上告制度と最高裁判所の役割』28頁（千倉書房，1998年）を参照。

43) Chevron U.S.A., Inc. v. Sheffield, 471 U.S. 1140 (1985) (Stevens, J., respecting the denial of the petition for writ of certiorari).

44) Michael J. Broyde, *The Intercircuit Tribunal and Perceived Conflicts: An Analysis of Justice White's Dissents from Denial of Certiorari During the 1985 Term*, 62 N.Y.U. L. REV. 610, 614 (1987).

45) John Paul Stevens, *The Life Span of a Judge-Made Rule*, 58 N.Y.U. L. REV. 1, 18-19 (1983). なお，スティーブンス裁判官によれば，4人以上の裁判官の同意で事件を取り上げるというルールは，5人の裁判官が事件を取り上げることに反対している場合もありうるので，多数派に対する少数派の優越をもたらす側面があるという。

(Stephen G. Breyer) 裁判官が反対意見を書き，ギンズバーグ裁判官とソトマイヨール (Sonia Sotomayor) 裁判官がそれに同調している[46]。

2　同意意見と結果同意意見

ブラック法律辞典をひくと，同意意見とは，「裁判官が多数意見のたどりついた結論に賛成して票を投じることをいい，しばしば多数意見で明らかにされた意見や多数意見が説明した意見と異なる根拠に基づく」[47]と説明されている。つまり，多数意見の結論には賛成するが，それを補足説明したり，別の観点からアプローチしたりする意見が同意意見であるといえる。

同意意見は，多数意見との異同に着目して2つに大別される。すなわち，内容も結論も多数意見に同意する同意意見と，結論は多数意見に同意するが内容は多数意見と異なる同意意見とに分ける方法である。日本語では，前者を同意意見，後者を結果（結論）同意意見と記述することが多いが，英語では「同意意見」(concurring opinion) という表記で両方を含意することが多い。

もっとも，判決文の中には，「多数意見に同意」(concurring in judgement)，「部分的に同意」(concurring in part)，「結果に同意」(concurring in the result) などの言葉が登場することがあり，これらの言葉が結果同意意見を表す意味で使われることがある。しかし，それらが常に結果同意意見を表しているというわけでもなく，逆にこれらの言葉が付いていなかったからといって結果同意意見ではないというわけでもない。そのため，同意意見と結果同意意見とを明確に区別せず，両者を包含する意味で同意意見という言葉を使うことが多い（以下，両方を含む場合には「同意意見」，補足意見のような性格を持つ同意意見に限定して使う場合には「補足的同意意見」，結論のみ同意する場合を「結果同意意見」と呼ぶことにする）。

しかしながら，場合によっては同意意見か結果同意意見かで，多数意見の権威が大きく左右されることがある。たとえば，4対4で分かれているケー

---

46) Bower v. Texas, 135 S. Ct. 1291 (2015) (Breyer, J., dissenting from denial of certiorari, joined by Ginsburg and Sotomayor, JJ.).
47) BLACK'S LAW DICTIONARY, *supra* note 16, at 352.

スにおいて，ある裁判官の見解が片方に同意した結果，その判断が多数意見になったとする。このとき，補足的同意意見であれば，その多数意見の内容は先例拘束力を持つ。だが，それが結果同意意見であった場合，その多数意見は相対多数意見にすぎず，先例拘束力を持たない。つまり，同意意見の内容によって多数意見の権威が変わりうるのである。

そのため，両者の区別は時としてきわめて重要になるわけであるが，その見極めが難しいことが少なくない。先に挙げたような「～に同意」という言葉は一定のガイドラインにはなるが，それが両者を分ける決定的な指標にはならない。ウェスト（Sonja R. West）は1972年の Branzburg v. Hayes 連邦最高裁判決[48]を素材にしながら，両者の区別について分析している[49]。

Branzburg 判決では刑事事件における新聞記者の証言拒絶権が争われ，ホワイト裁判官の（相対）多数意見は証言拒絶権を認めなかった。（相対）多数意見には，バーガー（Warren Earl Burger）長官，ブラックマン（Harry Blackmun）裁判官，レーンキスト（William Rehnquist）裁判官がそれに同調し，パウエル（Lewis F. Powell, Jr.）裁判官が場合によっては憲法上証言拒絶権が認められることもあるという同意意見[50]を執筆しながら（相対）多数意見に同調した。そのため，ホワイト裁判官の（相対）多数意見が法廷意見ということになれば新聞記者の証言拒絶権は認められないことになるが，それが相対多数意見にすぎなければケース次第で新聞記者の証言拒絶権が認められる可能性が出てくる。その後，下級審はまさにその位置づけをめぐって判断が分かれるようになった。パウエル裁判官の同意意見の中身を見ればホワイト裁判官の意見と異なることから，多くの連邦高裁はホワイト裁判官の多数意見は相対多数意見にすぎないとの立場をとったが，しかし，中には In re Grand Jury Subpoena, Miller 連邦高裁判決[51]のように，ホワイト裁判官の多数意見を法廷意見と位置づけた判決もあった。ウェストはその理由となったのが，「～に同意」の欠如であるという。Branzburg 判決には「パウエ

---

48) Branzburg v. Hayes, 408 U.S. 665 (1972).
49) Sonja R. West, *Concurring in Part & Concurring in the Confusion*, 104 MICH. L. REV. 1951 (2006).
50) 408 U.S. at 709-710 (Powell, J., concurring).
51) In re Grand Jury Subpoena, Miller, 397 F. 3 d 964, 971-972 (D.C. Cir. 2005).

ル裁判官の同意意見」(Mr. Justice Powell, concurring) と記載されており，「～に同意」のフレーズがなかった。そのため，In re Grand Jury Subpoena, Miller 判決はこれを補足的同意意見とみなし，Branzburg 判決を法廷意見とみなしたというのである。しかし，パウエル裁判官の同意意見の実際の中身をみれば，それが結果同意意見であることは明らかであり，「～に同意」のフレーズがないからといって補足的同意意見であるとは限らないことを示している。

また，ウェストによれば，「～に同意」のフレーズがあるからといって，結果同意意見であるとも限らないという。ウェストはその例として1994年の Turner Broadcasting System, Inc. v. FCC 連邦最高裁判決[52]を挙げる。この事件はケーブルテレビ会社に対するマストキャリー規制[53]の合憲性が争われ，ケネディ (Anthony M. Kennedy) 裁判官が法廷意見を執筆したものの，細部についての意見が各裁判官によって異なり，部分ごとに各裁判官の同意・不同意が入り乱れる形となった。これについてスティーブンス裁判官は，「一部に同意および多数意見に同意」(concurring in part and concurring in the judgment) の意見を執筆した[54]。このフレーズが内容を表していると理解するのであれば，スティーブンス裁判官は結果同意意見を書いたことになる。しかし，スティーブンス裁判官が実際に書いたのは補足的同意意見であった。スティーブンス裁判官は，一審の判断が相当であることを述べながらも，その中身は法廷意見と変わりないとし，自分が法廷意見に賛同しなければ重要な部分について多数を形成できないことを理由に挙げて同意意見を書いたのである。しかも，同意意見の最後では，「したがって，私は原審を破棄し再審理をするように差戻したケネディ裁判官の本件の分析に実質的に同意する (substantial agreement)」[55]と締めくくった。このように，本件におけるスティーブンス裁判官の同意意見は補足的同意意見となっているのである。

---

52) Turner Broadcasting System, Inc. v. FCC, 512 U.S. 622 (1994).
53) ケーブルテレビに，ローカルテレビ局の放送を流すチャンネルを割り当てるように要求することをいう。
54) 512 U.S. at 669-674 (Stevens, J., concurring in part and concurring in the judgment).
55) Id. at 674.

このような例があることから、ウェストは「〜に同意」の有無によって補足的同意意見か結果同意意見かを区別することは誤っているとする。つまり、いずれの同意意見であるかどうかを判断するためには、結局、その内容から判断せざるをえないのである。

もっとも、以上の区分は多数意見との相違に着目して大別したにすぎず、実際の同意意見には様々なものがある。同意意見の意味はそれを書いた裁判官の動機次第で大きく変わりうるのであって、多数意見との異同だけでは十分把握できたとはいえない。同意意見の種類については次のムーア（Ryan M. Moore）の見解が興味深い。

3 同意意見の機能的分類

ムーアによれば、同意意見の内容に着目すると、6つに分けられるという[56]。①「強調的同意」（emphatic concurrence）は、自らが法廷意見の側に立っていることを明らかにしたり、法廷意見の特定の部分を取り出して強調したりすることを指す。前者の例としては、Ashcroft v. ACLU 連邦最高裁判決[57]におけるスティーブンス裁判官の同意意見[58]が挙げられる。児童オンライン保護法（Child Online Protection Act: COPA）[59]が成人のアクセスを侵害しているとして違憲と判断した法廷意見について、スティーブンス裁判官の同意意見は刑事制裁がもたらす表現の自由への影響を考慮し、COPAが違憲であるとの結論に達したという見解を披歴した。つまり、内容的には法廷意見と大差ないにもかかわらず、あえて自分が法廷意見の側に組したことを明らかにするために同意意見を述べたのである。こうすることで、自分が人権を重視していることを明らかにしつつ、法廷意見の側に立っていることを強調したとされる。なお、後者については、法廷意見の重要な部分を取り上げて同意意見を書くことで、その重要性を際立たせることになり、将来

---

56) Ryan M. Moore, *I Concur! Do I Matter?: Developing a Framework for Determining the Precedential Influence of Concurring Opinions*, 84 TEMP. L. REV. 743, 758-770 (2012).
57) Ashcroft v. ACLU, 542 U.S. 656 (2004).
58) *Id.* at 673-675 (Stevens, J., concurring).
59) Child Online Protection Act, 47 U.S.C. § 231 et seq.

の判決が当該判決のその部分に注目するように仕向けるというものであるという。

②不必要な同意（unnecessary concurrence）は，意見のない同意のことをいう。たとえば，City of Renton v. Playtime Theatres, Inc. 連邦最高裁判決[60]において，ブラックマン裁判官は結果に同意することを示しただけで，意見を付さなかった[61]。このような同意は，なぜそのまま法廷意見に賛同しなかったのかがわからず，不要な疑問を残すものであるため，不必要な同意とされる。

③不本意な同意（reluctant concurrence）は，法廷意見に同意したくなかったがやむをえない理由により不本意ながら同意したというものである。たとえば，本当は反対意見を述べたいところであるが，先例との関係を考慮して法廷意見に賛同せざるをえない場合や，社会で物議をかもしている問題に全員一致で判断することが望ましいとされる場合にしぶしぶ法廷意見に同意することをいう。たとえば，Mathews v. United States 連邦最高裁判決[62]においてブレナン裁判官はこれまでかかる事案について反対意見を書き続けており，この事件でも反対意見を書くことを望んでいたが，法廷意見との違いが独自の法解釈にすぎなかったこともあり，先例拘束性を重視して同意意見を書いたことが挙げられる[63]。

④拡張的同意（expansive concurrence）は，法廷意見の内容を広げたり，その内容を補足したりするものである。法廷意見の内容を広げるという性格上，法廷意見の内容を変化させるものでもある。たとえば，Young v. United States 連邦最高裁判決[64]では，侮辱罪訴追する者は利害関係者であってはならないとしたが，ブラックマン裁判官の同意意見[65]は利害関係者が絡むことはデュープロセスにも違反するとしたことが挙げられる。

---

60) City of Renton v. Playtime Theatres, Inc., 475 U.S. 41 (1986).
61) Justice Blackmun concurs in the result と表記されているだけで，意見は付されていない。See id. at 55.
62) Mathews v. United States, 485 U.S. 58 (1988).
63) Id. at 66-68 (Brennan, J., concurring).
64) Young v. United States, 481 U.S. 787 (1987).
65) Id. at 814-825 (Blackmun, J., concurring).

⑤限定的同意（limiting concurrence）は，法廷意見の判断に限定や条件を設けるものである。この同意は，法廷意見が法的ルールをあまり広く適用しないように限定をかけるために用いられることが多い。たとえば，Gonzales v. Carhart 連邦最高裁判決[66]は部分出産中絶禁止法（Partial-Birth Abortion Ban Act）[67]を通商条項[68]に基づく権限行使であるとして合憲としたが，トーマス裁判官の同意意見[69]は本件では通商条項に基づくかどうかの合憲性は問題ではなく，それについて判断する必要はないとして限定をかけている。

⑥法理上の同意（doctrinal concurrence）は，法廷意見の結論に同意するが，その理由づけには反対であることを表明するものである。よくいわれるように，「結果は正しいが，理由は間違っている」（right result, wrong reason）パターンであり，結果同意意見がこれに当たることが多い。たとえば，Whitney 判決[70]において，法廷意見は犯罪を意図する表現を規制する州法の合憲性を認めて有罪判決を下したが，ブランダイス裁判官は有罪判決には賛同しながらも明白かつ現在の危険の基準をもっと厳格に適用すべきとの同意意見[71]を書いたことが挙げられる。

4　相対多数意見

「相対多数意見」（plurality opinion）とは，「判断内容について過半数の裁判官の賛同は得られなかったものの，その事件の結論については2つかそれ以上の意見を結合させることで過半数を得た」[72]場合のことをいう。要するに，1つの筋に沿った多数意見を形成することができなかった場合に，各意見の結論を整理して，結果だけ合う意見を集めて過半数以上にしたものが相

---

66) Gonzales v. Carhart, 550 U.S. 124 (2007).
67) Partial-Birth Abortion Ban Act of 2003, 18 U.S.C. § 1531.
68) 憲法1条8節3項「外国との通商，州際通商及びインディアン部族との通商を規制すること」。高橋和之編『新版　世界憲法集』〔第2版〕59頁［土井真一訳］（岩波書店，2012年）。（以下，『世界憲法集』とする）。
69) 550 U.S. at 168-169 (Thomas, J., concurring).
70) *Whitney*, 274 U.S. 357.
71) *Id.* at 372-380 (Brandeis, J., concurring).
72) John F. Davis and William L. Reynolds, *Juridical Cripples: Plurality Opinions in the Supreme Court*, 1974 DUKE L.J. 59.

対多数意見であり，通常，その中のメイン（相対多数）となる意見が相対多数意見と呼ばれる[73]。

たとえば，教育委員会による学校図書館の本の除籍の合憲性が争われた Board of Education v. Pico 連邦最高裁判決[74]では，ブレナン裁判官の相対多数意見（T・マーシャル（Thurgood Marshall）裁判官，スティーブンス裁判官の同調）[75]が違憲判断を下して原判決を認容した結果，一審に差し戻すこととなった。知る権利を認めた部分以外に賛同したブラックマン裁判官の一部同意・結果同意意見[76]と，憲法判断を行わずに事実認定のやり直しを求めるホワイト裁判官の結果同意意見[77]がこれに加わって，結論については過半数を得ることができ，相対多数意見が形成されたのである。

相対多数意見は，結果については多数であるものの，判断内容については過半数を得られていないため，内容的には少数意見にすぎない。したがって，「相対多数意見は先例としての価値が曖昧である。少なくとも，相対多数意見は個別の事件の当事者しか拘束しない」[78]。このように相対多数意見の内容は法的な先例拘束力を有しないと理解されているが，他面において，下級審レベルでそれが参考にされることがある。先の Pico 判決の例でいえば，下級審は相対多数意見の判断枠組みを踏襲する傾向[79]にあり，ACLU, Inc. v. Miami-Dade County Sch. Bd. 連邦高裁判決[80]などがその例として挙げられる。

---

73) 『英米法辞典』では，「合議意見において，参加裁判官の過半数には満たないがもっとも多数の裁判官が同調した判決意見。例えば，9名の裁判官のうち4名が一つの立場をとり，3名がこれに反対し，2名が4名の裁判官の結論には賛成するが理由づけを異にした場合の，その4名の裁判官の意見。」と説明されている。『英米法辞典』・前掲注19）645頁。
74) Board of Education, Island Trees Union Free School District No. 26 v. Pico, 457 U.S. 853 (1982).
75) Id. at 855-875 (plurality opinion of Brennan, J.).
76) Id. at 875-883 (Blackman, J., concurring in part and concurring in the judgement).
77) Id. at 883-885 (White, J., concurring the judgement).
78) Adam S. Hochschild, *The Modern Problem of Supreme Court Plurality Decision: Interpretation in Historical Perspective*, 4 WASH. U. J.L. & POL'Y 261 (2000).
79) Abigail Adams, *A Falling Star in Our Constitutional Constellation: Why the First Circuit's Decision in Griswold v. Driscoll Undermines Fundamental First Amendment Principles*, 46 NEW ENG. L. REV. 387, 399-400 (2012).
80) ACLU, Inc. v. Miami-Dade County Sch. Bd., 557 F. 3d 1177 (11th Cir. 2009).

また，連邦最高裁自身も，Marks v. United States 連邦最高裁判決[81] において，「意見の分かれている連邦最高裁が事件を判断しその結果を説明する1つの原理が5人の裁判官の同意を得られなかった場合，その判決は最も狭い根拠（narrowest grounds）についての判断に同意した裁判官のとった立場としてみなされうる」[82] と述べている。したがって，相対多数意見の内容に先例拘束力がないとしても，限られた部分が将来的に参照される余地は残されているといえる。

しかし，相対多数意見は，「不明瞭な多数意見」（No-Clear-Majority）[83] と呼ばれるように，何を示した判断なのかがはっきりしない。Marks 判決は相対多数意見の活用可能性を提示したものの，それを実行するためには「最も狭い根拠」を抽出しなければならないのであって，相対多数意見における黙示の同意部分を明らかにできなければ意味をなさなくなってしまう。そのため，相対多数意見を参照する場合には，相対多数意見が示した判決理由を特定し，解釈の指針となる部分や原理を抽出する作業を行う必要がある[84]。

II 少数意見の根拠と正当化

以上のように，判例には色々な少数意見があり，各々が様々な機能を果たしている。それでは，判例において一定のプレゼンスを有するようになっている少数意見に対して，批判はないのであろうか。以下では，少数意見に対する批判を概観しながらその特徴をつかみ，反論を試みながら少数意見の正当化をはかることにする。

1 少数意見批判

マーシャル長官が順繰り意見制から法廷意見制に転換して以来，少数意見

---

81) Marks v. United States, 430 U.S. 188 (1977).
82) *Id.* at 193.
83) Comment, *Supreme Court No-Clear-Majority Decisions: A Study in Stare Decisis*, 24 U. CHI. L. REV. 99 (1956).
84) Mark Alan Thurmon, *When the Court Divides: Reconsidering the Precedential Value of Supreme Court Plurality Decisions*, 42 DUKE L.J. 419 (1992).

はどちらかといえば否定的なものとしてみなされる傾向にあった。というのも，「少数意見は 個人の権威以外の何ものでもない」[85]とみなされていたからである。つまり，判決は裁判官個人の見解を披歴する場ではなく裁判所が判断を下す場であって，判決には個別意見をつけるべきではないと考えられていた[86]。少数意見は意見の不一致を生むだけであり，個人的見解を裁判業務に混同すべきではないという見解が主流だったのである[87]。たとえば，精力的に少数意見を執筆したことで有名なブランダイス裁判官はどちらかといえば法廷意見と対立するというよりも，独自の見解に基づき創造的な見解を披歴することが多かったため，法廷意見とかみ合わないことがあった[88]。このような少数意見は自己の見解を披歴するだけのわがままにすぎないとみなされていたのである。

とりわけ，州レベルでは日々多くの訴訟件数を抱えていることもあり，少数意見の存在に否定的な態度を示す州もあった。たとえば，少数意見制を採用していないフランスの植民地であったルイジアナ州は，1898年に，「同意意見及び反対意見を公表してはならない」とする規定を州憲法に盛り込んだ[89]。つまり，少数意見を禁止したのである。この規定は，1913年憲法が制定されるまで継続し，1921年憲法によって削除された[90]。後にサンダース（Joe W. Sanders）ルイジアナ州最高裁裁判官が少数意見の禁止は間違いなく訴訟を効率化するとし，禁止の必要性を説いていることからもわかるように，ルイジアナ州では裁判官自身も少数意見について否定的であったといえる[91]。また，都市化に伴い訴訟件数が多くなったニューヨーク州でも，19世紀末頃に少数意見を禁止する法案が州議会に提出されたとされる[92]。同法案は可決には至らなかったが，少数意見を問題視する見解があったことがうか

---

85) Current Topics, 10 ALB. L.J. 324 (1874).
86) Evils of Dissenting Opinions, 57 ALB. L.J. 74 (1898).
87) Hunter Smith, *Personal and Official Authority: Turn-of-the-Century Lawyers and the Dissenting Opinion*, 24 YALE J.L. & HUMAN. 507 (2012).
88) Mary Murphy Schroeder, *The Brandeis Legacy*, 37 SAN DIEGO L. REV. 711, 721 (2000).
89) La. Const. of 1898, art. 92.
90) Smith, *supra* note 87, at 515.
91) Joe W. Sanders, *The Role of Dissenting Opinions in Louisiana*, 23 LA. L. REV. 673 (1963).
92) Current Topics, 33 ALB. L.J. 161 (1886).

がえる。

　少数意見に対しては，ホームズ裁判官でさえ，必ずしも積極的に肯定しているわけではない[93]。ホームズ裁判官はある事件において，「私は一般論として少数意見を述べることが有益とも望ましいとも思わないが，多数意見の判断に同意できないので，本件で少数意見を述べざるをえずその理由を説明する必要があると感じざるをえない」[94]と述べている。つまり，本来少数意見は望ましくないが，やむをえずそれを述べることがあるとみなしているのである。

　それでは，少数意見が否定的に受け止められていた理由は何であろうか。たとえば，ホームズ裁判官と親交のあった第2巡回区控訴裁判所のハンド（Learned Hand）裁判官は，少数意見が裁判所の権威を弱めてしまうとしている。ハンドいわく，「全員一致の判断に失敗することは裁判官が集う法廷の権威として依拠する統一的結束のインパクトをなくしてしまうがゆえに災難といえる」[95]と。ここでは，裁判所が統一的見解を示すことで権威が確保されると考えており，マーシャル長官が司法の権威を高めるために法廷意見制度を築いていった趣旨と共通している。また，先述したように，少数意見は個人の権威のために提示されていると否定的に捉えられていることからすれば，少数意見は個々の裁判官が好きなように意見を述べてしまうまとまりのない裁判所という外観を創り上げてしまい，裁判所の権威を低下させることが懸念されている[96]。換言すれば，少数意見に対する批判は，裁判所の権威という，ある意味形式的側面に光を当てたものであるといえる。

　そうなると，裁判所の権威とは何かが次に問われることになるが，これについては法の支配の観点からアプローチするスタック（Kevin M. Stack）の見解が興味深い[97]。裁判官個人の見解である少数意見はまさに人の支配を具

---

93) たとえば，ホームズを素材とした物語において，「ホームズは意見を異にした。彼は反対することを好まなかった。その後と同様その時も，彼は少数意見判事たる地位を嫌悪した」と語られている。C.D. ボーエン（鵜飼信成ほか訳）『判事ホームズ物語（下）』162頁（法政大学出版局，1978年）。
94) N. Sec. Co. v United States, 193 U.S. 197, 400 (1904) (Holmes, J., dissenting).
95) LEARNED HAND, THE BILL OF RIGHTS 72 (1958).
96) *See, e.g.,* William Bowen, *Dissenting Opinions,* 17 GREEN BAG 690, 696 (1905).
97) Kevin M. Stack, *The Practice of Dissent in the Supreme Court,* 105 YALE L.J. 2235

現化したものであり，それは法の支配と衝突するものだというのである。制度的観点から法の支配を見た場合，裁判所は1つの法廷意見を提示する機関であり，裁判官個人の意見を明らかにする機関ではない。法廷意見を執筆する裁判官は自らの意見を展開するのではなく，各裁判官の意見を代表してそれを公にする役割を担う。つまり，裁判所は法廷意見という形で同機関の見解を明らかにするのであり，そこに裁判官個人が登場する余地はないというのである。

　スタックによれば，仮に法の支配に適う解釈という観点からみても，少数意見，とりわけ反対意見はそれにそぐわない可能性があるという[98]。たとえば，ドゥウォーキン（Ronald Dworkin）のようにインテグリティとしての法を目指す場合[99]，各裁判官は時に反対意見を交えながらであっても，一貫した原理を説明できるような解釈を試みることができるため，一見すると反対意見はそうした法解釈と整合的であるようにみえる。しかし，反対意見は時に連邦最高裁が決定すること自体に疑いを投げかけることがあり，裁判所と法の支配とを結びつけるインテグリティとしての法にも疑問を提起することがありうる。したがって，反対意見は解釈という作業においても法の支配と衝突してしまうという。

　司法による法の支配の実現においては法的安定性が重要な要素となるが，それを支えているのが先例拘束である。ところが，反対意見に固執することはこの先例拘束とも相いれない側面があるという指摘がある。それが，ラーセン（Allison Orr Larsen）のいう永続的反対意見（perpetual dissent）[100]，あるいはハインツ（Jon G. Heintz）のいう持続的反対意見（sustained dissent）[101]である。たとえば，「私は死刑がいかなる状況にあっても残虐で異常な刑罰であると信じ続けることにこだわる」[102]という言述や，「私は選挙資金規正

　　(1996). なお，スタック自身は熟議の観点から反対意見を法の支配と親和的な関係にすることが可能であるとしている。
98) Id. at 2240-2246.
99) ロナルド・ドゥウォーキン（小林公訳）『法の帝国』281-430頁（未来社，1995年）。
100) Allison Orr Larsen, *Perpetual Dissents*, 15 GEO. MASON L. REV. 447 (2008).
101) Jon G. Heintz, *Sustained Dissent and the Extended Deliberative Process*, 88 NOTRE DAME L. REV. 1939 (2013).
102) Blystone v. Pennsylvania, 494 U.S. 299, 324 (1990) (Brennan, J., dissenting).

法が厳格審査に服すると信じ続ける」[103]という言述のように，反対意見にこだわりつづけることをいう[104]。また，ブレナン裁判官とT・マーシャル裁判官が死刑を合憲とした判決に反対意見を書き続けていることも有名である[105]。しかし，反対意見に固執し続けることは，多数意見が形成してきた先例と衝突し続けることになる。先例拘束力を持つのが多数意見に限られる以上，たとえその先例に反対の意を表していたとしても，将来の同種の事案において権威となるのは先例の多数意見である。そのため，多数意見の先例に従わず，自らの反対意見に固執することは先例拘束の原理に反する可能性が出てくるのである。

また，裁判官同士の対立が激しかったロックナー期（1905年〜1937年）の連邦最高裁をまとめたことで定評のあるタフト（William Howard Taft）長官がタフト・コート（1921年〜1930年）においてできるだけ全員一致を目指すスタンスをとり[106]，ロバーツ長官もマーシャル長官の全員一致形成の手腕を敬慕していることからもわかるように[107]，全員一致を阻む反対意見の存在は長官にとって厄介な存在とみなされる傾向にある。長官としては，できるだけ全員一致の判断を行うことで連邦最高裁の権威と自らの名誉を維持するというわけである。こうした司法政治の観点からも反対意見は好まれない側面がある。

2　正当化根拠

このようにネガティブな存在とみなされてきた少数意見はどのように正当化されるだろうか。そもそも，各裁判官が個別に意見を述べていくスタイルがイギリス以来の伝統であり，数の多寡はあれども，少数意見が存在し続け

---

103) Fed. Election Comm'n v. Beaumont, 539 U.S. 146, 164 (2003) (Thomas, J., dissenting).
104) Larsen, *supra* note 100, at 447.
105) Michael Mello, *Adhering to Our Views: Justices Brennan and Marshall and The Relentless Dissent to Death as a Punishment*, 22 FLA. ST. U. L. REV. 591 (1995).
106) Robert Post, *The Supreme Court Opinion as Institutional Practice: Dissent, Legal Scholarship, and Decisionmaking in the Taft Court*, 85 MINN. L. REV. 1267, 1311 (2001).
107) JEFFREY ROSEN, THE SUPREME COURT: THE PERSONALITIES AND RIVALRIES THAT DEFINED AMERICA 223 (2007).

てきたという歴史的事実を踏まえると，少数意見は裁判の歴史において必要的存在であったということもできる。かかる歴史的正当化は重要であるものの，しかし，それだけでは少数意見に対する批判への理論的反論とはならない。少数意見への批判が裁判所の権威という形式面に着目していることからすると，少数意見を擁護するとすれば，実質的意義や正当化根拠を提示する必要がある。

(1) 批判に対する反論

　少数意見批判の要旨をまとめると，少数意見の問題は裁判所の権威の失墜と法的安定性の阻害という2点に絞られる。それでは，そのような批判に対して反論することは可能だろうか。

　まず，裁判所の権威の失墜とは，少数意見によって判決が分裂されてしまい，法の支配が歪められてしまうという懸念である。たしかに，各裁判官が好き勝手な意見を述べてまとまらなくなってしまうという懸念はわからなくもない。しかし，多数意見が形成され，それのみが先例拘束力を持つ以上，裁判所の権威が減殺されることにはならない。つまり，少数意見が存在しても，裁判所の権威を失墜させるような事態を招くわけではないということである。また，少数意見をなくしてしまうと，各裁判官が自らの知見を披歴する場がなくなってしまう。各裁判官の英知を結集させて議論を闘わせた結果，多数意見と少数意見とに分かれた場合には，少数意見の知見を公にし，その知的営みを利用可能にするべきである[108]。

　次に，法的安定性の阻害についてであるが，これは少数意見がいかなる点で法的安定性を阻害するのかによって反論が変わってくる。法的安定性のうち，判決の一貫性を重視するのであれば，少数意見がそれを損なうという問題が生じる可能性がある。しかし，そもそも法律問題はケースごとに判断内容が変わるのが常であって，決まりきった解答があるわけではない。そのため，裁判官の意見が分かれた事案において，少数意見を表明することが一貫性を損なうことにはならない。

---

108) Curbing the Law Reports, 37 AM. L. REV. 923, 924 (1903).

先例拘束性によって法的安定性が担保される観点から少数意見を問題視する点については、そもそもアメリカは絶対的な先例拘束性を認めているわけではないことが反論となる。そのため、永続的／持続的反対意見が先例と衝突する側面は否定できないものの、それを受け入れることができないほど先例拘束が強いわけではない。つまり、先例変更が可能である以上、それは少数意見が将来の事案において多数意見になる可能性を受容するものであり[109]、先例拘束性の観点から少数意見を排除することはできないといえよう。

(2) 同調と反対

このように、裁判所の権威の問題と法的安定性の問題については反論が可能である。しかし、少数意見の存在意義を見出すためにはそうした反論だけでは不十分であり、少数意見の必要性や憲法上の根拠について提示する必要がある。

まず、そもそも裁判官は全員一致を好むのか、それとも何の躊躇もなく少数意見を書くのかについて考えながら、少数意見が必要かどうかを考えてみる。

第7巡回区連邦控訴裁判所の裁判官を務める傍ら、シカゴ大学ロースクールで教鞭をとり、法と経済学の分野を開拓したR・ポズナー（Richard A. Posner）は、他の学者とともに数式や統計を駆使しながら裁判官の少数意見について次のような分析を加えている[110]。

それによれば、裁判官は「反対嫌悪」（dissent aversion）の立場をとる傾向にあるという。この立場は、たとえ多数意見に賛同できない場合であっても反対意見を述べないことをいう。裁判官が反対嫌悪の立場をとるのは、少数意見がコストを伴うからである。少数意見を書くことは多数意見に再考を迫ることになり、多数意見はそれに反論するために判決文の執筆に多大な労力を課すことになる。また、少数意見を書くことで多数意見側は少数意見側

---

109) Dissenting Opinions, 19 Harv. L. Rev. 309 (1906).
110) Lee Epstein, William M. Landes and Richard A. Posner, *Why (and When) Judges Dissent: A Theoretical and Empirical Analysis*, 3 J. of Legal Analysis 101 (2011).

と交渉などのやり取りをするコストが生じ，場合によっては少数意見が同僚裁判官との関係にヒビを入れてしまい仕事がスムーズにいかなくなるおそれもあり，ますますコストが増える可能性もある。日々，大量の事件の処理に追われる裁判官はこれ以上コストを増やすわけにはいかないと考えるため，少数意見を嫌悪する傾向にあるというのである。

ただし，R・ポズナー自身が言及しているように，連邦最高裁では少々事情が異なってくる[111]。連邦最高裁では下級裁判所と比べて処理事件数が少ないことから，少数意見によって生じるコストも少なくなり，少数意見が登場する割合が高くなる。また，連邦最高裁の判断は注目度が高いことから個々の司法哲学が重視されることに加え，最終審であることから少数意見がそのまま残り，その影響力も強いため，連邦最高裁裁判官には反対嫌悪が低いとされる。したがって，連邦最高裁では，反対嫌悪がないわけではないが，少数意見を提示するメリットも高いことから，下級審ほど反対嫌悪に傾斜する状況にないことに留意しておく必要がある。

このような裁判官の置かれている状況に立脚した分析は実際に裁判官を務めたことのあるR・ポズナーだからこそできるものである[112]。おそらく，裁判を業務としてこなしていくうちにこのような傾向が生じることは多くの仕事においてありうるように思われる[113]。しかし他方で，R・ポズナーのような実務的視点からは見えない部分があるはずであり，少数意見を外的視点から考察する必要もある。かつてシカゴ大学で同僚であったサンスティン（Cass R. Sunstein）は，R・ポズナーと同じように裁判官に同調傾向があることを認めつつ，裁判所の判断には少数意見が必要であることを説いている[114]。

---

111) RICHARD A. POSNER, HOW JUDGES THINK 51 (2010).
112) なお，R・ポズナー裁判官の反対意見については，*see* Robert F. Blomquist, *Dissent, Posner-Style: Judge Richard A. Posner's First Decade of Dissenting Opinions, 1981-1991--Toward an Aesthetics of Judicial Dissenting Style*, 69 MO. L. REV. 73 (2004).
113) Robert G. Flanders, Jr., *The Utility of Separate Judicial Opinions in Appellate Courts of Last Resort: Why Dissents Are Valuable*, 4 ROGER WILLIAMS U. L. REV. 401 (1999). 他にも，連邦最高裁裁判官以外の裁判官が書いた論文では，少数意見は一般に実務上のコストが大きいと指摘されている。

サンスティンによれば，人は社会的・環境的影響を受けやすく，他者に同調する傾向があるという[115]。人は自分の判断に自信が持てないとき，とりわけその判断が正しいかどうかについて情報を十分に持ち合わせていないとき，他人の判断に依拠することが最善だと考える傾向にある。ただし，同調はカスケード効果や集団偏向の影響を受けることもあり，誤った判断をしてしまう可能性がある。

かかる同調傾向は裁判官にも当てはまる[116]。裁判官も，少数意見を述べることが余計な労力や同僚関係にコストを生じさせるリスクを考慮して，同調する傾向にある。また，裁判官は組織内のみならず，外部の判断や状況にもしばしば同調する。政治部門の決定や社会の動向にも敏感で，その判断を支持することが多いのである。

このように人は同調傾向にあるわけであるが，サンスティンは少数意見を述べることに一定の意義を見出す[117]。社会は多様な見解を受け入れた方が発展する可能性があり，様々な情報や意見を取り入れることが経済の発展にもつながる。少数意見は自分の利益のためというよりも，社会全体の利益になるものである。実際，アメリカ社会が発展できたのは表現の自由を厚く保障してきたからであり，少数意見を述べる自由が保障されているからである。また，反対意見を述べることは熟議を促進することにつながり，少数意見が裁判所の判断をより良い内容にすることになる。こうしてサンスティンは少数意見が裁判所にとっても重要であるというのである。

(3) 憲法上の根拠

サンスティンが主張するように少数意見が社会や裁判にとって有益であるとしても，それが憲法上認められる根拠を検討しなければならない。憲法上の根拠がなければ，少数意見の弊害が目立つようになった際に立法で制限さ

---

114) CASS R. SUNSTEIN, WHY SOCIETIES NEED DISSENT 166-193 (2005). なお，抄訳として，孝忠延夫ほか「キャス・R・サンスティン著『なぜ社会は反対意見を必要とするのか』(1)(2)」関西大学法学論集54巻6号1372頁，55巻1号263頁（2005年）がある。
115) *Id.* at 14-38.
116) *Id.* at 166-193.
117) *Id.* at 209-213.

れる可能性が生じるからである。

　少数意見の正当化は現場の裁判官が痛感していたことでもあり，ダグラス（William O. Douglas）裁判官は，「近時，我々は皆反対意見および同意意見に対する多くの批判を見聞してきた。個別意見はしばしば非難されてきた。裁判所は個別意見に寛容であると厳しく批判されてきた。だからこそ，私はその擁護を試みたい」[118]と述べている。

　ダグラス裁判官によれば，憲法問題に限らず，法律問題には疑問が生じることが多く，解釈をめぐってしばしば意見が分かれることから，法は不確定性（uncertainty）を帯びているという。もし，全員一致で法を確定させようとするのであれば，それを実現できる政治システムはファシズムやコミュニズムしかない。これらの政治システムは反対意見を許さないため，全員一致の体制を作ることができるからである。一方，民主主義を採用するのであれば，それは多様な見解を前提とするものであり，そのために表現の自由が保障される。表現の自由は少数意見を認めるものである。もちろん，全員一致を探求することもあるが，それを強いることはない。民主主義をとる以上，法は不確定性を帯びるのであり，裁判官の間で意見が異なることも想定される。つまり，裁判官の少数意見は民主主義によって要請されるというのである。

　このように，少数意見が民主主義や表現の自由によって要請されるとする見解は従来から存在していたとする指摘もある。ブレナン裁判官はかつてジェファーソン（Thomas Jefferson）大統領がマーシャル長官に対抗するために，民主主義や思想の自由市場の観点から少数意見の重要性を説いたことがあったことを取り上げている[119]。マーシャル長官が順繰り意見制から法廷意見制への転換を試みた際に，ジェファーソン大統領はそうした対応が少数意見を封殺するものであり，民主主義を損ね，思想の自由市場を狭めるものであると批判した。実際，ジェファーソン大統領は1804年にジョンソン（William Johnson）を連邦最高裁裁判官に任命する際に少数意見を活性化するように要望しており，単なる批判にとどまらず，現実的に変えようと試み

---

118) William O. Douglas, *The Dissenting Opinion*, 8 LAW. GUILD REV. 467 (1948).
119) Brennan, *supra* note 14, at 433.

ていたことがわかる[120]。ただし，ジェファーソン大統領は当時司法を牙城にしようとしていたマーシャル長官をはじめとするフェデラリスツに対抗するために少数意見を活性化させようとしていた可能性もあり，思想の自由市場は政治的思惑のための方便にすぎなかった可能性もある。

　もっとも，少数意見が民主主義の要請であるとしても，少数意見が民主主義にとって必要不可欠とまではいえない。たとえば，フランスのように民主主義をとっていても少数意見を採用していない国もあるからである。また，裁判官が意見を述べるのは表現の自由の行使というよりも，裁判の職務の一環として行う性格が強い。したがって，表現の自由を根拠にするのであれば，裁判官が少数意見を述べることが裁判を行う際に必要であることと関連させる必要がある。

　この点につき，カリフォルニア州最高裁裁判官のカーター（Jesse W. Carter）は，次のように述べている。「言論の自由は権利章典によって個人に保障された偉大な権利の1つであり，民主主義の本質的な要素である。それは一般市民だけでなく反対意見を述べる裁判官にも保障される。反対意見は広い視野をもたらす役割があり，それは裁判所の多数派が同意した内容とは異なる社会的，経済的，政治的哲学の表現を少数派に書かせる自由を与えるものであり，裁判所の名声が裁判官の表した見解の衝突によって脅かされたり傷つけられたりするよりも大きく民主主義を促進するという結論を導くものである」[121]。つまり，裁判を行う際に広い視野から判断を行って，より良い判決を下せるように少数意見を書く自由があるというわけである。

　また，裁判官の独立が憲法によって保障されていることにかんがみ，個別に意見を書くことが保障されていると考えることもできる。憲法3条1節は，「最高裁判所及び下級裁判所の裁判官は，罪過のない限り，その職を保持し，定められた時期に，その職務に対する報酬を受ける。その報酬は，在任中，これを減額することができない」[122]と定めており，裁判官の独立を保

---

120) Meredith Kolsky, *Justice William Johnson and the History of the Supreme Court Dissent*, 83 GEO. L.J. 2069, 2076-2081 (1995).
121) Jesse W. Carter, *Dissenting Opinions*, 4 HASTING L.J. 118, 123 (1953).
122) 『世界憲法集』・前掲注68) 68頁。

障している。この規定は，外部から圧力を受けることなく裁判官が独立して職権を行使できるようにしたものであるが，裁判官個人の職権の独立を保障している以上，裁判官が職務を行使するにあたり意見を述べることを妨げられないことも要請されると解するわけである。また，同規定が下級裁判官にも最高裁裁判官と同様の保障を与えていることから，アメリカでは下級裁判官も個別意見を述べることができるようになっていると解することもできよう[123]。

3 5つの機能

少数意見の正当化については，以上のような理論的分析に加えて，実際上の機能を明らかにすることも重要である。

リペス（Kermit V. Lipez）は，裁判所は1つにまとまった見解を明らかにしてこそ正当性があるという批判に対し，少数意見が裁判所の正当性を弱めることにはならないと反論しており，その際に少数意見が果たす機能について分析を行っている[124]。リペスによれば，少数意見を不要とみなす見解はそもそも法的問題に1つの正しい答えがあることを前提としているが，その前提こそが誤っているという。法的問題に正解があるわけではなく，全員一致であれば，結果はともかく，実質的に正しい判断をしたことにはならないからである。リペスは，むしろ少数意見があるからこそ，多数意見が正解に近づくことになるとし，少数意見が以下の5つの機能を果たしているとする。

まず，①多数意見の改善（improving the majority opinion）である。少数意見が多数意見を批判し，多数意見がそれに反論することによって，多数意見がより良いものとなる。リペスによれば，反対意見や同意意見を認めることの最も重要な内部的効用は多数意見を改善することであり，反対意見または同意意見はその争点の賛否両面についてそれぞれ最善の主張を直接向かい合わせることによって，自分の意見をテストしてくれるものであり，ずさんな

---

[123] ただし，日本では，下級裁判所の裁判官にも職権の独立が保障されているが個別意見を書くことは認められていない。この点については本書第1章を参照。
[124] Kermit V. Lipez, *Some Reflections on Dissenting*, 57 ME. L. REV. 313, 317 (2005).

意見にならずに済んでいるという。また，少数意見は多数意見の趣旨や射程を明確化するという効用もある。

　次に②ダメージコントロール（damage control）がある[125]。ダメージコントロールとは，多数意見の限界を強調し，射程を限定することをいう。①はある意味少数意見の予期せぬ効用であるといえるが，ダメージコントロールは意図的な効用である。ブレナン裁判官によれば，「反対意見は一般に多数意見の限界を強調する傾向にあり，反対者がそれに関心を持っている限り，不必要に広がった部分を払い除く——ある種の"ダメージコントロール"——ことがある」という[126]。少数意見が多数意見の内容に影響を与えるのであれば，多数意見の射程は将来の事件において限定されることになるのである。

　さらに③将来の法（future law）になるという機能がある[127]。つまり，少数意見が先例拘束力を持たないとしても，将来の判決において採用される可能性があるということである。F・オコナー（Francis P. O'Connor）によれば，少数意見は，「公刊された文書において将来の法律家，裁判官，立法者に利用され，改善されていく。したがって少数意見は長年にわたって潜在的な影響力を持ち続けるのである」[128]という。

　少数意見が将来の多数意見になった例は多々あるが，有名なケースとしてはプライバシーの権利についてのブランダイス裁判官の反対意見が挙げられるだろう。電話の盗聴が修正4条に反するかどうかが問題となった1928年のOlmstead v. United States 連邦最高裁判決[129]において，ブランダイス裁判官は令状なしの盗聴が修正4条に基づくプライバシーの権利を侵害するという反対意見を書いた[130]。このときは多数意見にならなかったが，時代を先取りした意見であった。その後，1967年の Katz v. United States 連邦最高

---

[125] *Id.* at 323-324.
[126] Brennan, *supra* note 14, at 430.
[127] Lipez, *supra* note 124, at 325.
[128] Francis P. O'Connor, *The Art of Collegiality: Creating Consensus and Coping with Dissent*, 83 MASS. L. REV. 93, 95 (1998).
[129] Olmstead v. United States, 277 U.S. 438 (1928).
[130] *Id.* at 471-485 (Brandeis, J., dissenting).

裁判決[131]において，とうとう多数意見は令状なしの盗聴が修正 4 条に基づくプライバシー権を侵害するとした。このように，少数意見が将来の多数意見になることは決して少なくない。実際，サンスティンによれば，少数意見が将来の法になったケースが130以上あるという[132]。

また④少数意見の改革要請（call for reform）機能がある[133]。これは，少数意見が多数意見の問題点を指摘することで将来の同種の事件において多数意見を改善することになるというものである。そのような改革要請は裁判所のみならず，議会に対しても向けられる。それは法律の内容のみならず，条文が不明確であるような場合についても，少数意見が問題点を指摘することで，議会に法律の修正を促すこともある。

最後に⑤議論を誘発する（forum for debate）機能がある。多数意見のみならず，少数意見が存在することで，法的議論を行うきっかけになる。それは法の知的展開に役立つものであり，アカデミックな分野において議論されることで，法が発展することになるのである。

リペスの提示した機能はいずれもより良い法を目指したものであるといえるが，それに加えて，少数意見には責任の明確化，議論の透明化，議論の明確化という機能もあるように思われる。責任の明確化とは，少数意見が多数意見の判断の問題点を指摘することにより，その判断に責任を負うことになることをいう。少数意見がなければ，多数意見が誤った判断をしても，その問題に気付かなかったという言い訳ができる余地がある。しかし，少数意見によって問題が指摘されていれば，その問題について言い逃れをすることができなくなり，より責任のある判断を行うようになるということである。とりわけ，アメリカでは，匿名意見（per curium）の場合を除き，多数意見を執筆する者の名前が明らかにされるため，執筆の責任は重く，少数意見の存在はさらにその重さに拍車をかけているといえよう。

議論の透明化とは，多数意見と少数意見をみることで，裁判においてどのようなことが審議されたのかをうかがうことができることをいう。評議その

---

131) Katz v. United States, 389 U.S. 347 (1967).
132) SUNSTEIN, *supra* note 114, at 71.
133) Lipez, *supra* note 124, at 325-327.

ものの内容は明らかにはならないが，多数意見と少数意見のやり取りがその一端を垣間見せることがあり，裁判官同士の議論が多少なりとも透明になる可能性があるのである。

議論の明確化とは，少数意見が当該事案の論点を明らかにし多数意見の内容をもはっきりさせることをいう。少数意見の方が多数意見よりも趣旨が明確であり，議論がはっきりしているといわれる[134]。そのため，少数意見は当該事案の論点を明らかにするとともに，多数意見において不明確であった問題をわかりやすくする機能もあるといえよう。

Ⅲ 少数意見の動態

以上のような少数意見の機能は，裁判所内部（多数意見や将来の判例）に向けた機能と裁判所外部（政治部門）に向けた機能とに大別できる。このうち，多数意見が誤っていたときのリスクを軽減する機能は裁判所の判断（裁判所内部）に対して発揮されるものである。他方，法令の改善や議論の誘発は，裁判所の外に向けた機能といえる。以下では，少数意見が増加し始めた時期を振り返りながら，裁判所の内外に対する少数意見の機能を実証する。

1 少数意見から多数意見へ

少数意見が増加したのは，20世紀に入ってからのことである。少数意見の増加が顕著になったのはロックナー期以降のことであるが，その素地はロックナー期において形成された[135]。ロックナー期は，司法が憲法判断を行うことが増えた時期であった。ロックナー期における経済的規制の合憲性をめぐる問題は司法の憲法判断の機会を大幅に増やしたのである。そして，憲法判断の増加は裁判官の判断が分かれることにもつながった。なぜなら，憲法典自体が抽象的であることが多いので，自然と裁判官の憲法解釈が分かれる

---

134) Ryan J. Owens and Justin P. Wedeking, *Justices and Legal Clarity: Analyzing the Complexity of U.S. Supreme Court Opinions*, 45 LAW & SOC'Y REV. 1027 (2011).
135) ただし，1920年代の論文で「一般に，少数意見はほとんど注目されない」と指摘されているように，ロックナー期当時はまだそれほど少数意見は注目を集めていなかったようである。Alex Simpson, Jr., *Dissenting Opinion*, 71 U. PA. L. REV. 205 (1923).

ようになったのである[136]。関連して，この時期には，ホームズ裁判官（1902～1932年）やブランダイス裁判官（1916～1939年）といった偉大な反対者（Great Dissenter）[137]が登場したことも重要である。かれらは綿密な理由付けをした少数意見を書き，少数意見の影響力を増すことに貢献した。また，1925年裁判所法によって裁量上訴に関する司法裁量が広がると，取り上げる事件の幅も広がり，裁判官が関心を持つ事件について意見を書く機会が増えた。さらに，タフト・コートの後を継いだストーン・コート（1930～1941年）は，ストーン長官のリーダーシップが不足していたと指摘されることがあるように[138]，裁判官が少数意見を書くことを十分に制御できていなかった。そして，1937年の W. Coast Hotel Co. v. Parrish 連邦最高裁判決[139]においてロックナー期が終焉し，フランクファーター（Felix Frankfurter）（1939～1962年）裁判官など，理由付けを重視する裁判官が登場すると，ロックナー期以降も，少数意見は増加していったのである。

このように少数意見が増加すると，次に関心が向くのはその動向である。つまり，少数意見がどのようなインパクトを持っているのかということである。少数意見の特徴として，「多数意見の結論や理由付けに対応しているにもかかわらず，少数意見はロジックの代替案や将来参照されるための見解を提示する」[140]といわれる。

2　多数意見の矯正

過去の少数意見が正しかったことに言及しながら先例を変更した例として，ロックナー期からの転回をみせた Parrish 判決[141]を挙げることができ

---

136) Linas E. Ledebur, *Plurality Rule: Concurring Opinions and a Divided Supreme Court*, 113 PENN ST. L. REV. 899, 904 (2009).
137) *See, e.g.,* SAMUEL J. KONEFSKY, THE LEGACY OF HOLMES AND BRANDEIS 103 (1956); *see also* Thomas F. Shea, *The Great Dissenters: Parallel Currents in Holmes and Scalia*, 67 MISS. L.J. 397 (1997).
138) William O. Douglas, *Chief Justice Stone*, 46 COLUM. L. REV. 693, 695 (1946). ストーンは効果的な運営をしていなかったと指摘される。もっともダグラス自身は裁判官同士で熟慮したり議論したりする時間をストーンが与えてくれたと評価している。
139) W. Coast Hotel Co. v. Parrish, 300 U.S. 379 (1937).
140) DONALD E. LIVELY, FORESHADOWS OF THE LAW xxi (1992).
141) *Parrish*, 300 U.S. at 390-400.

る。同判決は，1923年の Adkins v. Children's Hospital 連邦最高裁判決[142] の反対意見[143] を参照しながらそれが正しい指摘を行っていたことに言及しつつ同判決を覆した。

このことは，多数意見の判断が時代の変化によって社会状況にそぐわなくなってきた場合に，かつての少数意見を使ってそれを是正する根拠にすることだけを示しているわけではない。少数意見を根拠にして当時の多数意見の判断自体が誤っていたとされるケースもあるからである。

その典型例が，1986年の Bowers v. Hardwick 連邦最高裁判決[144] を覆した2003年の Lawrence v. Texas 連邦最高裁判決[145] である。Lawrence 判決は，Bowers 判決におけるスティーブンス裁判官の反対意見[146] が正しかったと述べながら Bowers 判決当時においても同判決の多数意見は誤りであったとした。すなわち，「スティーブンス裁判官の見解が Bowers 判決において採用されるべきであり，本件においてもそうなるべきであると考える。Bowers 判決はそれが下された当時も正しくなく，今日においても正しくない。それは先例拘束力を持つべきではない。Bowers 判決は覆されるべきであり，今覆された」[147] としたのである。

もっとも，時代の変化によって生じた誤りなのか，それとも判決当時も誤りだったのかについてはその見極めが難しいケースもある。たとえば，Plessy v. Ferguson 連邦最高裁判決[148] を覆した Brown 判決は，Plessy 判決のハーラン（John Marshall Harlan）裁判官の反対意見[149] を参考にしたと考えられている[150]。Brown 判決は人種別学に的を絞って違憲と判断したこと

---

142) Adkins v. Children's Hospital, 261 U.S. 525 (1923).
143) *See, e.g.,* 261 U.S. at 562-567 (Taft, C.J., dissenting); 261 U.S. at 567-571 (Holmes, J., dissenting).
144) Bowers v. Hardwick, 478 U.S. 186 (1986).
145) Lawrence v. Texas, 539 U.S. 558 (2003).
146) *Bowers,* 478 U.S. at 214-220 (Stevens, J., dissenting).
147) *Lawrence,* 539 U.S. at 578.
148) Plessy v. Ferguson, 163 U.S. 537 (1896).
149) *Id.* at 163 U.S. at 552-564 (Harlan, J., dissenting).
150) *See, e.g.,* Daniel Gyebi, *A Tribute to Courage on the Fortieth Anniversary of Brown v. Board of Education,* 38 HOW. L.J. 23, 33 (1994); *see also* Jack M. Balkin, *Plessy, Brown, and Grutter: A Play in Three Acts,* 26 CARDOZO L. REV. 1689, 1701 (2005).

Ⅲ　少数意見の動態　177

もあり，Plessy 判決のハーラン反対意見を明示的には引用していない。しかし，Brown 判決は人種別学が平等な教育の機会を奪っているという認識を示す際，「Plessy 判決当時の心理学的知見がいかなるものであれ，この認識は現代的権威によって支持されている。この認識に反する Plessy 判決の言述は受け入れられない」[151]と述べており，人種分離政策それ自体を支持したのが Plessy 判決であるとみなしている節がある。とすれば，公共施設における差別を違憲とした Plessy 判決のハーラン裁判官の反対意見を人種分離政策批判として受け止める余地があり，Brown 判決の背景にはその意見を踏まえていると考えられるのである。

　それでは，Brown 判決の先述の部分をどのように受け止めればいいだろうか。一見すると，現代においては Plessy 判決の認識を肯定することはできないとしていることから，時代の変化に依拠しているように見える。そうだとすれば，ハーラン裁判官の反対意見は時代を先取りしたものとして受け止められることになる。

　他方で，Plessy 判決当時からその判断は誤りであったと判断したとみなすこともできる。なぜなら，先の言述は Plessy 判決が当時においては誤りでなかったとしているわけではないからである。事案は異なるが，1992年の Planned Parenthood v. Casey 連邦最高裁判決[152]におけるオコナー（Sandra Day O'Connor）裁判官，ケネディ裁判官，スーター（David H. Souter）裁判官の共同相対多数意見[153]はそのように理解している。オコナー裁判官は，「Brown 判決において連邦最高裁は Plessy 判決当時分離された人々に"劣っているというバッジ"のようなスティグマを押し付けるという分離の力がどのようなものであったにせよ，公教育施設における人種分離が実質的不平等をもたらしていたという点において，法的に認めた分離がまさにそのような効果を持っていることが1954年までに明らかであったとした。347 U.S. at 494-495. これにより，憲法判断が求められた1954年における社会の事実認識は1896年の判決時において根拠となったものと本質的に異なることが示さ

---

151) *Brown*, 347 U.S. at 494-495.
152) Planned Parenthood v. Casey, 505 U.S. 833 (1992).
153) *Id.* at 843-911 (plurality opinion of O'Connor, Kennedy, and Souter, JJ.).

れた。Plessy判決はそれが下された時点において誤っていたということができるだけでなく see Plessy, supra, at 552-564 (Harlan, J., dissenting), Plessy判決の説明がきわめて奇妙な事実に基づいており1954年に連邦最高裁が同判決を再考する際にもその根拠では正当化できないだけでなく求められもしないことを認めなければならない」[154]とした。Casey判決は、先のハーラン裁判官の反対意見を引用しながら、Plessy判決が当時においても誤っていたと述べていることから、反対意見が判決当時における多数意見の誤りを指摘していたとみなしていることがわかる。

　このように、反対意見が多数意見の誤りを正す機能についてはそれが明確な場合とそうでない場合とがあり、さらには判決当時の誤りを正す場合と時代変化と相まって正す場合とがあり、判例を読み込まなければ、反対意見の矯正機能を正確に認識できないことがある。ただ、いずれにせよ、反対意見が判例に対して矯正機能を有していることは確かであり、ブレナン裁判官は、この機能が反対意見の最も重要な機能であると指摘している[155]。

3　外部に向けた機能

　少数意見による法令の改善や議論誘発的機能は政治部門に向けたものである。先述した1928年のOlmstead判決[156]におけるブランダイス裁判官の反対意見[157]は、少数意見が法令の改善に寄与した典型例でもある。同判決では、令状なしで電話を盗聴することが修正1条の令状主義に反しないかどうかが争われ、タフト長官の法廷意見は電話盗聴が令状の要求される捜索や押収に該当せず、修正4条を侵害しないとした。これに対して、かねてからプライバシー権を提唱していたブランダイス裁判官は電話での会話がプライバシーに当たるとし、令状なしの盗聴はプライバシーを侵害するものであり、修正4条に違反するという反対意見を書いた。その後、ブランダイス裁判官がまいた種はKatz判決[158]で花を咲かせることとなり、Katz判決では電話

---

154) *Id.* at 863.
155) Brennan, *supra* note 14, at 430.
156) *Olmstead*, 277 U.S. 438.
157) *Id.* at 471-485 (Brandeis, J., dissenting).
158) *Katz*, 389 U.S. 347.

盗聴に対しても修正4条の令状主義が要求されることが示された。

これを受けて翌年，連邦議会は1968年包括的犯罪規制及び街路安全法（Omnibus Crime Control and Safe Streets Act of 1968)[159]を制定し，会話の盗聴には令状が必要になることが定められた。

また，21世紀に入ってからは，いわゆるレッドベターケースが有名である。2007年のLedbetter v. Goodyear Tire & Rubber Co. 連邦最高裁判決[160]は，被雇用者が違法な雇用行為（unlawful employment practice）に対して不服のある場合は差別的決定が行われてから180日以内に申立てを行わなければならないと法律[161]で定められていたため，本件の場合であれば差別的賃金が支払われ始めた時から180日以内に申立てをしなければならなかったが，その期日に間に合わなかったので申立期間を徒過していると判断した。これに対してギンズバーグ裁判官の反対意見[162]は，賃金差別はすぐに認識できるわけではないので，違法な雇用行為としての賃金差別は最初の賃金設定の時点だけでなく，その後の各給料支払いの時に生じるものであり，その支払いのたびに180日以内の期間が設定されると解釈すべきであると多数意見を批判した。

その後，連邦議会は法律の修正に取り掛かり，2年後には2009年リリーレッドベター公正賃金法（Lilly Ledbetter Fair Pay Act of 2009)[163]と名づけられた法律が制定され，申立期間が300日に延長された。このような少数意見の法律の改善に与える機能についてはギンズバーグ裁判官本人がまさに指摘しているところである[164]。

4　憲法カノンと少数意見

少数意見が将来的に司法や政治に影響を与えていることは，記述的意味に

---

159) Omnibus Crime Control and Safe Streets Act of 1968, Pub. L. No. 90-351, tit. III 802, 82 Stat. 212 (codified as amended at 18 U.S.C.§2510 et seq).
160) Ledbetter v. Goodyear Tire & Rubber Co., 550 U.S. 618 (2007).
161) Title VII of the Civil Rights Act of 1964, 42 U.S.C. § 2000e et seq.
162) 550 U.S. at 643-661 (Ginsburg, J., dissenting).
163) Lilly Ledbetter Fair Pay Act of 2009, 42 U.S.C. § 2000e(5)(e).
164) Ruth Bader Ginsburg, *The Role of Dissenting Opinion*s, 95 MINN. L. REV. 1 (2010).

とどまらず，憲法規範の一要素になりうるという意味においても重要である。なぜなら，憲法カノン（constitutional canon）に少数意見が含まれることがあるからである[165]。

憲法カノンは，1998年にバルキン＝レビンソン（Jack M. Balkin and Sanford Levinson）が憲法カノンについての論文[166]を発表して以来，アメリカ憲法学ではひそかな関心を集めている概念である。それは，憲法の本質や発展をあらわした権威的なテキストのことをいう[167]。もともと，憲法教育のあり方をめぐる議論として登場した概念であったが[168]，憲法の権威をめぐる問題や憲法動態に関する議論においても活用されるようになっている。

アメリカのケースブックに登場するリーディングケースは憲法カノンの重要な要素となっていることが多く，それには Marbury v. Madison 連邦最高裁判決[169] を筆頭に McCulloch v. Maryland 連邦最高裁判決[170] や Brown 判決など，有名判例がずらりと並ぶ。他方で，その中には評判の良くない判決もあり，Plessy 判決や Lochner 判決も含まれている。というのも，憲法カノンは過去の誤りをも題材にして憲法規範の内容を発展させていくからである。その際，憲法の発展に欠かせない役割を果たすことがあるのが，少数意見である。すでに前述した例であるが，Plessy 判決のハーラン裁判官の反対意見[171]，Lochner 判決のホームズ裁判官の反対意見[172] はまさにそうした役割を担っている。これらも将来の判決が誤りを正すために活用される点に

---

165) Richard A. Primus, *Canon, Anti-Canon, and Judicial Dissent*, 48 DUKE L.J. 243 (1998).
166) Jack M. Balkin and Sanford Levinson, *The Canons of Constitutional Law*, 111 HARV. L. REV. 963 (1998).
167) Primus, *supra* note 165, at 243. なお，論者によって憲法カノンの定義は異なり，その概念自体にも差がみられる。たとえば，憲法典そのものから導かれるものではないが，憲法原理を換喩したカノン的テキストといったような説明もある。*See* Ian Bartrum, *The Constitutional Canon as Argumentative Metonymy*, 18 WM. & MARY BILL RTS. J. 327, 327-329 (2009).
168) 憲法学という学問の観点からこの議論を考察したものとして，松田浩「ディシプリンとその『正典』―現代アメリカ憲法学におけるある自画像の試み―」駿河台法学19巻2号5頁（2006年）参照。
169) Marbury v. Madison, 5 U.S. (1 Cranch) 137 (1803).
170) McCulloch v. Maryland, 17 U.S. (4 Wheat.) 316 (1819).
171) *Plessy*, 163 U.S. at 552-564 (Harlan, J., dissenting).
172) *Lochner*, 198 U.S. at 74-76 (Holmes, J., dissenting).

おいて，憲法カノンの構成要素となっているのである。

5 司法の官僚化の懸念

このように，少数意見は裁判所の内外において重要な機能を果たし，憲法規範の一要素となっていることが明らかになったが，20世紀末，行政国家の拡大とともに司法の官僚化（Bureaucratization of Judiciary）が指摘され，司法判断への影響が懸念されたことがあった。フィス（Owen M. Fiss）は，裁判官の階層化や司法スタッフの役割拡大などによって役割が分業・分散されることで，ナチスのアイヒマン（Adolf Otto Eichmann）の事例のように思考しない司法（judicial thoughtless）に陥り，裁判官が個人の責任を重く受け止めなくなってしまう危険性があるという[173]。このことは，裁判官の少数意見にも間接的に関係する。なぜなら，官僚化した裁判官は組織を重視するあまり一律に同じ方向を向いて判断する可能性があり，少数意見を述べなくなってしまうおそれがあるからである。これについては，司法が公的信頼を確保するために裁判官がそれぞれ理由づけを提示する必要があるとの指摘[174]があり，そうであるとすれば，官僚化は望ましくないことになる。もっとも，かかる懸念は21世紀のロバーツ・コートには当てはまらない。ロバーツ・コートでは，むしろ各裁判官が独自色を強く出す傾向にあり，それをどのようにまとめるかが課題となってきたからである。とはいえ，異なるものを強引にまとめようとすると，今度は中身がねじれた判決を生み出すという弊害が生じる可能性がある。これについては，少数意見一般の課題というよりも，少数意見の種類に応じていかなる問題が生じているのかを考察する必要がある。

Ⅳ　少数意見と判決のねじれ

ここまで，反対意見および同意意見を一括りにして，少数意見一般の問題

---

173) Owen M. Fiss, *The Bureaucratization of the Judiciary*, 92 YALE L.J. 1442 (1983).
174) Patricia M. Wald, *The Rhetoric of Results and the Results of Rhetoric: Judicial Writings*, 62 U. CHI. L. REV. 1371, 1412-1413 (1995).

を考察しながら，その正当化根拠や実際上の機能を検討した。少数意見はしばしば批判されてきたように裁判所の権威や法的安定性の問題を抱えているものの，それ以上に重要な機能を果たしているといえる。ただし，少数意見の種類に応じて細かくみていくと，なおいくつかの課題を抱えていることがわかる。最後にこの点を検討する。

1　相対多数意見によるねじれ

　連邦最高裁の判決は，個別意見を認めているがゆえに，時として判断内容と判断結果が異なっていることがある。判決における「投票のパラドックス」(voting paradox) と呼ばれる問題である[175]。投票のパラドックスは議会における多数派の形成を論じる際にしばしば言及されるものであるが[176]，それが判決にも登場する。たとえば，憲法の個別の争点についてすべて合憲と判断されても，結果としては違憲になってしまうことをいう。これは，いったいどういうことであろうか。

　まず，この問題は適用違憲による判断内容と判断結果のねじれとは異なる。アメリカでは違憲判決を下すとしても適用違憲を通常の方法とすべきという法理があるので[177]，法令は合憲であっても適用が違憲であるがゆえに判断内容と判断結果が異なるという指摘をすることができるかもしれない。だが，適用違憲は，現象としてはねじれているように見えるかもしれないが，判断内容からその結果を論理的に導き出すことができる。

　ところが，投票のパラドックスは，判断内容からその結果を論理的に導き出すことができない問題，あるいはその説明がきわめて困難な問題である。なぜなら，反対意見や同意意見を認めた結果，各裁判官は個別の争点ごとに判断することに加え，判決結果についても判断することから，個別の争点に

---

175) David S. Cohen, *The Precedent-based Voting Paradox*, 90 B.U.L. REV. 183 (2010).
176) *See, e.g.,* Saul Levmore, *Parliamentary Law, Majority Decisionmaking, and the Voting Paradox*, 75 VA. L. REV. 971 (1989).
177) *See, e.g.,* United States v. Salerno, 481 U.S. 739 (1987). これについては，高橋和之『憲法判断の方法』178頁（有斐閣，1995年），青井未帆「憲法判断の対象と範囲について（適用違憲・法令違憲）——近時のアメリカ合衆国における議論を中心に」成城法学79号182頁（2010年）などを参照。

おいてすべて合憲と判断されても、判決結果としては違憲と判断されるという事態が生じてしまうからである。

例を挙げてみよう。1998年の Eastern Enterprises v. Apfel 連邦最高裁判決[178]では、会社に対して以前炭鉱業務を行っていた場合にはその労働者に対して終身の年金を支払わなければならないことを要求する石炭会社退職者健康利益法（Coal Industry Retiree Health Benefit Act）[179]の合憲性が争われた。この事件では、同法が①修正5条の収用条項に違反するか、②修正5条のデュープロセス条項に違反するかが、争点となった。

まず、オコナー裁判官の相対多数意見[180]（レーンキスト長官、スカリア裁判官、トーマス裁判官が同調）は、同法がデュープロセス条項には反しないとしたが、収用条項に反するとし、違憲の結論を下した。次に、ケネディ裁判官の一部同意・一部反対意見[181]は、収用条項には反しないが、デュープロセス条項に反するとし、違憲の結論について相対多数意見に同意した。そして、ブライヤー裁判官の反対意見[182]（スティーブンス裁判官、スーター裁判官、ギンズバーグ裁判官が同調）は、いずれの条項にも反しないとして合憲の立場をとった。以上をまとめると、収用条項については5対4で合憲、デュープロセス条項については8対1で合憲となり、結果も合憲となりそうである[183]。しかし、結論としては、5対4で違憲となるため、本件では違憲判断が下された[184]。これが投票のパラドックスの例である（次の表を参照）。

このようなパラドックスは、将来の裁判や下級審を困惑させるものであり、その受け止め方にばらつきが生じる可能性が高い。これが生じる原因は少数意見の存在に起因するところが少なくなく、少数意見の抱える課題の1つとなっている。

---

178) Eastern Enterprises v. Apfel, 524 U.S. 498 (1998).
179) Coal Industry Retiree Health Benefit Act of 1992, Pub. L. No. 102-486, 106 Stat. 3036.
180) *Apfel*, 524 U.S. at 503-538 (O'Connor, J., plurality opinion).
181) *Id.* at 539-550 (Kennedy, J., concurring in the judgment and dissenting in part).
182) *Id.* at 553-568 (Breyer, J., dissenting).
183) なお、正確には、トーマス裁判官の同意意見とスティーブンス裁判官の反対意見もあるが、判決結果には影響していない。
184) 判断結果としては、相対多数意見の判断が結論になるので、収用条項に反して違憲ということになるが、相対多数意見なので先例拘束力はない。

* Apfel 判決における各裁判官の投票行動とその結果を示した表

	相対多数意見 （4人）	ケネディ裁判官	反対意見 （4人）	全体
デュープロセス条項	合憲	違憲	合憲	8対1で合憲
収用条項	違憲	合憲	合憲	5対4で合憲
結論	違憲	違憲	合憲	5対4で違憲

2　対立によるねじれ——ロバーツ・コートにおけるねじれ

(1)　少数意見による対立の促進

　また，状況によって少数意見の存在が隠れたねじれを生むおそれがある。現在のロバーツ・コートにはまさにそうした状況が垣間見られる。ロバーツ・コートは「分裂したコート」（Divided Court）と呼ばれることがあり，5対4の僅差で決まる割合が多い[185]。スコータスブログ（SCOTUSblog）の統計によると，2005年から2014年までのロバーツ・コートにおける5対4の割合は平均して22％であったとされる[186]。しかも，裁判官のイデオロギー上の理由によって対立したのが66％に及ぶとされており，いわゆる保守派とリベラル派の対立が激化する傾向にある。

　少数意見制度はこうした対立を助長する側面がある。少数意見が存在するからこそこうした対立が表面化するわけであり，少数意見がなければたとえ内部で分裂していたとしてもそのことが表には出ない。また，多数派を形成できなかった少数派は自らの意見が正しいことを示すために積極的に少数意見を書くようになり，溝が深まることになる。さらに，少数派が反対意見にこだわり続けると多数派が自らの意見を疑問視するようになることがあるというマイノリティインフルエンスがあるとすれば，少数意見を書く側はますますその意見に執着することになろう。

　このような裁判所内部における裁判官同士の対立の激化は，これまでの

---

185) George T. Anagnost, *A Divided Court and the Power of "Five"*, 50 Az ATTORNEY 48 (2013) (book review).
186) SCOTUSblog Stat Pack | October Term 2014 | Stat Pack | Saturday, June 27, 2015, 5-4 Cases, http://sblog.s 3 .amazonaws.com/wp-content/uploads/2015/06/SB_5-4 cases_20150627.pdf (last visited Dec. 1, 2015).

少数意見に対する批判にあったように,裁判所の権威を低下させるおそれがある。分裂が常態化してしまうと,裁判所の中で判断がまとまっていない印象を世に与えてしまうからである。

(2) 別角度からみたねじれ——スウィングボートの存在

ロバーツ・コートは,別名ケネディ・コートと呼ばれるほど,ケネディ裁判官のゆくえが判決の帰趨を決めることが少なくない[187]。というのも,保守派とリベラル派の裁判官が4対4で拮抗しているため,ケネディ裁判官がどちらに票を投じるかによって勝負が決まる構図になっているからである(2015年の時点)。そのため,ケネディ裁判官はしばしばキャスティングボートを握っているといわれる[188]。しかも,ケネディ裁判官はケースによってどちらの側につくかが分かれるがゆえにスウィングボートであるともいわれており,ロバーツ・コートにおいて大きな存在感を示している[189]。

5対4の僅差で決着がつく事件では,ケネディ裁判官がキャスティングボートを握り,かつスウィングボートを投じている様相を垣間見ることができる。たとえば,ケネディ裁判官は,銃規制の合憲性が争われた2008年のDistrict of Columbia v. Heller 連邦最高裁判決[190]では違憲判断に賛同しているので保守側についているが,未成年者に対して仮釈放のない終身刑を義務的に科すことの合憲性が争われた2012年の Miller v. Alabama 連邦最高裁判決[191]では違憲判断に賛同しているのでリベラル側についている。いずれも5対4の判決であり,ケネディ裁判官がキャスティングボートかつスウィングボートを投じていることがうかがえる。

そうなると,保守派とリベラル派が対立し,ケネディ裁判官がキャスティ

---

[187] Kenneth M. Murchison, *Four Terms of the Kennedy Court: Projecting the Future of Constitutional Doctrine*, 39 U. BALT. L. REV. 1 (2009).
[188] Erwin Chemerinsky, *The Kennedy Court: October Term 2005*, 9 GREEN BAG 2d 335 (2006). なお,ロバーツ・コートが発足した1年目からこうした指摘がなされていた。
[189] Erwin Chemerinsky, *When It Matters Most, It Is Still the Kennedy Court*, 11 GREEN BAG 2d 427, 428 (2008).
[190] District of Columbia v. Heller, 554 U.S. 570 (2008).
[191] Miller v. Alabama, 132 S. Ct. 2455 (2012).

ングボートを握っているケースでは,ケネディ裁判官1人の見解が事件のゆくえを決める形となっており,ケネディ裁判官1人の意見が多数意見を制する状況になっているといえる。

　また,ケネディ裁判官がキャスティングボートを投じ,かつ自らが法廷意見を執筆した場合,それが保守(4人)とリベラル(4人)の意見から少し外れた観点から判断されることもあり,そうなると結果的にケネディ裁判官1人の意見が多数を制することになる。たとえば,政治的言論のランドマーク的判決[192]と評される2010年のCitizens United v. Federal Election Commission 連邦最高裁判決[193]では,ケネディ裁判官は保守派の側について法廷意見を執筆した。この事件では,法人が一般資金を使って選挙宣伝を行うことの規制についての合憲性が問題となったが,ケネディ裁判官は1990年のAustin v. Michigan Chamber of Commerce 連邦最高裁判決[194]を覆して法令違憲の判断を下した。これについては,ミニマリズムを標榜するロバーツ長官が先例変更に至る理由や適用違憲ではすまないことの補足説明に追われたり[195],他の保守派の裁判官も同意意見を書いたりするなど,保守派の裁判官の意見がケネディ裁判官の意見とは完全に一致していないことがわかる。それにもかかわらず,ケネディ裁判官1人の意見が法廷意見となっているので,表面上の数でみれば1人の意見が4人の意見を上回るような構図となっているのである。

　こうした状況はケネディ裁判官がリベラル側についた事件においてもみられる。その代表例が,市民権領域の超ランドマーク的判決[196]とすら評されるObergefell判決である。この判決では5対4の僅差となり,リベラル側に票を投じたケネディ裁判官が法廷意見を執筆した。Lawrence判決やWindsor判決もケネディ裁判官が法廷意見を書いていたことからすれば自

---

192) Joel M. Gora, *The First Amendment ... United*, 27 GA. ST. U. L. REV. 935, 961 (2011).
193) Citizens United v. Federal Election Commission, 558 U.S. 310 (2010).
194) Austin v. Michigan Chamber of Commerce, 494 U.S. 652 (1990).
195) この点については,「合衆国最高裁判所2009-2010年開廷期重要判例概観」[2010-2]アメリカ法301頁[芹澤英明発言]を参照。
196) Kenji Yoshino, *A New Birth of Freedom?: Obergefell v. Hodges*, 129 HARV. L. REV. 147 (2015).

然な流れとも受け取れるが、しかし、婚姻の権利を強調したケネディ裁判官の意見は必ずしもリベラル側の見解に合致しているとはいえない側面もある[197]。婚姻を重視することは伝統的な家族観につながるものであり、保守的な考え方に近いとみることができるからである。

他方で、執筆者を指名できるのは多数意見内の長官またはシニア裁判官となっていることからすれば[198]、ケネディ裁判官を指名せずに、他の裁判官に書かせることもできることから、ケネディ裁判官による法廷意見を殊更に問題視する必要はないのかもしれない。しかし、多数意見の形成には各裁判官の思惑がブラックボックスの中で交差していることが想定されるため、ケネディ裁判官を取り込むために法廷意見を書かせるという状況も予想されるところである。

3 全員一致の中のねじれ

同意意見を読むと、その実質的内容は多数意見と正反対の内容になっていることがある。特に結果同意意見の場合はそうなる可能性が高く、ロバーツ・コートではそれが顕著になりつつある。

たとえば、2014年の判決の中から人権と統治に関する判決を1つずつ挙げてみよう。まず、人権については、中絶施設から35フィート以内に固定バッファゾーンを設け、施設の関係者や通行人等を除いて立ち入ることを禁止したマサチューセッツ州法[199]の合憲性が争われた McCullen v. Coakley 連邦最高裁判決[200]が挙げられる。同法は、中絶施設に行こうとする者に話しかけて中絶を思いとどまらせるように説得したり他の選択肢などの情報を提供したりするサイドウォークカウンセリング (sidewalk counseling) の規制を狙いとして制定されたため、そうした活動をしていた者らが表現の自由を侵害するとして訴えを提起した。連邦最高裁は全員一致で同法が表現の自由を侵害するとの判断を下したが、その判断方法が多数意見と同意意見とで大き

---

197) 大林啓吾「同性婚問題にピリオド？——アメリカの同性婚禁止違憲判決をよむ」法学教室423号43頁（2015年）。
198) THE SUPREME COURT SOURCEBOOK 467 (Richard Seamon eds., 2013).
199) Mass. Gen. Laws, ch. 266, § 120E 1 / 2.
200) McCullen v. Coakley, 134 S. Ct. 2518 (2014).

く異なっていた。ロバーツ長官が書いた多数意見[201]は同法を内容中立規制であるとみなした上で違憲判断を導き出したのに対し、スカリア裁判官の結果同意意見[202]は主題に基づく内容規制であるとして違憲であるとし、さらにアリート裁判官の結果同意意見[203]は観点に基づく内容規制であるがゆえに違憲であるとした。一見すると、規制をどのようにみなすかという違いにすぎないようにみえるが、規制の位置づけ次第で審査基準のレベルが異なってくることから、それは判決結果に大きな影響をもたらすものである。本件では、内容中立規制とみなした場合でも違憲になったがゆえに全員一致となったが、実質的には5対4で分かれたケースといえよう。

次に統治については、大統領が行った休会任命の合憲性が争われたNLRB v. Noel Canning連邦最高裁判決[204]が挙げられる。この事件は、結果だけみると全員一致の違憲判決であるが、スカリア裁判官の結果同意意見[205]に3名の裁判官が同調しており、実質的には5対4に分かれていた。

この事件で問題となったのは大統領の休会任命の合憲性であった。憲法2条2節3項は、上院の休会中に公職の欠員が生じた場合、大統領は上院の承認がなくても任命できるとしていた[206]。ところが、従来から休会任命の対象となる期間については、会期と会期の間の会期間休会だけを指すのか、それとも会期内の休みである会期内休会も休会任命の対象期間に含まれるかどうかという問題があった。この事件では会期内休会の合憲性が争われ、多数意見と同意意見はまさにこの点をめぐって対立した。

ブライヤー裁判官による多数意見は、会期間休会と会期内休会の両方とも休会任命の対象になるとしつつ、本件のような10日以下の休会は休会条項の対象にはならないとして違憲判決を下した。これに対し、スカリア裁判官の

---

201) 多数意見には、ブライヤー裁判官、ソトマイヨール裁判官、ギンズバーグ裁判官、ケイガン裁判官が同調している。
202) *McCullen*, 134 S. Ct. at 2541-2549 (Scalia, J., concurring in the judgment). なお、ケネディ裁判官とトーマス裁判官が同調している。
203) *Id.* at 2549-2550 (Alito, J., concurring in the judgment).
204) NLRB v. Noel Canning, 134 S. Ct. 2550 (2014).
205) *Id.* at 2592-2618 (Scalia, J., concurring in the judgment).
206) 『世界憲法集』・前掲注68) 67頁。「大統領は、上院が開会していないときに生じた公職の欠員について、辞令を発することにより、これをすべて補充することができる。ただし、この辞令は、上院の次の会期の終わりに、その効力を失う」。

結果同意意見は，休会任命の対象は会期間休会に限定されることから会期内休会は認められないとし，会期内休会である本件休会は違憲であるとした。つまり，結論は双方とも違憲であるものの，本件の重要な争点である会期内休会を休会任命の対象として認めるかどうかについては意見が分かれたのである。

このように，同意意見であっても，特に結果同意意見の場合は実質的に法廷意見と異なることが多く，事実上反対意見と同じような役割を果たすことになる。他方で，同意意見は文字通り法廷意見に組することを表明するだけであったり，あるいはそれを補強したりする場合もある。このように，同意意見は様々な潜在的能力を秘めていることから，その内容次第で機能が変わることを認識しておく必要がある。

後序

アメリカの少数意見は，当初，裁判所の権威や法的安定性などの観点からの批判が強く，20世紀に入るまでは否定的に見られていた。ところが，20世紀に入り様々な要因が絡み合いながら少数意見が活発化し始めると，少数意見の機能など実質的側面に着目しながらその正当化が試みられるようになった。少数意見には裁判所の権威や法的安定性を損なうなどの弊害もあるが，多数意見の誤りの改善や問題点の指摘など，欠点を上回る優れた機能があるからである[207]。そのため，今日では，少数意見に対する評価は一般に好意的なものが多いといえる。ただし，裁判官があまりに個性を発揮しすぎると，判決のねじれのような問題が生じてしまうこともあり，その意味では判断をまとめる長官の手腕が問われるともいえる。他方で，近時の連邦最高裁のように，裁判官同士のイデオロギー的対立が激しいにもかかわらず全員一致にこだわると，表面上は全員一致になっているにもかかわらず実質的には多数意見と反対意見に分かれることも多くなる。特に，ロバーツ長官は全員一致を目指すタイプであることから，表面上だけでも全員一致を形成しよう

---

207) Robert S. Smith, *Dissenting: Why Do It?*, 74 ALB. L. REV. 869 (2010/2011).

とすることがあり，こうした事態が生じやすくなっている。

そのため，連邦最高裁長官が少数意見に対して与える影響は大きいといえる。そもそもアメリカでは，長官が多数意見側に入っていれば，そこで執筆する者を指名することができる慣行になっていることから[208]，誰を指名するかによって論点操作を行い，状況に応じて全員一致の体裁をとるかどうかを調整することができる。たとえば，多数意見と少数意見がある論点をめぐって対立している場合，原判決に対する結論が同じ方向になるように調整して，少数意見については同意意見という形で書かせることにすれば，表面上は全員一致の体裁をとることができるといった具合である。

とはいえ，そのような判決が望ましいかどうかは検討の余地があり，それは長官の役割や少数意見のあり方に関わってくる問題である。このことは少数意見の評価方法にもリンクする。すなわち，少数意見を考察するためには，少数意見一般を対象とするだけでは不十分であり，少数意見の種類を理解した上で，その実際的運用を把握し，さらには時のコートの長官の思想や力量をも推し量らなければならないということである[209]。かかる考察を重ねていくと，結局，少数意見の考察とは裁判官個人の分析に他ならず，裁判官個人を分析するためにはその意見を熟読する必要があることがわかる[210]。そのため，個性派揃いの裁判官を多く輩出してきたアメリカは少数意見研究に最適の環境にあり，そうした司法文化や学問環境こそが少数意見の発展に寄与してきたといえるだろう[211]。

---

208) WILLIAM H. REHNQUIST, THE SUPREME COURT 259-260 (2001).
209) John P. Kelsh, *The Opinion Delivery Practices of the United States Supreme Court 1790-1945*, 77 WASH. U. L. Q. 137, 143-180 (1999). たとえば，少数意見に消極的な姿勢をとったマーシャル長官と，少数意見に積極的な姿勢をとったストーン長官とを比較すると，マーシャル・コート期よりもストーン・コート期の方が少数意見が多くなっており，長官の意向がそれぞれのコートにおける少数意見の数に影響を与えていることがわかる。
210) 裁判官が書いた意見を分析する場合，その裁判官が書いた少数意見のみならず，多数意見をも対象とすることになる。ゆえに，アメリカの司法制度自体が裁判官個人の意見の分析材料を豊富にそろえているといえる。
211) 鵜飼信成は，人間としての裁判官を重視し，アメリカにおける個々の裁判官の意見の重要性について次のように述べている。「そしてアメリカの場合，それがそのような権威におおわれながら，なお且つ実質的には個々の生きた裁判官，ジョン・マーシャルや，ロジャー・トニーや，チャールズ・エヴァンズ・ヒューズやアール・ウォ

レンや，そうしてまたとくに，数多くの少数意見を書いたオリヴァー・ウェンデル・ホームズや，ルイス・D・ブランダイスや，ウィリアム・O・ダグラスの名前をとおしてのみ判決が知られていることは否定できない。そのことはむしろ，国民が自然に意識していることである。裁判所そのものが語るのではなく，つねに生きた人間としての裁判官が語っているのである」。鵜飼信成『憲法と裁判官』198頁（岩波書店，1960年）。

第5章　イギリスにおける法廷意見・少数意見・順繰り意見——伝統と現代的変容——

溜箭将之

はじめに
I　ひとつの判決を素材に——ピノチェト事件
II　イギリスの司法制度
III　伝統と変容——順繰り意見・法廷意見・少数意見
IV　少数意見の意義
V　理論的分析
おわりに

はじめに

　イギリスの判決のスタイルは独特である。イギリスの裁判所は伝統的に，合議体による判決であっても，法廷を代表する意見を述べる裁判官を1人に絞らず，各裁判官が順に意見を述べる形をとってきた。これを seriatim opinion という。日本では対応する概念がないため，訳としてはやや威厳に欠けるが「順繰り意見」という表現をあててきた[1]。

　イギリスでも，上級裁判所は複数の裁判官により判断を下し，個々の裁判官が自らの考えを自らの意見を通じて表明するから，当然ながら結論と理由づけに違いが生ずる。多数派の結論が裁判の結論となり，これと結論を異にする少数派は法的な拘束力をもたない。結論は同じでも，理由づけを異にする意見もあり得る。その意味で，反対意見や同意意見といった少数意見の観

---

1) 田中英夫編『英米法辞典』（東京大学出版会，1991年）'seriatim opinion' の項参照。

念は，イギリスにも存在する。

　しかし，イギリスの順繰り意見における少数意見の役割は，日本やアメリカの法廷意見と対比された少数意見の役割とは，微妙ながら確実に違う。本章では，まずこの点を明らかにするため，イギリスにおける順繰り意見を具体的な判決の中で見た上で（I），イギリスの司法制度の中で検討する（II）。順繰り意見は，イギリスにおけるコモン・ローの方法論の歴史に根差す長い伝統をもつが，近年になって，憲法改革や裁判所を取り巻く環境の国際化とともに，変容を迫られている。そうした伝統の変容を追うとともに（III），改めてイギリスにおける少数意見の意義を問い直してみる（IV）。こうした作業をふまえて，今日イギリスにおける少数意見を巡る議論を理論的に分析してゆく（V）。

I　ひとつの判決を素材に――ピノチェト事件

　イギリス伝統の順繰り意見を理解するには，まず判決文を見るのが早い。
　私の手元には，「国王対ピノチェト・ウガルテの申立をうけたボウ・ストリート有給治安判事」事件（*R v Bow Street Stipendiary Magistrate, ex parte Pinochet Ugarte (No 3)* (2000)）がある[2]。イギリスで拘束されたチリのピノチェト元大統領をスペインに引き渡すことの可否が争われた事件である。ロー・リポーツ評議会（Incorporate Council of Law Reporting）の刊行するロー・リポーツ（Law Reports）という準公式の判例集に登載されている。国際的にも注目を浴び，判例集にして146頁に渡る事件である。

　判決を読み始めたいところだが，慣れないと，まず始まりがなかなか分からない。それもそのはず，冒頭で判決の要約などリーガル・リサーチをサポートする判例集のサービスに続き，1/3近くはバリスタ（法廷弁護士）の弁論の収録に充てられている[3]。40頁ほどページを繰ると，そこに「裁判官

---

2) [2000] 1 AC 147, HL.
3) なおこの判決はBAILIIというオンライン・サイトでも公開されている。
　　http://www.bailii.org/uk/cases/UKHL/1999/17.html
　　ただし，そこではバリスタの弁論は収録されていない。

は時間を取って検討を行う」(Their Lordships took time for consideration) という卜書きがあり，その後おもむろに，3月24日，ブラウンウィルキンソン卿 (Lord Browne-Wilkinson) が，My Lord, と始める。

裁判官の意見は英語で opinion ともいうが，イギリスで speech ということが多い。これは，もともとイギリスの裁判の判決は，法廷弁護士の口頭弁論の終了とともに裁判官がその場で直ちに口頭で判決を言い渡していた伝統を反映している（これを *ex tempore* judgment という）。今日ではそうしたことは行われず，口頭弁論終了後に判決言い渡しを留保し，後に書面で判決を下している（これを reserved judgment という）。

イギリスの判決文は日本人にとっては読みにくい英文に映る。しかし，口頭主義の伝統をふまえて，慇懃な話し言葉に訳すと多少わかりやすくなる。

> 貴族院の諸侯の皆様，ご承知の通り，本件での問題と申しますのは，スペイン政府がピノチェト上院議員を我が国から犯罪人引き渡しを受けた上で，スペインで裁判にかけ，ピノチェト上院議員がチリの国家元首であった時期に犯した犯罪，それもほとんどがチリで行われた犯罪ですが，これについて裁こうとしたことであります。さまざまな法的論点が出て参りますが，その相互の関係は，複雑であります。従いまして，私としましては，まずは，本件で問題となります法の諸原則をかいつまんでご説明したいと存じます。そうすることで，続けて事実をご説明いたしますが，それが多少なりとも分かりやすくなろうというものであります。[4]

ここからわかるように，ブラウンウィルキンソン卿は，意見の冒頭で自ら

---

4) 参考までに原文を付す。My Lords, as is well known, this case concerns an attempt by the Government of Spain to extradite Senator Pinochet from this country to stand trial in Spain for crimes committed (primarily in Chile) during the period when Senator Pinochet was head of state in Chile. The interaction between the various legal issues which arise is complex. I will therefore seek, first, to give a short account of the legal principles which are in play in order that my exposition of the facts will be more intelligible.

の立場を明らかにしない。結論は，ピノチェトの国家免責を認め逮捕令状を無効とした原審を覆し，1984年の拷問禁止条約の成立以降は，拷問について国家元首の免責は認められないとして，犯罪人引渡手続の続行を許可するものだった。これは，事件を担当した貴族院裁判官7人のうち6人からなる多数派の立場であり，またブラウンウィルキンソン卿の意見は，多数派6人の裁判官の中心的な意見となっている。しかし，ブラウンウィルキンソン卿が冒頭に来ているのは，貴族院裁判官の中での最先任，すなわち最上級審裁判所の長官的な地位にあるからであって[5]，いわゆる法廷意見を書いたからではない。もしブラウンウィルキンソン卿が少数派に留まれば，彼の意見が冒頭にあってもいわゆる反対意見である。その場合には，多数派の結論は，2番目以降のいずれかの裁判官の意見に見いだされることになる。

この事件にはブラウンウィルキンソン卿のほかに，ゴフ卿（Lord Goff of Chieveley），ホープ卿（Lord Hope of Craighead），ハットン卿（Lord Hutton），サヴィル卿（Lord Saville of Newdigate），ミレット卿（Lord Millett），フィリップス卿（Lord Phillips of Worth Matravers）が加わり，7人のパネルが構成されている。

ブラウンウィルキンソン卿の判決は18頁ほどで，続く2番目の意見は，ゴフ卿の執筆によるものである。

貴族院の諸侯の皆様，
I．はじめに
本上訴事件の背景は，わが高貴かつ博学なる友ブラウンウィルキンソン卿により，簡潔かつ明快に示されています。私は，これを草稿の段階で読む機会を得ました。卿による説明を採用させていただき，私自身の意見を，問題のない範囲でできるだけ短くするため，それを繰り返すことは避けたいと存じます。本上訴の核心となる問題はこうであります。ピ

---

[5] 貴族院最先任裁判官はSenior Lord of Appeal in Ordinaryの訳で，Senior Law Lordと呼ばれることが多い。就任の最も早い裁判官をさし，実質的に貴族院司法委員会の長の役割を果たしていた。2009年にイギリス最高裁が運用を開始するとともに，この役職は最高裁高裁長官（President of the UK Supreme Court）に引き継がれた。

ノチェト上院議員は，元国家元首として行為を理由とする行為理由免責を援用して，自らに対する起訴を退けることができるでありましょうか。起訴内容は，スペイン政府の代理人アラン・ジョーンズ氏の作成した起訴内容一覧に示されております。

ブラウンウィルキンソン卿の事実の説明を受け入れるとしながら，結論が賛成なのか反対なのか明らかにしない。日本人としては早く結論を知りたいが，十分な理由づけを述べた後，最終的に上訴を退ける，と結論付ける。この事件では唯1人の全面的な反対意見である。

続くホープ卿の意見は，方向性としてはブラウンウィルキンソン卿の意見に沿いつつ，引渡の理由とする罪状を限定し，訴訟の過程で論点が変わったことに伴い，国が以後の手続を再考するよう促すものとなっている。

ハットン卿は，ブラウンウィルキンソン卿の一部理由づけとホープ卿の結論に同意すると述べつつ，国家免責について自らの見解を述べている。ミレット卿は，ブラウンウィルキンソン卿の意見をドラフトの段階で読む機会を得た上で，1点を除いてすべての点でその理由づけと結論に同意する，という。しかし，その1点については意見を異にし，それは結論に大きく影響するので，十分に紙幅を取って自らの理由づけを明らかにする，としている。フィリップス卿は，ある論点についてはブラウンウィルキンソン卿に同意し，別の論点についてはホープ卿に同意すると述べ，その理由を明らかにする。

このように裁判官が先任順に意見を述べていく判決スタイルが，順繰り意見である。個々の裁判官が個々の論点について自らの意見を述べる，イギリスの伝統的な判決スタイルである。いずれの意見が多数で，いずれが少数か，また一部の論点について反対か賛成かなどは，個々の意見を読まないと分からない。もちろん，すべての事件ですべての裁判官がすべての論点について論じ尽くす訳ではない。相対的に重要性の低い事件や，議論がそこまで複雑に錯綜しない事件では，単に「貴族院の諸侯の皆様，私は〇〇卿の見解に同意いたします」で済ますこともある。それでも，形式的ではあれ，各裁判官が自らの言葉で意見を述べるのが伝統である。

事件の重要性に触れておこう。この事件は，ピノチェトの犯罪人引渡の是非をめぐって貴族院で3度の弁論が開かれたうちの3番目の判決である。国際的に注目を浴びた事件で，第1判決では，貴族院は3対2でピノチェトの国家免責を否定する判決を下した[6]。ところが判決の多数に加わったホフマン卿（Lord Hoffmann）が，事件に訴訟参加したアムネスティ・インターナショナルのチャリティ部門の理事（ただし無給）をしており，また妻がアムネスティ・インターナショナル本体で事務をしていたとことが明らかになった。これによりホフマン卿が中立性を欠いていたとの批判が高まり，貴族院は第2判決で審理をやり直すことを決定した[7]。そして第1判決には加わっていない7人の貴族院裁判官の面前で再審理が行われ，その結果下された第3判決が，上に紹介した判決である。

この第3判決は，通常の5人よりも多い7人の貴族院裁判官によって裁かれた。最先任のブラウンウィルキンソン裁判官が中核となる判決を書いているのも，事件の重要性を反映している。法廷弁護士もスターぞろいである。いずれの側も，勅撰弁護士が複数のバリスタを率いている。上訴人の警察を代理したジョーンズ勅撰弁護士（Alun Jones QC）は，重大詐欺事件や国際的刑事事件において訴追側でも弁護側でも豊富な経験をもつ。ピノチェトを代理したニコルス勅撰弁護士（Clive Nicholls QC）も，国際的に犯罪人引渡事件を多く手掛けた経験をもつ。アムネスティ・インターナショナルを代理したブラウンリー卿（Sir Ian Brownlie）は，国際司法裁判所などで多くの国際的な事件でも弁論をしており，オックスフォード大学で国際法の教授でもあった。チリ政府を代理したコリンズ勅撰弁護士（Lawrence Collins QC）はソリシタ出身者として初めて勅撰弁護士となり，また後にやはりソリシタ出身初の最高裁裁判官にもなる人物で，国際私法の分野の権威的な体系書の編者でもある。ゴフ卿の意見でジョーンズの名前が出ているように，各裁判官の意見では，法廷弁護士の名前を挙げつつ弁論が引用され，検討が加えられ

---

6) *R v Bow Street Stipendiary Magistrate, ex parte Pinochet Ugarte (No 1)* [2000] 1 AC 119.
7) *R v Bow Street Stipendiary Magistrate, ex parte Pinochet Ugarte (No 2)* [2000] 1 AC 147.

る。

　この事件の下級審は，治安判事裁判所から上訴を受けて令状の合法性を審査した合議法廷（Divisional Court）で，判決を書いたのは当時イギリス首席裁判官のビンガム卿（Lord Bingham of Cornhill CJ）であった。ビンガム卿は，後にブラウンウィルキンソン卿の後任として貴族院の最先任裁判官になる。ピノチェト事件ともなると，イギリス法曹界のエリートが集結する形で最終的な貴族院判決に進んでゆく。

　ピノチェト事件は，第1判決でイギリス貴族院史上のどん底を打った後，第2・3判決を経て，国際的な紛争におけるイギリスの裁判所の地位を確立した事件と評される[8]。ビンガム卿，ブラウンウィルキンソン卿，ゴフ卿は見解を異にこそしたが，イギリス国内裁判所が国際法の問題につき権威をもって判示できることを示す，指導的な役割を果たした，というのがイギリスの法律家の評価である[9]。

II　イギリスの司法制度

　順繰り意見の息づくイギリスの司法制度を概観してみよう。

1　裁判所制度

　現在のイギリスの最上級審裁判所は，最高裁判所（UK Supreme Court）である。ただし，後述の2005年憲法改革法により2009年に最高裁判所が運用を始めるまでは，貴族院（House of Lords）がイギリスの最上級審裁判所だった。最高裁の定員は貴族院に引き続き12人である。通常は5人のパネルで判断を下すが，重要な事件は，それより多い7人や9人といった奇数の裁判官でパネルを構成し，判断をする。

　第二審裁判所は控訴院（Court of Appeal）で，35人の裁判官（Lord Justice）

8）Louis Blom-Cooper, 'Style of Judgments' in L Blom-Cooper, B Dickson, G Drewry (eds), *The Judicial House of Lords: 1876-2009* (Oxford University Press, 2009) ch 10, at 159.
9）Rosalyn Higgns, 'International Law' in Blom-Cooper et al, (n 8), at 482.

と5人の役職付の裁判官によって，民事事件と刑事事件の上訴管轄権を行使する。役職付の裁判官は，控訴院の長でかつ刑事部の長でもある首席裁判官（Lord Chief Justice），控訴院の民事部の長である記録長官（Master of the Rolls），女王座部長官（President of the Queen's Bench Division），高等法院大法官（Chancellor of the High Court），家事部長官（President of the Family Division）である。通常は3人からなるパネルで判断を下す。控訴院でも伝統的に順繰り意見により判決が下されていたが，近年は意見の統一が進められ，特に刑事事件では原則として1人の裁判官が全体を代表して判決を下す[10]。

第一審裁判所は民事事件が高等法院（High Court），刑事事件が刑事法院（Crown Court）である。これらの裁判所では，1人の裁判官によって判決が下される。ただ事件数だけでいえば，これらの裁判所で処理されるのは，全体のごく一部である。民事事件のほとんどは少額裁判所である県裁判所（county court）で処理され，刑事事件は，ごく一部の重大犯罪案件を除き，ほとんど治安判事裁判所（magistrates' court）で裁かれる。

イギリスにおいて，上訴の意義は伝統的に小さかった。裁判の公平は，第一審での裁判官と陪審とのチェック・アンドバランスで担保され，第二審・第三審と繰り返すことで裁判の質が向上するとは考えない[11]。イギリスで上訴体系が整備されたのは，19世紀後半に入ってからである。1873年と75年の最高法院法[12] によって，従来バラバラだった裁判所が統合され，あちらの裁判所からこちらの裁判所へと乱れ飛んでいた上訴経路も整頓された。これに伴い，中世以来貴族院が行使してきた上訴管轄権も一旦廃止されたが，国会でひと悶着あった結果，1876年の上訴管轄権法[13] によって復活した。これにより初めて，貴族院の上訴管轄権に制定法上の根拠が与えられた。この立法では，常任上訴貴族という一代限りの貴族の地位が新設され，貴族院裁判官の法律的資質の確保が図られた。最上級審裁判所が，貴族院という立法

---

10) Senior Courts Act 1981, s 59.
11) John H. Langbein, et al., *History of the Common Law: The Development of Anglo-American Legal Tradition* (Wolters Kluwer, 2009), at 416.
12) Supreme Court of Judicature Acts 1873 & 1875.
13) Appellate Jurisdiction Act 1876.

府の服の下から這い出て最高裁となったのは，2009年のことである。

今日のイギリスでも，上訴は限定されている。第一審判決に対する上訴でも，原則すべての事件において，裁判所の許可を必要する[14]。すなわち第一審の判決に不服な当事者は，判決を下した裁判官に対し，上訴の許可を求めなければならない。上訴で主張が認められる見込みがあるか，公的な利益がかかわるような事情がある場合にのみ，許可が下りる。許可が退けられた場合には，上訴審に上訴の許可を求めることもできるが，他方で上訴審は，下級審の許可を取消す権限も有する。上訴審では，法律問題だけが審理され，事実認定については争うことができない。二度目の上訴にも許可が必要であり，その基準は一度目の上訴より厳しい。最高裁は重要な事件を選ぶ裁量権をもち，意識的に判例法理の発展を図る。最高裁が年間に裁く事件数は60件前後である。

なお，枢密院 (Privy Council) は，海外のイギリス領からの上訴に対して裁判管轄権を有する。枢密院では，国王に法的助言を行うという伝統から，裁判官全員で統一の見解を示すのが慣例である。近年は反対意見が示されるようになったが，従来からの枢密院の管轄による事件には，依然として同意意見が出されることはない。ただし，後述の憲法改革により，スコットランドに権限移譲された事項に関する事件については，枢密院でも最高裁の通常事件と同様の判決形式がとられる。

2　法廷弁論・評議・判決

イギリスの判決を理解するにあたっては，口頭主義 (orality) の伝統を理解する必要がある[15]。貴族院・最高裁の判決は，今日でも speech と呼ばれるのが象徴的であるが，口頭主義は最上級審に限ったものではない。第一審裁判所は，伝統的に陪審制度がとられてきたため，トライアルが口頭で行われてきたが，口頭主義は第一審裁判所に限られるものでもない。むしろイギ

---

14) 拘禁命令，人身保護令状の発給を拒む命令，児童法上の監護措置といった人身の自由に関わる命令は例外とされる。Civil Procedure Rues, rule 52.3.
15) Lord Rodger, 'The Form and Language of Judicial Opinions' (2002) 118 LQR 226; FH Lawson, 'Comparative Judicial Style' (1977) 25 Am J Comp Law 364.

リスでは，第一審から最上級審まで，公開の法廷での法廷弁護士による弁論から裁判官による判決までが，一体として口頭で行われてきた。冒頭で見たピノチェト判決でも，法廷弁護士の法廷弁論と各裁判官の意見が，一体として判例集に登載されていたことを想起されたい。

イギリスの口頭主義には，アメリカ人も驚く[16]。第一審であれ上訴審であれ，法廷弁護士による弁論が完結すると，裁判官がその場で判決を下す。事実の概要から判決の理由づけまで，朗々とやるのである。弁論の終結したその場で判決を下すから，裁判官の間の評議のもつ重みは，相対的に小さい。弁論に時間をかけ，それをふまえて個々の裁判官が自らの見解を述べて判決を下す，というのがイギリス流である。上訴人と被上訴人にそれぞれ30分の弁論時間しか与えず，かつ裁判官がその弁論をしばしば遮って弁護士をやり込め，その上で裁判官室で数合わせをして，ロークラークを動員して判決を下す，というアメリカのやり方には，イギリスの法律家には違和感があるようである[17]。

しかしイギリスでも，近年は留保判決（reserved judgment）といって，口頭弁論終結後に判決を留保した上で，日を改めて書面で判決が下されるのが一般的である。控訴院や高等法院でも，複雑な事件ではやはり同様である。それでも，県裁判所で行われる民事裁判のようにそれほど複雑でない事案では，今日でもトライアルが終わると，やおら手許のノートを見ながら判決を下す裁判官を見ることができる。

口頭主義との関係で想起されるのが，ブラックストンが，裁判官を「法の宣明者」（the living oracles of the law）と表現した比喩である[18]。oracle は，「口頭の」を意味する oral と語源を共通にし，一般用語としては，神託ないし神託を告げる人をさす。神の真意は見えないが，これを人に分かる形で示した神託，あるいはその神託を示せる人，が oracle の原意である。不文の

---

16) Benjamin Kaplan, *An American Lawyer in the Queen's Courts: Impressions of English Civil Procedure,* 69 MICH. L. REV. 821(1971). 厳密には，スコットランドの裁判官も，イングランドの裁判官の口頭で判決を下す技術には一目を置いている。Rodger (n 15), at 231.
17) Lawson (n 15), at 366.
18) William Blackstone, *Commentaries on the Laws of England,* Vol. I, p.69 (1765).

コモン・ローは見えないが、これを人に分かる形で示せる、あるいは示す義務を負うのが裁判官であり、ブラックストンはこれを oracle of the law と隠喩で表現した。

もちろん、法が一般人の理解できないところにあるなどといっても、今日では説得力はない。法と神を重ね、判決に神託のような厳粛さと格式を与えることは、保守主義のイデオロギーに過ぎない、ということも簡単である。実際に、ブラックストンなどつまらんと言い放ったジェレミー・ベンサム（Jeremy Bentham）は、神＝抽象的な法などいないと看破した。あるのは人たる裁判官の判決だ、法がそんな陰気くさい恣意的なものであってはいけない、法は国民を代表する国会が作った立法でなければならない、といったのである。

イギリスの裁判ないし判決は、一方で口頭性に伴う権威を持ちつつ、他方でベンサミズム以来の批判を受けて久しい。この緊張は、判決形式を巡る展開にしばしば立ち現れる。

3 裁判官

今日、イギリスの裁判官は、裁判官指名委員会によって選ばれる。これは、任命過程の透明性を高めるため、後述の2005年の憲法改革によって設置された委員会である。最高裁裁判官については、任命のつど選任委員会が設置される。

伝統的には、貴族院の裁判官は、首相の助言を得て国王によって任命されてきた。首相による助言は、大法官の助言に基づくもので、首相が大法官の助言を覆した例は貴族院の歴史ではない。大法官は、憲法改革までは大きな権限を有する官職であり、裁判官の選任も、2005年までは大法官の胸三寸だった。

大法官は政治的に任命されるが、その裁判官任命権限が政治的に濫用されたとの批判はここ1世紀の間ほぼ聞かれなかった。現実には、優秀と目されたバリスタから高等法院裁判官が選ばれ、高等法院で優秀な裁判官が控訴院裁判官となり、その中でも優秀な裁判官が貴族院裁判官となってきた。ただし貴族院には、スコットランドと北アイルランドから任命される裁判官がい

る。また近年は，バリスタの中から優秀な順に昇進していくルートの外から最高裁に着任した裁判官もいる。ソリシタから裁判官になり最終的に貴族院裁判官となったコリンズ卿にはすでに触れたが，その後任のサンプション卿（Lord Sumption）も，バリスタから裁判官を経ずに直接最高裁に任命されたことで話題となった。

　貴族院・最高裁の裁判官は，バリスタ集団の中のエリートという均質な集団である。その中でも，とくに有名な裁判官が存在する。例えば，不法行為法の発展に寄与したアトキン卿（Lord Atkin: 1922-44），20世紀半ばで行政法における司法審査の体系を構築したリード卿（Lord Reid: 1948-75）やウィルバーフォース卿（Lord Wilberforce：1964-82）を挙げることができる。ディプロック卿（Lord Diplock: 1968-85）も影響力の大きな裁判官だったが，判決を通じてある法分野の注釈学を展開することを好み，毀誉褒貶が分かれる[19]。冒頭のピノチェト事件でも登場したビンガム卿（1996-2008）[20]やホフマン卿（1995-2009）も尊敬される裁判官であり，またミレット卿も信託法理の分野で権威的な存在である。こうしたリストからわかるように，イギリスの裁判官に期待されるのは，単なる個性や政治的なリーダーシップよりは，判例を通じてある実体的法分野を定義づけるようなプロフェッショナリズムともいうべきものである。

　すべての裁判官がスーパースターではない。イギリスの法律家の間では，権威ある裁判官とそうでない裁判官とがほぼ暗黙で知られており，判決の読解や引用でも，内容のみならずどの裁判官の言明かが重要な意味をもつ。ただしイギリスの裁判官は，デニング卿のように例外的な庶民派裁判官を除けば，一般市民の間で広く知られることは稀である。その点はアメリカと異なる[21]。

---

19) Blom-Cooper (n 8), at 153.
20) Mads Andenas and Duncan Fairgrieve (eds), *Tom Bingham and the Transformation of the Law : A Liber Amicorum* (Oxford UP 2009); Tom Bingham, *The Business of Judging* (OUP 2000).
21) Kate Malleson, 'Appointments to the House of Lords' in Blom-Cooper et al, eds (n 3), at 113.

4　判例集

イギリスには，今日でも公式の判例集はない。判例集は，もともと裁判官やバリスタらが，自らの裁判や弁論において使用するために，主だった事件での法廷弁論と判決を筆記していたものである。私費事業であるから，当然に質もばらつきがあったし，判決の選択や筆記のしかたにも，編纂に携わったバリスタの個性と能力が反映された。判例集の質が徐々に向上していったのは，19世紀初頭からとされる。

1865年，ロー・リポーツ評議会により，『ロー・リポーツ』の公刊が始まった。バリスタを中心とした法曹のイニシアティブでよるもので，準公式的な地位を与えられた判例集ではあるが，政府刊行という意味での公式の判例集ではない。20世紀に入り，1936年に『イギリス総合判例集』(All England Law Reports (All ER))，1951年に商事判例に強い『ロイズ判例集』(Lloyd's Law Reports)，1953年に速報性のある『週刊判例集』(Weekly Law Reports (WLR)) など，民間出版社による質の高い判例集も刊行されて今日に至る。

2001年，イギリス・アイルランド法情報協会（British and Irish Legal Information Institute (BAILII)）が，インターネットによる判決の無料公開を開始した。インターネットの利点を生かし，速報性も公表される判決の数も飛躍的に増えた。ただ専門家向け判例集と異なり，バリスタによる弁論は掲載されない。2012年のBALII年次講演でニューバーガー最高裁長官は，専門家向け判例集の目的を判決の質向上（Judgment-enhancement），BAILIIの目的を判決の広い公開（Judgment-dissemination）と位置づけ，両者は競争関係にあるというより，互いに補完関係にあるとしている[22]。

5　国会主権と法の支配

イギリスでは，17世紀の市民革命を経て，権利章典で国会の国王に対する優位性が確立して以来，国会主権（Parliamentary sovereignty）の伝統が長らく続いてきた。国会主権は多義的な概念だが，いかなる者も国会の立法を覆すことができないことを意味する。裁判所との関係では，イギリスの裁判所

---

22) Lord Neuberger, *No Judgment, No Justice* (The First Bailii Lecture, 20 Nov 2012), [46].

は，国会の立法が憲法の規定に違反すること，または基本的人権を侵害することを理由として，違憲無効にはできないことを意味する。他方で，裁判所は，法の支配の理念の下，政府による違法行為にも私人による違法行為に対しても等しく救済を与えてきたとされる。しかし，国会主権の原理の帰結として，裁判所が政治部門と直接対立する局面はごく限られていた。

19世紀から20世紀初頭にかけての国会は，選挙区改革を通じて，民主的正統性を獲得していった。法改革が国民を代表する国会によってなされるべきとの考え方が広がる中，裁判所は，判例に不都合があっても，その変更は国会に委ねて，自らは判例変更をしないという姿勢を強めていった。この厳格な先例拘束性の原理は，1966年の実務慣行声明により廃止された。それでも，貴族院による判例変更の数は少なく，2009年に最高裁が発足するまでに貴族院によって行われた判例変更は，12件にとどまる[23]。

したがって，イギリスの裁判官による判例の扱い方には，個々の事件の事実関係を詳細に検討し，先例を厳密に解釈して妥当な結論を導くアプローチをとる傾向が強い。アメリカの連邦最高裁のように，判例変更の是非をめぐって裁判官が激しく対立することは少ない。裁判所が違憲立法審査権を有しないことも相まって，裁判官による政治的なバトルのようなことはなく，より玄人好みの厳密な法理論の展開が特徴ということになる。

しかしこの分野でも，第二次世界大戦後，またとりわけ20世紀の末ごろから，裁判所の役割は，大きく変化してきた。イギリスは1973年に欧州共同体に加盟し，1992年のマーストリヒト条約を経て深化する欧州連合の中にある。1990年代の判例を通じ，欧州立法の優位はイギリス国内でも確立し，欧州立法に違反する立法は，国内裁判所で執行が差止められることが明らかにされた[24]。

欧州人権条約をめぐる解釈も，イギリスの裁判所に政治的な圧力をかけている。イギリスは1950年に署名された欧州人権条約に当初から加盟してい

---

[23] Louis Blom-Cooper, '1966 and All That: The Story of the Practice Statement' in Blom-Cooper et al, eds (n 8), ch 9.
[24] *R v Secretary of State for Transport, ex p Factortame Ltd* [1990] ECR I-2433; [1991] ECR I-3905.

た。国内の人権侵害を理由とした申立が徐々に増えてきたのは1975年ごろからのことである。当初は，こうした人権侵害に対しては欧州人権委員会，また1998年からは欧州人権裁判所に申立を行う必要があったが，1998年人権法により，国内裁判所でも国内立法や行政行為による人権条約違反に対する救済がなされることとなった。厳密には，イギリスの裁判所は国内立法を欧州人権条約違反として無効とすることはできず，条約との不適合を宣言（declaration of incompatibility）できるに留まり，あとは国会による法改正を待つしかない。しかし，国内法の解釈にあたっては，欧州人権条約や欧州人権裁判所の判例を考慮する義務を負い，行政庁の行為については条約違反と認めればこれを取消さなければならない。こうしてイギリスの裁判所は，違憲立法審査権こそ与えられていないが，立法や行政などの政治部門と対峙を迫られる場面は確実に増えた。21世紀に入って，性転換者や同性婚に関わる制定法解釈のような社会的なインパクトの大きい判断[25]や，テロ対策立法の人権条約適合性の審査[26]など，社会の注目を浴びるとともに，行政や世論の批判を招くことも不可避な判決が下されている。

6　憲法改革

1990年代後半から21世紀にかけての労働党政権下で，イギリスの統治機構には大きな変化が加えられた。まず重大な変更が加えられたのが，国会や内閣，そもそも三権分立などという発想が生まれる前から存続した大法官の官職である。大法官は，立法府で貴族院議長，行政府で閣僚の一員，司法府で貴族院裁判官を務めていたが，2005年の憲法改革法により，立法・行政府での権能を失った。大法官の裁判官選任権限も，裁判官指名委員会の指名に原則として従う形となった。憲法改革法はまた，貴族院の司法委員会を廃止し，イギリス最高裁判所を設立した[27]。最高裁は2009年10月に審理を開始し

---

25) *Bellinger v Bellinger* [2003] UKHL 21; [2003] 2 AC 467（性転換）; *Ghaidan v.Godin-Mendoza* [2004] UKHL 30, [2004] 2 AC 557（同性婚）.
26) *A v Secretary of State for the Home Department* [2004] UKHL 56; [2005] 2 AC 68（刑事告訴なしの長期間の勾留を欧州人権条約不適合とした）; *Secretary of State for the Home Department v AF* [2009] UKHL 28; [2010] 2 AC 269（行動統制命令を欧州人権条約不適合とした）.

ている。

　最高裁の設置において強調されたのが，裁判を国民に分かりやすくすることである。最高裁での審理は映像で報道され，ウェブサイトでも見ることができるようになった。最高裁の判決には，プレス・リリースが付され，そこで簡単な事案の紹介と理由づけが示されることになった。さらに，正式の判決においても，裁判官の名前のあとに，どの裁判官がその意見に同意し，その意見が法廷意見か反対意見かが明記されるようになった。こうした変化については，これから詳しく見てゆくことにする。

III　伝統と変容——順繰り意見・法廷意見・少数意見

1　順繰り意見の伝統

　イギリス独特の判決スタイルである順繰り意見は，これまで見てきたイギリス司法の伝統を反映してきた。とりわけ，バリスタと裁判官というエリート法曹集団の緊密な関係を前提としている[28]。公開の法廷でのバリスタによる弁論から裁判官による判決までは一体のものであった。判決を弁論終了後直ちに口頭で述べる伝統であればこそ，裁判官の頭数を数えて多数，少数を決めることなく，すなわち，多数を代表して意見を述べる裁判官や少数を代表して意見を述べる裁判官を決めることなく，個々の裁判のそれぞれの意見が総体として判決とされてきた。

　そもそも判例集は，バリスタの弁論から裁判官の判決までを一体として収録するものであった。判例集で個々の意見を読んでも，結局裁判所の結論はなんなのか，どの裁判官が多数を占め，結論の理由づけを支配するのはどの箇所なのかは，非常にわかりにくい。判例集は，すでにそうした結論は知っている人が使うものだといえるかもしれない。そもそも判例集は，バリスタ

---

27) 邦語文献として，中村民雄ら「ミニ・シンポジウム：イギリスの新最高裁」比較法学研究74号170-205頁（2013）；ニール・アンドリュース（溜箭将之・訳）「イギリス最高裁判所——イギリス連合王国の最上級審裁判所について考える」法の支配159号65頁（2010）参照。

28) William D. Popkin, *Evolution of the Judicial Opinion: Institutional and Individual Styles* (New York University Press, 2007), at 10.

がバリスタのために作成したものだった。むしろ，判決の結論や重要な理由づけの論理は把握した上で，今後新しい事案が出てきたときに，どの部分を引用すれば説得的か，またどのような弁論をすれば効果的か，と考えて精査する際にじっくり読み込むものなのである。それこそが，先例としての判例法の解釈の営みとされてきたのである。

こうした法曹の法曹による法曹のための営み，そこから見出されるものこそが法である，という法観念は，今日さまざまな形で掘り崩されている。ただ，今日の話に移る前に，18世紀末の裁判所にあって，例外的に強力なリーダーシップを発揮した裁判官，マンスフィールド卿について触れておこう。

マンスフィールド卿は，スコットランド生まれ，オックスフォード大学卒業後，国会議員，法務次長，法務総裁を歴任した後，1756年に王座裁判所の首席裁判官となった。彼は，商慣習法をコモン・ローに取り入れ，契約法，商事法（とりわけ海上保険法や，流通証券法など），不動産法の分野で判例法理を大きく発展させたことで知られる。その判決スタイルが，法廷意見型の判決であった。マンスフィールドが首席裁判官だった時期の王座裁判所は，全員一致判決が多く，またマンスフィールド自身が，今日でいう法廷意見を執筆したことも多かった。そうした判決を通じ，マンスフィールドは，コモン・ローの判例も大胆に見直し，法原則を提示するような立法に近い表現を取ることも少なくなかった。この時期にバロウズ（Burrow's）という質的にも評価の高い判例集が公刊されたことも，マンスフィールドの判例法理がもつ影響力を高めることになった[29]。

しかし，19世紀に入ると，1832年，1867年，1884年，1928年と行われた選挙法改正を通じ，議会が徐々に民主的正統性を強めてきた。ベンサムのように立法による法改革を説くとともに，判例法の恣意性を批判する見解も強まってきた。こうした中で，マンスフィールドのような立法者的な裁判官は影をひそめ，裁判所は判例変更に慎重な態度を取るようになる。1885年には，ダイシーが憲法序説の中で，法の支配を讃えつつ，国会主権として国会の裁判所の優位性を憲法原理として打ち出すことになる[30]。

---

29) Popkin (n 19), at 16-17.

2 「法廷意見」形式の増加

しかしイギリスでも，多数意見が一つの意見としてまとまっていないと，判決の内容が明確に確定できず，法の安定性も損なわれるという指摘が，20世紀後半には広くみられるようになってきた。順繰り意見の形式から，多数意見を一つの法廷意見にまとめ，同意意見や反対意見といった少数意見は抑制しようという機運が，1960年代から徐々に高まってきた。しかし，法曹界からの異論も強く，波が寄せては引くような一進一退が続いた。

最初の試みは，1960年代の控訴院において行われた。しかし，DDP v Smith 事件（1961）[31]等の一連の事件での試みは，貴族院の裁判官から強い批判を受け，間もなく取りやめられた。当時の法曹関係者のインタビュー調査は，法廷弁護士の過半数は，複数の判決が出されることに批判的だったことを明らかにしている。ただし，ではどのような場合に統一の法廷意見を出すべきかについてコンセンサスはなく，またおよそ3人に1人は現状維持を望んだのだという[32]。

1970年代には，ディプロック卿の下で，貴族院として1人の裁判官が中心的な判決を下しつつ，他の裁判官は形式的に同意を表明する短い意見を付す，という判決が多く出された。この傾向は最先任裁判官をディプロック卿からキース卿が引き継ぐまで続き，実質的な単独意見の割合は60％から70％にまで達した。しかし，これはディプロック卿の強い知的リーダーシップの影響による面が強く，長続きはしなかった[33]。

2000年前後から，控訴院では改めて判決中の意見を統一する試みが進められた。この度の試みは，2000年から2008年にかけてビンガム卿が最先任裁判官を務めた期間に，貴族院にも波及した[34]。ビンガム卿は，R v Forbes 事件

---

30) Albert Venn Dicey, *An Introduction to the Study of the Law of the Constitution* (1885).
31) [1961] AC 290.
32) Alan Paterson, *Final Judgment: The Last Law Lords and the Supreme Court* (Hart Pub 2013), 100.
33) Blom-Cooper (n 8), at 153.
34) Roderick Munday, ' "All for one and one for all" : the rise to prominence of the composite judgment within the Civil Division of the Court of Appeal' [2002] 61 CLJ 321.

(2001)[35]において,「これは委員会として検討した意見である」(This is the considered opinion of the Committee) と冒頭で述べて,形式的な同意を示す個々の裁判官の意見を伴わない形の判決を下した。この判決形式は,ビンガム卿の率いる貴族院において,刑事事件を中心に用いられてゆく[36]。ただし,実際の数としては23件(全510件中)と必ずしも多くなく,ディプロック卿時代の単独意見の割合には程遠い。さらに *Norris v Government of the USA* 事件(2008)[37]では,ビンガム卿をはじめとする5人の貴族院裁判官からなるパネルは,「本判決は委員会の共同執筆意見である」(This is the composite opinion of the Committee) として,複数の裁判官が判決の異なる箇所を担当して執筆し,これを統合した形の判決を下した。

3 最高裁判所設置に伴う変化

最高裁が設置されて運用を開始する前後から,裁判官の間でも判決形式についての議論が高まってきた[38]。貴族院・最高裁のニューバーガー卿[39],ヘイル卿[40],控訴院のアーデン裁判官(Mary Arden, LJ)[41]といった有力な裁判官も多数意見を統一する形式に肯定的な見解を示すようになった。

実際,憲法改革による最高裁判所の設置は,判決形式に一定の変化をもたらした[42]。順繰り意見の伝統は基調として維持しつつ,判決の中で判例として拘束力のある部分(*ratio decidendi*)の明確化を図る姿勢が伺える。具体的には,各裁判官による意見の冒頭に,誰が当該意見に同意しているかが明記されるようになり,それぞれの意見の間で,互いの意見について参照しあうことも多くなってきた。さらに,従来の慣行では裁判官の着任の早い順に意

---

35) [2001] 1 AC 473 (HL).
36) Paterson (n 32), 102
37) [2008] UKHL 16.
38) Andrew Le Sueur, *A report on six seminars about the UK Supreme Court* (London, Queen Mary, University of London, 2008), as cited in Paterson (n 32), 104, n 153.
39) Lord Neuberger, `Insolvency, Internationalism, and Supreme Court Judgments' (11 November, 2009), at [20] ff; Neuberger (n 19), at [22]-[29].
40) *OBG Ltd v Allan* [2007] UKHL 21; [2008] 1 AC 1 (HL), at [303] (Baroness Hale).
41) Mary Arden, 'Judgment Writing as Literature?' (2012) 128 LQR 516.
42) Mads Andenas and Duncan Fairgrieve, 'Simply a Matter of Style? Comparing Judicial Decisions' (2014) 25 European Business L Rev, 361, SSRN 14-18.

見が掲載されていたが，最高裁に入ってからは，先任順としては若い裁判官によるものでも，中心となる意見であれば，これを冒頭に出す形式をとる判決もみられるようになった。また順繰り意見の形式を取りながら，多数意見を先に，反対意見を後にとグループ分けした判決も下されている。

判決の形式としても，多数意見を法廷意見として統一する傾向が見られるようになってきた。1人の裁判官が意見を書き，「これは法廷意見である」(delivering the judgment of the court) と表記する例も，少ないながら散見される。また，共同で執筆されたことを明らかにする意見も見られるようになってきた。数の上でも，一人の裁判官が多数意見を執筆する形式が，ディプロック卿の時代ほどではなくとも，ビンガム卿の時代に比べれば2倍を超える割合にまで増えてきた[43]。

IV 少数意見の意義

1 少数意見の意義

順繰り意見の伝統のあるイギリスにおいても，少数意見の観念はある。多数派の中心となる意見を中心的意見（lead opinion）といい，これと結論を同じくするものの理由付けが異なるものを同意意見（concurring opinion），見解を異にするものを反対意見（dissenting opinion）という。イギリスでは，同意意見は必要性が高い場合に限定すべきだという見解は見られても，これらの意見の存在を全面的に否定しようという考え方は，まず見られないように思われる。

例として，イギリスの著名な過失不法行為についての判決，*Donoghue v Stevenson* 事件（1932）[44] をあげてみよう。これは不法行為責任を拡張した画期的判例とされるが，貴族院において3対2で決した事件である。中心的意見を著したアトキン卿は，「人は，隣人に損害を生じさせる可能性があると合理的に予見できるような作為または不作為を避ける合理的な注意を払わなければならない」と述べて，注意義務の存否についての判断基準を示した。

---

43) Paterson (n 32), at 105-07, Table 3.5.
44) [1932] AC 562 (HL).

第二次世界大戦後のイギリスの裁判所は，この判示をもとに不法行為の被害者に対する救済の余地を広げていったから，このアトキン卿の判示は，判例に大きな影響をもたらした。他方で，同意意見を著したマクミラン卿（Lord Macmillan）は，本件では過失責任を認めつつ，「過失のカテゴリーは決して閉じられることはない」として，個別具体的な事案に照らして過失を認めるか否かを判断するアプローチをとった。1970年代末までアトキン卿の判断基準によって過失不法行為の救済を拡張した貴族院は，それ以後マクミラン卿のような個別類型ごとに注意義務の有無を判断する方向へとシフトした。したがって，両裁判官の意見は，少なくとも3四半世紀にわたり，イギリスの不法行為法を論ずる際の思考枠組みを提供したことになる。

なお，このアトキン卿の注意義務の定式化は，その半世紀前の *Heaven v Pender* 事件（1883）[45] におけるブレット記録長官（Brett MR）の反対意見における判示からとられている。その意味で，*Donoughue v Stevenson* 事件は，今日の反対意見が未来の法廷意見となり得ることを示す点でも，少数意見の重要性を物語るものといえる[46]。

あるいは，改革派の裁判官として有名なデニング卿を取り上げてみよう。デニング卿は，控訴院裁判官だった時期に，*Candler v Crane, Christmas & Co* 事件（1951）[47] において，反対意見を著した。従来の判例に沿って過失による不実表示について不法行為責任を否定した多数派に対し，デニング卿は19世紀後半の判例のもつ問題を鋭く指摘し，*Donoughue v Stevenson* を引用しつつ，不法行為責任を認めるべきだと論じた。この立場は，12年後の貴族院判決 *Hedley Byrne v Heller & Partners Ltd* 事件（1964）[48] において，貴族院に採用されることとなったのである。

デニング卿は1957年に貴族院裁判官となった。貴族院では伝統的な判例を堅持する保守派の裁判官との衝突を余儀なくされ，反対意見の割合は15％に上った。割合としては多くないようにも見えるが，貴族院裁判官の中ではか

---

45) (1883) LR 11 QBD 503 at 509 (Sir Balliol Brett MR, dissenting).
46) Neuberger (n 17), at [23]-[24].
47) [1951] 2 KB 164 (CA).
48) [1964] AC 465, [1963] 2 All ER 575 (HL).

なり多い方である[49]。デニング卿は，1962年に記録長官となり，それ以降1982年に退任するまで控訴院で判決を下すようになる。この20年間で，イギリスのコモン・ローに変革を促す判決を多数著した。

政府の権限に強い疑義を唱えた少数意見も存在する。*Liversidge v Anderson*事件（1942）[50]は第二次世界大戦中の事件で，敵国とのつながりが疑われる者を強制収容する権限を政府に与えた行政規則に基づいて収容された者の訴えに対し，裁判所がどこまで行政の判断を審査できるかが問題となった。多数意見は，行政が収容の理由を示さなくとも，裁判所としてはその裁量を尊重すべきだと判断した。しかしアトキン卿は単独で反対意見を著し，多数意見は執行権を掣肘する責任を放棄したとして，「執行権以上に執行権的な考え方に毒されている」（more-executive-minded than the executive）と痛烈な批判を加えた。チャールズ1世の時代の王座部裁判所でなら通るような議論ばかり聞かされた，との判示は，当時にあって賛否も大きく分かれた。

最近の例でも，2001年の9・11事件後のテロ対策立法（Anti-terrorism, Crime and Security Act 2001）で，テロとの関わりの疑われる外国人の無期限拘留を認めた規定が，欧州人権条約に適合するかが問題になった*A v Secretary of State for the Home Dept*事件（2004）[51]を挙げることができる。9人のパネルで臨んだ貴族院は，この規定が外国人に対する不当な差別にあたるとして，欧州人権条約に反すると結論した。ホフマン卿は，結論には同意しつつも，問題は差別にあるのではなく，欧州人権条約からの一時的離脱（derogation）を認めるような「国家の存続を脅かす公の緊急事態」（同条約15条）が認められないにもかかわらず，人身の自由（同条約5条で保障される）を侵害したことにあるとした。こうした人身の拘束権限を認めることは，「イギリス憲法に適合するものではない。国家の存続にとっての真の脅威は，…テロからくるのではなく，このような立法からくるのである」という

---

49) 1952年～68年の貴族院裁判官の中では，キース卿（Lord Keith）の16％に次ぐ反対意見の割合の高さである。Paterson (n 32), at 116, Table 3.10.
50) [1942] AC 206 (HL).
51) [2004] UKHL 56.

くだりも，イギリス社会で議論を呼んだ[52]。

ただし，アメリカと異なり，国家権力と直接対峙するような少数意見，さらに同僚の裁判官を非難するような意見は，イギリスでは例外である[53]。むしろ，少数意見ないし個々の順繰り意見を通じて，個々の裁判官が異なる観点から，事案の多様な側面に光があててゆくこと，こうした慎重な検討が，コモン・ローの発展にとって重要だとされる。難しい法律問題があるときに，一つの法廷意見で一度に方向性を変更するのは危険であり，むしろ裁判官同士の対話を通じて徐々に変化してゆくことが重要とされる[54]。その意味で，イギリスのコモン・ローの発展の真髄は，上記の *Donoughue v Stevenson* 事件のような判例の展開にあり，個々の裁判官には，個別の意見による対話を通じた貢献が期待されているといえる。

2 順繰り意見から「法廷意見＋少数意見」へ

しかし，個別意見による漸進的なコモン・ローの発展への貢献という悠長なことをいえる事件がすべてではない。Ⅲでみたように，多数意見を1つの法廷意見に集約し，また同意意見や反対意見などの少数意見は極力減らしていこう，という意見が徐々に強まってきた背景には，それはそれで切実な問題がある。

そうした問題意識を象徴的に示したとして，しばしば引用されるのが，*Doherty v Birmingham City Council* 事件 (2006) における控訴院の判示である。

> 本判決を締めくくるにあたり，より一般的な問題についてコメントしておくべきだと思われる。貴族院の判決が，6つの実質的議論を伴った個別意見という形で我々の手元にやってきて，我々が結論を出すためにあちらこちらを比較して分析するという骨の折れる作業をせざるを得なか

---

52) ウォーカー卿は，当該措置が均衡性をもつ合理的なものであり，差別的とはいえないとして，欧州人権条約との不適合性はないとする反対意見を著した。
53) *Liversidge* 事件（注50））でのアトキン卿の少数意見は，貴族院で普段みられる相互礼譲の慣行から大きく外れた点でも，衝撃的だったとされる。Rodger (n 15), at 233.
54) Neuberger (n 17), at [24].

った，というのは本当に必要だったのだろうか？　1本の多数意見が，明確かつ簡潔な指針を示し，それを我々が本件にそのまま適用する，というわけにはいかないものだろうか？[55]

　これは，控訴院のカーンウォス卿が3人の裁判官を代表した裁判所の意見として執筆した意見の末尾である。控訴院では，こうした慣行が2006年までには定着していた。
　カーンウォス卿の嘆きの背景には，イギリスの判決文が年を追うごとに長くなっていること，パソコンのカット・アンド・ペースト機能や，オンラインのものも含めると判例集の種類も登載される判例の数も飛躍的に増えている現状がある[56]。これらの判決に複数の意見がそれぞれ微妙に違うことを言っていれば，判例法が何かを読み解くことが不可能にもなりかねない。貴族院の最先任裁判官のビンガム卿は，こうした事態が，裁判へのアクセス，法の支配への脅威とさえなりかねない，と指摘していた[57]。多数意見を一つの法廷意見に集約すれば，判決のレイシオ・デシデンダイも明示しやすくなり，明確さが確保される。
　判例法の明確さの要請が特に強いのが，刑事手続に関わる分野である。刑事事件では，被疑者・被告人の有罪・無罪，刑事罰が問題となる。しかも，重大事件であれば陪審審理が行われ，またそれ以外の大多数の事件も，一般市民から選ばれた治安判事（magistrate）によって判断される。ビンガム卿が貴族院の最先任裁判官となって，初めてパネル全体で検討した意見として判決を下した *R v Forbes* 事件（2001）[58]が，そうした事件だった。この事件でビンガム卿は，本件で問題となった警察の犯人同定のための面通し（identification parade）手続に関しては，貴族院全体としての権威をもって，統一的な規範の提示を行う必要があったとしている。その後のビンガム・コートで同様の扱いをした事件も，刑事や税法関係の事件が多い。

---

55) *Doherty v Birmingham City Council* [2006] EWCA Civ 1739, [62].
56) Arden (n 30), at 519.
57) Lord Bingham, *The Rule of Law* (2007) 66 CLJ 67, 69.
58) [2001] 1 AC 473 (HL).

しかし，ビンガム卿を含めて判決スタイルの改善を進めようという論者の中でも，すべての事件で順繰り意見を廃止しようというという議論は少ない。多数意見・少数意見の理論的考察は項を改めて行うが，アメリカ流の一つの法廷意見と，いくつかの少数意見というのは，イギリスにおけるコモン・ローの発展とは相容れない，むしろ個々の裁判官が個別に見解を述べる方が法の全体像をつかむことができる，という伝統的な考え方は，まだ根強いのである。

ただし，論者の中にも揺れが見られる。民事訴訟法の専門家であるアンドリュース教授（Neil Andrews）は，2010年の講演で共同執筆意見の賛否両論を検討しつつ，複数の意見を認めつつ制限字数を設けるのが現実的だとしていた[59]。しかし，2013年に出版された民事訴訟法の体系書の中では，最高裁では共同執筆意見と判決の字数の短縮を重要政策課題としつつ，控訴院では共同執筆意見を原則的な判決実務にすべきだと述べている[60]。

V 理論的分析

1 少数意見と順繰り意見

まず，イギリスにおいて，少数意見不要論はほぼ皆無であることを確認しておこう。イギリスでも，枢密院は伝統的に少数意見を認めてこなかったし，EUの欧州司法裁判所でも少数意見を認めていない。しかしイギリスの法律家は，少数意見を認めない裁判所の判例の質について，概して否定的である。ニューバーガー卿は，次のように述べている。

> 全員一致を義務付けるとどうなるかは，ルクセンブルグの欧州司法裁判所の判決をいくつか見れば一目瞭然である。これらの判決は，(i)理解不能であるか，(ii)理由づけに自己撞着をきたすか，(iii)先決裁定を求められた論点に答えないか，(iv)以上3つの嘆かわしい特徴をすべて兼ね備えて

---

[59] アンドリュース・前掲注26)，74頁。
[60] Neil Andrews, *Andrews on Civil Proceedings I: Court Proceedings* (Intersentia, 2013), at 29.53.

いるかのいずれかである。[61]

　ニューバーガー卿は，もともと欧州司法裁判所や欧州人権裁判所などの判決に批判的だから，この点は割り引いたうえで，この講演録の皮肉を聞く必要がある。しかし，ニューバーガー卿は，イギリスの裁判官は少数意見について謙抑的であるべきだという立場の論者であることも事実である。
　以下では，イギリスにおける少数意見を巡る議論として，順繰り意見の伝統を維持すべきか，多数意見を一つの法廷意見に統合し，少数意見にも謙抑的であるべきかの論争を追う。しかし，実際の議論は，順繰り意見を維持するか否かの二者択一ではなく，適切な場合に法廷意見＋少数意見という形式を取るべきか否か，にあることを念頭におく必要がある。

2 法的議論の方法論

　順繰り意見の伝統を堅持する立場は，個々の裁判官が自らの理由づけを示し，漸進的な判例法の発展に寄与することが，イギリスのコモン・ローの方法論の真髄に関わる，と論ずる。しばしば引用されるのが，*Broome v Cassell & Co Ltd* 事件（1972）でのリード卿の判示である。

> 私は時とともに，貴族院が重要な法律問題について判断を示す際に，統一の判決を下すことは決して賢明ではないと固く信ずるに至った。そうでないと，判例を事件に当てはめたり，批判したりするときに，判決の一文や一節を国会による制定法の条文のように解釈せざるを得なくなってしまう，というのが私の経験に根ざした理由である。貴族院の見識ある裁判官，いやいかなる裁判官であっても，その役割は法的概念の定義や厳密な規則を提示することにはない，ということが見失われてしまうのだ。原理原則を明らかにすることこそが彼らの役割であって，判示のほとんどは，その定義ではなくて，例示や説明を旨としているのだ。2人や3人の裁判官が判決文を書いているときには，これらはあわせて読

---

61) Neuberger (n 17), at [25].

むべきで，そうすれば概して何が原理原則で何がその例示なのか分かりやすいようにできているのだ。[62]

リード卿は，イギリスで尊敬された裁判官の1人であるが，1960年代の控訴院による多数意見を統一する試みに懐疑的だったことでも知られる[63]。

意見の統一に批判的な論者の中には，これを知的後退と捉える考え方さえある。ケンブリッジ大学のマンデイ博士（Roderick Munday）は，イギリスの控訴院で増えつつある統一意見を，フランス破棄院の判決と並べて「集団の匿名性と政府による統制思想」(collective anonymity and a *dirigiste* philosophy) の臭いがする，さらにアメリカ連邦最高裁の判決と比較し，個々の判決よりも法理論に没頭する「法哲学政治」(jurisprudential politics) が危惧されると警鐘を鳴らす[64]。法の体系化や政府による統制的な色彩が強まれば，イギリス本来のコモン・ローの本質であった，事案の解決に徹した裁判のあり方が変質する，というのである。

外国人嫌いの偏屈イギリス人がぼやいているようだが，背後には他の論者も共有するような統一意見批判がある[65]。法廷意見に統一する過程では，判決を執筆した裁判官が他の裁判官と意見をすり合わせることになる。意に反した修正を余儀なくされる場合もあろうし，存在感の大きな裁判官が影響力をふるえば，裁判官の独立性が損なわれることになる[66]。当初の一貫した論理が犠牲になれば，判決は妥協的になり，理由づけが弱くなる。事件の細かな事実への注意もおろそかになりかねない。さらに，正当化の理由が十分でないまま法理論が断定的に示されれば，かえって具体的事案への適用に支障をきたす。

---

62) *Broome v Cassell & Co Ltd* [1972] AC 1027, 1084-5 (HL) (Lord Reid).
63) Lord Reid, 'The Judge as Law Maker' (1972) 12 Journal of the Society of Public Teachers of Law (NS) 22, at 28-29.
64) Munday (n 33), at 347-49 (citing Patricia Wald 'The Rhetoric of Results and the Results of Rhetoric: Judicial Writings'(1995) 62 U Chi L Rev 1371); Roderick Munday, 'Judicial configurations: permutations of the court and properties of judgment' (2002) 61 CLJ 612.
65) アンドリュース・前掲注26），73頁；Paterson (n 32), 104.
66) 1970年代のディプロック卿の例が念頭にある。Paterson (n 32), 104, n 154.

これに対しては，裁判官の間でもっとやりとりをして，一貫性と予見可能性のある法の提示ができればよいのではないか，という反論がある。イギリスにも，マンスフィールド卿やデニング卿のような決然とした判決を通じて判例法が発展を遂げた例もある[67]。また，同意意見があるのであれば，同意する点と同意しない点を明確にし，不必要に長く重複の多い判決は避けるべきである，というのはより現実に則した議論だといえよう[68]。

3 分かりやすさと効率性

順繰り意見に対する批判は，判決のレイシオ・デシデンダイが分かりにくいことにあった。複数の裁判官が微妙に異なる論理で結論に至ると，ただでさえ判決が年を追うごとに長くなる今日，中心となる理由づけを見出すにも大変な苦労を強いられる。

ただし，こうした分かりにくさと効率性の悪さの批判を検討する前に，順繰り意見には，それ自体の分かりやすさと効率性の論理をもっていたことは確認しておく必要がある。伝統的な口頭主義のもとでは，法廷での弁論が終わると，判例を確認したり裁判官同士で意見をすり合わせたりせず，直ちに判決を下すことができた。留保判決も，裁判官の間でそれほど見解を調整せずに判決が起草される。実際に貴族院では，口頭弁論が終わると，45分程度の会合を一度もつほかは，パネルとして集まることなく判決に至るのが一般的だったという[69]。法廷意見への統一となれば，複数回の会合を通じて多数意見の中で見解のすり合わせを行う必要が出てくる。

またわかりやすさの点でも，従来の順繰り意見は，中心的な意見に理論的な支持を与える意見，反対意見との相違を架橋するような意見，あるいは中心的意見に賛同しつつ，支持できない箇所を明示して判決の射程を限定する意見など，判決の理解を深め，レイシオを厳密に確定する手がかりを提供し

---

67) AW Brian Simpson, 'Lord Denning as Jurist' in Jeffrey L Jowell and JPWB McAuslan, *Lord Denning: the Judge and the Law* (Sweet & Maxwell, 1984), 51, as quoted in Blom-Cooper (n 8), at 154.
68) Paterson (n 32), 104.
69) Paterson (n 32), 84-87. ただし会合の長さは，事案が単純なら10分，複雑なら半日と事件によってばらつきがある。

てきた[70]。

　このような効率性や分かりやすさは，法曹関係者を念頭においた議論では説得力をもつ。しかし，最高裁設置に際して強調されたおける市民との距離の近さ，判決を遍く公開するBAILIIの理念に象徴されるように，近年の効率性や分かりやすさの視点は，一般市民を念頭におかざるを得ない。

　今日のイギリスの裁判所は，コモン・ローの判例だけでなく，年々肥大化する立法や行政立法，さらに欧州の条約・指令・規則と欧州司法裁判所や欧州人権裁判所の判例と，1960・70年代とは比べ物にならないほどの法源を扱わなければならない[71]。今日の最高裁がまず取り組むべきは，法を発展させることよりも，法を統合すること，すなわち既存の法を明確にし，理解しやすくすることだといわれるゆえんである[72]。

　最高裁以上に深刻な事態に陥っているのが，控訴院である。控訴院にかかる事件数の負担は，20世紀後半を通じて大きくなってきた。1977年の民事部では，ほとんどが口頭弁論直後の口頭の判決によって処理され，留保判決は1/10から1/12に過ぎなかったという[73]。事件数の増大に伴い，上訴許可によって上訴件数のコントロールが試みられたが，その分留保して書面で判決を下す必要のある事件が増えた。貴族院・最高裁の長大な順繰り意見を解析しつつ，下級審に明快な指針を示すという中間管理職的立場に照らせば，最高裁に対する判決の意見の統合の切実な要求と，コモン・ローの方法論に反するとの批判を押し切って進める自らの判決形式の合理化は，理解することができる。

　将来の最高裁には，控訴院での経験を積みつつ，欧州の裁判所の判例にも精通した裁判官が多く昇進してくる[74]。イギリス裁判所の裁判形式が法廷意見と少数意見に近い形へと変化するのも，時間の問題なのかもしれない。

---

70) James Lee, 'A defence of concurring speeches' [2009] PL 305.
71) Bingham (n 57), 69
72) Doherty (n 55), at [64].
73) Lawson (n 15), at 364-365.
74) Andenas (n 42), at 19.

4 国際化の進展

イギリス裁判所を取り巻く環境の国際化も，順繰り意見の慣行の特異さを意識させる要因となった。イギリス国内裁判所の判決は，欧州人権裁判所や欧州司法裁判所でも参照・検討される。欧州の判決の形式と比べれば，厳密な比較法的検討をするまでもなく，イギリスの判決の形式が特殊性は明らかである。英米法諸国をみても，アメリカでは順繰り意見を19世紀に放棄したし，オーストラリアやカナダやニュージーランド，さらにはインドといったコモンウェルス諸国でも，1人の裁判官が複数の裁判官の支持ずる法廷意見を著すのが一般的になっている[75]。

しかし既にみたように，単一意見に積極的なニューバーガー卿でさえ，欧州司法裁判所の統一意見には批判的だった。これはニューバーガー卿に限ったものではなく，イギリスの法律関係者には広くみられる態度であろう[76]。ドイツやフランスの簡潔な判決形式を横目に見つつ判決形式の改善を模索するにしても，単に国際化に遅れまいと受け身の対応で議論がなされているわけではない。イギリスの裁判所は，ヨーロッパで欧州司法裁判所や欧州人権裁判所と対峙し，徐々に独立性を強めつつあるコモンウェルス諸国の裁判所とも交流を維持している。国際的な法の発展に影響を及ぼし，かつこれを先導していく役割を維持するためには，他国の裁判官が参照しても通用力のある判決を出してゆく必要がある[77]。伝統的なコモン・ローの方法論をノスタルジーとして諦める近年の流れの根底には，判決のグローバル・マーケットにおいて主導的立場を維持し，強化してゆくための，したたかな計算も作用している。

おわりに

日本やアメリカにおける法廷意見と少数意見とは異なる伝統をもつ，イギ

---

75) Andenas (n 42), at 12.
76) Neuberger (n 17), at [25]. EU の裁判管轄権規則を巡る展開を念頭に同様の見解を示すものとして，Jonathan Mance, 'Exclusive jurisdiction agreements and European ideals' (2004) 120 LQR 357, 363-64.
77) Andenas (n 42), at 19; Rodger (n 15), at 246-7.

リスの順繰り意見。その背後には，イギリス流の口頭主義，法曹界のプロフェッショナリズム，コモン・ロー方法論があった。この伝統とて，裁判の市民への分かりやすさを求める国内圧力と，裁判を取り巻く環境の国際化の狭間で，変容を免れない。

　本章では，20世紀後半から続く緩やかな慣行の変化を追った。そこには，単に外的要因に受け身で対応してゆくだけでなく，高い質の判決のありかたを模索することで，世界的な判決のマーケットで主導権を取ろうという，イギリス法曹界のしたたかな戦略も見え隠れしていた。

第6章　ドイツ連邦憲法裁判所の少数意見制

柴田憲司

はじめに
I　ドイツの司法制度
II　少数意見制の概要
III　少数意見の歴史的経緯（通説）
IV　少数意見の意義と課題
V　少数意見制の理論的分析
おわりに

はじめに

　ドイツの司法制度における少数意見制は，1970年12月21日の連邦憲法裁判所法の第4次改正[1]により，同国の連邦憲法裁判所に導入された（連邦憲法裁判所法〔以下「法」〕30条2項）。その意味で，英米はもとより，戦後すぐに少数意見制を採用した日本との比較においても，ドイツの少数意見制は相対的に新しい制度ということになる。

　たしかにドイツの裁判制度の歴史においても，たとえば合議体の裁判官の少数意見を，裁判所内部で利用される非公開の文書に記す制度などは，かねてより採用されてきた。このような制度であれば，ドイツの司法官僚制度において伝統的に採用されてきた評議の秘密（Beratungsgeheimnis）の原則（同30条1項。裁判官法43条）に抵触しないと解されたからである。そのため

---

1) Gesetz v. 21. 12. 1970, BGBl. 1970, 1765.

もあって，この公衆への公開を伴う（öffentlich）少数意見制度を連邦憲法裁判所に導入する際には，その是非をめぐりきわめてインテンシブな議論が展開された。その議論は制度導入後もしばらく収まることはなかったが，他方で現在は，うって変わって議論状況は沈静化している。

連邦憲法裁判所が1951年に設置されて以来60年以上が経過し，今日では膨大な判例の蓄積がみられる。少数意見制の導入からも40年以上が経過したが，この制度は，ドイツの判例法理・司法制度にどのような影響を与えたか。以下，ドイツの司法制度（Ⅰ）と現行の少数意見制の概要（Ⅱ），少数意見制導入に至る経緯と議論（Ⅲ），制度導入後の実態と議論状況（Ⅳ），の順に紹介したうえで，上記の議論状況の「沈静化」の背後にありうる理論的基礎について，若干の整理を試みることにしたい（Ⅴ）。

Ⅰ ドイツの司法制度――連邦憲法裁判所を中心に

ドイツの司法制度では，基本的に三審制が採用されている。州（ラント：Land）裁判所が1審・2審を担当し，事案の性質に応じて5つに区分された連邦裁判所（連邦通常裁判所（民刑事），連邦行政裁判所，連邦財政裁判所，連邦労働裁判所，連邦社会裁判所）が，最上審を担当する。そしてこれらの頂点に連邦憲法裁判所[2]が位置する（ドイツ連邦共和国基本法〔以下，「基本法」〕92条，同96条）。同裁判所は，国家三権のうち，ドイツ国民の信頼が最も高い国家機関であることでも有名である[3]。さらに16の州には，それぞれの州憲

2）ドイツの司法制度・連邦憲法裁判所の制度概要につき，村上淳一・守矢健一／ハンス・ペーター・マルチュケ『ドイツ法入門』239頁以下（有斐閣，改訂第8版，2012年），初宿正典『日独比較憲法学研究の論点』509頁以下，543頁以下（成文堂，2015年），畑尻剛・工藤達朗編『ドイツの憲法裁判』（中央大学出版部，第2版，2013年），名雪健二『ドイツ憲法入門』（八千代出版，2008年），ドイツ憲法判例研究会〔以下「ド憲判」〕編『ドイツの憲法判例』3頁〔渡辺康行〕（信山社，第2版，2003年），同編『同Ⅱ』v頁〔栗城壽夫〕，15頁〔同〕，3頁〔戸波江二〕（信山社，第2版，2006年），同編『同Ⅲ』v頁〔栗城壽夫〕（信山社，2008年）等を参照。

3）2014年8月20日のアレンスバッハ世論調査研究所の報告結果（フランクフルター・アルゲマイネ紙に掲載）。http://www.ifd-allensbach.de/uploads/tx_reportsndocs/FAZ_August_Justiz.pdf あわせて参照，畑尻剛「フライブルクとカールスルーエ」ひかくほう46号4頁以下（2013年），C. Möllers, Legalität, Legitimität und Legitimation des Bundesverfassungsgerichts, in: M. Jestaed u. a., Das entgrenzte Gericht, 2011,

法ついて管轄権をもつ州憲法裁判所が設置されている。

連邦の裁判所のうち，少数意見制が採用されているのは，目下，連邦憲法裁判所のみである。各州の憲法裁判所の多くは，連邦にならい少数意見制を採用しているが，たとえばザクセン州のように，少数意見制を採用しない旨を州規則で明文化している州もある[4]。本稿では，連邦憲法裁判所で採用されている少数意見制を検討の対象にすることにしたい。

1　連邦憲法裁判所の権限

連邦憲法裁判所が扱う権限は明文で定められており（基本法93条1項・2項，および同条3項の委任による連邦法律），その具体的内容として，19世紀以来のドイツの伝統的な憲法争訟である①連邦国家的争訟（連邦と州，州相互間における権利義務関係に関する争い）や②機関争訟（連邦の機関相互間の権利義務関係に関する争い）がある。また，いわゆる「戦う民主制」の現われとされる③「自由で民主的な基本秩序」に反する政党の違憲性審査・禁止命令等も，連邦憲法裁判所の権限である。そのほか，大統領や裁判官の訴追など，さまざまな強力な権限が付与されているが，任務の数の上で重要なのは，④規範統制と⑤憲法異議である。

④規範統制は，法律の憲法適合性，州法の連邦法適合性についての裁判であり，(x) 連邦政府，州政府，ないし連邦議会議員の4分の1以上の申し立てに基づいてなされる抽象的規範統制と，(y) 連邦憲法裁判所以外の裁判所が，裁判に際して適用法条が憲法に違反する，あるいは州法が連邦法に違反すると考える場合，手続を中止して連邦憲法裁判所の判断を仰ぐ具体的規範統制に分かれる。この④規範統制が，ドイツの違憲審査制を特徴づけているといわれることもあるが，下図のように，憲法裁判所が設置された1951年か

S.281 (297). クリストホフ・メラース「連邦憲法裁判所の合法性・正当性・正統化」マティアス・イエシュテットほか（鈴木秀美ほか監訳）『越境する司法』259頁（風行社，2014年）（以下の引用の際は紙幅の関係で邦訳のみを示す）。

[4] ザクセン州憲法裁判所規則（SachsVerfGHG）13条。また，バイエルン州は匿名で少数意見を公表している。州の憲法裁判所の詳細については，W. K. Geck, Sondervoten bei Landesverfassungsgerichten de lege ferenda, in: C. Starck/ K. Stern (Hrsg.), Landesverfassungsgerichtsbarkeit, Bd. 1 1983, S. 315; C. Eggeling, Das Sondervotum in der Verfassungsgerichtsbarkeit der neuen Bundesländer, 2006 を参照。

総数(1951年9月7日～2015年12月)	220.353	
憲法異議	212.827	(96.58%)
抽象的規範統制＋具体的規範統制	3.790	(1.72%)
政党の禁止	9	(0.01%)
その他(連邦国家的争訟、機関争訟など)	3.702	(1.68%)
仮命令(制度導入の1960年以降)	25	(0.01%)

＊連邦憲法裁判所のホームページでの発表に基づき作成。
　(http://www.bundesverfassungsgericht.de/DE/Verfahren/Jahresstatistiken_node.
　html)

ら2015年12月までの総受理件数のうち，抽象的規範統制と具体的規範統制の数は，双方あわせて全体の1.72%にとどまっている。

　連邦憲法裁判所が受理した事案の大半（96.58%）を占めるのは⑤憲法異議である。ここ数年の受理件数は一年あたり6,000件前後で推移し，膨大な件数を抱えるに至っており，過重負担の問題も提起されている。

　⑤憲法異議は，公権力の行為による個人の基本権の侵害を主張する裁判である。ここでいう公権力の行為には，立法行為，行政行為などが含まれるが，数の上で圧倒しているのは，州・連邦の裁判所の裁判に対する憲法異議である。

　この憲法異議の場合や，一般の裁判所からの移送を受ける具体的規範統制の場合でも，審査の対象はあくまでも法令や処分・判決等の合憲性の審査である。事実認定や，憲法以外の通常の法律解釈自体は，基本的には民事・刑事等一般・専門の裁判所の権限であり，憲法解釈に直結する限りで連邦憲法裁判所が扱いうるといわれる。もっとも，いわゆる法令の合憲限定解釈（憲法適合的解釈：Verfassungskonforme Auslegung）や，それに伴う適用・処分行為の合憲性審査を行う際，連邦憲法裁判所は，法律自体の解釈や事実認定に立ち入ることもしばしばあり，同裁判所の「超上告審」化が問題視されていることは，人の知るところである[5]。

---

5) ド憲判・前掲注2)（ドイツの憲法判例）3頁〔渡辺〕のほか，同裁判所が法律解釈や事実認定に立ち入る近時の例につき，ド憲判編『憲法の規範力と憲法裁判』285頁〔川又伸彦〕（信山社，2013年）。

2　法廷・合同部・部会

　連邦憲法裁判所は，第一法廷と第二法廷の二つの法廷（Senat）からなる。それぞれ8人ずつの裁判官で構成されている。当初は第一法廷が規範統制と憲法異議，第二法廷がそれ以外の機関争訟，連邦国家的争訟等を扱うこととされていた[6]。だが，規範統制と憲法異議の数が膨大となり，現在この二者は内容に応じて両法廷に配分されている（法14条）。

　また，全員の裁判官で構成される合同部（Plenum）があり，一方の法廷が法的問題について他方の法廷の裁判に含まれる法的見解と異なった見解を採用しようとするときに，その法的問題について決定する権限を有する（法16条1項）。

　さらに，上記の「過重負担」の問題に対処すべく，1985年の連邦憲法裁判所法の改正により，各法廷に「部会（Kammer）」が設置された。各法廷の3人の裁判官で構成され，その権限は，①憲法異議の不受理決定，②法廷の判例に照らして憲法異議に明らかに理由がある場合等の認容決定，③具体的規範統制における不適法な移送の却下，などである（法93b条，93c条，81a条）。憲法解釈について新判断が要請されないときには，この部会で処理される。実際の処理件数の大半を占めるのは，この部会決定である。たとえば，2015年中の一年間の憲法異議（5,665件）についていうと，法廷が裁判を行ったのは10件であり，残りは部会決定等で処理されている。制度導入から2015年12月までの憲法異議の総数のうち，約98％は部会レベル等で処理されている。

　少数意見制との関係で留意を要するのは，この部会決定は，3人の裁判官の全員一致の判断が要請されるため（法93d条3項），少数意見を付す余地がないことである。かくして少数意見は，数の上では例外に位置する，法廷の裁判と合同部の判断のみに付されうる。

3　裁判官の選出・任期・定年

　それぞれの法廷の8人の裁判官のうち3人は，連邦の最高裁判所のいずれ

6）この配分と「法と政治」の連関につき，まず宍戸常寿『憲法裁判権の動態』131頁（弘文堂，2005年）。

かにおいて，3年以上勤務した裁判官から選出される（基本法94条1項。法2条）。それ以外の5人の裁判官の資格について憲法上特段の規律はなく，40歳以上の者で裁判官職就任資格を有していることなどが法律レベルで定められている。実際に選出される裁判官は，弁護士出身・行政官出身・議員出身など様々であるが，とりわけ特徴的なのは，学者出身・教授資格をもつ裁判官が多くを占めていることである。これまでも，フリーゼンハーン（Ernst Friesenhahn），ライプホルツ（Gerhard Leibholz），ヘッセ（Konrad Hesse），ベッケンフェルデ（Ernst-Wolfgang Böckenförde）など，時代を代表する国法学者が在籍してきた。現在も，第一法廷には5人，第二法廷には3人の大学教授出身裁判官が在籍している。連邦憲法裁判所の裁判官には，原則として兼職禁止の義務が課せられるが，大学での法学教官との兼職は禁止されていない。ドイツの裁判制度の歴史においては，中世のローマ法継受以降，裁判体内の陪席判決人の資格として大学での法律学の講義経験が要求されていたことがある（Vで後述）。また，大学の法学部に判決委員会（Spruchausschuß）が置かれ，照会に対し公権的な回答を与える伝統も，19世紀まで継続してきた[7]。この学問と裁判所との密接な関係の伝統が，判例の学術性[8]と関連している側面もあるとされる。

　連邦憲法裁判所の裁判官は，連邦議会および連邦参議院が，各法廷それぞれについて半数ずつ選出し，連邦大統領が任命する（基本法94条2項2文）。議会が選出するのは，裁判官の民主的正統性を確保するためである。他方で，一方的な影響力を排除すべく，選出の際には3分の2の特別多数が法律レベルで要請されている。実際には全会一致で選出されるのが通例である。また，上記の連邦の裁判官出身者（それぞれの法廷に各3名）と，それ以外の裁判官（それぞれの法廷に各5名）とが，連邦議会および連邦参議院のそれぞれからバランスよく選出されるよう，人数配分が規定されている（法5条）。さらに実務上は，党派のバランスを図るため，各政党に推薦権を与えるという慣行があり，結果として次のような構成になる：16人の裁判官のう

---

7) F. ヴィーアッカー（鈴木禄弥訳）『近世私法史』182頁以下（創文社，1961年）。
8) マティアス・イエシュテット「連邦憲法裁判所という現象」同ほか・前掲注3) 100頁以下。

ち，二大政党たるキリスト教民主同盟（CDU）／バイエルンキリスト教社会同盟（CSU）と社会民主党（SPD）から5名ずつの党員裁判官が選出され，それぞれの友党たる自由民主党（FDP）と緑の党（Die Grünen）から1名ずつ，中道裁判官から4名（二大政党が2名ずつ推薦）が選出される[9]。

裁判での評決が割れたり少数意見が付されたりする場合，その分岐が推薦政党の相違に沿っていることがあるという指摘が時になされる[10]。たしかに，たとえば生活パートナーシップ法を合憲（基本法6条1項：婚姻の特別の保護，同3条1項：平等原則に違反しない）と判断した2002年の判決[11]や，同じく生活パートナーシップについて，配偶者分割課税を適用対象外とすることを平等原則違反と判断した2013年の決定[12]に反対意見を付したのは，いずれも保守政党推薦の裁判官であった。もっとも，こうした裁判官の保革の分類に着目する判例分析は，学問的議論の中では全体として抑制的である（Ⅴ）。

裁判官の定年は68歳，任期は12年であり，再任は禁止される（法4条）。かつては裁判官に定年と再任禁止は定められていなかったが，1970年に少数意見制を導入する際の法改正とあわせて，再任禁止規定が設けられた。その趣旨として，仮にある裁判官が議会で再任されなかった場合，その理由が在任中に執筆した少数意見のためではないかとの（あらぬ）疑念が生じる可能性をあらかじめ排除し，司法権の独立を保持し，裁判官が自由に少数意見を執筆することができるようにする，という点があげられている[13]。

---

9) 詳細については，近年の議論状況も含めた研究として，三宅雄彦「連邦憲法裁判所をめぐる法と人事」法律時報86巻8号25頁（2014年）。
10) *S. Korioth,* in: K. Schlaich/ S. Korioth, Das Bundesverfassungsgericht, 10. Aufl. 2015, Rn. 47.
11) BVerfGE 105, 313 (342 ff.). ド憲判編・前掲注2）（Ⅲ）32事件〔三宅雄彦〕。少数意見を執筆したのは，FDP推薦のパピア（Hans-Jürgen Papier）と，CDU/CSU推薦のハアス（Evelyn Haas），シュタイナー（Udo Steiner）の三裁判官である。
12) BVerfGE 131, 377 (426 ff.). 松原光宏「判批」自治研究91巻3号155頁（2015年）。CDU／CSU推薦のケッサル・ヴルフ（Sibylle Kessal-Wulf）裁判官の少数意見が付されている。
13) 初宿・前掲注2）568頁以下。また，櫻田・後掲注32）（法学）20頁は，再任されたいと思う裁判官が，市民を意識し過ぎたプロパガンダ的な意見を書きがちになるおそれを排除するという趣旨を指摘する。

4　裁判の種類・形式

連邦憲法裁判所の裁判には，主に判決（Urteil）と決定（Beschluss）の二種がある（法25条2項）。前者は口頭弁論を経るもの，後者が書面手続のみで下されるもの，という違いはあるが，裁判の効力に相違はない。

裁判の効力として，民・刑事等の通常の裁判一般に共通する効力，すなわち，①不可変更力（裁判所による撤回不可），②形式的確定力（上訴不可），③実質的確定力（既判力。訴訟当事者への拘束力）が認められる。これに加えさらに，法31条によって，④拘束力（全国家機関への拘束力）と⑤法律としての効力（規範統制・憲法異議で法令の合憲性を審査した場合）が認められる。また，法令の違憲性を審査した場合，違憲無効判決を出すこともできるが，違憲確認判決にとどめること，法令の一部違憲判決を出すこと，法令の合憲限定解釈を施すこと（そのうえで適用・処分違憲の判断を行うこと）も可能とされている[14]。

公式の判例集（連邦憲法裁判所判例集：BVerfGE。連邦憲法裁判所規則〔以下「規則」〕31条）では，こうした国家行為の合憲性が審査された場合，その判断が冒頭に記され，ここにいわゆる主文（Tenor）ないし結論（Ergebnis）が示される。次いで「理由（Gründe）」というタイトルの下に，裁判理由が示される。日本の場合，民・刑事の裁判の枠内で憲法問題が扱われるため，国家行為の合憲性が審査された場合でも，その憲法判断は理由中に示されることとなるが，ドイツ連邦憲法裁判所では，国家行為の合憲性の判断は主文で示される。なお，同裁判所の判例によると，裁判の主文を支える理由中の判断にも，法31条が定める上記の拘束力が認められるとされる[15]。

法廷の裁判の場合，結論の前に「要旨（Leitsätze）」がつけられ，そして以下にⅡでみるように，「理由」の後に「少数意見（異なる意見・個別意見 abweichende Meinung）」が項目を改めて付記される。この要旨と少数意見は判決・決定の構成要素（Bausteinen）ではなく増築部分（Anbau）だと位置づ

---

14) 詳細は，畑尻・工藤編・前掲注2）226頁以下〔有澤知子〕を参照。
15) BVerfGE 1, 14 (37); 40, 88 (93f.). これに対する批判論も含め，学説状況については，邦語文献として，工藤達朗『憲法学研究』243頁（尚学社，2009年），畑尻・工藤編・前掲注2）263頁以下〔嶋崎健太郎〕。

けられており[16]，法的効力は有していないものとされる。

II 少数意見制の概要

1 少数意見の種類

少数意見制[17]は，1970年の連邦憲法裁判所法の改正により，第30条に第2項として追加された。条文は下記のとおりである[18]。

連邦憲法裁判所法第30条 (1) 連邦憲法裁判所は，審理の内容及び証拠調べの結果から得られた自由な心象に従い，非公開の評議において(in geheimer Beratung)裁判する。〔第2～6文略〕

(2) 裁判官は，評議において，裁判（Entscheidung）又はその理由（Begründung）に関して異なる意見（abweichende Meinung）を主張した場合，これを少数意見（Sondervotum）として記すことができる；少数意見は，裁判書（Entscheidung）に付記しなければならない。各法廷は，その裁判書において，評決の割合を示すことができる。詳細は規則で定める。

〔(3)項略〕

このように，法定されている手続法上の概念は「少数意見」であり，その内実として，①裁判（結論・主文）と異なる意見，②その理由づけ（のみ）が異なる意見，の二種類があるとされている。また，講学上，①は「反対意見（dissenting opinion）」，②は「同意意見（concurring opinion）」と呼ばれることもあるが[19]，英語表記されていることからも推察されるように，これらは英米からの借用概念であり，少数意見の種類や呼称に関し，法30条2項が

---

16) *C. Pestalozza*, Verfassungsprozeßrecht, 3. Aufl. 1991, § 20 Rn. 38.
17) 簡にして要を得た概説として，何よりもまず，畑尻・工藤編・前掲注2）174頁以下〔畑尻剛〕を参照。
18) 条文の邦訳は，畑尻・工藤編・前掲注2）の巻末資料，初宿正典・須賀博志編訳『原典対訳 連邦憲法裁判所法』（成文堂，2003年）。
19) Vgl. etwa *Pestalozza* (Anm. 16), § 20 Rn. 39; *E. Benda/ E. Klein/ O. Klein*, Verfassungsprozessrecht, 3. Aufl. 2012, Rn. 366; *Korioth* (Anm. 10), Rn. 51.

定める二種類以外，特段の法定のルールはない。公式判例集では（「少数意見」と称すべきところのようにも思われるが）「異なる意見（個別意見 abweichende Meinung）」という表題が付される[20]。また少数意見は，一人で執筆することも，共同で執筆（他の少数意見に参加）することも，特段これについての規律はないが，可能とされている。

①結論に同意しない反対意見の数については，理論的には最大で３つということになりそうである。というのは，判決の結論について，各法廷の８人の裁判官のうち４人が同意していない場合には，そもそも過半数の多数意見が形成されないからである。賛否同数の場合には，法令の違憲無効は判断できない旨が法定されている（法15条４項３文）。

もっとも，実例として，制度導入後間もない1971年，ヘッセン州の州法と連邦法との抵触が問題となった規範統制の事案[21]で，判決に携わった７人の裁判官のうち６人が反対意見を付したこともある。すなわち，①３人の裁判官は問題となった州法の規定の全体の無効を主張し，②３人の裁判官は州法全体について有効と主張した。そして，③１人の裁判官は州法の一部のみが無効となる旨を主張した。かくして，問題となった法令中，少なくとも③最後の裁判官が無効を主張した部分は，①のグループの裁判官の判断と共通するということになり，"州法の一部分が無効になる"という判断が多数派を構成し，これが判決主文となり，残りの裁判官６人はすべて反対意見を執筆する，という状況が生じた。

②裁判の理由づけ（のみ）に反対する意見は，争点ごとに付しうるため，そして多数派の裁判理由に加わった裁判官も個別の論点について付しうるため，その数はきわめて多数にわたり得る。上述のヘッセン州の事案では，６人の裁判官が反対意見を執筆し，そして結論について多数派をもたらした残りの１人の裁判官も，実は判決理由の一部について，他の裁判官の少数意見に参加した。かくして，この判決理由を全体として支持した裁判官は誰ひとりいなかったということになる。このような極端な場合はもとより，裁判理

---

20) 州の憲法裁判所の判例集の多くは，より連邦法に忠実に「少数意見（Sondervotum）」と表示している。
21) BVerfGE 32, 199.

由の支持率が相対多数となり過半数が形成されないことはありうる。この場合でも，少なくとも結論に関する限り，法31条が定める裁判の拘束力は生じるものとされている[22]。

2　法的な位置づけ

この法的拘束力に関連し，少数意見は，既述のように裁判の構成要素ではなく，何ら法的拘束力は認められないとするのが一般的な理解である[23]。その意味で，少数意見が付される場合でも，裁判の本体，すなわち多数意見の結論と理由づけについては，当該裁判に携わったすべての裁判官によって署名がなされる。

少数意見の公表は，裁判官の権利ないし裁量であって法的義務ではない。少数意見を公表するかどうかは，その意見を表明しようとしている裁判官自身で決める。また，評決の割合の公表については，特段の法的規律はなく，基本的に各法廷の裁量と解される[24]。

少数意見も評決の割合もいずれも公表されない場合には，仮に評議で少数意見を主張した裁判官がいたとしても，外部には全員一致の裁判の外観を有することとなる。また，評決の割合のみが公表され，少数意見が付されていない場合もしばしばあるが，これについては違法ではないものの，反対理由の説明なしに反対票があることだけを公表することにどれだけの意味があるのか，疑義を呈する見解もある[25]。これとは逆に，少数意見は付されたが評

---

22) 以上につき，*F.Klein/ H. Bethge*, in: T. Maunz u. a., Bundesverfassungsgerichtsgesetz 46. Ergänzungslieferung April 2015, § 30 Rn. 6.1-6.3. 他方で，上記のように，結論を支える理由中の判断にも拘束力があるという立場を前提にした場合，このような相対多数の際の拘束力の扱いについては問題が生じうる。目下のところ，後述のように，連邦憲法裁判所では，少数意見自体が抑制的に用いられているため問題は顕在化していないが，論者の中には，アメリカ合衆国の判例において相対多数意見や一部同意意見等の存在により判決文が複雑になっている問題を指摘し，憲法問題についての最終的判断権者の判断の拘束力という問題の重要性にかんがみ，立法論として，理由づけのみに反対する意見は禁止すべきだと主張するものもある。*M. Kau*, United States Supreme Court und Bundesverfassungsgericht, 2007, S. 472ff.

23) *Korioth* (Anm. 10), Rn. 31; *Klein/ Bethge*, (Anm. 22), § 30 Rn. 6.6.

24) なお，*C. Lenz/ R. Hansel*, Bundesverfassungsgerichtsgesetz, 2013, § 30 Rn. 32は，評決で少数派となった裁判官が，自身が反対票を入れた旨の表示を求めた場合，法廷はその意思に反することはできないとする。

決の割合が示されない，という場合もある。これに対しても批判がないわけではないが，評決の割合の公表は上記のように各法廷の裁量であり，とりわけ評議の秘密が妥当するため，評決の割合を公表すべき法的義務は生じないとする見解が示されている[26]。

3　公表手続

少数意見の公表手続の詳細は，法30条2項3文の委任に基づき，規則55条[27]に次のように定められている。

連邦憲法裁判所規則第55条　(1)　裁判又はその理由に関して裁判官が評議において主張した異なる意見を記載した少数意見は，裁判の終了後3週間以内に，法廷の裁判長に提出されなければならない。この期限は延長することができる。

(2)　少数意見を表明しようとする者は，評議がそれを可能とする段階に達した場合，直ちにその旨を法廷に通知しなければならない。

(3)　判決について少数意見が表明される場合には，法廷の裁判長は，判決の言渡しの際に，事件に少数意見が存在することを告げる。それに続いて，裁判官は，自己の少数意見の要旨を明らかにすることができる。

(4)　少数意見は，裁判とともに公示される。

(5)　少数意見は，連邦憲法裁判所の判例集に，その裁判に続いて，裁判官の名とともに掲載される。

〔(6)項略〕

少数意見を公表しようとする裁判官は，評議中に，あらかじめその旨を法廷に通知することが要求される（規則55条2項）。これにより，評議中に各裁判官が意見を出し尽くし，そして議論し尽くすことにとって，できるだけ全

---

25)　*Geck*（Anm. 4），S. 401.
26)　*E. Niebler*, Beratungsgeheimnis und abweichende Meinung, in: Festschrift für H. Tröndle, 1989, S. 585 (594).
27)　なお，2015年3月14日施行の改正により条文の位置が従前の56条から55条に変更されたが，内容・文言に変更はない。訳語は，畑尻・工藤・前掲注(2)の巻末資料，初宿・須賀・前掲注18）を参照した。

員一致で，また可能な限り多数の裁判官が支持する判決・決定を出せるようにすることが企図されているとされる。また規則26条1項2文は，少数意見の存在にかんがみた評議の延期を可能とする旨，規定している。制度導入期の少数意見制への反対論，とりわけ「裁判の一体性を害する」という批判（後述）も考慮した，慎重な規定ぶりになっている。そして，少数意見を公表したいという旨を「ただちに」裁判長に知らせるべきことを要求したり（同条項），少数意見の公表は裁判書の完成後3週間以内だという期限を設けたりする（同条1項），というかたちで，裁判の不当な延期を防止することが企図されている[28]。そのうえで，少数意見が付される場合には，判決言い渡しの際，その旨を裁判長が告げ，次いで少数意見を付そうとする裁判官が，自身の意見の要旨を示すこととなる（同条3項）。

なお，かつて，多数意見の言い渡しの後，少数意見を聞きたくなかった多数派の裁判官の一人が，その言い渡しの場を中座したというエピソードもあり，少数意見制により合議体・評議の雰囲気・一体性を害しうるという問題を提起しうるものであったが，法律雑誌のインタビューに答えたシュタイナー（Udo Steiner）裁判官は，その場に居合わせた経験について語り，自身の在任中このような無作法な現場に遭遇したのは後にも先にも一度だけであり，制度はプロフェッショナルに運営されている旨，強調している[29]。

少数意見の公表は，裁判官の氏名とともになされる（規則55条5項）。この規定は，後述のように，裁判と「人」を結びつけるという，少数意見制の導入当時に掲げられた目的にかかる。他方でしかし，多数意見が匿名で書かれることなどにかんがみれば，この規定はDissenterを不当に有利に扱うことになるのではないか，という疑義を示す見解もある[30]。なお，評決の割合の公表に際し，裁判官の氏名をあげることについては，特段の法的規律はないが，評議の秘密（法30条1項）にかかりうるため，全員一致（本人の同意）が必要だとする見解も示されている[31]。

---

28) *Benda/ E.Klein/ O. Klein* (Anm. 19), Rn. 369.
29) *U.-D. Steiner*, Die Bedeutung der Dissenting Opinion für den Rechtspolitischen Diskurs, ZRP 2007, S. 245.
30) *Pestalozza* (Anm. 16), § 20 Rn. 39.
31) *Klein/ Bethge* (Anm. 22), § 30 Rn. 6.5.

Ⅲ 少数意見の歴史的経緯（通説）

　ドイツの裁判制度の歴史の中で，比較的新しい制度に位置するこの少数意見制については，その是非をめぐる議論が比較的近時に至るまで展開されてきた。Ⅲでは，ドイツにおける少数意見制の導入に至る歴史的経緯と，その際に展開された議論を，さしあたりは支配的見解に依拠しつつ概観する。この支配的見解による歴史叙述については，先行業績による詳細な紹介[32]）があるため，ここでは同制度の是非や理論的基礎を考察する上で必要な限りで概観することとしたい。他方，この通説的な歴史叙述に対しては批判的なオルタナティブも提示されており，これについてはⅤで改めて触れることにしたい。

1　全史

　少数意見制の最も典型的な模範たりうるものは，いうまでもなくアメリカ合衆国最高裁の浩瀚な実践である。ドイツの法制史において少数意見制を導入しようとする動きが生じた際，このアメリカ合衆国を模範にしようとする試みもなされた。もっともこれは，評議の秘密と判決理由の単一性によって特徴づけられるドイツの司法官僚制度の伝統に適合せず，裁判の拘束力，裁判官・裁判所の権威を奪うという反発を，しばしば受けることとなった。そこで，支配的な見解は，ドイツの歴史においても少数意見制を採用する土壌，あるいは少なくとも評議の公開の伝統はあったという歴史解釈を，対抗手段として提示した。

　とりわけ，少数意見制の賛成論者の一人であり，制度導入の前後に連邦憲法裁判所第二法廷の裁判官を務めたフェデラー（Julius Federer）が1968年に著した論考[33]），およびその二年後にハイデ（Wolfgang Heyde）が少数意見制

---

32) 櫻田勝義「少数意見論序説（一）」判例タイムズ275号2頁（1972年），同「西ドイツ連邦憲法裁判所における少数意見制の成立過程」法学37巻1号1頁（1973年），大越康夫「西ドイツ連邦憲法裁判所における少数意見」社会科学討究33巻1号277頁（1987年）。

33) *J. Federer*, Die Bekanntgabe der abweichenden Meinung des überstimmten Richters, JZ 1968, S. 511.

の是非をめぐる制度導入期の議論状況を，このフェデラーの論考も含めて総括した論考[34]は，今日の学説，とりわけ少数意見制賛成論における支配的な見解の礎を提供した先駆的業績である。

これらの論考によれば，ドイツの裁判制度における評議の秘密の伝統は，14世紀以降のローマ法継受に端を発するとされる。すなわち，ローマ法継受により法的問題の複雑化が進み，専門職による，評議の秘密を伴う合議体裁判所の要請が高まり，これが裁判制度の趨勢をしめるようになったとされる。そして中世後期以来，同じく評議の秘密を伴うカノン（教会）法上の裁判制度も影響したとされる。こうした評議の秘密の原則が制定法上結実した著名な例のひとつが，神聖ローマ帝国における1555年の帝室裁判所規則 (Reichskammergerichtsordnung)[35]であり，さらにこの原則は，1783年のプロイセンの一般裁判所規則 (allgemeine Gerichtsordnung) にも継承され，以降も影響をもち続けた。

だが，これと並んでドイツには，評議の公開の伝統もあったという。すなわち古代ゲルマン時代の判決人（判決発見人：Urteilsfinder）裁判である。ここにあっては，公開の場で，裁判の主催者である裁判官が判決人に法について質問し，これらの判決人が評決をする，というシステムが採用されていた。18世紀以降においても，特にバーデン，ビュルテンベルクにこの公開の裁判手続の伝統は顔をのぞかせることもあり，評議の結果を訴訟当事者に開示したり，場合によっては一部が公刊されることもあったとされる。

かくして，19世紀以降に少数意見制をドイツの裁判所に導入しようとする動きは，この評議の公開という，評議の秘密よりも以前からドイツに根差していた，ドイツのもうひとつの伝統に依拠するものであり，決して英米等の「外国法の継受」ではない[36]——こうした観点から，フェデラーやハイデは

---

34) *W. Heyde*, Dissenting Opinions in der deutschen Verfassungsgerichtsbarkeit, JöR 1970, S. 201.
35) 同規則第1部XIII §16：「裁判所長と陪席判決人は，宣誓により，合議体で審議，評決，判決されたことをすべて生涯にわたって秘密にし，誰にも明らかにすべきでない。彼等は，このことを，皇帝陛下あるいはローマ国王としての朕により個別に命じられる。」邦訳は，文字浩「帝国カンマー裁判法（1555年）(1)」南山法学16巻1・2号183頁（227頁）（1992年）に依拠した。
36) *Federer* (Anm. 33), S. 512.

少数意見制の法制史を語っている。

　すなわち，ドイツ帝国（ライヒ）の成立（1871年）の後，民・刑事にかかる統一的な裁判所構成法（Gerichtsverfassungsgesetz）について審議された際，少数意見制の導入についても議論された。その際，同制度の導入を積極的に主張したラスカー（Eduard Lasker）議員はアメリカ合衆国やイギリス，スイスの実践等を援用し，またグリム（Grimm）議員は上記のバーデンの例をあげ，少数意見制の導入を主張した。だが，これに対しては上記のような合議体の一体性を奪う等の批判論も提示され，1879年施行法では少数意見制は実現しなかった。その後も統一ドイツでは基本的にプロイセン型の評議の秘密原則が採用されることとなり，たとえばワイマール共和国における1921年の国事裁判所（Staatsgerichtshof）規則では評議の秘密が明記され，少数意見の公表も行われなかった。

　こうした経緯[37]についてフェデラーは，少数意見制を否定すべく「統一ドイツの伝統」を引き合いに出すのであれば，上記の1879年の裁判所構成法を出発点とすべきだという。そして，この統一ドイツにおける評議の秘密の「伝統」は，評議の公開という，古代ゲルマン以来のドイツの伝統と，英米における比較法的な実践と，新たな時代の要請とに，必ずしも対抗しうるものではないはずだとしている。

2　連邦憲法裁判所法制定（1951年）〜第47回法律家大会（1967年）

　かようなフェデラーのいう公開の伝統がドイツに根付いているのだとすれば，たしかに西ドイツ（ドイツ連邦共和国）が成立して間もない1949年12月，社会民主党（SPD）が提出した連邦憲法裁判所法の草案の中に少数意見制の採用が盛り込まれていたことは，特に異なこととするにはあたらないのかもしれない。だがこの段階では少数意見制は実現せず[38]，1951年に制定・

---

37) Ebd.; *Heyde* (Anm. 34), S. 204 ff.; vgl. auch *K.-H. Millgramm*, Separate Opinion und Sondervotum in der Rechtsprechung des Supreme Court of the United States und des Bundesverfassungsgerichts, 1985, S. 65 ff..

38) 二大政党の間で，憲法異議を導入することの引き換えとして少数意見制の導入を撤回するという妥協があり，この憲法異議の是非が個人の権利保障を連邦憲法裁判所の任務にすべきかという論点と関連し，そしてさらにこれがワイマール期の国事裁判権

III 少数意見の歴史的経緯（通説） 241

施行された同法は，評議の秘密のみを盛り込んだ。

また，同法の制定作業とあわせて裁判官法の制定作業も進められており，1960年から，議会で改めて少数意見制の導入の是非が議論された。だが，とりわけ当時の連邦憲法裁判所のミュラー（Gebhard Müller）長官がこれに反対する声明を出したこともあり，ここでも制度導入は見送られ，むしろ評議に関する守秘義務（裁判官法43条）が明定された[39]。

だが，少数意見の公表への重要な第一歩[40]と評しうる動きは，連邦憲法裁判所の内部から生じた。まず，1966年のシュピーゲル事件[41]である。この事件では，シュピーゲル誌が，国家秘密・軍事機密に関わり得る情報を掲載し，外患罪の容疑で捜索・押収等の決定・処分を受けたことが，プレスの自由（基本法5条1項2文）の侵害になるかが主に争われた。連邦憲法裁判所第一法廷の8人の裁判官の判断は4対4に割れ，賛否同数の場合は基本法違反を判断できないとする法15条2項4文（現行の15条4項3文）に基づき，訴えは却下された。だが第一法廷は，違憲と解する4人の裁判官の意見と，合憲と解する4人の裁判官の意見の双方の公表を敢行し，これを公式判例集に掲載した。さらに翌年の1967年4月1日第の二法廷の決定では，評決の割合の公表が敢行された。この決定は全員一致の評決ではあったが，「この裁判は全員一致で下される」との一文が，決定文に明記された[42]。

たしかに，少数意見や評決の割合を公表してはならないとの明文規定はなく，連邦憲法裁判所法の法文は「秘密の評議」（法30条1項）と述べるのみであるから，評決の割合の公表の許否は，理論上はその解釈問題ということになるのかもしれない。実際，その当時，第二法廷に所属し，少数意見制の熱心な賛成論者であったガイガー（Willi Geiger）裁判官は，1952年に自身が刊行した連邦憲法裁判所法のコンメンタールの中で，少数意見制について同法

　　（Staatsgerichtsbarkeit）の観念の継承の有無・是非と関連する議論状況について，宍戸・前掲注6）第1部を参照。
39) *Heyde* (Anm. 34), S. 209.
40) Ebd., S. 214; vgl auch *H. G. Rupp*, Zur Frage der Dissenting Opinion, in: K. D. Bracher u. a. (Hrsg.), Festschrift für G. Leibholz, 2 . Bd. 1996, S. 531 (533).
41) BVerfGE 20, 162. ド憲判編・前掲注2）（ドイツの憲法判例）25事件〔石村善治〕。
42) BVerfGE 21, 312 (328).

は明示的に禁止しておらず「沈黙」しており，比較法的に見ても，憲法問題を扱う重要な地位にある裁判所はすべて"dissenting vote"を付しうることになっている旨を指摘している[43]。他方，1967年5月23日にも第二法廷が評決の割合（4対3）を公表する事例が続いたが，その際，評決の割合を公表すべきかについて多数決（4対3）で決めた旨の記述があり[44]，裁判官の内部でも，公表の是非につき見解の対立があったことが読み取れる。

この1960年代の中盤という時期は，いわゆる学生運動も盛んになった時期であり，民主化や透明性，新時代の政治意識をもつ裁判官を求める運動等も広がるようになり，状況は大きな転換を迎え始める。上記のシュピーゲル事件判決の翌年の1967年，連邦憲法裁判所の合同部は，少数意見制の導入について9対6で賛成の表明を行った。

次いで，何より重要なのは，1968年にニュルンベルクで開催された第47回ドイツ法律家大会である。ここでは，法曹界からの提言を行うべく，少数意見制の是非について徹底した議論が行われ，賛成多数で少数意見制を採用すべしという提案が可決された。この審議における，とりわけ賛成派を牽引したのは，かつての連邦憲法裁判所の裁判官で，以前は反対派の立場にあったツヴァイゲルト（Konrad Zweigert）が，熱烈な賛成派に転向して行った報告[45]と，この報告を受けて，同じく同裁判所の裁判官を務めた経験をもつフリーゼンハーンが行った講演[46]である。その内容は，以下の3でみる，制度導入期の賛成論者の諸論拠を代表するものとなった。

3 連邦憲法裁判所法の改正（1970年）

この法律家大会の結果を受けて，政治部門も少数意見制の導入に向けた動きを再度，本格化させる。少数意見および評決の割合を公表する制度に関す

---

43) *W. Geiger*, Gesetz über das Bundesverfassungsgericht, 1952, Vorbem. vor § 17. Anm. 2.
44) BVerfGE 22, 21 (28).
45) *K. Zweigert*, Gutachten für den 47. DJT, in: Verhandlungen des 47. Deutschen Juristentages, 1968, Bd. 1 Teil D, 1968, D 9.
46) *E. Friesenhahn*, Referat, in: Verhandlungen des 47. Deutschen Juristentages, 1968, Bd. 2 Teil R, 1968, R 33.

る法案を，連邦政府（キージンガー（Kurt Georg Kiesinger）政権。CDU・CSU・SPD の大連立政権）が1969年の第 5 次立法期に提出した。だがこの法案は時間切れで成立しなかった。次年の1970年に，連邦政府（ブラント（Willy Brandt）政権。SPD・FDP の連立政権）が再度，その法案を引き継いだうえで議会に提出し，賛成多数で可決され，1970年12月21日，連邦憲法裁判所法第 4 次改正法として成立した。

(1) 反対論

審議の過程では，もとより賛否両論が提起された。連邦議会の法務委員会は，当時の連邦憲法裁判所の裁判官にヒアリング調査を行い，ここでもミュラー長官が異論を唱えた[47]。

また，ヒアリングは受けていないものの，少数意見制の反対論を代表する当時の論者のひとりとして，フォルストホフ（Ernst Forsthoff）の名があげられうる。同氏はもともとこの制度に批判的な指摘を行っていたが，法案が提出されたことを報道で知った同氏は，自身の著書の中で，さらに脚注をもって批判論を書き足している[48]。いわく，

> この法改革は，イギリスの裁判制度の条件の下で，身分の高い者（Standesperson）による法として発展してきた制度を，元来，合理的な仕方で，国家公務員の特別な形態として解されてきたドイツの裁判官制度の中に移入しようとするものである[49]。これは裁判官の合議体の同質性を減少させるものであり，評議の雰囲気の変化をもたらしうる。もとより少数意見は裁判判決の重みを減少させる。それゆえ，この制度を避けようとするのは，裁判所としては当然の利害関心事である。さらにこ

---

47) 当時の議論状況については，さしあたり，*Millgramm*（Anm. 37），S. 80 ff. を参照。
48) E. Forsthoff, Der Staat der Industriegesellschaft, 1971, S. 130 Fn. 2.
49) フォルストホフとは全く逆の立場・評価からの説明ではあるが，櫻田勝義「少数意見論序説（二）」判例タイムズ277号 2 頁（1972年）は，イギリスの「裁判官は名望家支配の歴史的伝統の下に，決して裁判所という国家機関の中に包摂された官僚となることなしに，その個人的偉大性を存続したことが幸しているのである。それがやがて法曹一元制の中で確固とした基盤をえて，司法国家制の中核をなし，裁判官優位の法思想を形成している」とする。

の制度は，裁判官が名を売ろうとするようになる危険もある。イギリスの裁判官の裁量は，強力な先例によって拘束される。これに対し，ドイツの裁判官は，ただ法律に拘束されるのみであり，その法律による拘束も，法解釈の方法の多様性等により揺らいでいる。かくしてこの制度がドイツに導入された場合，イギリスとは全く異なる状況が生まれることが懸念される，と。

フォルストホフの基本発想は，大要，次のとおりである。

　イギリスにおける少数意見制は，その裁判官の身分の高さと不可分に結合している。裁判長（Your Honour）という呼称や，法廷侮辱（contempt of court）の存在のほか，同国では裁判官の数が相対的に少ないのも，この裁判官の身分の高さに関わっている。公務員として構成されてきたドイツの裁判官の合議体制度に少数意見制を導入することは，司法を不安定にさせる効果しか生まない。たしかに基本法98条は，裁判官の法的地位につき特別の法律で定めるとしており，これは，一般的な公務員関係から裁判所を解放するという意味で，伝統からの決別（伝統破壊：Traditionsbruch）という側面もある。しかし，18世紀来，ドイツの裁判官は，独立・身分保障によって特徴づけられる，一般の国家（行政）公務員の一部であり，その法関係は公務員法によって規律されてきた。このことは，裁判の拘束力にも関係している。たしかに裁判官は，モンテスキューがいう意味での，機械的な「法を語る口（la bouche, qui prononce les paroles de la loi)」では決してない。裁判官という人（Person）を通じない限り，有為的な裁判は不可能であり，その意味で裁判判決は裁判官という人と不可分である。そして，裁判が拘束力をもつためには，その裁判が，個別の事案においてではなく一般的に，一般的な法意識を通じ合法的なものとして承認されうることが必要とされる。裁判官の権威が要求されるのは，この点に関わる。元来，この権威（拘束力の源泉）は，国家の権威に由来するものであり，裁判官が国家公務員として，国家機関たる裁判所の構成員として分有するものである，裁判

官が国家機関の一部である裁判所のメンバーである限りで，裁判判決に拘束力が生まれる。裁判が匿名なのも，この点に関わっている。

こうした伝統的な裁判官の公務員としての側面との整合の考察の必要を，同氏は説いている[50]。このフォルストホフやミュラー長官に代表される，これまでに表明された反対論の論拠については，次のようにまとめることができる。

① アングロアメリカ法域に根差す少数意見制は，公務員たる裁判官による合議として運用されてきた，ドイツの司法制度における一義的な法伝統と矛盾する。
② 少数意見制は，裁判所の権威，裁判所に対する国民の信頼を低下させ，裁判の一体性，裁判の拘束力を害する。裁判の拘束力は，裁判官が公務員として，国家機関の一部たる裁判所の活動として行う限りで，担保される。裁判が匿名なのも，この点に関わっている。
③ 裁判官の独立の保障にとって不可欠な評議の秘密の要請を後退させてしまう。
④ 少数意見の公表は，裁判所が公衆の喝采を考慮に入れるようになる危険がある。少数意見は，裁判所内での評議の空気を損ない，裁判官が自身の名を売ろうとするようになり，そして妥協点を見出すことを放棄することにより合議体の分解をもたらす。

(2) 賛成論

だが議会内では，このような「公務（Amt）」・「制度体（Institution）」の保持を主張する見解は賛同を呼ばず[51]，全体として，たとえばこの制度の熱心な唱道者のひとりであったアーント（Arndt）議員（SPD）の次のような"司法改革"を求める声が，多くの支持を獲得するに至った。1970年3月13

---

50) *Forsthoff* (Anm. 48), S. 127 ff.
51) Vgl. *H. Schneider*, Die Einführung des offenen Sondervotums, in: H. Spanner u. a. (Hrsg.), Festgabe für T. Maunz, 1971, S. 345 (349).

日の連邦議会の会議で，同議員は次のように述べていた[52]。

> 「少数意見を可能とする制度の創設により，われわれは，ドイツ司法にとって革命とでもいうべき仕方で，新たな土壌へと踏み入れることとなるのです。新たな土壌，そう，それはより肥沃な土壌です。私はすでに一年前〔＝第5立法期〕にここで，われわれ社会民主党員は，少数意見制につき，ドイツ司法制度における少数意見制の最初の突破口だと解している旨，申し上げました。もとより憲法裁判所は，この突破を敢行するために，とりわけふさわしいものとわれわれは思料しておりますが，しかし他の合議体裁判所につきましても，少数意見制をどこまでの範囲で認めるべきかを，真摯に検討すべきものと考えております」。

このように，少数意見制の連邦憲法裁判所への導入は，司法改革の「第一歩」という認識であり，向後，その他の合議体裁判所に拡大されることが予定されていた[53]。

また，政府による立法の提案理由[54]では，アメリカ合衆国の実践が随所に言及されている。上述のハイデの論考ほか，少数意見制の比較法的検討を行ったナーデルマン（Kurt H. Nadelmann）[55]の論考，連邦憲法裁判所の裁判官であったルップ（Hans Georg Rupp）[56]の論考が提案理由で引かれており，とりわけ後二者は，合衆国の実践を詳細に紹介するものである。少なくとも政府法案の提案理由のレベルでは，"ドイツ法における伝統の欠如"は，"司法の民主化"という時代の要請にとって，決定的な問題ではないとされている。上記のツヴァイゲルトの法律家大会での報告でも合衆国への言及があり[57]，さらにガイガー裁判官のコンメンタールにも，上記のように，比較法

---

52) Bundestagsprotokoll von der 38. Sitzung am 13. März 1970 S. 1909 (C/ D) .
53) 同様の認識を示すものとして，*Heyde* (Anm. 34), S. 227 m. w. N.. 憲法裁判所が「憲法機関」という特性を有していることに着目する見解につき，宍戸・前掲注6）156頁。
54) BT Drucksache V /3816 S. 6 f.
55) *K. H. Nadelmann*, Das Minderheitsvotum im Kollegialgericht, AöR 86, 1961, S. 39.
56) *H. G. Rupp* (Anm. 40).
57) *Zweigert* (Anm. 45), D 21 ff., 28 ff..

的な論拠として"dissenting vote"という英語表記がある。実際，たとえば現行法では少数意見の種類について，①結論に反対する意見と②理由づけに反対する意見の二種類があり，立法の提案理由書でも双方の導入を主張する旨の指摘はあるが，なぜこの二つなのか，その理由については詳論されていない。この点について，制度の実例として，合衆国の実践が参照されたことによるものと解する論者もある[58]。

ともあれ，賛成論の諸論拠は，上記の第47回法律家大会で，フリーゼンハーンやツヴァイゲルトが提示した次の諸点に代表される[59]。

① 少数意見は，憲法の継続的発展にとって根本的な寄与をもたらす。少数意見は，司法を予測可能なものとする。

② 少数意見は民主的観点の強化という今日の時代の要請に合致する。少数意見は，裁判の真理性と裁判過程の透明性に仕える。かくして少数意見は，司法への市民の関心を喚起し，法と正義の相対性および時代拘束性を知らしめる。

③ 個々の裁判官の個性・人格（Persönlichkeit）とその責任感が強化される。少数意見は裁判官の信念（思想・良心）の自由を保障する。少数意見は裁判官の独立を害するものではなく，裁判官の内部における独立の表明である。

④ 少数意見は評議の徹底度を高める。少数意見は，多数派・少数派の双方がそれぞれ，自身の見解につき最善の理由づけを行うべく要請し，これによって裁判の質が促進される。

⑤ 少数意見は，かくして，裁判所とその裁判の権威を高める。少数意見は，裁判所と裁判官を時代遅れの匿名性から解放する。

とりわけフリーゼンハーンにとっては，③裁判官の個性・人格を強めるという点が，少数意見制度の「核心部分」をなすとされている[60]。

---

58) *Kau* (Anm. 22), S. 482 ff.. なお，ドイツの「アメリカ・アレルギー」につき，後掲注122) も参照。
59) *Heyde* (Anm. 34), S. 217f..

①に関連し，少数意見が将来の判例変更をもたらすという意見に対しては，ルップが過大評価すべきではない旨，指摘している。同氏は1960年代に，アメリカ合衆国との比較検討を行う論考を発表し，生涯に173の反対意見を執筆した合衆国のホームズ（Oliver W. Holmes）裁判官の反対意見のうち，判例変更をもたらしたのはその10分の1に過ぎないとしている[61]。もっとも，これについては，「その10分の1が重要なのであり，判例変更の契機となる可能性が保障されることに意味がある」[62]という評価ももとより可能であろう。ルップ自身は少数意見制の熱心な賛成論者のひとりであり，とりわけ合衆国の論者の論考[63]を引きつつ，次のような制度の利点を指摘している。

⑥　少数意見の存在により，当該問題について立法的解決が迫られていることを立法者に示しうる。

こうした期待を受け，連邦政府の提出した法案は，若干の文言の修正を経て，賛成多数で成立し，ここに至ってドイツ連邦憲法裁判所における少数意見制の歴史の幕が開けた。

IV　少数意見の意義と問題

かくして少数意見制は，1970年以来，明確な法的根拠をもつ制度となった。その意味でこの制度自体は，法令に従って運用される限り，直ちに違法の問題を生ぜしめるものではない。また，特定の憲法規範との抵触をただちに生ぜしめるものでもない。そのため，この制度をめぐる議論は，もっぱら法政策上（rechtspolitisch）の議論としてなされている。

---

60)　*Friesenhahn* (Anm. 46), R 53.
61)　Vgl. *Rupp* (Anm. 40), S. 537. *See also* Stanley H. Fuld, *The Voices of Dissent*, 62 COLUM. L. REV. 923, 928 (1962).
62)　大越・前掲注35）285頁。
63)　Fuld, *supra* note 61, at 926; Joe W. Sanders, *The Role of Dissenting Opinions In Louisiana*, 23 LA. L. REV. 673, 676 (1963).

上記の賛成論者の期待や反対論者の懸念は，その後どのような展開を見せたか。

1　実例から

1971年に制度が施行されたのち，最初に少数意見が付された事例は，同年に第二法廷が下した盗聴判決[64]であった。このケースでは，実は少数意見制の施行より先に判決の言い渡しが終わっており，すでに少数意見が準備されていた。すなわち，1970年7月7日に口頭弁論が終結し，同年12月15日に判決が言い渡され，同年同月21日に法令が公布され，そして1971年1月4日に少数意見制が施行された。当時のミュラー長官が反対し続け法案の成立が遅れたことの反映という側面もあり，また，とりわけ第二法廷が少数意見制に積極的であったことを示す例ともいいうる。その後も第二法廷が少数意見を比較的多く出すという傾向がしばらく続いた。実際，制度導入に熱心であった裁判官は，第二法廷所属の経歴を有する者が多くを占める。上記のフェデラーやルップ，フリーゼンハーン，ガイガーは，いずれも第二法廷所属の経歴をもつ。ガイガー裁判官は，少数意見制の導入以前（公式判例集1～29巻）の自身の少数意見も含め，これを著書のかたちで公刊している[65]。

第一法廷に所属した裁判官では，上記のツヴァイゲルトのほか，ジーモン（Helmut Simon）裁判官，ルップ・フォン・ブリュネック（Wiltraut Rupp-v. Brünneck）裁判官が少数意見の公表に積極的であり，ルップ・フォン・ブリュネック裁判官の少数意見も公刊されている[66]。

なお，連邦憲法裁判所の設立当時は，第一法廷が政府に批判的な裁判を出すことが多く，第二法廷が政府寄りの裁判を出すことが多かったとの認識から，第一法廷は「赤い法廷」，第二法廷は「黒い法廷」といわれることもあったが，少数意見制の導入が議論されていた1970年前後の頃には，そういった認識に根拠はないといわれる状況になっていた[67]。

---

64) BVerfGE 30, 1.
65) *W. Geiger*, Abweichede Meinungen zu Entscheidungen des Bundesverfassungsgerichts, 1989.
66) *W. Rupp-v. Brünneck* (Hrsg. von H.-P. Schneider), Verfassung und Verantwortung, 1983.

(1) 裁判の拘束力への影響

この実例の蓄積の中で，当初からしばしば議論の対象となっていたのは，上述の裁判の拘束力を弱めるのではないか，という点であった。たとえば，1973年の大学判決[68]では，大学組織における意思決定諸機関の構成メンバーとして，大学教員，研究補助者，学生，その他の職員の，それぞれ代表を含める「グループ大学」を志向するニーダーザクセンの州法の合憲性（学問の自由・大学の自治：基本法5条3項との整合性）が問題なった。多数意見は，グループ大学構想それ自体は合憲としつつも，大学の組織作りにおける大学教員の特別の地位に鑑み，とりわけ教員グループのメンバーそれ自体は同質的に構成されるべきであるとし，当該州法はこの要請に反している部分があるとの判断を示した。これに対し，ジーモン裁判官およびルップ・フォン・ブリュネック裁判の少数意見は，基本法5条3項の意味を多数意見が職能グループの特権と支配権に改鋳したとの批判を展開した。この判決は当時，メディアや市民団体等によって「保守的な多数意見」と「革新的な少数意見」といった色分けがなされたのみならず，同州の文化大臣が，本判決は「政治的」だと評し，「少数意見はニーダーザクセン総合大学法をあらゆる観点から合憲としている」と述べた。これに対して，当時の野党のキリスト教民主同盟（CDU）の側から同大臣に辞任要求がなされた際も，同大臣はこの少数意見を引き合いに出して自身の見解の正当性を主張し，辞任要求を退けたということがある[69]。

この事例は，少数意見が判決への遵守を害しうることの証左として，反対派からは批判の対象となりうるものではあるが，もとより賛成派の側からすれば，判決の「正しさ」について，政治過程や世論も含めた議論を喚起する

---

67) Vgl. *Rupp* (Anm. 40), S. 542.
68) BVerfGE 35, 79. ド憲判編・前掲注(2)（ドイツの憲法判例）32事件〔阿部照哉〕。近年の動向につき，栗島智明「ドイツにおける近年の大学改革と学問の自由」法学政治学論究103号233頁（2014年），小貫幸浩「大学自治・制度的保障・客観的価値決定論」憲法理論研究会編『対話と憲法理論』3頁（敬文堂，2015年）。
69) その他の例も含め，詳細については，*F. K. Fromme*, Das Sondervotum in der Bewährung, in: G. Leibholz u. a. (Hrsg.), Festschrift für W. Geiger, 1974, S. 867 (874 ff.) を参照。あわせて，*H. Spanner*, Zur Praxis des Sondervotums beim Bundesverfassungsgericht, in: ebd. S. 891 も参照。

(2) 根本的な憲法解釈観への疑義，学界をあげての議論の嚆矢

また，この大学判決の少数意見では，多数意見が大学の自治の「客観的価値決定」として，上述の組織的な要請を導いたことに対し，こうした立論により裁判所が立法者の裁量（形成の自由）を奪うという危惧が示されており，1975年の第一次堕胎判決[70]での両裁判官の反対意見と合わせて，その後の「価値衡量」批判，「裁判官国家」批判をめぐる，学界・実務をあげての議論[71]の嚆矢のひとつとなったものとしても著名である。

すなわち，第一次堕胎判決で多数意見は，妊娠初期12週間以内の中絶について，これを一律に不可罰とし，医師の助言等を受ける義務のみを定めた刑法の規定について，胎児の生命権（基本法2条2項・1条1項）を保護する国家の義務に違反すると判断した。これに対し，ジーモン，ルップ・フォン・ブリュネック両裁判官は，中絶を処罰すべきだという要請は憲法からは出てこない，憲法上の権利は刑罰権の限界を画するために存するはずだ，との少数意見を付した。「基本権保護義務」の導出により，価値衡量・価値実現を通じて裁判所が立法者の形成の余地を奪うのではないかと批判する。1985年の良心的兵役拒否の事件におけるベッケンフェルデ裁判官，マーレンホルツ（Ernst Gottfried Mahrenholz）裁判官の反対意見[72]も，組織・権限規定から憲法上の「価値」を導き，これを基本権の制限理由にしうるのかという問題を提起したものとして著名である。

また，以下に見るイスラム・スカーフ事件でのイェンシュ（Hans-Joachim Jentsch），ディ・ファビオ（Udo Di Fabio），メリングホフ（Rudolf Mellinghoff）三裁判官の反対意見も，法律の留保や国家と宗教の関係など，根本的な憲法解釈観をめぐる重要な議論を喚起した。

---

70) BVerfGE 39, 1. ド憲判編・前掲注2）（ドイツの憲法判例）8事件〔嶋崎健太郎〕。
71) 参照，E. ―W. ベッケンフェルデ（初宿正典編訳）『現代国家と憲法・自由・民主制』345頁以下（風行社，1999年），小山剛『基本権保護の法理』（成文堂，1998年）。
72) BVerfGE 69, 1 (58 ff.). ド憲判編・前掲注2）（ドイツの憲法判例）23事件〔山内敏弘〕。

(3) ポレーミッシュな表現

　他方で，こうした根本的な重要問題について付される少数意見の中には，事柄の性質上，当該裁判官の個性も反映し，非常に強い語調をともなう意見も時としてみられる。少数意見の文体，スタイル，形式，使用理由等については，Ⅱであげた法と規則の定め以外，特段の規定はないが，特に表現形式については，一定の懸念が示されることもある。

　たとえば，上記の第一次堕胎判決の少数意見では，「かような論拠をもって多数意見は，理解に苦しむやり方で（in schwer verständlicher Weise），自身が立法者に対して論難したことを多数意見自身が行っている，との認識に耳を貸そうとしなかった（verschließ[en] sich）」等々の表現が用いられていた。こうした「感情的」な定式について，節度を求める見解[73]が示されることもある[74]。

　こうした指摘は2000年代に入ってもしばしばなされ，たとえば2003年のイスラム・スカーフ事件[75]における反対意見も，時折「厳しい」文体の反対意見の例としてあげられる[76]。この事件では，州立学校の教師が授業中にイスラム・スカーフを着用することは，国家（州立学校）の宗教的中立性に反するとして，あるイスラム教徒の教職採用を教育庁が拒否したことが，その教徒の信仰の自由（基本法4条1項・2項）の侵害となるかが問題となった。多数意見は，この採用拒否が明確な法律の根拠なく行われたことを違憲と判断したが，そうした法律を制定する際には，国家の宗教的中立性の要請と信仰の自由との調整を綿密に行う必要があり，この調整は立法者の形成の自由（裁量）にゆだねられるとして，スカーフ着用を採用拒否の理由にしうるか否かについては判断を示さなかった。これに対する少数意見は，この法律の根拠をめぐる問題は「今日まで，判例・学説においても，そして異議申

---

73) Vgl. *R. Zuck*, JuS 1975, S. 695 (697 f.).
74) また，1977年の軍人法違反事件（BVerfGE 44, 197 [210]．ド憲判編・前掲注2）（ドイツの憲法判例）53事件〔渡辺洋〕）でのヒルシュ裁判官（Martin Hirsch）の少数意見の書きぶりに対しても，多数意見に政治的動機（反共産党）があるとの憶測のもとに書かれているという批判が向けられることもある。その他の多くの例も含め，*Millgramm* (Anm. 37), S. 159 ff. を参照。
75) BVerfGE 108, 282. ド憲判編・前掲注2）（Ⅲ）21事件〔渡辺康行〕
76) Vgl. *Benda/ E.Klein/ O. Klein* (Anm. 19), Rn. 369.

立人自身においても提起されていない。」「この多数意見の見解をもって，根本的な憲法問題が未判断のままとされてしまったのみならず，この多数意見の見解は，権力分立のシステムにおいても基本権の拘束力の理解においても，基本法上承認されていない誤った評価（Fehlgewichtung）をもたらすものである。」「多数意見は，不適切にも（zu Unrecht），法律の留保の正当化を行うべく，異議申立人の信仰・世界観の自由への重大な侵害を認定している。これによって多数意見は，公務員の基本権保障の機能的な限界を見誤っている。」[77] 等々といった表現から始まっている[78]。

(4) 判例変更

　少数意見が，後に判例変更をもたらした例も少なからずある。たとえば，かつて連邦憲法裁判所は，社会保障に関し，公法上の財産的価値にかかる法的地位は原則として財産権（基本法14条1項）の保護の対象に含まれないとしていたが，これを批判するルップ・フォン・ブリュネック裁判官の少数意見[79] が，裁判官の構成の変更により多数派を占めるに至り，たとえば年金給付への期待権が財産権保障の対象になりうるという後の一連の判例をリードするものとなった[80]。

　また，政党助成に関する1986年の事件で多数意見は，政党への高額の献金について，所得控除をする税制上の優遇措置を合憲とし，それを企業献金の場合に適用することも合憲としていたが，これに対して，ベッケンフェルデ，マーレンホルツ両裁判官が少数意見を付し，政治的意見の形成への市民の平等な参加権にかんがみ，政党への寄付に対する税制上の優遇措置は，それが自然人によって行われる場合にのみ許容され，したがって企業献金の場合には許容されず，また高額の献金に関する税制上の優遇措置は，自然人の場合であっても許容されないとした[81]。この少数意見は，後の1992年の判決

---

77) BVerfGE 108, 282 (314 f.).
78) その他，近年の判決では，リュッペ・ヴォルフ（Gertrude Lübbe- Wolff）裁判官の少数意見に，激しい表現がみられるとされる。Vgl. *Korioth* (Anm. 10), Rn. 53.
79) BVerfGE 32, 129 (142).
80) たとえばBVerfGE 53, 257 (289 f.) では，上記の少数意見が明示的に引用されている。
81) BVerfGE 73, 40 (103)

の多数意見で明示的に引用され[82]，判例変更をもたらした。

(5) 先例との関係

他方で，このように判例変更を促すといっても，少なくとも確立した判例と全く別のパラダイムを特段の理由づけもなく主張すること（理論的見地からの外在的批判）に対しては，制度導入の初期のころから異議も示されていた。たとえば，良心の自由（基本法4条）が争点となった事案[83]に付されたシュラーブレンドルフ（Fabian von Schlabrendorff）裁判官の少数意見は，確立した判例法理（良心の自由のような留保なき基本権は，衝突している他者の憲法上の権利か，憲法的ランクをもった法益のみによって制限されうる[84]）とは別のパラダイム（基本法4条の限界は公共の福祉のために必要が存する場合である）を前提に，議論を展開するものであった。これに対してシュタルク（Christian Starck）[85]は，そうしたパラダイムを少数意見が用いる理由が明確に示されていないことを問題視していた。

近年の判例に付されている少数意見は，判例の蓄積が進んだことも影響しているものと思われるが，先例との不整合を強調するものが多くみられる。たとえば，信仰の自由に対する制約に明確な法的根拠を要求した先述のイスラム・スカーフ事件判決を受けて，ノルトライン・ヴェストファーレン州は，"①教師が公立学校で宗教的シンボルを表明することは，国家の宗教的中立性や学校の平穏保持の要請等に鑑み禁止されるが，②キリスト教的・西洋的伝統に基づく文化価値の表示は許される"という趣旨の州法を設けた。これに対し，2015年の連邦憲法裁判所第一法廷の決定は，①について，教師の信仰の自由にかんがみ州法の合憲限定解釈を施し（「十分に具体的」な危険），②について，平等原則違反（ユダヤ教・キリスト教以外の信者への不利益

---

[82] BVerfGE 85, 264 (286 und 314). ド憲判編・前掲注2）（II）54事件〔永田秀樹〕；同編・前掲注2）（ドイツの憲法判例）67事件〔上脇博之〕。

[83] BVerfGE 33, 23.

[84] Vgl. BVerfGE 28, 261; 30, 193; 32, 108. この解釈につき，松本和彦「基本権の制約と法律の留保」樋口陽一ほか編『日独憲法学の想像力（上）』369頁（信山社，2003年），小山剛「比例原則と衡量」長谷部恭男ほか編『現代立憲主義の諸相（下）』115頁（有斐閣，2013年）。

[85] C. Starck, JZ 1972, S. 533 f..

取り扱い）を認定した。これに対するシュルッケビアー（Wilhelm Schluckebier）裁判官，ヘルマンス（Monika Hermanns）裁判官の反対意見は，先例たるイスラム・スカーフ事件判決が広範な立法裁量（州の立法者の形成の余地）を認めたことと，本件多数意見とが整合しない旨を批判している[86]。

また，税法における真正遡及効の禁止（信頼保護原則・法治国原理：基本法20条3項）を理由に法令を違憲無効とはじめて判断した2013年の決定に対して付されたマージンク（Johannes Masing）裁判官の反対意見も，多数意見における先例との不整合を批判するものであり[87]，これについてレプシウス（Oliver Lepsius）は，連邦憲法裁判所の歴史に残る偉大な少数意見だと評している[88]。

そのほか，多数意見が，当該判決に付された少数意見[89]や過去の判例における少数意見[90]を明示的に取り上げ，これに検討を加えるものなども，かねてよりしばしば登場するようになっている。これらは，評議において種々の諸論拠に取り組み，主張・反論を経つつ徹底した議論を行うための制度として，少数意見制が機能していることの証左といわれる[91]。

2 制度の要否をめぐって

少数意見制の導入後も，上記のような裁判の拘束力にもたらす影響や少数意見の表現形式をめぐる問題等にかんがみ，制度の賛否や要否をめぐる議論がしばらく止むことがなかった。その賛成論・反対論の双方に，著名な国法学者の顔が並んでいることが注目される。

---

86) Beschluss des Ersten Senats vom 27. 1. 2015. - 1 BvR 471/10-, - 1 BvR 1181/ 10-
87) BVerfGE 135, 1. 本決定については，関連する2010年の決定（BVerfGE 127, 1）を解説した松原有里「判批」自治研90巻12号153頁（157頁）（2014年）に言及がある。なお，同161頁注35には，「このような少数意見の公表は非常にまれなこと」だと述べた，メリングホフ裁判官への取材結果が記されている。
88) *O. Lepsius*, Zur Neubegründung des Rückwirkungsverbots aus der Gewaltenteilung, JZ 2014, S. 488 (496).
89) BVerfGE 98, 265 (320). ド憲判編・前掲注2）（Ⅲ）47事件〔嶋崎健太郎〕。
90) BVerfGE 104, 92 (104 und 109) は，ブロックドルフ決定（BVerfGE 69, 315. ド憲判編・前掲注2）（ドイツの憲法判例）40事件〔赤坂正浩〕）におけるハース裁判官の少数意見に言及している。
91) Vgl. *Benda/ E.Klein/ O. Klein* (Anm. 19), Rn. 369 ; *Lenz/ Hansel*, (Anm. 24),§30 Rn. 27.

256　第6章　ドイツ連邦憲法裁判所の少数意見制

(1)　学説上の議論

　制度に批判的な論者として，たとえばシュテルン（Klaus Stern）は，1980年に著されたドイツにおける最も標準的な体系書の中で，制度導入後10年間にわたる上記の少数意見の使用頻度（法廷の全裁判の約12％。後述）を「活発すぎる（zu reger）」と評し，これが憲法裁判の機能と威信に寄与するものなのかどうか疑わしいと述べたうえで，判決の説得力を減殺するものだと断じている[92]。また，イーゼンゼー（Josef Isensee）も，たとえば十字架決定[93]での連邦憲法裁判所の違憲判断を政治部門が無視する法律を再度制定するなど，国論を二分する重要な問題に関する同裁判所の判断に政治部門が反発する事例が相次ぎ，同裁判所が「危機の時代」を迎えている旨を指摘する著名な論考の中で，種々の少数意見が判決の正統化機能を奪っている旨を指摘している[94]。

　他方，代表的な賛成論者として，ヘーベルレ（Peter Häberle）の名があげられうる。同氏は，制度導入の当初からその意義を高く評価し，随所でその利点を強調し続けてきた。同氏は，憲法裁判制度について，「多元主義の憲法裁判」をキーワードに，憲法訴訟法を全ての市民およびグループ（政治的共同体）の参加法として理解する「憲法解釈者の開かれた世界」（公共圏）という構想を，多年にわたり展開している。そして，少数意見制についても，上記のフリーゼンハーンやハイデが強調する諸利点，すなわち憲法解釈を開かれたものとする等の諸利点が，まさにヘーベルレの公共圏の構想に合致するものとされる。さらに，少数意見の存在により，敗訴当事者にとっても，自身の見解が憲法裁判所の中で取り上げられ，その見解が文書化されること等を通じ，真摯に扱われたと感じ慰撫される効果があり[95]，そして裁判官内部での多数意見と少数意見の議論，さらにはその公表を契機とする学説や市

[92) K. *Stern*, Das Staatsrecht der Bundesrepublik Deutschland, Bd. 2, 1980, S. 1042 f..
[93) BVerfGE 93, 1．ド憲判編・前掲注2）（Ⅱ）16事件〔石村修〕。
[94) *J. Isensee*, Bundesverfassungsgericht - quo vadis?, JZ 51, 1996, S. 1085 (1087). ヨーゼフ・イーゼンゼー（ド憲判編）『保護義務としての基本権』367頁以下〔名雪健二訳〕（信山社，2003年）。畑尻剛「批判にさらされるドイツの連邦憲法裁判所（上）（下）」ジュリスト1106号74頁（1996年），同1107号79頁（1997年）。
[95) この点は，*Friesenhahn* (Anm. 46), R 53; *Pestalozza* (Anm. 16), Rn. 41 も参照。

民の議論により，裁判所の内外での対話を通じ，憲法解釈の「止揚」がもたらされうる点などが，その利点として強調されている。また，無理に全会一致を目指して「妥協」する必要がなくなることで，判決・決定の論理的明快性が高まり説得力が高まる点なども，長所としてあげられている[96]。

少数意見制そのものを研究の対象とするモノグラフィーも公刊されるようになり，たとえばミルグラム（Karl‐Heinz Millgramm）は，アメリカ合衆国との比較法的検討や，少数意見制の歴史的展開の詳細な検討も交え，1985年までのドイツ連邦憲法裁判所の裁判に付された少数意見について，どの裁判官がどのような少数意見を付したかという分類表や，第一法廷・第二法廷それぞれの少数意見を年度ごとに網羅する表を付しつつ，包括的に検討している。その際，表現定式や使用理由等に問題のある少数意見の諸例を指摘しつつも，おおむねこの制度に肯定的な立場，とりわけ民主的平等や見解の多様性の確保に資するという観点から叙述がなされている[97]。1992年にはランプレヒト（Rolf Lamprecht）が浩瀚なモノグラフィーを著し，賛否両論や判例を網羅しつつ，慎重・冷静な分析を加えている[98]。

(2) 裁判官経験者の所見

さらに，裁判官経験者も，さまざまなコメントを公表している。一方で，リッタースパッハ（Theodor Ritterspach）は，すぐ後に3でみるように，この制度にきわめて批判的である。ニープラー（Engelbert Niebler）裁判官は，自身も少数意見を執筆した経験をもつが，退任後の1989年の論考で，ドイツ基本法のもとでの裁判官はあくまでも公務を遂行する者（Amtswalter）であり，したがって評議の秘密（法30条1項）こそがその職務の本質部分をなし，少数意見や評決の割合の公表を定める法30条2項は，あくまで「例

---

96) Vgl. nur *P. Häberle*, Grundprobleme der Verfassungsgerichtsbarkeit, in: ders. (Hrsg.), Verfassungsgerichtsbarkeit, 1976, S. 1 (S. 31 ff.); *ders.*, Kommentierte Verfassungsrechtsprechung, 1979, S. 24 ff.. また，ペーター・ヘーベルレ（畑尻剛・土屋武訳）『多元主義における憲法裁判』（中央大学出版部，2014年）322頁等を参照。

97) *Millgramm* (Anm. 37).

98) *R. Lamprecht*, Richter contra Richter, 1992. その他，好意的な論考として，*H. Kühnert*, Das Geheimnis richterlicher Urteilsfindung, NJ 1992, 473. 批判的な論考として，*Fromme* (Anm. 69); *Spanner* (Anm. 69); *Roellecke* (unten Anm.121) を参照。

外」規定として，その「厳格」な解釈をすべき旨を主張している[99]。

他方で，多くの少数意見を執筆したガイガー裁判官は，1981年の時点で改めて同制度の意義を評価し，将来の憲法解釈・法発展に資する旨，強調している[100]。同様に多くの少数意見を執筆したマーレンホルツ裁判官は，比較法的な検討なども踏まえ，1988年の段階での少数意見の数（減少傾向にある旨。後述）や，どのような事案で付される傾向にあるか（憲法問題にとって重要な事実関係の把握における瑕疵を主張するタイプと，方法論における見解の不一致のタイプ）について慎重に分析する小論を著している[101]。連邦憲法裁判所の現長官のフォスクーレ（Andreas Voßkuhle）は，2009年に発表した論考の中で少数意見制の諸利点を強調し，判決の正統化機能を減殺するとする上述のイーゼンゼーの主張にも反論を加えている。いわく，連邦憲法裁判所の判断は，当該裁判については「最後の言葉（das letzte Wort）」であり，その意味で拘束力は問題視されず，他方で少数意見の存在は，憲法解釈そのものは将来に開かれたものであることを示しうることとなる，と[102]。

3 現状

1970年の法改正による制度導入以降，どのくらいの数の少数意見が付されているのかというと，最初の十年は，先に示唆したように法廷の裁判の約12%の判決に少数意見が付されており，これは当初の予測よりも「多かった」[103]とされている。だがその後は減少傾向にあり，連邦憲法裁判所の発表によると[104]，制度施行の1971年から2015年に至るまで（公式判例集30巻～135巻）の法廷の全判決・決定（2,172）のうち，少数意見が付された数は158個

---

99) *Niebler*（Anm. 26), S. 585.
100) W. *Geiger*, Die Abweichende Meinung beim Bundesverfassungsgericht und ihre Bedeutung für die Rechtsprechung, in: H. J. Vogel u. a. (Hrsg.), Festschrift für M. Hirsch, 1981, S. 455 (460 ff.).
101) E. -G. *Mahrenholz*, Das richterliche Sondervotum, in: W. Hoppe u. a. (Hrsg.), Rechtsprechungslehre, 1988, S. 167.
102) A. *Voßkuhle*, Stabilität, Zukunftsoffenheit und Vielfaltssicherung, JZ 2009, S. 917 (922 mit Fn. 90).
103) *Klein/ Bethge*（Anm. 22), Rn. 6.
104) http://www.bundesverfassungsgericht.de/DE/Verfahren/Jahresstatistiken_node.html

であり,全体の約7%という位置づけになっている。アメリカ合衆国のホームズ裁判官が生涯に1人で執筆した少数意見の数よりも少ないということになる。単純に数の比較で考えれば,ドイツでは「偉大な少数意見者(große Dissenter)」は生まれにくいということになるのかもしれない[105]。とりわけ留意が必要なのは,先述のように,受理件数が最も多い憲法異議(全体の約97%)のうち,その大半(約98%)は,少数意見を付す余地のない全会一致の部会決定のレベルで処理されることである。かくして,時に学説において多様な議論を呼ぶ重要な少数意見があることは別としても,またこの制度そのものの重要性・意義は評価しうるものの,少なくとも現状の認識としては,少数意見制は,連邦憲法裁判所の判例像を,ごくわずかな範囲でのみ特徴づけているに過ぎない,との所見が示されるのが通例となっている[106]。

その原因なのか結果なのかは俄かに断じがたいが,学説でも,次第にこのテーマを扱う論考が発表されること自体も,1990年代に入るときわめて少なくなる。声高にこの制度を批判する論者もみられなくなる一方で,ミルグラムが1985年にアメリカ合衆国との対比で行ったような,どの裁判官がどのような少数意見を付したかを分類し一覧化するような試みも,全くなされなくなる。

制度導入時点では,上述のアーント議員に代表される賛成論者は,この制度が連邦憲法裁判所だけでなく,ドイツの全ての合議体裁判所に拡大していくことを期待していたが,そのような広がりは,現在に至るまでみられないところである。州の憲法裁判所の多くは,既述のように少数意見制を採用するに至ったが,ザクセン州のように導入を見送り今に至っている州もある。その理由につき,連邦レベルで制度の是非について賛否両論があったことにかんがみてのことだとの説明がある[107]。

制度導入当初より連邦憲法裁判所の第一法廷の裁判官を務めたリッタースパッハは,1968年のニュルンベルクの法律家大会以来の熱心な議論の中で提示された,この制度導入に寄せられた期待を「ニュルンベルクの多幸症(Eu-

---

105) Vgl. *Lamprecht* (Anm. 98), S. 294 ff..
106) *Korioth* (Anm. 10), Rn. 53.
107) Vgl. *M. Haas*, Der Verfassungsgerichtshof des Freistaates Sachsen, 2006, S. 115 ff..

phorie von Nürnberg)」と辛口に評する小論を著し，その論考を執筆した1987年の時点ですでに，ドイツ全土でその熱狂からの覚醒がみられ，議論状況が沈静化した旨を指摘している。この論考は，全体として制度にきわめて批判的なトーンで書かれており，EUやフランスなど，ヨーロッパの主要諸国でも少数意見制を採用しない例が多くみられること，どのような事件で少数意見を付すべきなのか，そのルールが明確化されていないこと（重要な事件に付くといわれることもあるが，東西統一の基本条約の事件[108]など，国論を二分する重要な事件が全員一致で判断されている），とりわけ理由づけのみに反対する意見は，学術雑誌等で詳細に公表したほうが学問的にも資する部分が多いため，制度として不要であること，など，種々の批判論を展開している。他方で「法（Recht）」を「語る（sprechen）」という意味での「司法（Rechtsprechung：基本法9章の標題）」観，司法権も権力（rechtsprechende Gewalt：同92条）であるという観念，そしてこれらと結び付く裁判の匿名性が，もはや色あせているとする「時代精神」は，たしかに少数意見制に適合するのであろう，いまさら後戻りはできないであろう，この制度に懐疑的な自身こそが「少数意見」なのであろうと，結んでいる[109]。

　もちろん，先述の第一次堕胎事件やイスラム・スカーフ事件などに代表されるように，憲法解釈の根本にかかわりうる重要な問題を少数意見が提起し，判例・学説上の議論に有益な検討材料を与え，学問的議論を活性化させているという例は，枚挙にいとまがない。この点は，多くの論者がほぼ一致して認める少数意見制の意義である。

　他方で，コリオート（Stefan Korioth）は，ドイツにおける最も標準的な憲法訴訟法のテキストの中で，たしかに少数意見は「裁判官内部ないし学問上の議論に資する」こともあるが，これは基本的には裁判所内部での考慮を通じて行われるべきだという。また，「倫理的ないし原理的な学問上・解釈論上の理由から多数意見と見解を共有しえず，自身の見解を公表したいという裁判官の人格・個性（Richterpersönlichkeit）の保持」に資する少数意見は，

---

108) BVerfGE 36, 1. ド憲判編・前掲注2）（ドイツの憲法判例）69事件〔岡田俊幸〕。
109) T. *Ritterspach*, Gedanken zum Sondervotum, in: W. Fürst u. a. (Hrsg.), Festschrift für W. Zeidler, 1987, S. 1379.

「限界事例の場合にのみ」必要とされるという。そして、「本来的意味の少数意見」とは，判例変更をもたらしたり，過去の判例法理との不整合等を指摘する少数意見だという[110]。

とりわけ，裁判官の個性を高めるという，制度導入期にフリーゼンハーンが少数意見制の中心目的に据えた点については，この制度に好意的な論者にあっても，上記のポレーミッシュな少数意見の存在等にかんがみ，慎重さを求めるものが多数を占めるといって差し支えない。たとえばミルグラムは，"少数意見制の目的は，決して裁判官の個性を高めることにあるのではない"[111]と断ずる。概説書でも，少数意見が裁判官の氏名とともに公表されることや，少数意見を別の媒体で公刊することに疑義を唱えつつ，"少数意見はあくまで職務である。裁判所が，市民の名において司法権を行使するのであって，個人の個性を発揮する余地はない。裁判官はあくまで裁判官であり，その意味で匿名である"[112]としたり，"少数意見は「抑制的」に用いるべきである"[113]とする記述がしばしば見られる。

関連して，ドイツでは，連邦憲法裁判所の長官がメディアで定期的にインタビュー等に応じ，政治部門からの批判に応答したり，同裁判所の裁判動向について語ったり，社会問題化している重要な憲法問題についてコメントすることなどが日常化している。こうした「開かれた」裁判官像は，司法の民主化という少数意見制の導入時に主張された目的に資する部分もあるように思われるところであるが，他方で，裁判について裁判官が「外」でコメントすることに対しては，司法の役割ではないという政治部門からの批判的な指摘が近時でもなされることがある[114]。ちなみに，1995年に，アメリカ合衆国最高裁の裁判官との対比を行う中で，当時のドイツ連邦憲法裁判所の裁判官のプロフィールを，その裁判官が執筆した少数意見とあわせて紹介するという論考[115]が著されたが，このような裁判官個人に着目した詳細な論考

---

110) *Korioth* (Anm. 10), Rn. 52.
111) *Millgramm* (Anm. 37), S. 185.
112) *Pestalozza* (Anm. 16), § 20 Rn. 42.
113) Vgl. etwa *Benda/ E.Klein/ O. Klein* (Anm. 19), Rn. 367.
114) 参照，松原光宏「立法裁量のセオリー・プラクシス」法学新報116巻7・8号1頁，4頁，20頁注4（2009年），三宅・前掲注9）26頁。

は，ドイツでは「例外」だという評価もある[116]。

どのような事件・場合に少数意見が付される（べきな）のかは，もとより先述のように明確なルールはないといわざるをえないところではあるが，上述の約7％という数字は，「抑制的」にこれが用いられていることの証左という側面もあろう。また，数の多寡は，個々の裁判官の特性によるという見方も示されている[117]。先述の生活パートナーシップの事件で反対意見に参加した経験が一度あるだけで，自身は一度も少数意見を執筆しなかったシュタイナー裁判官は，法律雑誌のインタビューに答える中で，"制度に批判的ではないが，評議では常に全員一致を目標とした。少数意見の存在は，憲法解釈が常に論争的だとの誤った印象を与える。少数意見への誘惑にかられることもあったが，執筆すればチームの運営等にも影響し，仕事の中でのエネルギーの優先順位は高くなかった"と述べている[118]。

いずれにしても，この制度の長所・意義については，いまだ測れないところも残されているものの，かといって際立ったマイナスが生じているわけでもない。期待されたほどの長所はないが懸念されたほどの短所もないという評価が通例であり[119]，少なくとも現時点で，この制度を廃止すべきだとシリアスに主張する論者は，まずみられないところである。

V 少数意見の理論的分析

上記のような議論の「鎮静化」は，もとより一面においては，制度が安定的に運用されていることの証左とみることもできる。また，この少数意見制度のメリットがデメリットを上回っているからこそ，現在でもこの制度が維

---

115) *B. Großfeld/ H. Roth* (Hrsg.), Verfassungsrichter, 1995, S. 271ff..
116) *Kau* (Anm. 22), S. 476 Fn. 1533.
117) *Benda/ E.Klein/ O. Klein* (Anm. 19), Rn. 367.
118) *Steiner* (Anm. 29), S. 245, S. 246.
119) *K. -G. Zierlein*, Erfahrungen mit dem Sondervotum beim Bundesverfassungsgericht, DÖV 1981, S. 83; *Geck* (Anm. 4), S. 399. Vgl. auch *Rittersbach* (Anm. 109); *Millgramm* (Anm. 37), S. 186f.; *H. J. Faller*, Beratungsgeheimnis, 》dissenting vote《 und richterliche Unabhängigkeit, DVBl. 1995, S. 985; *D. Hennecke*, in: D. C. Umbach u. a. (Hrsg.), Bundesverfassungsgerichtsgesetz, 2. Aufl. 2005, § 30, Rn. 20-21.

持されていると解することもできる。

　他方で，そうであれば，なにゆえにこの制度が，制度導入時の期待のように，現在のドイツ全土の合議体裁判所に拡大していないのか。もちろんこれは，たとえば素人参審員が合議体に加わっている場合の扱いや，「憲法機関」の特性[120]など，考慮すべき問題は多々ある。だが，そうした点も含めて議論が本格化せず，そして現行制度の運用としても「抑制」的である実態の背後にあるものは何なのか，この点を考察することは，あるいはドイツと同じく大陸法系に属し，基本的に司法官僚制（Justizbürokratie）を採用する日本のありかたを考察する上でも，（もとより国民審査制度の有無もあり単純な比較はできないが）無為な作業ではないように思われる。

　この点を考察するに際し，ここではまず，連邦憲法裁判所50周年の記念論文集に，レレケ（Gerd Roellecke）が寄せた論考[121]を一瞥することにしたい。同氏は少数意見制について，その廃止は主張しないものの，きわめて批判的な見地から検討を加えており，その意味で同氏の見解は，少なくとも活字のレベルでは多数説ではない。だがそれだけに，同氏の論考は，この制度を自明のものとして受け入れている法文化に属する者には新たな気づきを与える部分もあり，そしてひいては上記の「鎮静化」の背後にある，賛成派・反対派が明に暗に前提としている理論的基礎を浮き彫りにする上で有為的な視点を提供しうる部分も含まれているように思われるため，ここであえて取り上げることにしたい。

1　少数意見制の歴史的経緯・再考①──司法官僚制の生成と確立の意義

　上記のように，少数意見制の導入の際，アメリカ合衆国の浩瀚な歴史的実践は大いに参照されたものの，少なくとも表向きには，同国を範にとった制度設計・議論は強調されず，むしろドイツの法制度においても少数意見制を導入する歴史的基礎はあったとする[122]のが，ハイデをはじめとする通説的

---

120) 前掲注53)。
121) *G. Roellecke*, Sondervoten, in: P. Badura/ H. Dreier (Hrsg.), Festschrift 50 Jahre Bundesverfassungsgericht, Bd. 1, 2001, S. 363.
122) ちなみに1990年代，ドイツ判例におけるアメリカ判例の影響の有無をめぐり，「アメリカ・アレルギー」をも含んだ一大論争が生じた経緯につき，毛利透『表現の自由』

な論者の説明であった。すなわち，もともとは古代ゲルマンの判決人裁判以来，公開の評議が行われていたが，後にローマ法継受によって法制度が複雑化し，さらに教会法の影響と相まって，評議の秘密を伴う専門職による合議制の司法官僚制が導入されたのであり，この意味で少数意見制の導入は，いわばルネッサンスだ，という説明である。だがレレケは，この通念的な歴史解釈に疑義を示す。同氏の歴史叙述は以下（(1)～(4)）[123]の通りである。

(1) 古代ゲルマン——判決人裁判の起こり

古代ゲルマンはジッペ（Sippe）と呼ばれる氏族共同体によって構成され，ジッペの構成員どうしで争いがあった場合，これを当該ジッペが裁くこととなっていた。その裁判の際には全市民・自由人が集まり（Thing; Ding 裁判集会）[124]，全員がいわば裁判官となり，公開の場で評決・判決を行った。このように評決・判決を，市民全員出席の公開の場で行なう目的は，敗訴当事者が判決に従わなかった場合，共同体からの孤立・追放がありうるという威嚇を示すためである。その際，判決を出した者の側から，判決の後に[125]判決に異議を出すことは許されていなかった。そのような異議は，判決の威嚇効果を減少させ，判決への不服従への期待を敗訴当事者に抱かせるおそれがあるためである。敗訴当事者は，いずれも武装能力をもつ自由人（領主やジッペの長老）であり，その抵抗・不服従は，中世にいたるまで現実的な脅威であった。かような状況の下では，少数意見制は，およそ機能し得

243頁以下（岩波書店，2008年）。なお，同304頁注2では，連邦憲法裁判所のグリム（Dieter Grimm）へのインタビュー結果が記されており，グリムが「憲法裁判所の判決は全裁判官の十分な合議を経て形成されており，「アメリカのような」誰それの執筆した判決というものではないということを強調していた」とされている。

123) *Roellecke* (Anm. 121), S. 369 ff..
124) ディングゲノッセンシャフト式裁判につき，*M. Weber*, Wirtschaft und Gesellschaft, Studienausgabe 5. Aufl. 1972, S. 453 ff.. マックス・ウェーバー（世良晃志郎訳）『法社会学』314頁以下（創文社，1974年）。
125) 判決は判決提案と立会人の賛同とによって成立する。この判決提案を行うことは，全ての裁判集会民の義務である。この判決提案に対しては，これに賛同がなされる前であれば，いずれの当事者も，また全ての裁判集会民も，異議を申し立てることはできた。ただしこの異議（判決非難）は，提案者たる裁判人全員の法意識に対する非難を意味し，いずれの見解が妥当かは，提案者と非難者との決闘によって決せられた。参照，ハインリッヒ・ミッタイス（世良晃志郎訳）『ドイツ法制史概説』56頁（創文社，1954年）。

なかった。

　もっとも，このような威嚇効果を保持するためには，必ずしも市民全員が評決・判決に携わる必要はなく，敗訴当事者の抵抗を抑えることのできる有力者が出席し，公開の場で裁判を行うというやり方のほうが合理的である。かくして，強大な権力をもつ部族の首長が，裁判を行うこととなった。とはいえ首長が自身で裁判を行うことは，敗訴当事者の抵抗にかんがみ，なお危険であった。そこで首長自身は，裁判の際，裁判官とは称されつつも，基本的には裁判を主催するにとどまり，自身の家臣や賢者，有力者を，いわゆる判決人（Urteiler：判決発見人 Urteilfinder）として集め，彼らに裁判について問い合わせ，彼らの所見・評決を判決に加える，という方法が採用されるに至った。

(2)　中世〜近世——判決人裁判の継承と非公開の原則

　その後，この古代から続く判決人裁判の基本構造は，中世・近世を通じ政治組織の様々な平面に拡張され，1555年の帝室裁判所規則においても採用された。同規則によれば，皇帝の代行者である裁判所長（Kammer-Richter）は，裁判の主催者であって自身で評決は行わない。評決を行うのは陪席判決人（Besitzer; Assessoren）である。陪席判決人の資格として，法律学についての学識があり，大学で法律学の講義経験があることに加え，法律学の学位取得者か，あるいは騎士階級であることが要求されていた。

　他方で，古代以来の裁判集会のようなかたちで，公開の評決の場で評決・判決し，不服従者に共同体からの追放を威嚇する，という方法は，もはやライヒ（神聖ローマ帝国）のレベルでは行われなくなっていた。Ⅲでみたように，同規則では評議の秘密が明定された。評議では裁判長が，陪席判決人の所見・評決を集約することとなっていた。その際，裁判長が判決人の判断に配慮しつつ，全員一致の判決を下すことが企図されていた[126]。

---

126) 同規則第Ⅰ部第ⅩⅢ§10：「評決において，陪席判決人の意見が同数に分かれるか，あるいは，八名のうちの三名が重要で相当かつしっかりした理由から少数意見（sondern Meynung）となったときは，争われている事件あるいは争点は，…裁判所長と別の陪席判決人のもとに置かれ，…陪席判決人から若干名の者を指名するか，あるいは，それを別の終局判決に関する合議体，あるいは，…大合議体にかけ，再度報

(3) **教会法（カノン法）の影響——司法権の保持者の委任に基づく裁判体**

ゲルマン時代のように威嚇のための公開裁判が行われなくなったのは，多神論から一神論への変遷があったことも影響している。すなわち，多神論にあっては，ある「神の意志」をもって判決を正統化することは，別の神を信仰する者にとって説得力を持たない。他方，一神論では，そうした神に依拠した判決の正統化が可能となり，また不服従者に対する威嚇としては，公開の場での全員出席裁判というかたちではなく，神罰（劫罰 Verdammnis）を引き合いに出すことができる。

カトリック教会では，神の代行者であるローマ法王が，その一身において教会における最上位の立法者・裁判官・統率者であった。その際，法王自身が司法権を行使するわけではなく，裁判所が法王の名のもとで裁判を行った。この裁判制度は，古代以来の判決人裁判よりもはるかに実効的であったため，世俗の世界でも広く受け入れられるに至った。すなわち，世俗の世界では，教会における法王の位置に神聖ローマ皇帝が就き，領邦レベルでは諸侯（Fürsten）が就く，というかたちがとられた。

もっとも，この裁判手続のもとで存立しえない制度のひとつが，まさに少数意見制であった。裁判体は，最上位の裁判官の委任に基づき，その意思に合致した判決を下す。つまり究極的には唯一の神が，裁判体を通じてひとつの判決を下す。この制度のもとにおいて少数意見制は，構造上，生じえないこととなる。

(4) **近代以降——司法官僚制度**

この司法権の究極的保持者の委任に基づく裁判所という教会法的な裁判手続は，判決人裁判を基本的に継承したライヒのレベルでは貫徹されなかったが，領邦のレベルでは広く浸透していった。その経緯は次のとおりである。

旧帝国は，1806年まで封建国家（レーン制国家：Lehnsstaat）であった[127]。

告を聞いて…一つの判決に調整することは，その裁量による。」邦訳は，文字・前掲注35）225頁。
[127] 邦臣（Vasallen）からの勤務と誠実に対する代償として，邦主から邦臣に期限付きで，後に世襲的に，土地や支配権等の財貨が授与され，この財貨がレーン（Lehen）と呼ばれた。ミッタイズ（世良訳）・前掲注125）106頁以下。

領邦の諸侯や領主は，神聖ローマ皇帝の邦臣として，皇帝の司法権に参与した。また領邦もライヒと同様の構造を有しており，諸侯は領邦内での最上位の裁判官であった。皇帝と同様，諸侯も司法権を個人で行使することはできず，委任する必要があった。もっとも，近代初期には，レーンはほとんど世襲化されており，諸侯が司法権を貴族等に，皇帝と同様にレーン法（Lehnsrecht）に基づいて委譲してしまうと，その権力は世襲されて返還されず，諸侯は事実上，無力化されてしまうおそれもあった。

かくして諸侯は，貴族出身でない，俸給の支払いを受ける使用人にその権限を代行させるようになっていった。この使用人は，諸侯から独立した存在ではなく，諸侯によって任意に任免されうる。この新たな「国務の貨幣報酬（Staatsdienst gegen Geld）」の原理は，マックス・ヴェーバーが官僚制の合理性・利点[128]としてあげた，下記の周知のメルクマールを有するものである。すなわち，①判断手続について，これを判断者の人的属性から解放し，もっぱら手続の中身を志向しうる，②職員は，身分と尊厳ではなく，その能力により，選出・投入・交代させられうる，③人的な影響を最小化し，判断者の変更を容易ならしめるべく，判断を匿名化しうる，④能力・質を形式化・平準化しうる，⑤貴族的でない，人為的な階級を定立しうる，⑤命令を一般化しうる，⑥整序された文書管理をもって，個人の記憶に取ってかえることができる，等々。

これらのメルクマールは，連邦憲法裁判所も含め，今日のドイツ全土の裁判所の制度を特徴づけるものである。かつての諸侯は，貴族制から官僚制へと司法を転換していった。司法官僚は，司法権の究極的保持者たる諸侯の発する一般的な命令（実定法）の執行のために司法権を委任されているにすぎず，自身の権利として司法権を行使することはできない[129]。この制度のもとでは，少数意見制は正統性も機能性ももたない。

裁判官の人的特性（個性・人格：Person）は問題とならず，それはシステ

---

[128] *Weber* (Anm. 124), S. 124 ff., 551 ff.. マックス・ウェーバー（世良晃志郎訳）『支配の諸類型』20頁以下（創文社，1970年），同（世良訳）「支配の社会学」『政治・社会論集』237頁以下（1988年，新装版，河出書房新社）。

[129] 他方で，この一般的な法に基づく裁判を盾に，支配者の個別の命令による裁判干渉を排し，司法権の独立が確立していく経緯について，*Roellecke* (Anm. 121), S. 374.

ムの環境のひとつとなる。かように人的メルクマールを判断手続から排除することは、判断の客観化に資するのみならず、司法の柔軟性、刷新可能性、問題処理能力を拡張させる。カノン法上の訴訟手続やプロイセンの司法官僚制が判決人裁判から決別したのは、かような点に鑑みてのことである。

(5) 小括

このような、司法官僚制の確立の歴史と、主としてマックス・ヴェーバーのいう官僚制の合理性という観点から、レレケは次のように帰結する[130]。

すなわち、少数意見制が「裁判官の個性を強める」というフリーゼンハーンの主張はアナクロニズムだとされる。少数意見制は、古代ゲルマンの判決人裁判の修正形態、前近代の遺物であり、そういうものとして合理性をもつ制度ではなく、ただ伝統のみによって正統化されうるものだとレレケはいう。もとより伝統は、予測の不確実性が問題となる時には重要な論拠となりうるし、摩擦の回避に資する側面もある。だがそれは、伝統は欠如しているものの機能的・合理的な制度の利点を凌駕するものではない、と。

第二に、レレケは、裁判官がその職務において何を行い、また行うべきかは、もっぱら裁判官の正統化の問題にかかっているとする。

すなわち、古代ゲルマンの判決人のように、もし裁判官が自身の権利として、そして同時に「主権をもつ市民の一部」として裁判を行うのであれば、裁判官は個々に評決し、場合によっては多数派と意見を異にしうるし、そうせざるを得ないこととなる。これに対し、カトリックの聖職者やプロイセンの司法官僚のように、もし裁判官が、自身の権利としてではなく、司法権の保持者の委託に基づいて裁判を行うのであれば、その評決は、より一般的な目的のための手段ということになる。その目的とは、その判決を法秩序（司法権の究極的保持者の一般的な命令）に接続させることである（以下の2）。この法秩序への接続の要請が存在しないのであれば、判決は、くじやさいころでも行い得るはずである。

かような観点からレレケは、少数意見制の是非をめぐる議論の中で、この裁判官の正統化問題が直接にテーマ化されていないことを問題視する。現在

---

130) Ebd., S. 374 ff..

のドイツ連邦共和国では，司法権も含め，あらゆる国家権力が市民から発することとされており（ドイツ基本法20条2項1文），それゆえ個々の裁判官は，自己の権利として係争事件について意見を述べることはできない，ということが出発点になるはずだと同氏はいう。そうすると，少数意見制の賛成論者が引き合いに出す「裁判官の個性」なるものは，「職場の楽しみ（Arbeitsfreude)」という類の経営経済上の能率論的な論拠であり，その限りでのみ許容され，そしてそのような成果は目下，検証可能なかたちでは示されていない，と同氏は結ぶ。

2　少数意見制の歴史的経緯・再考②――判決理由の意義

このように，少数意見制の採用によってどのようなメリットが実際にもたらされたのかを示すのが困難になっている理由として，レレケは，そもそも判決理由というものが何なのかが明確にされていないことをあげる。この点にかかる同氏の立論は，以下（(1)(2)）[131]の通りである。

(1)　判決理由の発生史

判決理由付記の義務は，17～18世紀に入ってはじめて生じたとされる[132]。

古代ゲルマンの判決人裁判手続にあっては，全市民が出席し，目に見えるかたちで多数派が圧倒する。また，カノン法における裁判手続においては，神の意思によって正統化されている裁判官の権威について，いかなる理由からも異議が唱えられない。これらにあっては，原則として判決理由は不要となる。

しかし司法権の委任に基づき，司法権の究極的保持者と行使者とが分離すると，保持者の側は，下級審を審査・統制すべく，司法権の行使者に対し判決理由を要求することとなった。かくして，理由付記の義務は，まずカノン法において生じることとなり，これが普通法上の訴訟手続に拡張した。このように理由付記の義務は，発生史的には上級審による統制・審査を可能・容易ならしめるために生じたものであり，訴訟当事者に判決理由が知らされな

---

131) Ebd., S. 376 ff..
132) Vgl. *R. Sprung* (Hrsg.), Die Entscheidungsbegründung, 1974.

かった歴史も，この点から説明されうる。

　もっとも，判決理由と上訴理由とを比較してみると，判決理由を訴訟当事者に公表したほうが上訴されないであろうということを，上訴審の裁判所はすぐ後に知ることとなる。すなわち，判決理由の当事者への公表の目的は，軽はずみな上訴を防止することにあった。

　かくして判決理由は，少数意見制の賛成論者がいうような，訴訟当事者を説得し，あるいはその主観的権利を保護するという目的から発生したものではなく，いわんや「透明性による正義」なるものを保障するためのものでもない。むしろ訴訟当事者の利益は，判決の審査・統制を容易ならしめるという目的のために手段化・制度化されている。これはちょうど，行政争訟が，発生史的には行政の客観的な法律適合性の確保を目的とする構造を有していたこと類似するものである。

　そして，判決理由に社会的な意義があるとすれば，それは，個別事案についての判決を全法秩序に関連させることを容易ならしめることである。この点を考える上では，裁判・判決理由の公開制度の意義をあわせて考える必要がある。——このようにレレケは述べ，公開について次のように説示する。

(2) 司法制度の公開との関係

　19世紀に入ると，司法制度の公開の要請が加わることとなった。しばしば裁判公開は市民の支配を意味し，したがって公開は民主的に要請されている，といわれる。しかし実際上，司法権は，周知のいわゆる連邦憲法裁判所の正統化にかかる一連の理論を通じ，ただ「形式的」にのみ民主的に正統化されうるのであって，それは，たとえば公開・公衆が「正しい」判決をもたらすというような「実質的」なものではない。公衆も誤りうることは周知のところである。厳密には，世論は絶え間なく変遷し，よい考えはよりよい考えによって常に論駁される。この自己矛盾がわれわれにとって妨げとならないのは，公衆というものは時間や場所を持たない，非歴史的な存在だという点にある。

　この観点からは，公衆・公開と民主制との関連性は問題とならない。公衆・公開は，時間的・社会的・客観的に確定可能な観察を意味するのではな

く，一般的な観察を意味し，それでいて直接的な作用（Wirkung）を有するものである。公開・公衆により観察される裁判判決は，あるがままにされるのではなく，社会に適合するかたちで構成・描写される。その限りで公開・公衆は，判決理由と当事者の利益を通じ既に成し遂げられた判決のコントロールを，さらに一般化・抽象化する。裁判判決は，単に一事例についての判断で終わるのではなく，その結論は，社会秩序，とりわけ法秩序に結合させられることになる。

判決理由の公開の意味は，このように，判決を全法秩序に統一的に関連させることにある。そうすると，少数意見制の賛成論者がいうような，少数意見は敗訴当事者の気持ちを慰撫するという主観的な契機は考慮要素にならないはずであるし，それが判決に影響することはむしろ問題である。というよりも何より，少数意見は，その定義上，当該判決の正当性や社会的な有用性を否定するものである以上，判決を法秩序に関連させるという判決理由の機能から考えれば，やはり少数意見は不要なものとなるはずである，と。

3　若干の整理と分析

以上のような観点からレレケは，少数意見制は現代の裁判手続においてはなくても構わないものだと結論する。それでもなお，少数意見制になにがしかの意味があるとすれば，それは「手続的」な意義のみだとする。随所にシニカルな表現がちりばめられており，どこまでシリアスに受け止めるべきかについては慎重に見極める必要もあるように思われるが，そうした留保を付しつつ，以下，この「手続」に関する同氏の立論も含め，少数意見制をめぐる議論の「沈静化」や，実務における「抑制的」な使用の背景，制度賛成派と反対派の理論的基礎について，若干の整理を試みたい。

(1) 裁判理由の存在意義とドグマーティク（体系化思考）

まず，レレケが，そもそも裁判（判決）理由とは何かという点を法制史的に考察し，判決理由の機能は，判決を個別の事案の解決にとどめず法秩序全体に関連させること，そして判決理由の公開の主たる目的もこの機能のためだと指摘している点は，少数意見の「抑制」・「慎重」の原因を考察する上で

も，有為的な指摘のように思われる。

　たしかに連邦憲法裁判所の判決・決定文は，憲法典から出発し，その一般的抽象的法規範の演繹として，個別の事案が解決されるという外形をとる。たいていの判決・決定文は，①事実関係や下級審の判断等を確認するところから出発し，②訴訟要件上の問題を検討し，③実体憲法の解釈についての判断を示し，④それを当該事案に適用して結論を示す。

　とりわけその③憲法解釈を示した部分の記述は，時に「教科書的」であり「教室の模範答案」のような様相を呈し，およそ当該事案から抽象化されたものだとレプシウスは形容している[133]。この抽象的な憲法解釈のレベルでも，初期であれば種々の見解の対立も生じ得ようが，判例の蓄積が進めば，このレベルで少数意見・反対意見が付されることは，特段の事情がない限り期待できなくなる。たとえば良心の自由の制約に関し，判例とは別のパラダイムを前提に論じたシュラーブレンドルフ裁判官の少数意見のありかたに，学説から疑義が示されたのは既述の通りである。

　さらに，いわゆる三段階審査や比例原則が，自由権・防御権に共通しうる判例の思考枠組を一般化・抽象化し体系化した（あるいはこれを批判的に再構成するための）解釈枠組みであることからも推察されるように，判例の蓄積により，憲法解釈の判断枠組みも体系化が進んでいる。イエシュテット（Matthias Jestaedt）は，連邦憲法裁判所の判決文・決定文は，既述のように学問に定位したものであり，そういうものとして，連邦の他の合議体裁判所の判決・決定文との比較では非常に長文にわたることもあるが，しかしアメリカ合衆国最高裁の判決文との比較では，はるかに短いという。その理由として，合衆国最高裁のように少数意見が多く付されないこと，そしてドイツ判例が，脱文脈化・体系化を特徴とする「ドグマーティク（解釈学・教義学）」に定位していることをあげている[134]。

　こうした強い体系思考の中で，少数意見を付す余地があるとすれば，たとえば比例原則の適用の厳格度（審査密度）を決定したり，あるいはその基準

---

133) オリヴァー・レプシウス「基準定立権力」イエシュテットほか・前掲注3）166頁，200頁。
134) イエシュテット「連邦憲法裁判所という現象」同ほか・前掲注3）101頁以下。

を適用して合憲・違憲の判断を出したりする際の，事案の評価のレベルということになろう。だが，事実の評価となると，それが立法事実であれ司法事実であれ，基本的に法律審である連邦憲法裁判所の任務といえるかどうかという周知の問題が生じることは，すでに示唆した通りである。

　この点，アレクシィ（Robert Alexy）が，比例原則の①手段の適合性と②必要性審査は「事実的可能性」の審査であり，③手段の相当性（衡量）が「法的可能性」の審査だと，法理学的見地から整理し指摘したことは示唆的である[135]。①・②の審査が「事実」に裁判所が踏み込むものである限り，立法者の予測裁量を奪うという一連の批判を呼んでいることは周知のところであり，実際のところ連邦憲法裁判所自身も，①・②には深入りせず，③「規範」の衡量を判断の決め手とすることが多い。この④衡量についても，既述のように種々の批判があるところではあるが，少なくともドイツ判例は，この④衡量を行う際，サブの具体的なルールとして，たとえば表現の自由と名誉との調整法理たる「推定ルール」や，職業の自由の場合の「段階理論」などを，事案の蓄積とともに構築してきている[136]。そして，事案類型ごとに先例となりうる基準を選択し，あるいは先例との「区別」を行うという手法は，ドイツにおいてもかねてより意識されてきたところである[137]。

　それでもレプシウスは，少なくともアメリカ合衆国の最高裁判例が，個別の事案に強く関連付けられた多様な基準を形成し，併存させていることとの比較においては，体系思考の強いドイツ判例には，アメリカ判例と同義の「基準」は存在しないと指摘する。たとえばドイツ判例の公式判例集のサイテーションでは，これまでに本稿で引用した部分からも明らかなように，判

---

135) *R. Alexy*, Theorie der Grundrechte, 3. Aufl. 1996, S. 100 ff. 詳細は，渡辺康行「憲法学における「ルール」と「原理」区分論の意義」樋口ほか編・前掲注84）1頁，長尾一紘『基本権解釈と利益衡量の法理』33頁以下（中央大学出版部，2012年），松原光宏「ドメスティック・グローバルモデルとしての比例性原則」法哲学年報2010年度176頁（2011年）等を参照。
136) たとえば，小山剛「憲法判例の現状と憲法学説の課題」公法研究77号50頁（2015年）。その他の例につき，たとえば *C. Bumke/ A. Voßkuhle*, Casebook Verfassungsrecht, 7. Aufl. 2015, Rn. 155 ff. 等。
137) *Alexy* (Anm. 135), S. 504 ff. は，判例のネットワーク，先例拘束，「区別」の手法について論じる。なお，連邦憲法裁判所自身への判例の拘束力につき，*B. Schlink*, Abschied von der Dogmatik, JZ 2007, S. 157も参照。

決・決定の年月日や当事者名等は明示されず，これも，ドイツ判例においては個別の事案の特性に重きが置かれていないことの証左だと同氏は指摘する。

そしてレプシウスは，連邦憲法裁判所が，憲法解釈のレベルでの行論をかように脱文脈化・抽象化・一般化し，しかも近年は先例の引用で済ますようになっていることは，評議での多数派ないし全員一致の判断の獲得を容易にしているという。こうした抽象化は，判決・決定を脱個人化し，判決・決定は裁判官が語っているのではなく法廷が語っているという姿勢をあらわそうとしたものだと同氏は指摘する[138]。

このように少数意見が生まれにくい土壌として，判例におけるこの一般的抽象的法規範の執行という外形，ドグマーティクとの協働に基づく体系化思考（志向）——レレケのいう判決理由の一般化と法秩序への関連付け——があるという点は，とりわけ合衆国への関心の高まりと並行して，多くの論者が指摘するに至っている[139]。憲法解釈のレベルで争いがない場合に行われる部会決定が，圧倒的多数を占めるのも，そのあらわれといえる。

他方で，こうした堅牢なドグマーティクが裁判官同士で共有され，いわば共通の議論の土壌が形成されていることは，必ずしも一面的に批判されるべき状況ではないという見方もできる。少なくともたとえば，憲法解釈の基本的な方法論等の部分における Dissens は，水かけ論の様相を呈するにもなりかねない。ちなみに近時のドイツ判例では，たとえばアメリカ合衆国の判例法理を明示的に引用し，それをドイツ判例の体系の中に取り込みつつ，より個別の事案に関連した基準の定立を志向しようとする傾向もみられる[140]。

---

138) 以上につき，レプシウス「基準定立権力」イエシュテットほか・前掲注3) 196頁以下，200頁以下。
139) この裁判理由の一般性・抽象性に関連し，レプシウスは，連邦憲法裁判所の立論が，当事者の主観的権利から離れた客観法審査のような様相を呈していると指摘する。同上151頁以下。この点は，レレケが判決理由の存在意義につき，行政争訟の歴史における行政の客観的な法律適合性の確保とのアナロジーを指摘した点にも通じ，さらには連邦憲法裁判所の設立当時，憲法異議を通じた個人の権利保護を同裁判所の任務にすべきかが議論されたことからもうかがえるように，同裁判所の憲法裁判権とワイマール期の国事裁判権との連関の未整理という問題にも通じうる。さしあたり，宍戸・前掲注6) 106頁以下。

(2) 司法官僚の位置づけ

　もとより，多様な解釈観と価値観をもつ個性的な裁判官同士が互いの主張をぶつけ合い，そして多数意見と少数意見とのスペクタルクな論争の経過を包み隠さず公衆に公表し，これによって多様な議論の素材が提供され，それがゆくゆくは「正しい」法解釈・事案解決をもたらすはずだという方向性の主張も，あり得るところである。だがドイツ判例は，そうした方向に進むこと，あるいは少なくとも裁判官個人という「人」・「個性」・「人格」の強調については，「抑制的」で「慎重」である。少数意見制度に賛成する論者も同様である。

　その理由，あるいはそうあるべき理由としてレレケは，既述のように，貴族制を排して司法官僚制の確立に至る歴史的経緯を指摘していた。

　フリーゼンハーンに代表される，少数意見制の導入期の賛成論者の基本認識は，既述のように，裁判官と司法を「時代遅れの匿名性」から解放することであった。とりわけ制度導入期は，ナチス期の司法官僚からの決別を強調する論者[141]と，その時期の評価とは別に，司法官僚制自体の継承と合理性を主張する論者の間で，対立軸が構成されていたものと解される。レレケは，主にマックス・ヴェーバーに依拠しつつ，司法官僚制の合理性を主張し，それが現行の連邦憲法裁判所にも鋳造されているという観点から，少数意見制がもたらす「人」・「個性」の強調に批判的な議論を展開している。あくまで国家機関の一部として裁判官が判決を行うことで判決の拘束力（権威）が生まれ，その意味で裁判官は匿名だとするフォルストホフ（それどころか多くの賛成論者）も，同様の問題意識の下にあった。

　もちろん，官僚制の合理性自体，ここで論ずるまでもない古典的な論点の1つである。さらにとりわけ現行ドイツ憲法下の司法官僚の位置づけについては，基本法98条が「伝統破壊」を表明している側面もあるとフォルストホフ自身が留保をつけていたように，現在のドイツにおいても一義的ではな

---

140) 参照，石村修「判批」専修ロージャーナル8号133頁（2013年），小山・前掲注136）62頁以下。
141) たとえば参照，E. フリーゼンハーン（廣田健次訳）『西ドイツ憲法裁判論』11頁（有信堂，1972年）。

い。既述のように1970年の段階で「公職」・「制度体」の保持を主張する論者が支持を集めなくなっていたとの指摘もある。関連して，公務員法につき「職業官吏制度の伝統的諸原則」を保持すべき旨を定める基本法33条5項には，2006年の憲法改正で，公務員法が「継続的に発展」されるべきだという文言が追加された。

いずれにしても，現行のドイツの裁判制度が司法官僚制を採用していること自体は疑いないものの，その伝統を継承した部分と，そこから決別した部分との線引きが，少数意見制の導入当初も今も未整理なままであることが[142]，この"制度に反対はしないが抑制的な使用を求める"という，多くの論者の落とし所の背景にあるように思われる。

(3) 民主制との連関と手続の意義

また，これと関連し，賛成論者がしばしば主張する"司法の民主化"ないし"公開を通じた民主的コントロール"という点について，レレケは，上記のように，司法の民主的正統化と内容的な正しさを切り離す立論を前提に，少数意見・公開・民主制の連関を否定している。その立論の基礎には，社会学者ニクラス・ルーマン（Niklas Luhmann）の所説が置かれているようである。レレケは，ルーマンのいう手続の意義，すなわち内部の参加者と外部の非参加者とを区別し，参加者の「孤立」を通じて「抵抗（Proteste）」を無力化するという手続の意義を出発点としつつ[143]，とりわけ少数意見制との関係では，ルーマンが手続の結果と内容の「正しさ」を区別している点に着目している。

いわゆる（司法の）民主的正統性を論じる際，その正統性の淵源を内容の

---

142) ドイツの司法官僚の位置づけに関連して，石川健治『自由と特権の距離』9頁，26頁，114頁，275頁（日本評論社，増補版，2007年），基本法33条5項につき，ド憲判編『規範力の観念と条件』195頁［渡辺洋］（信山社，2013年）を参照。
143) *N. Luhmann*, Legitimation durch Verfahren, 2. Aufl. 1975, S. 55 ff., 91 ff., 121 ff. und passim. N. ルーマン（今井弘道訳）『手続を通じての正統化』63頁以下，96頁以下，126頁以下等（風行社，1990年）。Vgl. auch *ders.*, Das Recht der Gesellschaft, 1993, S. 207ff.. 同（馬場靖雄ほか訳）『社会の法Ⅰ』224頁以下（法政大学出版局，2003年）を参照。レレケはこの理論を用い，判決人裁判での追放の威嚇を説明し，今日の裁判でもこれは，人間の尊厳を考慮したマイルドなかたちで妥当しているとする。*Roellecke*（Anm. 121), S. 378f..

正しさ等の実体的契機に求めるか，あるいは手続的な契機に求めるか（あるいは機能的な契機に求めるか），という古典的な対立がある[144]。そして，少数意見制の賛成論者の多くが，少数意見の公表により「正しい」判決への議論の契機となる等と主張する際，その背後に，ある種の討議理論（Diskurstheorie）[145]的な発想があるとレレケは指摘する。たしかに討議理論的な発想が，内容の正しさ（あるいは内容の正しさをもたらしうる，議論に関する手続）を志向する立論と親和的である点は，しばしば指摘されるところである[146]。討議理論に明示的に依拠しない場合であっても，主張・反論による「止揚」を可能とする「公共圏」の形成を志向するヘーベルレの立場も，基本的には少数意見の公表が，ゆくゆくは内容的に正しい判決をもたらすという発想に親和的な部分もある。

これに対し，レレケ自身は討議理論に批判的であり[147]，手続論の観点からすれば，少数意見制の意義は，少数意見を付す可能性が手続上のルールの構成要素となっている，ということ以上の意義は認識され得ないという。ゲームのルールは，それ自体が正しいか否か，社会的に有益か否かは問題とならず，ただゲームを可能にし，難易度に差をつけるためにある。これと同様に，少数意見も，それが社会にとって有益か，判決の矛盾を明らかにするか，判例変更を容易にするか，等々の諸点は問題にならず，もし少数意見に意義があるとすれば，それは作業能力を拘束し，連邦憲法裁判所の手続を少なくとも三週間延期するという，上述の連邦憲法裁判所規則55条等が定める手続上のルールをあげればそれで十分だと同氏はいう。そして少数意見を公

---

144) 参照，ベッケンフェルデ・前掲注71）215頁。
145) Vg. nur *J. Habermas*, Erläuterungen zur Diskursethik, 1991. ユルゲン・ハーバーマス（清水多吉・朝倉輝一訳）『討議倫理』（法政大学出版局，新装版，2013年）。
146) アメリカ合衆国の議論との対比も交えて検討を行う近年のドイツの傾向について，メラース・前掲注3）282頁以下，324頁以下，アレクシィの討議理論と司法の民主的正統性論について，*R. Alexy*, Grundgesetz und Diskurstheorie, in: W. Brugger (Hrsg.), Legitimation des Grundgesetzes aus Sicht von Rechtsphilosophie und Gesellschaftstheorie, 1996, S. 343, ロバート・アレクシー（松原光宏訳）「基本権・民主制・代表」法律時報87巻3号60頁（2015年），土屋武「「議論による代表」としての憲法裁判所」ド憲判編・前掲注5）15頁。
147) ルーマン／ハーバーマス論争につき，さしあたり，毛利透『民主政の規範理論』59頁以下（勁草書房，2002年）。

表することの意味も，たとえばサッカーの試合で負けた側の点数を公表しても勝敗が変わらないのと本質的には同様であり，判決の内容の正しさを左右するような事情ではなく，上記の判決理由の公開と同様，公衆の観察の下に判決を固定化し，あるいは訴訟における苦悩の跡が示されるという以上の意味はないとレレケはいう。そのうえで同氏は，少数意見が法的な議論を豊かにするという側面について，たしかにこれは理論的には評価できるが，しかしそれが司法の任務かといわれれば，裁判官や裁判所職員の雇用の確保の要請と大差ない，二次的・副次的な作用であるという[148]。

　もちろん討議理論的な立場，あるいは内容的な正しさ（民衆による国家意思の内容統制）を志向する立場も，ドイツにおける有力な潮流を形成している。さらにレレケにあっても，強大な権力を保持しながらも民主的正統性に相対的に乏しい憲法裁判官が，政党のプログラムと同じように，少数意見を通じ自身がいかなる者かを公衆に公表し，これを通じて公衆の信頼を得ることは法治国的民主制に資する，とされている[149]。だがいずれにせよ，少数意見制と民主制との連関は，民主制の理解いかんにもより論争含みの問題であるにもかかわらず，制度導入期以来，"司法の民主化"というスローガンの下で，この点が自覚的に論じられてこなかった旨の指摘としては，同氏の主張は有為的な側面もあるかと思われる。

　また同氏は，司法の民主的正統性について，司法権が国民から発するとする基本法20条2項をもちだせば実定法的にはそれで十分だという立場である[150]。その観点から，裁判官は自身の権利として裁判について意見できないはずだと主張し，さらに司法権の究極的保持者（国民）の命令たる法秩序への裁判の結合の要請を語っていたが，この基本発想は，「個性」の強調に慎重な多くの論者が前提にするところとなっているように解され，一顧に値する問題提起のように思われる。

---

148) *Roellecke* (Anm. 121), S. 379.
149) Ebd., S. 384.
150) Vgl. *Ders*, Zur demokratischen Legitimation der rechtsprechenden Gewalt, in: J. Isensee/ H. Lecheler (Hrsg.), Festschrift für W. Leisner, 1999, S. 553.

(4) 保革のコード

さらにレレケは，少数意見を通じ裁判官個人に着目すること，とりわけ裁判官を保守・革新に分類するという営為についても問題視する。

すなわち同氏は，同様にルーマンを引用しつつ，保革の「コード」は，それが普遍的に適用されうるものであるため[151]，裁判官の評議にとっても好ましくない効果をもたらしうるとする。そうした保革の分類が広く行われれば，たとえば公衆や弁護士などは，保守ないし革新に分類された裁判官が，将来も同様の方向に進むことを期待する。というのは，人は，再認識可能という意味で同定されるからである。意見が変われば，特色がないとか無定見だとか優柔不断だとか移り気だと評価される。かくして裁判官は，いったん少数意見を表明すると，これを容易に変えることができなくなり，その後の評議においても同様の方向に進まざるをえなくなる。このことを他の裁判官も知っているため，それに備えるようになる。かくして少数意見の公表は，裁判所の評議・判決を，むしろ硬直化するという問題も有しうると，レレケは主張する。

とりわけ憲法裁判所では，こうした裁判官の保革の分類は（法的には禁止されないとしても社会的には）タブー視されるべきであるという。憲法裁判所は，民主的正統性が相対的に低い裁判所が，憲法問題という政治性が伴いうる問題について最終的な決定権を行使する場面であるため，「法」のみに拘束されるという裁判官の自己表出を妨げてはならない，書いた「人」と書かれた「物」を区別することが重要であり，こうした保革の分類を持ち込んではならないという[152]。

もとより繰り返し強調するが，以上に見てきたレレケのポレーミッシュな種々の諸説そのものは，ドイツにおける支配的な見解を代表するものでは決してない。

他方で，少数意見制の賛成論者にあっても，その使用の抑制を求め，実際に抑制的に運用されており，また少数意見に応じて裁判官を保守・革新等に

---

151) *N. Luhmann*, Der politische Code. „Konservativ" und „progressiv" in systemtheoretischer Sicht, in: ders., Soziologische Aufklärung 3, 1981, S. 267 ff.
152) *Roellecke* (Anm. 121), S. 381 ff.

色分けするという営為についても，日常会話ではともかく，少なくとも学問的な議論の中では慎重である。この実態の背後には，保革の「コード」を通じた裁判官の自縛を回避し，法のみに関連する折り目正しい裁判官の自己表出を害さないようにし，党派に左右されず法のみを語る司法官僚としての職業像（Berufsbild）を維持[153]するという発想があり，このことを，とりわけ制度に批判的なレレケが明確に言語化しているものと考え，縷々紹介してきた次第である。

これに関連して，ドイツ連邦憲法裁判所の長官は，既述のようにしばしばメディアに登場するものの，それ以外の裁判官については，メディア・公衆レベルでの露出・反響，あるいはそこで保革に分類される等々の現象が生じる場面は，少なくともアメリカ合衆国最高裁の裁判官との比較では，相対的に少ないといえる。その理由について，単純に裁判官の数の相違（アメリカ合衆国：9人，ドイツ：16人）に起因するものであり，ドイツでも裁判官の数が減れば，より「個人」が際立つこととなろうという指摘もある[154]。もっとも，既述のようにフォルストホフは，この数の相違こそが，イギリスに由来する「人（身分の高い名望家）」としての裁判官か，大陸型の「公務員（国家機関）」としての裁判官かを分かつ分水嶺であり，同じ裁判官といっても「月鼈雲泥（toto coelo）」の差がある[155]という。この連関の論理的な必然性や妥当性について，ここでは即断しかねるが，思考モデルの提示の際の一例証として見れば，そういうものとして示唆的な部分もあるように思われる。

おわりに

以上，ドイツにおける少数意見制の「抑制的」な使用の現状とその背景

---

153) ちなみに，医師・弁護士等の自由職に対する広告・宣伝の禁止の規制目的について，ドイツ判例は，自由職が営利に導かれていない等の「職業像」・「清廉性」への国民の信頼の保持をあげており，これが自由職の職業の自由（基本法12条1項）への制約を正当化するという。BVerfGE 71, 162; 85, 248; 94, 372（ド憲判編・前掲注2）（Ⅲ）44事件〔神橋一彦〕）；111. 366等。近時の判例について，柴田憲司「判批」自治研究90巻7号（2014年）144頁。
154) *Kau*（Anm. 22), S. 475f.．
155) *Forsthoff*（Anm.48), S. 129.

(体系思考,司法官僚制)について素描してきた。もとより,こうした議論状況を,いわゆる法の支配と法治主義という対立図式で過度に単純化して捉えることは,妥当を欠く側面もあろう。裁判所による法創造(Rechtsfortbildung)は,ドイツにおいても日常的に語られている。また,少数意見は「明日の多数意見」だと時にいわれることもあり,これが厳密な法的言明といえるかは別としても[156],少数意見が後に多数意見に「昇格」する例があることも既述の通りである。あるいは「抑制」的であることの反面か,少数意見が付された際,それは判例・学説・市民社会を含めたきわめてインテンシブな議論の嚆矢となる。賛成論者の期待は,目下,抑制的ながらも重要な場面で実現されているといって差し支えないものと思われる。

また,この「抑制」の背後にあり得る,裁判の一体性や匿名性,個人ではなく裁判所が法(Recht)を語る(sprechen)という伝統的な司法(Rechtsprechung)観ないし職業像(Berufsbild)は,たしかにどこか虚構を追い求めているような印象も否定はできないかもしれない。少数意見制が法と正義の相対性を示すことに資するという賛成論者の主張は,それ自体として否定の余地はなく,多くの論者が制度の利点として強調するところである。

他方でしかし,こうした裁判のいわば偶然性・人為性は,法と政治が世俗化され,判決が唯一絶対の神の意思の所産ではなくなって以来,400年以上も前から周知の事実でもある。そのことは承知の上で[157],それでも法秩序を安定的に妥当させる[158]ための方策として,上記のような司法観・裁判制度・体系思考が伝統的に構築されてきたという側面もあり,この伝統の合理性と,新たな時代の要請とのバランス感覚が,この抑制的ながらもインテンシブな議論を喚起する少数意見制というかたちであらわれていると解することもできる。

立憲主義,憲法裁判,違憲審査の制度・手法のグローバル化がうたわれて

---

156) Vgl. *Benda/ E. Klein/ O. Klein* (Anm. 19), Rn. 367.
157) *Roellecke* (Anm. 121), S. 369 は,ラブレー(François Rabelais)の『ガルガンチュアとパンタギュエル』やクライスト(Heinrich von Kleist)の『こわれがめ』などの中世文学ですでに,さいころを振る裁判官等,司法の偶然性・人為性を示す裁判官像が描かれている旨を指摘している。
158) 関連して参照,土方透『法という現象』31頁,35頁(ミネルヴァ書房,2007年)。

久しい今日でも，当然のことながら，その具体的内容やあらわれ方は，各国各様ということがしばしばある。少数意見制をめぐるドイツの議論状況は，裁判官の職務はそもそも何なのか，判決理由は何のために存在するのか，民主制は何を要請しているのか，という根源的な問題がその背後にあり，それはたとえば単純な発展史観のみでは語りえない論争含みの問題であることを知るための，有用な手掛かりを提供するもののように思われる。

　※本稿の一部について，2014年度中央大学特定課題研究費の助成を受けている。

第 7 章　カナダ最高裁判所の少数意見

富井幸雄

はじめに
Ⅰ　カナダ最高裁判所：地位・権限・構成
Ⅱ　カナダの少数意見の概念
Ⅲ　カナダのおける少数意見の基盤
Ⅳ　反対意見の現実と背景
Ⅴ　少数意見の意義と機能
むすび

はじめに

　本章は，カナダ最高裁判所（Supreme Court of Canada（SCC））で少数意見がどのようにいかなる意義をもって展開され，そこにカナダ的特徴があるかを検討する。1982年憲法（「権利と自由に関するカナダ憲章」（以下憲章）がその 1 条から34条までを占める）で違憲審査権を手中にしたSCCは，憲法保障機関としてその政治的機能で着目されるようになっている[1]。それにともな

---

1) 1982年憲法の制定は，SCCを人権保障に積極的な役割を果たすように変容させている。DONALD A. SONGER, THE TRANSFORMATION OF THE SUPREME COURT OF CANADA: AN EMPIRICAL EXAMINATION 7 (2008). それは刑事法の領域で顕著である。Don Sruart, *Four Springboards from the Supreme Court of Canada: Hunter, Therens, Motor Vehicle Reference and Oakes - Asserting Basic Values of our Criminal Justice System*, 12 QUEEN'S L.J. 131, 132 (1987). 富井幸雄「カナダ憲法における包括的基本権──fundamental justice 原理の意味」法学新報121巻 7 ・ 8 号139頁（2016年），参照。1960年のカナダ権利章典（Canadian Bill of Rights）では，人権に関する司法審査は連邦レヴェルに限定されていたものの，裁判官の判決形成過程の行動にも研究のメスが入るようになっていた。Paul Weiler, *Two Models of Judicial Decision-making*, 46

い，SCC 裁判官ひとりひとりの意見が，にわかに注目されるようになり，その任命も議会で公聴会が開かれるようになって，国民の関心をよぶところとなっている[2]。SCC のこうした機能変化＝政治性は，その少数意見にも注意を払わずにはいられなくさせている。最終上告審（last resort）たる SCC で意見が分かれるのは好ましいことなのか，またそれはなぜ起きるのか，裁判官は多数意見と少数意見でどのような行動をとるのか，その判決形成過程はどのようなものなのかは，考察に値する[3]。

本章はまず，SCC とはいかなる機関なのか，カナダの司法制度の中でそれはどのように位置づけられるのかを一瞥する。SCC のユニークな権限や裁判官構成に気がつくことであろう。SCC で判決はどのように形成されるのかもみておこう。そして，そこでの少数意見にはどのようなパターンがあり，いかように評価・分析されるのか，経験的実証的分析に基づく議論を確認する。全員一致（unanimous）の傾向が強い SCC にあって，少数意見がいかなる意義を有するのかを考えてみたい。

カナダはアメリカと同様に，連邦制を立憲主義とする。しかし，アメリカにはない特徴がある。それはおもに2つの文化，イギリスとフランス（ケベック），プロテスタントとカトリックが共存し，並行してコモンローと大陸法といった法二元主義が展開されていることである。このことは，SCC の判決形成，そして少数意見の創出にも影響しているのをみることになろう。カナダは多文化主義を立憲主義原理としており（1982年憲法27条参照），少数民族の政治的主張も無視できなくなっている。SCC の理解には，こうしたカナダ社会の多様性を認識しておかねばなるまい。このことは裁判官の法解

CAN. B. REV. 406, 406 (1968).
2) 富井幸雄「最高裁判所裁判官任命過程における議会の関与―カナダの展開と日本への示唆」法学会雑誌53巻2号257頁（2013年）。*See also*, NADIA VERRELLI, ED., THE DEMOCRATIC DILEMMA: REFORMING CANADA'S SUPREME COURT (2013). 項目を設定して，連邦政府の任命する裁判官を評価するプロジェクトもある。Troy Riddell, Lori Hausegger and Matthew Hennigar, *Evaluating Federally Appointed Judges in Canada: Analyzing the Controversy*, 50 OSGOODE HALL L.J. 403 (2012).
3) SCC の機能が変転していくのと並行して，とられている内部手続は判決形成過程に反映しており，その過程の研究をより喫緊のもの（imperative）にしている。Bonnie Androkovich-Farries, Judicial Disagreement on the Supreme Court of Canada, M.A. Thesis, University of Lethbridge, 2004, at 23.

釈,特に憲法解釈にもさまざまな意見を生み出させることになるとの仮説を生む。はたしてこれが的を射ているか,検証することになろう。

I カナダ最高裁判所:地位・権限・構成

1 制定法によって創設された裁判所

SCC にはアメリカや日本の最高裁にはみられない制度的特徴がある。以下の4点を挙げることができよう。第1に,SCC は憲法によって直接創設された機関ではないことである[4]。カナダ憲法は司法権を規定しているけれども,SCC はカナダ憲法典[5]に規定はなく,憲法に設置根拠を持つものではない。1867年憲法101条を受けて議会制定法(最高裁判所法 Supreme Court Act (SCA))によって,1875年に創設された裁判所である[6]。また,州には裁判所創設権が留保され,既存の民刑事裁判所の管轄権も維持されたのであり,SCC の「一般上告審(General Court of Appeal)」としての位置付けは不明確で,その基盤は曖昧であった[7]。

同憲法96条以下で憲法上司法権と明文化されているのは,各州の上級裁判

---

[4] 1982年憲法には SCC の文言はあり,とりわけ SCC 裁判官の構成は憲法改正事項とされている(41条 d 項)ことから,SCC が憲法上の機関であるとすることに,今は疑いなかろう。

[5] カナダにはアメリカや日本のような単一の憲法典はなく,多様な法令で構成される(1982年憲法52条2項)。ただ,統治機構を定めた1867年憲法(英領北米法 British North America Act)と,人権保障と司法審査制を明文化した1982年憲法(憲章を含む)が主である。

[6] カナダは自治領(Dominion)とはいえ新国家であるから,1867年憲法制定時に,最終の裁判所を創設する気運はあった。制憲者ともいうべきマクドナルド(John A. Macdonald)をはじめ,フルニエ(Telesphore Fournier),マッケンジー(Alexander Mackenzie),ブレイク(Edward Blake)らが積極的である一方で,イギリスの伝統にこだわる者もあり,またケベックのように JCPC で問題ないとする意見もあって,1869年と70年の設置法案は流れた。SCA は1875年11月18日に施行される。LAMBERT M. SURHONE, MARIAM T. TENNOE, SUZAN F. HENSSONOW, ED., SUPREME COURT OF CANADA 41 (2011).

[7] J. SNELL AND F. VAUGHAN, THE SUPREME COURT OF CANADA: HISTORY OF THE INSTITUTION 3-7 (1985). SCC の創設にマクドナルドらが性急であったのは,イギリスがいちいち内政に干渉してくるのにいらだっていたからだという。Id. at 16-17.

所，地方裁判所，郡裁判所である。これらは州に置かれるものの，その裁判官は総督（Governor General）が任命する（96条）。これらの裁判所は各州の法のみならず連邦法についても裁判権を有する。なお，SCCと同様にやはり101条に基づく連邦法によって，連邦裁判所（Federal Court）とその控訴裁判所（Federal Court of Appeal）が設置されている[8]。その管轄権は立法（Federal Court Act）で限定されていて，行政裁判所的である。SCCはすべての司法裁判所の上告審であり，したがって連邦の裁判所であるけれども，州法の判断も行う。なお，州には独自の民刑事裁判権を有する州裁判所（provincial courts）がある（92条14号）[9]。

第2に，SCCはもともと，現在のようなカナダの最終上告審としての位置付けはなく，完全にそうなったのは1949年である[10]。現行のSCAは[11]，SCCがカナダの最終上告の民刑事裁判管轄権を有し，SCCの判決はすべて（in all cases）最終で完結（final and conclusive）だとする（52条）。それまではSCCのさらなる上告審として，イギリス本国の枢密院司法委員会（Judicial Committee of Privy Council（JCPC））があり，連邦制の枠組み，つまり州と連邦政府の権限に関して，カナダの意に反する憲法判断も行っている。1933年に刑事に関して，1949年には民事に関して，JCPCの管轄権が廃された。ここに最終上告審としてのSCCが確立した。

SCC創設時は，SCCの判決すべてがJCPCへ上告できたし，また州の上

---

8) それ以前の連邦の裁判所は，SCC以外，意匠等や租税を管轄する財務裁判所と海事裁判所のみであった。

9) 州裁判所も含めて司法機関には，俸給保障（1867年憲法100条参照）を核とする司法権の独立が及ぶ。Reference Re Remuneration of Judges of the Provincial Court of Prince Edward Island, [1997] 3 S.C.R. 3. 富井幸雄「司法権の独立―カナダ憲法での成熟（二）」法学新報115巻5・6号145頁，174頁（2008年），参照。

10) SCC創設当初の1879年，SCCを最終上告審にする制定法案が法務大臣（Edward Blake）によって提案されるも，ウエストミンスターのイギリス本国議会で否決された（立法手続としては，カナダの立法はイギリス本国議会での可決と国王の裁可が必要であった）。しかし，これはSCCがカナダ司法権の権威と尊厳と憲法の発展に貢献した意義のあることが，歴史的に認められている。W.P.M. KENNEDY, THE CONSTITUTION OF CANADA 341 (1922).

11) Supreme Court Act, R.S.C., 1985, c. S-26 (last amended on Dec. 12, 2013). 本章においてSCAの引用はこれによる。なお創設時のSCCに関する法は，最高裁判所（SCC）および財務裁判所法（Supreme and Exchequer Courts Act）であった。

級裁判所からSCCを経ないで直接，JCPCに上告することもできた。SCCはJCPCの下級審的地位に甘んじることとなり，裁判負担も重くなく，イギリス本国とのきずなの障害にもなるなど，政治的にも不評であった[12]。連邦制に関する憲法判断では，SCCは連邦政府よりであったのに対し，JCPCは州の権限を重視する対照的な態度を見せた[13]。こうした判断はカナダでは支持されず，JCPCもベネット保守党政権やマッケンジー自由党政権の改革を反故にするなど露骨で，州政府はカナダ政府に対して司法権の独立のためにイギリス政府に圧力をかけるよう，要求するようになる[14]。1931年のウエストミンスター憲章に典型的な，コモンウエルス諸国の自治権獲得の流れもあって，1949年12月10日に裁可された立法で，同23日から最終上告審としてのSCCが動き出す[15]。

　JCPCは大英帝国の権威を維持させ，国王の助言者団として単一の理由で判断するのが便宜とされていた。やがて，イギリス本国法に照らして植民地法を判断する裁判所に変容していき，反対意見は稀ではなくなり，公刊されるようになってくる[16]。JCPCはそもそも国王の顧問団であって裁判所ではなく，当初は裁判官で構成されてはいなかった。やがて，イギリスの君主制の経験から，植民地からの上告を法的に本国が処理するのが理にかなうとして，機構としての役割を発揮するようになる。ただ国王への助言であるから，個別意見をルーティンとするイギリスの裁判所と異なり，唯一の理由に基づく単一の判決形式が国王にとって便宜と考えられた[17]。

---

12) SNELL AND VAUGHAN, *supra* note 7 at 23.
13) この展開について，富井幸雄『憲法と緊急事態法制　カナダの緊急権』（日本評論社，2006年）第Ⅰ章。*See also*, JOHN T. SAYWELL, THE LAWMAKERS: JUDICIAL POWER AND THE SHAPING OF CANADIAN FEDERALISM (2002).
14) SURHONE ET ALS, *supra* note 6 at 41.
15) SNELL AND VAUGHAN, *supra* note 7 at 178-195. 最終上告審という「新たな地位は，SCC自身のメリットからではなく，国家的発展から獲得されたものである。第1次大戦と同様第2次大戦も，カナダのナショナリズムにさらなる刺激を与えたし，少なくともカナダ人の自尊心（self-worth）に対してそうである」。*Id.* at 195.
16) PETER MCCORMICK, SUPREME AT LAST: THE EVOLUTION OF THE SUPREME COURT OF CANADA 7-8 (2000). JCPCはカナダに関して特別に創られたものではないが，SCCに最終上告権が認められた時，JCPCは最終上告審の地位をすべて終え，カナダに関しては75年間君臨したことになる。*Id.* at 8.
17) *Id.* at 6-11. カナダからの最後のJCPCへの上告はPanoka-Calmer Oils v. Wakefield

2 SCC の権限

第3に，SCC はカナダ法の意味を宣言する最終権威者で，次の3つの管轄権を有する。第1は，裁量的上告（applications for leave to appeal（ALA））である。これは1975年の SCA の改正でもたらされた。当然に上告が認められるものではなく，SCC が上告の可否を決める。SCC が却下すれば，それで訴訟は終わる。この法改正は SCC の負担を軽くするためであったけれども，SCC にそのアジェンダをコントロールさせるのに大きく寄与するところとなった。SCC が ALA を認めるには，「そこに含まれているいかなる問題も，その公的重要性，あるいは法問題，もしくはそうした問題に含まれる法と事実の混合問題が重要であるが故に，SCC によって判断されるべき，またはその他の理由から，SCC によって判断されるのを保障するような性質あるいは相当性をもつものであるとの意見をも」たなければならない（SCA40条1項）。ただこの公的重要性（public importance）には，その定義規定もなければ，ALA を認めるガイドラインも存在せず，ALA は SCC のほぼ完全な裁量になる。今やほとんどのケースがこの ALA であり，SCC は訴訟事件表の統制権（docket control）を握ったのである[18]。審査は，長官が選出する3人の裁判官で構成される3つのパネルのどれかに付託され，そこでほぼ全員一致で諾否が決められる（SCA43条）。上告を認める意義があるかの審査は全くの自由で，アメリカ最高裁の4人ルール（rule of four）のようなものはない[19]。第2が，権利として上告（appeals as of right：AAR）であ

で，1959年に判決が下されている。*Id.* at 11.
[18] SONGER, *supra* note 1 at 76. 1970年から2003年まで SCC が取り上げた事件の内訳は，刑事39.5％，市民的自由5.6％，公法15.9％，税5.5％，私経済27.3％，その他3.6％である。*Id.* at 54. 憲章制定以降，2003年まで60％が刑事事件であり，憲章以前は私経済の紛争がほとんどであったのと対照的である。*Id.* at 60. これは憲章制定という制度の変化にのみ基づくものであって，同時期のイギリスやアメリカには見られない変化である。*Id.* at 68. 1975年当時の SCC 長官であったラスキンは，この改革がおおよそカナダ総ての司法判断可能な問題が，SCC によって究極的に決定される潜在をもたらしたとする。Bora Laskin, *The Supreme Court of Canada: The First One Hundred Years a Capsule Institutional History*, 53 CAN. B. REV. 459, 468 (1975).
[19] SONGER, *supra* note 1 at 48, 52. もっとも，その判断のプロセスは概して，アメリカの裁量上告（certiorari）のそれほど，政治的ではないという。DONALD R. SONGER, SUSAN W. JOHNSON, C.L. OSTBERG AND MATTHEW E. WETSTEIN, LAW, IDEOLOGY, AND COLLEGIALITY: JUDICIAL BEHAVIOUR IN THE SUPREME COURT OF CANADA 77 (2012). ア

	2006	2007	2008	2009	2010	2011	2012	2013	2014
AAR	7	16	18	14	24	12	15	18	16
ALA	506	602	528	552	488	557	548	491	558

A表：ALAとAARの定数

り，ALAで上告を認めたものと同様に，審理に入る。これにはSCC裁判官に裁量の余地はない。

　SCCの訴訟負担の程度やALAの割合の推移はA表のとおりである[20]。

　第3が，レファレンス（reference）である。SCCにはアメリカ最高裁にはない勧告意見制度がある。これには総督（Governor in Council）が照会するものと，SCCもしくはその裁判官2人が照会する，上院あるいは庶民院の個別法案に対する審査の2種類がある（SCA53条，54条）。多用されるのは前者で，憲法解釈や，連邦や州の法律の合憲性等に関する重要な法あるいは事実の問題について，総督はSCCに判断を求めることができる。憲法問題のレファレンスにはSCCに応答する義務があり，多数意見とともにそれと異なる意見を，理由を付して正確に表明することが明文で要求されている（SCA53条4項）。この総督による照会制度（レファレンス）は，1875年にSCCが創設された時から認められていた[21]。

　SCCの歴史を見れば，名実ともに最終上告審となった1949年は大きな転換点であり，さらにラスキン（Bora Laskin）長官（1973-84）の前後がSCCの分水嶺とされる[22]。在任中の1975年にSCAが改正され，SCCにALAが認められるようになり，彼はリーダーシップを発揮して，革新的で透明性の高いSCCを確立させた。この改正で，SCCはより重要な事件に集中できるようになり，またホットな事件には，公的に熟するのを見計らうタイミング

　　メリカ最高裁の制度については，少数意見制も含めて，本書第3章（見平典筆），第4章（大林啓吾筆），参照。
20) SUPREME COURT OF CANADA, SUPREME COURT OF CANADA: STATISTICS 2004 TO 2014. これを基に筆者が作成した。
21) 総督は，「自らが適切と考えるいかなる事項にも」勧告的意見を求める権限を与えられていた。SNELL AND VAUGHAN, *supra* note 7 at 9.
22) MCCORMICK, *supra* note 16 at 82, 86.

をとれるようになったのである。

　SCC は，この1975年の法改正でアジェンダをセットできるようになった。SCC のアジェンダはそれまで私経済ビジネスがほとんどであったのが，この70年代に入って刑事事件が急激に増加し，憲章後その割合は60％を超える[23]。憲章後は，それ以前制定法の解釈中心であった事件の割合が憲法事件とほぼ同数に推移しており，憲章は明らかに SCC のアジェンダ・セッティングを変えたといえる[24]。

3　多様な裁判官構成（diversity）

　第4に，SCC の裁判官の構成には出身地域に特化したバランスが，法制度として求められていることである。SCC はエリートの法律家からなる同輩者団である（collegial body）。創設時，SCC の裁判官は6人であったが，1927年に1人追加され，1949年に現在の9人構成となっている。総督によって任命される（実質的決定権は内閣）。もともと政権との結びつきが強い人事であったが，1973年に憲法学者であるラスキンが任じられた時，その環境は変わった。彼は学問的業績はもちろん，法律家としても評価が高く，控訴裁判所裁判官の経験もあった。法はその資格として一定年限の州の法律家の経歴を記すのみで（SCA 5条，5.1条），選考過程のありよう等には規定がない。なお，アメリカの連邦制と異なり，州の上級裁判所の裁判官も総督が任命し，司法権は連邦政府（執行権）がかかわっていることに留意したい。

　これは，裁判官任命に政治的バイアスがかかることを物語る。保守党と自由党のほぼ2大政党で政権を交互に担当するカナダ政治にあって，そのことは織り込み済みである。従来，その任命過程は執行権の専権として不透明であった。近時，アカウンタビリティを目指す改革がなされ始めている[25]。議会による聴聞会の開催はそのひとつで，2006年，保守党のハーパー政権の時，ロスティン（Marshall Rothsein）任命時に，議会で公開の聴聞を実施し

---

23) SONGER, *supra* note 1 at 59-60.
24) *Id.* at 70-76. SCC のアジェンダ・コントロールには，中央政府の直接の影響力はさほどないとしている。*Id.* at 82-83.
25) 富井幸雄「最高裁判所裁判官の任命（一）（二）」法学新報114巻1・2号119頁，3・4号73頁（2007年）。

たことに始まる。ただこのプロセスは法制度ではないので，行われずとも法的に問題はない。事実，直近の任命であるコテ裁判官（Suzan Côté（2014年11月就任））にはなされていない。

法が形式的要件として明記しているのは，9人のうち3人はケベック州の法曹であることだ[26]。その他の裁判官は慣習上，3人はオンタリオ州，2人は西部・太平洋，1人は東部・大西洋州からとなっている。地域や英仏圏のバランスへの配慮はSCCの特徴である。ケベックの特別枠は，フランス法を認めることから，SCC創設当初に既に認識されていた[27]。

さらにジェンダーのバランスも絶妙である。制定法の要請ではないが，4人が女性であることは定着しつつあるようだ。ジェンダーが少数意見形成の要因になるかはわからない。トルドー首相によって憲章制定の1982年にカナダ初の女性SCC裁判官に就任したウイルソン（Bertha Wilson：1982-91）は，アメリカの研究でも多様な見解があるとしながらも，女性独自の視点が存在する法領域はなく，中立的な法原理がほとんど確立しているとして[28]，ジェンダーが意見を異にする決定的な要因であるとはみていない。もっとも，ラマー（Antonio Lamer（1980-2000：90-2000長官））コートでは，マク

---

26) ケベックの現職の法曹でなければならない。Reference re Supreme Court Act, ss. 5 and 6, 2014 S.C.C. 21. ハーパー首相は，ケベックの枠で連邦裁判所裁判官ナドン（Nadon）をSCC裁判官に任命したが，SCCは，法は現職のケベック法曹からとしていると解釈して，これを無効としている。富井幸雄「カナダ最高裁の構成と立憲主義――カナダ最高裁裁判官任命無効判決」法学新報121巻5・6号227頁（2014年），参照。

27) SNELL AND VAUGHAN, *supra* note 7 at 8. 中央統治機構における地域代表性は創設時，主要な関心事となっており，6人のうち，法で2人はケベックとするものの，残りの4人をどうするかははっきりしていなかった。ともかくオンタリオにはケベックと同数が割り当てられるとして，残りの2人は中央カナダ以外から選ぶとしても，西部とかのこだわりはなかった。そこではむしろ，政治配分，自由党と保守党と中立派のバランスが強調された。*Id.* at 12.

28) Bertha Wilson, *Will Women Judges Really Make a Difference?* 28 OSGOODE HALL L.J. 507, 515 (1990). もっとも，ジェンダーが影響しないとも断言しておらず，不法行為や刑事法，家族法の領域でジェンダーの差異は影響があろうとしている。*Id.* at 512. 「女性の弁護士や裁判官が人生に異なった視点をもって，判決形成過程に具備されるべき新たなヒューマニティをもたらすことができるなら，おそらくそれは差異を生むことだろう。多分それは，十分に人間的にあることの意味を理解することに法を融合させることで，成功することであろう」。*Id.* at 522. ウイルソンはSCC裁判官各人の孤高の矜持を尊重し，多様性のある意見が法の発展に不可欠との哲学の持ち主であった。ELLEN ANDERSON, JUDGING BERTHA WILSON: LAW AS LARGE AS LIFE 166 (2001).

ラックリンとローリュデュベの両女性裁判官は多数意見から目立って孤立しており、またウイルソン自身もラスキン、ディクソン両コートで反対意見者として際立ったことから、女性であることが何らかの差異をもたらすかは議論されよう[29]。

4 SCCの判決形成過程[30]

SCCの判決形成過程は法の規定するところではなく、秘密のベールにおおわれている。SCAはセッションの定足数を5人とし、判決は公開の法廷で行うと規定するのみである（25条、26条）。ALAあるいはAARでSCCのアジェンダにあがれば、それが5人、7人、もしくは9人全員の、どのパネルで審議されるかは、最初に決められることになる。これは長官の裁量であり、事前に他の裁判官と相談するなどのルールはない[31]。フォト長官（Joseph Honoré Gérald Fauteux）は処理事件の77.5％を5人パネルに割りあてたけれども、ラスキン（39.9％）、ディクソン（Robert George Brian Dickson）（33.3％）、ラマー（Antonio Lamer）（25.7％）、マクラックリン（Beverley McLachlin）（11.6％（2007年まで））と、5人パネルは次第に減っていく。

---

29) MCCORMICK, *supra* note 16 at 138. 2000年にはコモンロー諸国で初となる女性の最高裁長官マクラックリンMcLachlin（現在に至る）が就任し、この問題に関心がもたれる。マコーミックの分析では、マクラックリン・コートでジェンダーの影響を考える必要はなく、裁判官は性にかかわらず、その法律家としての経験や学識に基づいて職務をこなすのであって、その意見の正当化をジェンダーに求める必要はないとする。*Id.* at 154.

30) 本節は断りのない限り以下に基づく。SONGER, *supra* note 1 at 110-141. ソンガーの同書は理論ではなく、SCC裁判官の匿名のインタビューに依拠して、そのプロセスを明らかにする。*See also*, SONGER ET ALS, *supra* note 19 at 71-93. SCCの判決形成過程は強固な同輩者同士（collegial）の規範が浸透しており、たしかに裁判官は自由に評決できるけれども、妥協が可能かを最初に探るという。結果、SCCの「裁判官は、しばしば、そうした妥協が単一にされた声で裁判所が語るのに資するなら、個人的に志向したものよりも、非拡大的な法解釈に基づく判決か、妥協の文言かのどちらかを受け入れる意思がある」。*Id.* at 93.

31) ラスキンは9人全員の法廷を好んだが、5人のパネルにするかどうか、他の裁判官の意見に関して行使されてきた割り当て権（power of assignment）を放棄したとは思わないと述べている。Bora Laskin, *The Role and Functions of Final Appellate Courts: The Supreme Court of Canada*, 53 CAN. B. REV. 469, 470-71 (1975). ウイルソンは、裁判官の間でどのように判決に達するかの議定書の作成を主張していた。ANDERSON, *supra* note 28 at 163-165.

ディクソンは7人パネルを多用し（56.9%），ラマーもそうであったが（43.9%），マクラックリンは9人パネルを多用している（51.7%）[32]。これを事件の類型（刑事，市民的自由，税，その他の公法事件，不法行為，その他の私経済事件）でみると，刑事や市民的自由は7人パネル（39.4%，45.8%）や9人パネル（33.4%，46.4%）に割り当てられているのに対して，不法行為やその他の私経済事件は5人パネル（57.4%，54.4%）に回されている[33]。

次に，各パネルで双方当事者の弁護士による1時間の口頭弁論がなされる。現在これはネット（SCCのHP）や公共チャンネル（CPAC）で記録，公開され，動画配信されている。このとき訴訟参加人（interveners）も弁論を提出できる。参加人は年々増加し，カナダ法務長官がもっとも頻繁に参加人となる。

これが終わると，裁判官全員の，数分から数時間にわたる会同がもたれる。大卓に年長者から順に着席し，誰が意見を書くかを決める。長官は「対等者中の首席（first among equals）」にすぎない[34]。ここでは全員一致の判決が書けるか，それとも明らかに1つ以上の判断がありうるかについて，意見が交わされる[35]。その過程で多数派ができれば，その中の誰かが意見を書くと申し出るし，そうした者がいなければ，長官が指名する。これにはルールはないが，裁判官の先任度や専門性，特別の関心などが考慮される。無論，

---

32) SONGER, *supra* note 1 at 116, Table 5.2. 各裁判官の長官在任期間は，フォトが1970-73，ラスキンが73-84，ディクソンが84-90，ラマーが90-2000，マクラックリンがそれ以降（至現在）である。
33) *Id.* at 115, Table 5.1.
34) 立憲システムでは重要な行政的権限を有している。裁判官法（Judges Act）によって，SCC長官は全州の上級裁判所長官で構成されるカナダ司法院（Canadian Judicial Council）を主宰する。これは，司法権全体の向上のためにディスカッションや研修，研究などを行う。1947年の総督に対する特許状（The Letters Patent）は，総督が入院などで執務ができない時や1カ月以上不在あるいは死去した時，SCC長官（これがいないときは上級裁判官）がカナダ管理官（Administrator of Canada）となって，総督の権限すべてを代行するとしている。最近の例では2005年，総督の入院でマクラックリンに適用された。長官は正式にカナダ副総督（Deputy Governor General of Canada）に任じられる。長官就任に先立ってカナダ女王枢密院（Queen's Privy Council for Canada）のメンバーとして宣誓する。またカナダの最高勲章（Order of Canada）の選考諮問委員である。SURHONE ET ALS, *supra* note 6 at 38-39.
35) Bertha Wilson, *Decision-making in the Supreme Court*, 36 U. TORONTO L.J. 227, 236 (1986).

他の裁判官からのコメントや意見等もありうる。そうしたものを考慮しながら，担当者は判決を作成する。多くの時間を要する大作業であるけれども，裁判官間でインフォーマルなサジェスチョンや修正など，ありうる。メモや草稿の交換といった，相互作用的なプロセスなのである。

　こうした判決形成も含めて，裁判官の意見表明には相当な時間を要する専門的なリサーチが不可欠だ。それを担うのが調査官（Supreme Court clerks）である[36]。1967年以降，法調査補助のために調査官を雇うようになり，一般にはトップランクの法科大学院の卒業生から任じられる。ただアメリカと異なり，特定の法科大学院に限定されない。1968年に初めてSCC各裁判官に提供されるようになり，1982年までは陪席裁判官は1人，長官は2人であったが，1984年に各裁判官に2人提供され，1982年以降はいずれも3人となっている。ディクソンによれば，調査官は土日もなく働き，担当裁判官の論文や講演の原稿書きはもちろん，法調査にくわえ，判決やメモのドラフトを作る。ディクソンは各事件ごとに20〜50頁くらいのメモを作らせていたといわれ，ウイルソンは意見を聞くなど調査官を重用したが，さほど使わない裁判官もいるという。憲法問題をはじめ困難なケースが増加しており，最新の学説などもリサーチする必要があり，調査官は裁判官の意見形成に有用な貢献をしている。

　長官は全員一致の1つの意見を望み，明らかに異なる意見を持つ裁判官にはやんわりと圧力（gentle pressure）をかけるようだ。また，法学界が判例となる法廷意見の先例としての意義を理解するのに混乱を来すから，反対意見よりも補足意見を嫌がるともいう。法廷意見の作成に妥協あるいはバーゲニングがあるのを好む者もあれば，消極的に捉える者もある。ソンガーは，ラスキンもディクソンも全員一致が裁判所の信頼や法的安定性を確保するにはよりよいことなのは承知していたけれども，全員一致の明確さと多様な意見の柔軟性の間の緊張は，裁判官が決して解決しない視点の相違（differences of perspective）をもたらしたとする。

---

36) SURHONE ET ALS, *supra* note 6 at 7. SONGER, *supra* note 1 at 139. ウイルソンにあっては，調査官の徹頭徹尾の参画は意見の作成に完全に必須のものであった。ANDERSON, *supra* note 28 at 159.

ウイルソンは，コモンローにあって司法判決は，調査官等を使っても裁判官の責任であり，ケースバイケースで裁判官個人の個性的なチャレンジだとしたうえで，その形成にはおもに4つの葛藤や緊張があるとする[37]。第1が正義対合理（justice v. rationality）で，個別の事件で正義を実現しようとするものと，特定の領域での判例の発展を合理的にしようとするものとの緊張である。第2が確実性対適合性（certainty v. adaptability）であり，法の確実性を達成しようとするものと，変転する社会的状況への適合性を確保させようとするものとの緊張である。第3に個別具体性と，裁判所を判例の総括管理者としてみるものとの緊張である。第4に裁判官は裁判所の個々のメンバーであるとの見方と，裁判所を1つの機関とみるものとの緊張である。カナダにあって，憲章はさらに2つの動揺をもたらしたという。第1に，司法審査制導入に象徴されるように司法国家となり，それはイギリス型の議会主権は後退させたとともに，SCCを政治機関にした。第2に，裁判所の能力の拡大，つまり司法積極主義となり，SCCは立法事実を精査して，人権保障機関としての裁判所の役割を見極めた仕事をなすようになった[38]。

公刊される判決や意見は，こうした裁判官個人の内面の相克の所産でもあろう。

II　カナダの少数意見の概念

SCCの判決形成過程で少数意見が生まれる。一般に，最終上告審の意見表明には3つの類型がある[39]。記名の順繰り意見（seriatim），全員一致（per curiam），その混合（mixture）で，seriatimは英国の伝統であり，per curiamは無記名の（faceless, nameless, anonymity, unanimity）裁判所の1つの声

---

37) Wilson, *supra* note 35.
38) これには保守的立場から司法が純粋法原理機関たるべきとの批判があるが，ウイルソンはこれを否定する。すなわち，司法判決は十分な訓練を受けた裁判官の生産物であり，法と証拠に基づいた司法プロセスでの果実であって，公法訴訟は伝統的な二当事者間の対立ではもはやなく，穏健な解釈が必要とされるものに変わったとする。*Id.* at 242.
39) Ruth Bader Ginsburg, *Remarks on Writing Separately*, 65 WASH. L. REV. 133 (1990).

による判決であり，こちらは大陸法の伝統である。

カナダで seriatim は，その最後の判決となる Hossack v. Hertz, [1966] S.C.R. 28までは，一般的であった[40]。カナダは mixture で，真に全員一致（unanimous）で統一性を保つはたらきと，多様な法解釈を反映させる（fragmented outcome）はたらきの，両方の余地を与える。イングランドでは少なくとも17世紀以降，多数決（majority voting）が好ましいコモンローの決定様式となっていく[41]。コモンロー自体，永久確定的な規範ではないのであって，不断の再検証に開かれた法なのである[42]。

SCC には seriatim の伝統があり，意見は個別に読まれるため，多数意見（majority）と少数意見（separate）を区別するのはいつも容易なわけではない。また，ラスキンそしてディクソンが慣行として確立させた per coram がある。これは判決を書くのにその執筆者を特定明示せず，「当裁判所は（the Court）」として判決を下すもので，ディクソン・コートでは50以上ある。その後のラマー・コート（1990-2000）では見られなくなる。

通例，判決文では，アメリカのように多数意見＝法廷意見としてその執筆者を明示する。「本裁判所の判決は裁判官 X によって書かれた（The judgment of the Court was delivered by X）」で始まり，少数意見はその後，個別の裁判官が賛成意見（concur）あるいは反対意見（dissent），一部賛成一部反対（partly）と，冒頭に掲げて述べられる。

少数意見は多数意見とはリーズニングを異にする（disagreement）と，大枠でくくることができる。結論が同じであれば賛成（補足）意見（separate

---

40) Peter McCormick, *Second Thoughts: Supreme Court Citation of Dissents & Separate Concurrences, 1949-1996*, 81 CAN. B. REV. 369, 374 n.19 (2002). カーウィン長官（Patrick Kerwin: 1935-63, 54以降長官）のときである。seriatim は，各裁判官が独立して理由を書き，その結果が上告に賛成か反対の投票となること，どの理由も他の裁判官のそれにいかなる結びつきをもつものでなく，特定の同定される指導的な理由のセットに関連してその位置づけが決まること，の2つの特徴を有する。*Id.*

41) John Adler, *Dissents in Courts of Last Resort: Tragic Choices?* 20 OXFORD J.L. STUD. 221, 233 (2000).

42) *Id.* at 234.「反対意見の慣行は，コモンローが歴史上偶然の（contingent）社会的価値を理由づけするものだとの主張を促す。そこでは，司法の意見の権威や重さは自らの認定を述べる1人の専門家の権威であって，公的で最終的な正式の権威ではない。コモンローのイデオロギー的な正当化は，その合理性と歴史的適切さの共有されたセンスに訴えることにある」。*Id.* at 233.

concurrence) となり，結論も異なれば反対意見（dissent）となる。それぞれに同調（join）という形で自らは詳細に意見を展開しない場合もある。

単独反対意見（solo dissent）に着目するものもある[43]。自分以外の権威ある他のSCC裁判官に対して，「まちがっている（got it wrong）」を公言するもので，ラスキン・コート（1974年）からマクラックリン・コート（2003年まで）で133ある。それには，多数意見と同じようにしっかりした論理構成の法議論である独立反対意見（free-standing dissent），特定のポイントについてのみ攻撃する限定反対意見（limited dissent），下級審の理由づけを復唱する採択的反対意見（adoptive dissent）の3種類がある。

III カナダのおける少数意見の基盤

1 最終上告審としての宿命

SCCは，どのような事件を取り上げるかの裁量的上告を認められ，自らアジェンダ・コントロールができるようになったので，政治に対する影響力を加減できる。さらにSCCの同僚間の一体的責任意識は意見としての立場の決定に作用し，裁判官の間での彼（女）らの個人的独立性と制度的責任のブレンドをみせるようになる[44]。カナダ法の最高のエリートとして，SCC裁判官はどんな理由でどんな意見を書くかはそれぞれに開かれており，それはむしろ責務であるともいえる。SCCには，国家最高次の裁判所として，国家法の主要な問題に関する争いに有権的な解決を与えることと，下級審にリーダーシップを提供することの2つの主要な機能がある[45]。

---

43) Christine M. Joseph, *All but One: Solo Dissents on the Modern Supreme Court of Canada*, 44 OSGOODE HALL L.J. 501 (2006). 単独反対意見の背景は謎であるけれども，SCC裁判官がコンセンサス規範を緩め，個人的傾向にしだいにシフトさせていく意図がみえるとし，ただそれはSCCが同輩者団であることを減じるものではなく，むしろSCCが全く1つである（all but one）のを具現化する時があると認識するものである。*Id.* at 525.
44) Laskin, *supra* note 31 at 476.
45) Peter McCormick, *Blocs, Swarms, and Outliers: Conceptualizing Disagreement on the Modern Supreme Court of Canada*, 42 OSGOODE HALL L.J. 99, 105 (2004). *See also*, SNELL AND VAUGHAN, *supra* note 7 at 255-56. SCC裁判官は，憲章の解釈や理解を自

憲章制定による司法国家の創設とレファレンスという抽象的な憲法解釈権は，SCC を政治的な機関とさせるに十分であり，法創造機能もあいまって，政治部門，とくに議会との関係に緊張がはしる。司法機能の本質については，基本的に紛争解決（adjudication of disputes）とみる立場と，政策形成（policymaking）を認めるものの2つのモデルがある[46]。憲章後は，カナダで高度に論争的な問題を取り上げ，SCC は強い政治的な含蓄をもたせて政策形成に積極的だとも指摘される[47]。

これは権力分立の観点から，また民主主義の観点から，裁判所が政治機関になるのを危惧する議論とからんで，違憲審査制の正当性をめぐって常に関心の持たれるところである。憲章制定後の SCC の違憲審査に政策形成機能があるのは疑いない[48]。一般に SCC の判決領域（docket）は，刑事，市民的自由，政府規制，税，不法行為，私経済，その他に分けられる。SCC では，刑事と市民的自由に関する判断が顕著に増えている[49]。

2　コモンロー裁判所としての少数意見の伝統

SCA には，日本のように（裁判所法11条）少数意見を付し公刊するのを要請する規定はない。しかし，SCC には1875年創設当初から少数意見はあり，アメリカの最高裁（初代長官マーシャルは per curiam を当初の4年間，取っていた）と異なり，SCC は1877年に下した初の判断で[50]，反対意見を含

由にテストできる情況になって，カナダの司法や法制度にきわめて必要とされるリーダーシップやガイダンスを提供するのであるという。

46) Weiler, *supra* note 1. 現実にはどちらが正しいというのではないし，法理論的にも決着がついた話ではない。*Id.* at 471. *See also*, SONGER, *supra* note 1 at 142-43. このいわば司法哲学が，個別裁判官の判断形成を異にする分け目（cleavage）になるといえる。*Id.*

47) *Id.* at 144. 無論，憲章そのものは SCC を政治機関に仕立て上げてはいないけれども，SCC が政策を形成する時，政治的な帰結を変える潜在性を持つのである。*Id.* 憲章は「政治の法化あるいは司法化（legalization or judicialization）」を導いたともいわれる。*Id.* at 146. *See also*, Androkovich-Farries, *supra* note 3 at 42-43. それはおもに，立法や行政から裁判所に意思決定の権利を移す，司法権の領域の拡大と，司法的意思決定方法の広がり，の2点に関連する。

48) SONGER, *supra* note 1 at Ch. 6. SCC は権利を広く解釈するようになっている。*Id.* at 171.

49) *Id.* at 172. 市民的自由は特に平等に関して容認する傾向がある一方で，刑事上告の成功率はさほど高くない。*Id.* at 171-172.

む多様な意見（multiple voices）を展開させていた[51]。カナダはイギリス法を継承する。イングランドにあっては，すでに14世紀には個別の順繰りの意見制（seriatim）であり，これがやがてカナダにも移植されていく[52]。カナダはコモンローの中にあり，またイギリスの憲法伝統をそのまま継承した（1867年憲法前文参照）こともあって，SCC で少数意見が付されることは何ら違和感を抱かれることなく，そのまま定着し，少数意見制度自体に異議が唱えられるをみない[53]。

もっとも，SCC 裁判官がどのように交流し判決や理由を形成させていくのかは，SCC 創設初期には不明であった。判決の一貫性や反復性に批判がなされ，19世紀末，最初で最後の，カナダ庶民院による，こうした問題解決のための SCC の手続を改正するかの本会議がもたれた[54]。顛末は，庶民院の多数はその必要はないとし，seritiam や反対意見を禁じる立法のアジェンダは不要とされたのだった[55]。ただ，SCC 側には seritiam は反復や不調和

---

50) PEI v. Sullivan, [1877] 1 S.C.R. 3. 事実と原審での双方の主張を整理して述べたあと，SCC 長官が40頁で意見を展開し（これが法廷意見であろう），リチ（William Johnstone Ritchie: 1875-1892, 79-92長官），ストロング（Samuel Henry Strong: 1875-1902, 1892から長官），タシュロ（Jean Thomas Taschereau: 1875-1878），フルニエ（Télesphore Fournier: 1875-95）各裁判官がそれぞれ，5頁，1頁，4頁，1頁で意見を述べており，seritiam の様相を見せている。タシュロ（Robert Taschereau:1940-67）裁判官を除いて，意見の最後の結論は法廷意見に賛成すると述べている。
51) Claire L'Heureux-Dubé, *The Dissenting Opinion: Voice of the Future?* 38 OSGOODE HALL L.J. 495, 499 (2000). その時の法廷は5人で，各裁判官が意見を述べ，タシュロ裁判官が反対意見を述べた。*Id.* n.10. かかる形式には関心は払われなかったが，不一致を懸念する批判をうけて，こうした形式を禁じるべきかが下院で論じられた。しかし，何ら立法的措置を講じる必要はないとして，以後，反対意見や順繰りの意見を禁じようとすることはなくなった。*Id.* at 499. ただ当時は，SCC は最終上告審ではなく，イギリス本国の JCPC に上告できる制度であったことに注意したい。*Id.* n.12. *See also*, SNELL AND VAUGHAN, *supra* note 7 at 35.
52) L'Heureux-Dubé, *supra* note 51 at 499. *See also*, Horace E. Read, *The Judicial Process in Common Law Canada*, 37 CAN. B. REV. 265 (1959).
53) アメリカでも以下のことは公然の理とされる。「法は必ずしも一義的ではないのであって，立法者は，あるときは意図的に，またあるときは意図しないで，解釈の広汎な余地をたびたび残すものである」。Ginsburg, *supra* note 39 at 134.
54) L'Heureux-Dubé, *supra* note 51 at 499. SNELL & VAUGHAN, *supra* note 7 at 35. SCC 裁判官会同（conferences）は，係争事件の議論のために定期的に長官のオフィスで開かれた。ただ，多様な意見（multiple）の判決文が SCC の調和を欠き，判決の権威を弱めるのではないかとの懸念は蔓延していた。
55) 「多様な判断（multiple judgment）はコモンローの伝統であり，その発展に不可欠で

の弱点があり，これを克服すべく単一の多数意見制にしようとしたアングリン（Francis Alexander Anglin:1909-1933. 24以降長官）長官の例もあり，その後1950年代までに個別意見は減少していった[56]。1949年に SCC が名実ともに最終上告審となった時にも，個別意見制には法曹界から批判があり，それにこたえる形で，60年代にはカートライト（John Robert Cartwright: 1949-70. 67-70は長官）長官は事件ごとにまめに会同を開いて調整に努力し，ラスキンがこれを継承させて，全員一致をこころがけた[57]。もっとも，SCC 裁判官は意識せずとも，「判決の質を損なう多様な意見を余計にするのを避け，その正当性を減じないようにするために，ある程度の自己規律（self-discipline）を行っ」ているのであり，とりわけ憲法の領域では「猛烈に独立した」精神（ディクソン）を保持しているのである[58]。

3 制度的要件

コモンローや法文化が少数意見制を支えているのはまぎれもないけれども，それらがその必要十分条件ではない。少数意見制は，いたずらに運用されればSCC やその判決の権威を低下せしめ，司法権の独立にゆゆしき問題となる。少数意見制にはこうした緊張関係を認識していなければならないし，それはつまるところ，SCC 裁判官の自覚に依存しているともいえる。文化といった要素だけでは割り切れないのである。

SCC 裁判官ローリュデュベは３つの前提が必要だとする[59]。第１に，法は１つの問題に対して多様な解決を考えることができるけれども，少数意見によって法の一貫性（coherence）が揺らがないことである。第２に，裁判所

ある。単一の意見にすることでは JCPC は例外である。SCC の裁判官は多様な判断を発する実務を保持することを選択したのだ」。Id.
56) L'Heureux-Dubé, *supra* note 51 at 500. アングリンは一部成功したが，長官としての権限は説得に限定されたのであって，じきに裁判官各自の個性が凌駕していき，時としてある者が多数意見を書き，それを会同や郵便などで回覧，調整，修正などしていくようになった。SNELL and VAUGHAN, *supra* note 7 at 142-143.
57) L'Heureux-Dubé, *supra* note 51 at 500-501.
58) Id. at 501. コモンローの伝統は反対意見（dissenting）と関係するけれども，フランス法の影響下にあるケベックでも少数意見制がとられていることは，文化の問題だけではないことを示唆する。Id. at 502-3.
59) Id. at 503.

の制度的正当性は裁判官の不偏や個人的自立と両立していることである。第3に，多数意見は司法判決に権威を与えるに十分だとみなされていることである。全員一致は，法的安定性あるいは司法の正当性の必須条件ではないということである。

少数意見も公刊（publish）されるとのコモンローの制度的伝統も，大きく働いている。大陸法ではこれはなく，その伝統は法の客観性と統一性を強調するけれども，反対意見がしだいに公刊されるようになっている[60]。書くという裁判官の行為そのものに，個別意見を述べるという制度が帰結されるとの見方もある[61]。

JCPC が単一意見制度をとっていたことから，少数意見制に違和感はないのか。イギリスの最高法院（Lord Chancellor）は seriatim をとっていた。コモンウエルスの各国では，私法と公法でばらつきはあるものの，その国の最高上告審では個別意見制度であった[62]。カナダではこの疑問はさほど提起されていないようで，むしろ個別意見制度は，カナダの連邦制や，SCC が公法私法両方の最終上告審であること，そして英仏という二元的な法文化を反映させることに，マッチしたといえる[63]。

4 カナダ的特徴──全員一致の傾向

B 表で明らかなように[64]，SCC の判決は，アメリカと異なり全員一致が多い（75％以上ともいわれる）。後に見る晩年期のラスキン・コートが SCC の歴史の中で最も分断化されず，最高の全員一致率と最低の反対意見及び補足意見率で，ディクソンもこの傾向は継承するも，その後のラマーでは次第に分断化が進むようになる[65]。2000年にマクラックリン（Beverly McLachlin）

---

60) Adler, *supra* note 41 at 237.
61) William J. Brennan, Jr., *In Defense of Dissents*, 37 HASTING L.J. 427(1986). 書くということは，「私のことを聞け，私のやり方で見よ，考えを変えよ」だとする。アメリカの少数意見制度は，「アメリカの生誕というエクセレントな偶然」で享受する偉大かつ貴重な自由なのだという。*Id.* at 438.
62) Edward McWhinney, *Judicial Concurrence and Dissents: A Comparative View of Opinion-writing in Final Appellate Tribunals*, 31 CAN. B. REV. 595 (1953).
63) *Id.* at 619-20.
64) SUPREME COURT OF CANADA, *supra* note 20. これを基に筆者が作成した。

2005	2006	2007	2008	2009	2010	2011	2012	2013	2014
73%	80%	62%	76%	63%	75%	75%	72%	68%	79%

B表：SCCの全員一致率

がSCC長官に任じられてから，一つにまとめられた（centralist and unified）裁判所が形成され，反対などの少数意見は憲章制定直後のラスキンやディクソン期よりも少なくなっている[66]。

　全員一致が多いのはなぜか。9人全員の合議であるアメリカと違って，SCCは5人の法廷で判断されることが多いことがいえる。サイズが小さくなれば全員一致が増えることになる。また，同輩者団として全員一致が望ましいとのSCC裁判官の意識もあろう。ただ，こうした高い全員一致率は明らかに，多数意見とは一致できない重要な点があるときのみ，裁判官は少数意見を書くということでもあり，「猛烈に独立した（fiercely independent）」裁判官でさえ，自らのマイナーな個人的関心よりも一貫した全員一致の判決が功利的であることに同意しているのである[67]。カナダ立憲主義は英仏文化をはじめとする多元的な秩序を統一する目的意識が強く，これがSCCの判決にもすくなからず影響しているように思われる。SCC裁判官にはこうした意識があるのかもしれない[68]。

　SCCには，コンセンサスの規範が以下の5点において浸透している[69]。第1に，議会主権が根底にあるから，政策形成は他の政治機関に委ねられる。第2に，首相が任じるものの，さまざまな背景で選任されるから，イデオロギーにそれほど偏らず，アメリカよりも裁判官団として連帯的に行動す

---

65) MCCORMICK, supra note 16 at 132. ラマー・コートがこうした傾向になったのは，裁判官の意見が割れやすい憲章の解釈に関する事件が増加したからである。Id.
66) SURHONE ET ALS, supra note 6 at 3.
67) L'Heureux-Dubé, supra note 51 at 516.
68) アメリカと「共通して，裁判官には高度に多様な社会にあって連邦法が同じことを意味することは重要だと考えてお〔り，SCC〕の核となる役割が法の国家的統一性を維持することだとの強固な関心」がある。SONGER, supra note 1 at 50.
69) C.L. OSTBERG AND MATTHEW E. WETSTEIN, ATTITUDINAL DECISION MAKING IN THE SUPREME COURT OF CANADA 37 (2007).「こうして浸透したコンセンサス規範は，SCCのハーモニーの維持に資するだけでなく，裁判官が自らの価値や態度を，同僚のそれらと袂を分かつ時，チェックするインセンティヴをさらに提供する」。Id.

る。第3に，長官が小サイズの審査裁判官団を作ることができるから，数学的にコンセンサスが生まれやすい。第4に，現長官を含めSCC長官は同輩者組織性を重視する統一志向であり，他の裁判官にもそうなるよう促すところがある。第5に，憲章後，SCCの訴訟負担が増えているプレッシャーから，SCC裁判官は反対意見等を書く時間が惜しいと思うようになっている。

経験則から，SCC裁判官には同輩者意識の規範が浸透している。これと個性（individuality）とのブレンドが重要だともいわれる[70]。まず全員一致を志向し，自分の考えがこれに妥協できる程度まで思考し，それが許されない時初めて少数意見となるというのであろう。その逡巡は，裁判官相互の会同あるいはインフォーマルな討議や調査官のリサーチといった相互交渉，互換のプロセスなのである。

かくして，SCCでの少数意見，特に反対意見の研究は，全員一致でないケースにおいてなぜ意見が分かれるか，それがどのような機能を有しているかの考察となる。

Ⅳ　反対意見の現実と背景

1　反対意見者（dissenter）の2つの肖像

少数意見の伝統にありながら，SCCの反対意見はそれほど注目されてこなかった。1970年代になると，刑事訴追された者の権利や女性の経済的地位といった問題を扱うケースで注目されるようになってきた[71]。その先駆けがラスキンで，1975年のMurdoch v. Murdochでの反対意見において，家族法上の「擬制信託（constructive trust）」というイギリス財産法の古い概念を再構成して，女性配偶者の経済的権利を認めるべきとし，これが3年後の

---

70) SONGER ET ALS, *supra* note 19 at 154-55. ウイルソンは次のように認識していた。collegialityとは，「自分が決断する義務と責任の両方を各裁判官が持っていることを受容すること」である。ANDERSON, *supra* note 28 at 153. これはcongenial（気が合うこと）とは異なるもので，それは独立した判断形成の義務を相互に尊重することのない関係に過ぎない。*Id.* at 415 n.11.
71) L'Hueureux-Dubé, *supra* note 51 at 504-5.

Rathwell v. Rathwell では多数意見となった[72]。

ラスキンは1970年に，トルード首相（自由党）の肝煎りでSCC裁判官に任じられ，1973年から84年まで長官を務めた。彼はその初期，長官在任期間の半分において「偉大なる反対意見者（Great Dissenter）」といわれ，その相対的独立性が判決の理由づけでは裁判官の中で孤立をもたらした[73]。彼も含めてラスキン・コートは，数人の裁判官は控訴裁判所裁判官の経験もあり，碩学あるいは高名な法律家の集まりであった[74]。マコーミックは，ラスキンのSCCの運営を実証的に分析した研究で，時期を区分して他の裁判官との関係，とくに協働になるか反対になるかを示している。なるほど一般的には，いわゆるLSD連携（LSD Connection）といわれるラスキン，スペンス（Wishart Flett Spence:1963-1978），ディクソン（1973-90，84から長官）の協同と，これに対抗するマートランド（Ronald Martland:1958-82）とリチ（Roland Almon Ritchie:1959-84）というように図式化されるけれども，詳細は微妙だとして，以下の3つの時期に分けて分析している[75]。

第1期は「初期ラスキン・コート」であり，長官に就任した1973年，すなわち，ディフェンベイカー首相（Diefenbaker）任命のベテランの3裁判官，マートランド，ジュドソン（Wilfred Judson:1958-77），リチと，自由党政権任命で穏健派のスペンス，ピジョン（Louis Philippe Pigeon:67-80），ラスキン，そして任命されたばかりのディクソン，ビーツ（Jean Beetz:74-88），ドゥグランプレ（Louis Philippe de Grandpré:74-77）のラインアップの時から，そのうちジュドソンとドゥグランプレがエスティ（Willard Zebedee Estey:77-88）

---

72) [1975] 1 S.C.R. 423.
73) MCCORMICK, *supra* note 16 at 88-89.
74) SURHONE ET ALS, *supra* note 6 at 42. 彼の連邦主義的及び自由主義的考えを判例に反映させた一方で，SCCの転換が議論を呼ぶところとなった。彼のやり方は尊大（abrasive）であったので，ドゥグランプレの早期退官を招いた。*Id.* トルードはSCCをより政治に関連するように再構築しようとし，実務家の経験も浅い，当時のSCCの裁判官では序列6番目のラスキンに白羽の矢を立てた。1906年任命の，SCC裁判官の経験のなかったフィッツパトリック長官（Sir Chaimles Fitzpatrick: 1906-1918）は別として，ラスキンは，歴代長官のなかで最も経験の浅い長官が自分よりも経験のある裁判官をリードする立場に立たされた例である。Peter McCormick, *Follow the Leader: Judicial Power and Judicial Leadership on the Laskin Court, 1973-84*, 24 QUEEN'S L.J. 237, 239-40 (1984). *See also, id.* n.12.
75) *Id.* at 240, 244. 以下本文のこの段落の記述はこの論文による。

とプラット(Yves Pratte:77-79)に入れ替わる1977年までである。この時期,SCCで口頭弁論まで持たれた事件が431あり,うち57.8%の多数に当たる249が全員一致,つまり裁判官すべてがサインした,1人の裁判官だけで書いた判決である。143がそうでないもので,うち35は1つの結果がなく,裁判官団の多数がサインをした理由のついた複数意見(plurality)の判決である。この時期,ラスキンは判決の構成では孤立しており,彼の好きなスペンスとディクソン以外は,判決行動において裁判官全員から最も好かれていなかった。

第2期は「過渡的(transition)コート」で,77年から79年までの短期である。ジュドソンとドゥグランプレが抜け,反ラスキン派が崩れ,かわりに中間派的存在であったビーツが微妙な地位を占めて,ラスキン派が巻き返す展開となる。全員一致率は68%まで上がる。ただ,ビーツ,ピジョン,プラット,新裁判官マッキンタイア(William Rogers McIntyre:79-89)は,70%以上で同調行動をとる。ラスキンは依然として末端のメンバーである一方で,分断された裁判官団にあって全員一致の判決を志向し,この時期の2年間でそうした状況にあった時の3分の1で法廷意見を書いている。これが強固なケベック・グループ(ケベック輩出の3人の裁判官)に欲求不満を募らせるところとなり,ラスキンには「独立したリーダー」のレッテルが張られる。

第3期は「晩年期(late)」で,スペンスはマッキンタイアに,プラットはシュイナール(Julien Chouinard:79-87)に,ピジョンは後に長官となるラマーに替わっていた。この時期は強力なリーダーシップが発揮され,統一的な判決が増加した。マートランドとリチは相変わらずラスキンの対極にあったが,ラスキンが最後は勝利した。

マコーミックは,長官たるものは,SCCをリードするのが望ましいのは確かであるけれども,そうした媒介的便宜以上の役割があるとする。ラスキンはいわば新参で,いきなり長官となったので,古参から煙たがられた。しかし,それはやっかみではなく,やはり司法観,とりわけ転換期にあるSCCをどうするのかの哲学に違いがあったからだとする。もっとも,彼はいつも反対意見であったわけではなく,そうなるのは法学問題にかかわる部

分であったという。やがて古参裁判官は去っていき，彼の意見が判決になるのが増えてくる。時がそうしたのである。そして新参者が入ってくれば，いつまでもそうはいかなくなる。「対等者中の首席」か，活発に改革者的に反対者となっても個性的に意見を述べていくかの葛藤が，長官のあり方にみられる。ラスキンの例は研究する意義があり，こうした判決形成のダイナミックな分析は，より制度的なコンテキストでなされる必要があることを示唆している[76]。

ラスキンの後のディクソン・コートでは，ウイルソンもさることながら，同じ女性のローリュデュベ（Claire L'Heureux-Dubé:1987-2002）の反対意見が飛びぬけている（39.2%。多数意見参加も50.8%と最低）[77]。このディクソン・コートではケベック・ブロックが衰退する一方で，「女性裁判官ブロック」が反対派として浮上してきた流れがある[78]。

ディクソンの後のラマー・コートは，判決行動が2つのグループでくっきりと分かれた[79]。「5人組（gang of five）」（P. モナハン）といわれる，ラマー，ソピンカ（John Sopinka: 1988-1997），コーリ（Peter Cory: 1989-1999），イアコブッチ（Frank Iacobucci: 1991-2004），メージャー（John C. Major: 1992-2005）は同調性が高かった。これに対抗していたのがアウトサイダーともいわれた「4人組」，ラフォーレ（Gérard La Forest: 1985-1997），ローリュデュベ，ゴンティエ（Charles Gonthier:1989-2003），マクラックリン

---

76) Id. at 276-77. ラスキンは最初の6年間，反対者としてスタートしたが，強固かつ決定的なリーダーシップを発揮できるようになると，それほど反対意見を書かなくなった。Id. at 276. ウイルソン就任と重なる晩年期では，彼は会同をダイニング・ルームにまで移して同輩者意識（collegiality）を確認させ，コンセンサスに到達するよう意気投合（congeniality）を促進させた。ANDERSON, supra note 28 at 155.
77) MCCORMICK, supra note 16 at 113, Table 7.1. ウイルソンが彼女について，28.9%である。なおディクソンはラスキンの支持者であったが，ラスキンに同調していた裁判官が必ずしもディクソン・コートで長官の同調者として行動したわけではない。Id. at 114. SCCの転換ということでは，「ラスキン・コートがSCCの強固な公的役割の扉を開いたとするなら，前進させたのはディクソン・コートである」。Id. at 126.
78) Id. at 115. ディクソン・コートは憲章制定後間もない時にあって，生きた樹木（living tree），合目的的解釈（purposive interpretation）など，憲法解釈の基礎となる多くの理論を確立させ，SCCを憲法の番人にまで高めた，カナダの立憲主義において特筆すべき業績がある。See, id. at 122.
79) Id. at 135-138. もっとも，コーリは「柔軟な投票（flexible voting）」をしていたし，2人の女性裁判官が反対的であったことが特筆される。Id. at 137-38.

であった。ただ，この4人組は5人組ほど結束が固かったわけではなかった。

そんななか，ローリュデュベは孤立が目立ち，最も反対意見を書いた裁判官であった。彼女はマルルーニ（Mulroney）政権で任命され，なるほど刑事法領域では政府よりで保守的であったけれども，市民的権利や自由の領域ではリベラルであった[80]。

女性の裁判官は差異をもたらすというのは本当であろうか。ローリュデュベは実際，個人的な価値観や経験に裏打ちされて反対意見を書いたことを開陳している[81]。刑法の強姦防御（rape-shield）規定の合憲性が問題となったR. v. Seaboyer（1991）では，これまで通ってきた性的暴行に関する多くのステレオタイプ化した神話に出くわしたが，女性の被害者を差別的に扱うことをやめていなかったと指摘している。また租税法においては，必要経費の算定が男性のビジネスモデルに基づいており，職業人女性の経験を踏まえていないと反論している（Symes v. Canada (1993)）。

憲章をはじめとする憲法の解釈問題で意見を異にする傾向にあることもさることながら，争点となっている事案の類型で賛否が分かれる点がみてとれる。これは政治的価値観が少数意見成立の背景にあるのを暗示する。

2　なぜ少数意見になるのか，あるいは unanimous にならないのか

裁判官が自らの良心に従って判断してよいとして，全員一致の要請のたがが外れれば，裁判官は個性を発揮させて自由に意見を述べることができるようになる。憲章の解釈のような重大な政治的問題や，より広い政治共同体から最も広く利害に絡む問題では，全員一致に達するのは困難である[82]。

SCC 裁判官はなぜ意見が分かれるか。アメリカにならって3つの分析枠組みが理論的には提起されている[83]。第1が法的モデル（legal model）で，

---

80) SONGER ET ALS, *supra* note 19 at 123.
81) Claire L'Heureux-Dubé, *Making the Difference: The Pursuit of a Comparative Justice*, 31 U.BRIT. COLUM. L. REV. 1, 5-6 (1997).
82) SONGER ET ALS, *supra* note 19 at 164.
83) 岡室悠介「アメリカ連邦最高裁における「法」と「政治」の相剋」阪大法学64巻415頁（2014年），参照。

判決は発見であって創造ではなく，類推によって判断するものであり，裁判官は紛争解決のために法の目的命題を適用する中立の調停者であるとの考えを基盤とする[84]。法の政治化が浸透した今日，法的モデルはさほど支持されていないが，保守層には根強い。第2が，これとは対極的な態度モデル（attitudinal model）である。裁判官自身の思想的，政治的，倫理的価値観（ideological, political, ethical values）が判決行動を規定するとし，法や先例よりも裁判官の政治的イデオロギーがこれを決定し，法や先例がはっきりしていても容易にスルーする[85]。第3が，戦略モデル（strategic model）である。裁判官は政策目標（policy goal）を，単に法の羈束の中だけではなく，同僚間の駆け引きや政治制度的環境に縛られて追求するとするもので，多数意見に裁判官が反対するか否かの判決への投票行動について近時関心が高まってきたモデルである[86]。

　実証分析によってSCCには態度モデルが顕著であるとするオストバーグ／ウェットスティンの有力な見解がある[87]。問題は，態度をいかなる基準で測るか，いいかえれば裁判官のイデオロギーを何を以て判断するか，である。一般的には態度の分岐点は，政党色（ideology），地域（region），宗教（religion），そしてジェンダー（gender）が挙げられる[88]。こうした観点はカナダ的ともいえよう。

　政党色は，自由党か保守党かどちらの首相が任命したか，さらに当該裁判官の政治的立場を様々な新聞を解析することで分析する[89]。裁判官の政治志向が判決に影響するのは否定できない。60年代後半から70年代前半で典型的な行動を共にする2つのブロック，すなわちディーフェンベイカー・トリオ（ジュドソン，マートランド，リチ）とケベック・トリオ（フォト，アボット，

---

84) SONGER, *supra* note 1 at 174-176.
85) *Id.* at 176-179.
86) *Id.* at 179-181.
87) 「50年以上，態度モデルが，いかに裁判官がその判決に達するかを説明する最も卓越した理論的説明となった」。OSTBERG AND WETSTEIN, *supra* note 69 at 4. ただ後に，ソンガーらとの共著ではこのモデルのみが決定的ではないと，ややトーンダウンしている。
88) SONGER, *supra* note 1 at Ch.7. 特に「任命した首相の政党，裁判官の任命された出身地域，裁判官の宗教」の3要因が関係する。*Id.* at 195, 142.
89) OSTBERG AND WETSTEIN, *supra* note 69 at 15. *See also, id.* at Ch.3.

IV 反対意見の現実と背景 309

ピジョン）にあって，前者，すなわち保守党のディーフェンベイカー首相が任じた裁判官は一貫した保守的ブロックを形成しており，後者のトリオは刑事事件と私経済案件で非保守的傾向をみせていると分析される[90]。任命した政権が自由党か保守党かで，その裁判官を刑事被告人側，市民的自由側，経済的弱者側の3つの政策志向領域で（のみ）分析したところ，政党色は刑事被告人よりかどうかでは，はっきり対照を示している[91]。

出身地域はどうか[92]。刑事被告人よりで市民的自由を重視する点では，オンタリオ出身は際立っている一方，ケベック出身はこれら3つの領域では西部や東部の出身者とさほど変わりない。カナダにあって個人の政治色は地域に関連しており，それがSCCでの政策関連の行動にまで影響しているかを問うのは，自然なことである[93]。

宗教はどうか[94]。3つの政策領域ではそれほど顕著な相違，つまりカトリックとそうでないのとで極端に異なる思考をするとは読めない。ケベック出身のカトリックの裁判官はプロテスタントより保守的である一方で，ケベック出身でないカトリックの裁判官はプロテスタントの同輩より刑事事件ではリベラルであるとの指摘もある[95]。

ジェンダーは少数意見の要因になるか。SCCはコモンローの諸国にあって，また世界的にも女性裁判官の占有率が高く，4人の女性枠は規範となりつつあろうか。現実に，女性裁判官は平均以上に反対意見を書く，あるいはそれを支持しており，特に刑事や租税事件で憲法上の平等の権利が直接又は間接的に争点となるとき，特にそうである[96]。SCC初の女性裁判官ウイルソンはこれを意識したことはないとしたうえで，重要なのは性ではなく自らの経験や人間であることの認識だとする[97]。

---

90) SONGER, *supra* note 1 at 186-87.
91) SONGER ET ALS, *supra* note 19 at 139-140. *See also, id.* at 139, Table 10-11.
92) *Id.* at 140-142.
93) SONGER, *supra* note 1 at 196.
94) SONGER ET ALS, *supra* note 19 at 142-143.
95) SONGER, *supra* note 1 at 200. 概して，カトリックの裁判官はカトリックでない裁判官より，刑事被告人を支持する傾向が高いとも分析される。SONGER ET ALS, *supra* note 19 at 148.
96) L'Heureux-Dubé, *supra* note 51 at 511-12.
97) Wilson, *supra* note 28. *See also*, L'Heureux-Dubé, *supra* note 81 at 16. アメリカの2人

全員一致が4分の3ほどになるSCCでは，意見が分かれる時，すなわち少数特に反対意見が生まれる時，それは裁判官の間で，態度あるいはイデオロギーの割れを反映しているようにみえる[98]。少数意見が生まれる説明としては，確かに態度モデルにはそれなりの説得力はある。ただ，より重要なことは，少数意見を認めることがカナダ法発展の任を負うSCCの立憲的地位にとって意味のあることかどうかであろう。

3 少数意見制度への批判

カナダではseriatimの伝統から9人9様の意見が成り立ちうる。法が明確でない憲法の解釈ともなれば，裁判官の間で意見が分かれるのはむしろ自然だともいえる。一方で，SCCは究極的に何が法なのかを決定する機関であるから，それでいいのかの問題もある。全員一致は，なるほどばらばらな意見があるよりは，最終上告審としては好ましいかもしれない。統一された一つの声であり，なによりも何が法なのかが明確であるし，結果，司法権に対する信頼を確保することになろう[99]。こうした「少数意見は司法の統一を損なう」のではないかといった，批判ともいえる疑問が提起される。seriatimにはつきもので，法廷意見があるのに，その理由づけが反対意見も含めてまちまちなのは，判決そして司法の権威を減じさせるというものである。その懸念はあり，SCC裁判官にもいたずらに意見乱立はよくないと，SCCには同輩者組織体（collegial body）であることの認識は共有される[100]。しかし，SCCは政治や行政の組織ではないから，法解釈は本質的に不一致なのである。

むしろカナダでは，反対意見を書くことより，いくつかの法廷（多数）意

の女性裁判官，オコーナー（O'Connor）とギンズバーグ（Ginsburg）は，対照的で別異のアプローチをしているとする。*Id.* at 8. アメリカの最初の女性最高裁判官オコーナーは，ジェンダーは意見の形成には無関係としている。SONGER, *supra* note 1 at 204.

[98] SONGER ET ALS, *supra* note 19 at 152.
[99] Androkovich-Farries, *supra* note 3 at 59-62.
[100] collegialityとは，SCCの「相互作用と判決形成の相互依存的性格」をさす。「裁判官はもはや互いに独立して判断する単なる9人の個人とはみられず，そのかわり，お互いに，そしてまた他の政治的行為者との間の進行中の対話をとおして，判決を下す集団としてみられる」ということである。*Id.* at 64.

見に統一性と明確性が欠けていることが批判される。しかし，法律家として，また社会にあって，裁判官が常に一致していると期待するのは，そもそも非現実的で，なかでも憲法問題は極めて論争的で，万人が一致して納得する合意点を見出すのは不可能に近い。全員一致そのものより，理由づけの質が問題なのであり，その良質さが判決，そして SCC の権威を基礎づけるのである[101]。

アメリカの第7控訴裁判所裁判官ポズナー（R. Posner）は，少数意見を書く前にそれが真に必要かを自問しろという[102]。暗黙のコンセンサスの志向（act of collegial acquiescence）である。最終上告審の裁判官は独立性と合議性のはざまで日々判決行動に出るのであり，その判断は究極的には裁判官個人のバランス感覚によることになろう[103]。

このように考えると，SCC にあって全員一致がはたして理想といえるかはあやしくなってくる。裁判官の独立と究極の法決定機関としての SCC とのバランスで，少数意見を述べるかはその裁判官の自覚に委ねられることになろう。その際，カナダ特有の，裁判官のバックグランドに根差す価値観をあくまで通すべきなのかが露骨に出ることは認め難く，裁判官の職業倫理から，立憲主義の責任ある機関として客観的法判断を追求するのではなかろうか。もっとも，裁判官の個性が法の発展に意義があるとしても，法解釈特に憲法解釈の究極的決定となる多数意見を曇らせる懸念は払しょくできない[104]。SCC の collegiality の思想とのバランスが重要となろう。

---

101) L'Heureux-Dubé, *supra* note 51 at 514. 反対意見が一貫性を欠き，全員一致の意見は明確で権威があるとする二分法は，誤りだとする。*Id.* 少数意見制度が法曹にもたらす困難は反対意見があるという事実のためではなく，むしろ，結論に賛成しているいくつかの意見があることにあるのであって，結論に達した理由づけ（reasoning）にではない。*Id.* n.63.
102) R. POSNER, FEDERAL COURTS: CRISIS AND REFORM 239-41 (1985).
103) Ginsburg, *supra* note 39 at 150.
104) アメリカの偉大なる反対者，ホームズ裁判官でさえ，自らの反対意見に付して，反対意見は「無駄で（useless）」「望ましくない（undesirable）」と述べている。Northern Sec. Co. v. United States, 193 U.S. 197, 400 (1904).

V　少数意見の意義と機能

　SCC は last resort として主要な法問題を検証し解決する。それは合議体として裁判官の合議をへて多数意見で法となる。少数意見は法を形成することはないけれども，それでも裁判官は意見を述べそれが公刊されるということには，そうした法を形成できない側から迫られた最も困難な問題を多数意見側に処理させるのをしいることで，活気ある議論でその最終的生産物を是認したという決定的な認識が横たわる[105]。

　司法権の運用は力ではなく権威に依存しており，それは司法が不偏不党，公平中立で，憲法と法に忠実であるとの国民の信頼に基づく。司法はその判断がアカウンタブルでなければならないのだ。それは，SCC の判決が相当な理由に基づいた法論理に貫かれた判断であることを国民が納得することにほかならない。反対意見は多数意見をアカウンタブルに保たせることで，司法判決の質を向上させるのに貢献する[106]。

　SCC 裁判官ビニーは，「理由づけられた（reasoned）判決の言い渡しは，裁判官の本質的役割である。それはその職責に課せられた彼（女）のアカウンタビリティである。その最も一般的な意義は，判決に理由を提供する義務は，社会全般に負っている」ことだとし，アカウンタビリティは書かれることで果たされるとする[107]。判決の理由づけが多数意見への不同意（disagreement）とする分かれ目になり，これを明らかにすることが司法の信頼を獲得する。多数意見の理由づけに説得力があるかを判断するには，少数意見を

---

105) Brennan, *supra* note 61 at 430.「この機能は，真実に達する最善の道が思想市場でそれを探しに行くことであるとの確信を反映している」。*Id.* ブレナンはその他の機能として，多数意見の射程を限定するいわば歯止めの（damage control）機能と，予言者（prophets）機能をあげる。*Id.* at 430-31.
106) L'Heureux-Dubé, *supra* note 51 at 515. 反対意見は多数意見の理由づけの甘いところを突こうとし，多数意見はこれに対抗するという形で，説得力のせめぎあいが展開されることで，判例の法としての質が高まるという。
107) R. v. Sheppard, [2002] 1 S.C.C. 869, 897. *See also, id.* at 881-882.「最広義のアカウンタビリティでは，理由づけられた判決の付与は社会の目の中では司法制度の正当性の核なのである。個々の事件の判決は，投票箱に呈示もされなければ，恩恵を受けることもない。裁判所は少なくとも一部では，その理由づけの質によって社会から支持もされれば，批判もされる。公刊されなければ，判断されたもので裁判官を判断するのができなくなる」。*Id.* at 875.

きちんと公刊する必要がある。

　裁判官の個性を発揮させる意義は，自らが法であると考える信念を貫き，願わくば後世に示唆を与えんとすることにある。実際，少数意見は後のSCC判例に引用される慣行が確立している[108]。裁判官は自身の理由づけで特別の引用を行うのである。マコーミックの，SCCが最終上告審としての地位を確立した1949年から1996年までの分析では，この慣行は1980年前後からみられ，90年代以降目立ってきたとし[109]，自らの個別意見を引用するのはそれまでにはなかったことだという。こうしたことは，「判示された事項はそのままにせよ（let decided matters stand）」と観念される先例拘束性（stare decisis）の古典的意味を再考させると指摘している。

　ここで，判例での意見の引用は，コモンローがトップダウンではなく「対等者間の会話（conversation of equals）」であり，下級審の判例も１つの権威とみなされるとしても，司法権のヒエラルキー構造でなされること[110]，そして，少数意見は法的には何ら意味を持たないことは，注意しておかねばなるまい[111]。

　反対意見には何よりも予言的機能が認められる。先にみたラスキンのMurdochでの反対意見は，女性の平等権を認識する必要性を政治と社会は新たに認識すべきだと訴えたものと評価される[112]。反対意見は，裁判所，立法府，そして次世代の法律家の間に実りある対話を生み，ことカナダ法に

---

108) McCormick, *supra* note 40. 引用には，①関連する法問題の基本的知見を披歴する，②確立された基準や原理を直近の事例にあてはめる，③説明を説得的なものにして発展させ信用性を高める，④過去の判例の権威を高め，将来の裁判所の行動の指針とを確立させる，4つの意義があるとする。*Id.* at 371-373.
109) マコーミックは，トルード首相の時にラスキンやディクソンといった学者裁判官が多く輩出されたことが大きいと分析する。*Id.* at 381, 394. この間少数意見を100回以上引用したのは，デュベ，ラマー，ラフォーレ，ディクソン，ソピンカ，ウイルソンの６人である。*Id.* at 386.
110) *Id.* at 381.
111) 「最上級裁判所は最終的に何が法かを語り，語られた以上は，最上級裁判所が「誤っている」という言明は，当該法秩序内では何の効果も持たない」。H.L.A. ハート／長谷部恭男『法の概念』（ちくま学芸文庫，2014年）227頁。
112) L'Heureux-Dubé, *supra* note 51 at 505. おもにアメリカのケースを検証し，反対意見の予言機能を指摘している。*Id.* at 506-509.「「偉大な反対意見（great dissents）」はまた，今日の重要な法問題に対する多数及び少数のアプローチの相対的メリットを議論し分析する機会を，その時代の法律家に与えてきた」と評価する。*Id.* at 508.

関しては，こうした対話は学者が判決を評釈し，多数，反対双方の意見のメリットを分析する慣行を形成して，その発展に重要な役割を果たす[113]。なかんずく裁判所と立法府の対話は，多くの憲法判断が立法を対象としているため，司法判断を尊重し，これを咀嚼して立法をなす構造を生む。議会は司法判断の多数意見と少数意見に敬意を払い，法を制定するのである。こうしたことは，カナダの立憲主義にあって重要なメカニズムになっている。これは，レファレンス（SCCの勧告的意見）に示される法政策の多様性でも注目される。

反対意見は，司法の独立を維持強化し，裁判官の連帯責任意識をはぐくみ，判決の一貫性を高めることによって司法の正当性を追求する[114]。反対意見は，SCCの裁判官個人の司法の人間としての独立性を強化するのであって，反対意見が禁じられれば，司法の独立，不偏不党（impartiality），予断のない性質（open-mindedness）をそこないかねないリスクを生む[115]。

反対意見を主とする少数意見は，結論と理由を異にする，もしくは理由のみ異にする同輩の裁判官の意見であるけれども，その有意性は十分承認されている[116]。

むすび

SCCはコモンローの伝統を継承し，少数意見を内包させてコモンローの機能を発展させた[117]。これが曇ることはない[118]。カナダの少数意見の慣行

---

113) *Id.* at 509-512. さらに国際的な法の対話にも寄与するとしている。*Id.* at 512.
114) *Id.* at 512-513.
115) *Id.* at 513. 不偏不党とは，「裁断者が結果に対して利害を持たず，証拠として提出されたものによって説得されるように開かれている心の状態」と，判例では定義されている。*Id.* n.59.
116) やや教科書的に整理すれば，①多数意見を高める②法の精神を自覚する③法を発展させる④敗訴当事者を心に留めたことを確証させる⑤社会へ信号を送る⑥アカウンタビリティに資する⑦社会規範を変える，機能がある。Androkovich-Farries, *supra* note 3 at 75-84.
117) イギリスやアメリカの少数意見の研究を自然に受容している。*See, e.g.*, Androkovich-Farries, *supra* note 3. この点，カナダと同じ法系のオーストラリアは19世紀半ば以降，JCPCでの反対意見の権利がことさら叫ばれている。Adler, *supra* note 41 at 236. 少数意見の制度が権力分立や司法権の独立から導かれる憲法原理との説もある。

はコモンローの文化にどっぷりつかり，そこには法の発展は司法権＝裁判所が軸になるとのコモンローの発想が横たわる。憲章制定後，アメリカ型の司法審査制を導入してSCCは，アメリカ最高裁と共有する制度的要素が多く，少数意見の意義や価値を同じくしているのであって，アメリカのこの分野での研究を受容している[119]。

少数意見がなぜ生じるかの考察にはさまざまなアプローチがあるけれども，カナダ固有の要因も抽出できるように思われる。SCC裁判官の個性がそのバックグラウンドに裏打ちされていることに思いを馳せれば，その任命に際して着目される，2大政党色，地域性や民族，宗教，さらにジェンダーを個性を形成する変数としてとりあげることができる。これは他のコモンロー諸国にはみられない。態度モデルは少数意見の理論として説得力はある[120]。ただいかなる要因であれ，反対意見を認めることが，とりもなおさず，多数意見の重みでつぶされない革新の種を生むのだと信条には強いものがある[121]。こうした少数意見に対する好意は，カナダ法を発展させていく現代のSCCにふさわしいといえるかもしれない[122]。

Andrew Lynch, *Is Judicial Dissent Constitutionally Protected?* 4 MACQUARIE L.J. 81 (2004). いわく，「裁判官が自分の同僚の理由づけを拒否し，いかに多数意見が間違っているかを説明する意見を公刊できることは，まぎれもなく，確固とした独立の司法制度の核たる要素の一つである」。*Id.* at 81. ちなみに，カナダには憲法にまで直接関連させて少数意見制度を根拠づける議論はみない。

118）連邦裁判所として，そしてコモンローと大陸法の調整として，意義深い。櫻田勝義「少数意見論序説（一）」判例タイムズ275号2頁，10頁（1972年）。
119）「カナダとアメリカの経験は，市民社会に大きな意義を持ち，あるいは新規の法問題を提起する判決の反対意見は，法を社会の新たな価値と現実に適合するようにさせる」。L'Heureux-Dubé, *supra* note 51 at 516.
120）それが裁判官の行動に卓越した影響をもたらすことを主張したうえで，そのほかの考慮要素も主要な役割を果たすのを認めており，SCC裁判官の行動研究は完結しないと示唆している。SONGER ET ALS, *supra* note 19 at 176.
121）L'Heureux-Dubé, *supra* note 51 at 517.
122）「同輩者組織たる今のSCCは，もはや単に先例拘束性や法の支配のために存在するのではなく，かわって同じ法問題に多様な解釈をもたらす判決形成過程に，ある程度の創造性を持たせる」。Androkovich-Farries, *supra* note 3 at 142. この修士論文は，SCCが憲章下にあって政治的機関となった，あるいは法が政治化したことを全面的に受容したうえでの，少数意見の意義を認識するものである。SCCや法をそうみる前提自体，十分な検証は必要であろう。もっとも，SCCの権限やそうした機会が20世紀後半の民主主義のやり方の変転に深く根差したものであるのも事実である。MCCORMICK, *supra* note 16 at 178.

第8章　ヨーロッパ人権裁判所における少数意見（個別意見）

江島晶子

はじめに
I　ヨーロッパ人権裁判所の司法制度
II　個別意見の種類・特徴
III　個別意見の具体例（歴史的経緯を踏まえて）
IV　個別意見の意義と問題点
おわりに

はじめに

　ヨーロッパ人権裁判所（the European Court of Human Rights、以下、別に断らないかぎり「人権裁判所」という）の裁判官が少数意見（個別意見）を書くことにどのような意義があるのか（人権裁判所における separate opinion は、「個別意見」と訳されているので、以下、少数意見の代わりに個別意見という用語を用いる）。どのような時に個別意見を書く必要性を感じるのか。締約国政府からの批判にさらされやすい状況の下で条約違反判決を出す際には、全員一致の判決を下した方が説得的ではないか（EU の裁判所であるヨーロッパ連合司法裁判所（the Court of Justice of the European Union）においては個々の裁判官の意見の表明は認められていない）。現在、抱えている膨大な申立件数のことを考えれば、わざわざ個別意見を書く労力を費やす意味はどこにあるのか。

　検討を始めるにあたって、他の章で扱われる国内裁判所と人権裁判所の相違点に留意する必要がある。同裁判所は、ヨーロッパ人権条約（the Convention for the Protection of Human Rights and Fundamental Freedoms、以下、別

に断らないかぎり「人権条約」という）の実施を確保するための国際的司法機関である。

　第一に，人権裁判所は，国内裁判所ではなく，国際裁判所である。人権条約は，現在，47の締約国（人口にすると約8億人）を擁しており，ベラルーシを除くヨーロッパ全域をカバーする。ヨーロッパ地域といっても，47カ国の間に相当の政治的，経済的，文化的，歴史的多様性が，そして法制度自体にも一定の相違がある。しかも，申立人の国籍は問わないので，前述の8億人に限定されず地球上に存在するすべての人々が，地球上に存在する国家のうち約4分の1に対しては，これらの国家が行った人権侵害を人権裁判所に提訴できる（実際には締約国の国民による自国に対する申立が中心）。近年では，年に約6万件前後の申立が人権裁判所に押し寄せ，10万件近い申立が係属中のままで，年に約千件を超える判決が出されてきた[1]。その生産規模からは，裁判所の建物の外観と合わさって判決工場とも揶揄し得る[2]。たびたび制度改革を行い，精力的に機能しても，未処理件数は天文学的に増え続けるという状況が継続してきた。

　第二に，人権裁判所は，人権保障に特化した裁判所である[3]。厳密に言えば，人権条約および同条約に付随する選択議定書中に規定された人権に対する侵害の有無の認定を取り扱う。その点でも，国内裁判所とは異なる。もっとも，近年，多くの憲法裁判所の主たる事件は，個人による人権侵害の主張であることを念頭におくと（たとえば，ドイツの憲法裁判所においては，個人訴願が全体の96％強を占める[4]），人権裁判所と憲法裁判所の類似性が盛んに

＊ホームページのアクセス日は，別に断らないかぎり2015年11月30日である。
1）最近の制度改革と実務上の工夫によって，2014年に司法構成体（司法構成体については，後掲Ⅰ5(1)参照）に割り当てられる申立件数が初めて減少傾向に転じ，係属中の件数も6万件台に，判決の数は2013年に千件を下回るようになった（経緯は後掲Ⅰ6参照）。
2）ヨーロッパ人権裁判所の建物は，イギリスの建築家 Richard Rogers のデザインである。概観は，さながら工場の外壁を思わせる（同じ建築家によるデザインとしてパリのポンピドゥー・センターがある）。
3）小畑郁は，ヨーロッパ人権裁判所の，本質として，そしてユニークな点として，基本権に関する司法裁判所でありながら，人権条約という国際法に基礎をおくということにあると評している。小畑郁『ヨーロッパ地域人権法の憲法秩序化』37頁（信山社，2014年）。

指摘されるのは無理からぬことである。しかも，前述した膨大な申立という問題に直面に対して，すべての申立を同等に扱うのではなく，重要なものを選定して，そこに注力した方がよいという提案の文脈において，国内の憲法裁判所の仕組みや慣行が参照されてきた[5]。また，実際にも，近年導入された新たな事件処理上の工夫，たとえば，フィルタリング部の新設，重要な事件から優先的に扱うようにしたこと（優先ルール），パイロット判決などは，憲法裁判所的発想が馴染みやすい[6]。もっとも，人権裁判所創設に至る歴史的経緯もあり，個人申立を通じて個人が救済されることが裁判所のアイデンティティであるとする立場からは抵抗がある[7]。

　第三に，人権裁判所は，国内的救済をすべて尽くしたのちに利用できる裁判所であるが，国内裁判所の上に位置する「第四審」ではない。この点で，国内司法制度における審級制の下での下級裁判所と上級裁判所の関係とは異なる。たとえば，人権裁判所が判断するのは，当該締約国における国内裁判所の国内法の解釈適用が間違っていたかではなく，当該解釈適用が人権条約違反になるかどうかである。だが，実際には，人権裁判所が条約違反を認定するということは，国内裁判所の出した結論は「間違っていた」ということを示唆することになるので，そして，多くの場合，締約国は，人権裁判所の条約違反判決の履行を行うので（言い換えれば，国内裁判所の結論は誤っていたと締約国が認めたことになるので），そのような状況は国内裁判所裁判官にとって困惑的であり，結果として，人権裁判所の判例法に注意を配ることになる。この意味において，人権裁判所は，事実上，上級審的役割を果しうる。

　以上の相違点からは，本書の目的である個別意見（少数意見）の意義を考える上で，次のような着眼点を抽出できる。第一に，国際裁判所の特質とし

---

4) 初宿正典・辻村みよ子（編）『新世界憲法集』172 頁〔初宿正典執筆〕（第 3 版，2014年，三省堂）。
5) Cf., Steven Greer and Luzius Wildhaber, 'Revisiting the Debate about 'constitutionalising' the European Court of Human Rights' 12(4) Human Rights Law Review 655 (2013).
6) 後掲 I 5 (4)および 6 参照。
7) Greer and Wildhaber, *supra* note 5, 663.

て，人権裁判所の裁判官は，国内裁判所の裁判官とは異なり，各締約国の異なる司法制度から輩出されている。異なるバックグラウンドをもつ裁判官によって，単一の統一的司法体が成り立つのか。成り立つとすればどのような条件が必要か（この点はアジア地域における地域的人権裁判所の可能性を考える上でも重要である）。人権裁判所の裁判官を養成する機関は国際的には存在せず[8]，いずれかの締約国の法曹養成制度の中で養成される。47の締約国（41の言語）において，国内法制度，司法制度，法曹養成制度，そして法伝統が異なる。たとえば，本書のテーマである，裁判所における個別意見（少数意見）については，締約国の中でも，これを認める国と認めない国が存在する[9]。人権条約自身は，条約上，明文で裁判官の個別意見を認めている（人権条約48条2項〔以下，人権条約の条数を挙げる際には，別にことわらないかぎり条約名を省略する〕)[10]。裁判官はお互いにどれだけ正確に理解し合えているのだろうか。混成チームによる裁判がはたして実効的なものになるのだろうか。そもそもこのような国際機関を自己の人権を救済するために司法機関として頼ろうと個人は考えるであろうか。実際，条約制定時は，人権裁判所にまであがってくる事件があるのか懸念されていた。実際には，現在，人権裁判所が抱える膨大な申立件数を抱えているので杞憂に終わった。では，どのように人権裁判所は信頼を獲得したのか。

　注目すべき点は，創設時には，国内裁判所が当然の前提とする共通の基盤

---

[8] 現在は，国際人権法という科目が大学に一般的に置かれるようになったが，ヨーロッパ人権裁判所創設期は，そもそも国際人権法は誕生したばかりであることを想起したい。

[9] EU加盟国に関する調査では，個別意見を認めていない国として，ベルギー，フランス，イタリア，ルクセンブルグ，マルタ，オランダ，オーストリアが，個別意見を認める国として，ブルガリア，チェコ，デンマーク，ドイツ，エストニア，アイルランド，ギリシャ，スペイン，キプロス，ラトヴィア，リトアニア，ハンガリー，ポーランド，ポルトガル，ルーマニア，スロヴェニア，スロヴァキア，フィンランド，スウェーデン，イギリスがある。European Parliament, Directorate General for Internal Policies, Policy Department C: Citizens' Rights and Constitutional Affairs, *Dissenting Opinions in the Supreme Courts of the Member States* (Study), PE 462.470. 〈http://www.europarl.europa.eu/document/activities/cont/201304/20130423ATT64963/20130423ATT64963EN.pdf〉.

[10] これは，ヨーロッパ連合司法裁判所が個別意見を認めていないことを想起すると，興味深い対比である。

(多くの国の司法制度は一定の時間をかけて作り上げられる)が存在しないことである[11]。ひるがえってみれば，1950年代のヨーロッパでは，いまだ国内裁判所においてでさえ抽象的人権規定を用いて，国家の行為や立法を無効にするという試みの蓄積は微々たるものであるし，国際レベルにおいては人権裁判所こそが先駆けである[12]。人権裁判所は，人権を保障することを任務とする国際裁判所を，前例のないところから出発して，どのように作り上げてきたのか。個別意見の分析を通じて，裁判官がどのように統一的司法体を作り上げようとしたのか，または，その逆で個々の裁判官の違いが統一的司法体としての人権裁判所の確立にとって障害になることがあったのかを観察できよう。

第二に，逆の視点となるが，ひとたび，人権裁判所としての統一的司法体が形成されたならば，人権裁判所は，各締約国の国内法制度，司法制度，そして個々の国内裁判所とどのような関係に立つのか。本書のテーマである裁判官の個別意見という点により引き付けていうならば，統一的司法体としての人権裁判所の一裁判官は，出身国や出身国の国内裁判所との関係でどのような立場に立つのか。人権条約上は，人権裁判所の裁判官は，いかなる意味においてもある締約国の代表ではなく，個人の資格で裁判を行う（21条1項）。人権裁判所裁判官は，締約国の圧力や影響を受けずに個人として判断を下すことが要請されている。この条件は，裁判所の中立性，独立性，ひいては，判決の権威と信頼性を担保する上で重要であるが，実際にはそれがどこまで保障されているかは別の問題である。個別意見の分析を通じて，人権裁判所の裁判官の独立性の実態を明らかにすることができよう。

他方，前述したように，人権裁判所裁判官は，いずれかの締約国における法曹教育を受け，それぞれの国で予定されている法曹資格を得て，法曹となるところから出発する。人権裁判所では，各裁判官は，47人の裁判官の中で，出身国の法制度をもっとも熟知する法曹である。逆に言えば，他の裁判官は他国の法制度については，比較法に余程の関心を有していないかぎり自

---

11) 抽象的には，「志を同じくし，かつ政治的伝統，理想，自由および法の支配についての共通の継承財産を有するヨーロッパ諸国」（人権条約前文）が共通の基盤となる。
12) ルイ・ファヴォルー（山元一訳）『憲法裁判所』（敬文堂，1999年）。

国以外の法律については知識を有してはいない。この点が人権裁判所に対する批判として，締約国が強調する点であり，国内メディアが批判の材料によく使う。他方，訴訟当事国について選挙された裁判官（出身国裁判官）は，小法廷および大法廷の職務上の構成員（ex-officio member）となる（26条4項）ことから，当該訴訟において，出身国裁判官が訴訟当事国の国内法に関する知識を披瀝することが期待できる[13]。

第三に，人権条約上，裁判官が個人の資格で裁判をすることが大前提であるが，裁判官という一個人が，国際機関と締約国を連結する役割を実際上果す点に注目できる。それも単純な一元的連結ではなく，多層的連結である。なぜならば，裁判官は，個人，人権裁判所裁判官，そしてある締約国の法曹という，少なくとも三つの顔を有するからである。そして，それぞれがどのようにどの程度出現するかが，個別意見に反映されている可能性がある。換言すれば，前述した裁判官はどこまで中立かつ独立かという問題であるが，それは国内裁判所におけるよりもさらに複雑な様相を見せる。

以上の三つの問いは，一見，難問のようにもみえるが，実際には，人権裁判所は，統一的司法体としての権威と名声を確立してきた。その成功の鍵は人権裁判所の漸進的発展という約60年の歴史である[14]。最初から47カ国で始まったのではなく，むしろ，どちらかといえば法制度，法伝統において一定の共通性を有する10数カ国から出発した（とはいえ，そこでも大陸法諸国とコモン・ロー諸国の違いはあり，起草過程における議論からは相当の対立も観察できる[15]）。他方，現在の問題の所在は，創設時の状況と現状が大きく異なっ

---

13) なお，一人の裁判官で単独する単独裁判官構成の場合には，訴訟当事国によって選出された裁判官は申立を審理できない（条約26条3項）。職務上の裁判官を順位できないときは，当事国によってあらかじめ提出された名簿から裁判所長によって選ばれた者が，裁判官の資格で裁判する（26条4項）。これは特任裁判官（ad hoc judge）と呼ばれている（規則1条(h)）。

14) Cf., Ed Bates, *The Revolution of the European Convention on Human Rights* (Oxford, 2010).

15) 起草過程の議論について，*Collected Edition of the Travaux Préparatoires of the European Convention on Human Rights*, 8 Vols. (Martinus Nijhoff, 1975-1985)；Bates, *supra* note 14；薬師寺公夫「ヨーロッパ人権条約準備作業の検討―上・中・下―」神戸商船神戸商船大学紀要第1類文科論集32号（1983年）35-56頁，同，33号（1984年）15-38頁，34号（1985年）1-26頁参照。

ていることである。実際上も，何度も制度改革を繰り返してきており，パートタイムの折衷型システムから常設の単一司法裁判所に発展してきた[16]。

約60年をかけて発展してきた複雑な構築物を分析することは容易ではないが，本章では，人権裁判所裁判官の個別意見という，もっとも個人を析出しやすい素材に着目して，同裁判所の特質を明らかにすると同時に，冒頭で掲げた問いに答えたい。具体的には，最初に，個別意見の分析をする前提として，人権裁判所の司法制度について，その歴史的発展と特徴に注目しながら説明し（Ⅰ），つぎに人権条約における個別意見の位置づけと種類を分析し（Ⅱ），幾つかの特徴的個別意見を紹介する（Ⅲ）。そして，以上の分析をもとに，個別意見の意義と問題点を明らかにしたい（Ⅳ）。

Ⅰ　ヨーロッパ人権裁判所の司法制度

1　背景

人権条約の母体は，ヨーロッパ評議会（Council of Europe）である。ヨーロッパ評議会は，第二次大戦後の西ヨーロッパにおいて，経済，社会，文化，科学，法律，行政とともに，人権分野での地域的連帯を目的として1949年に設立された。国連レベルでは，世界人権宣言（1948年）の条約化に難航していたところ，いち早くヨーロッパ（正確には西ヨーロッパ）地域の人権条約として起草した（1950年署名，1953年発効）。設立趣旨は，過去の反省（全体主義，とりわけナチズムに対する反省）と当時の脅威であった共産主義体制に対する自由主義体制の防波堤であり，かつ，ヨーロッパ統合思想を背後に持つ。原加盟国10カ国（1949年）は，フランス，イタリア，イギリス，ベルギー，オランダ，スウェーデン，デンマーク，ノルウェー，アイルランド，ルクセンブルクである[17]。この顔ぶれであれば，「志を同じくし，かつ政治的伝統，理想，自由および法の支配についての共通の継承財産を有する

---

16) 後掲Ⅰ6参照。
17) 上記の原加盟国のうちフランス，イタリア，ベルギー，オランダ，ルクセンブルクは西ドイツ（人権条約には1951年に参加）とともに，EUの前身ECの出発点であるヨーロッパ石炭鉄鋼共同体をスタートさせている（パリ条約1951年署名，発効1952年）。

ヨーロッパ諸国」(人権条約前文)という括り方に違和感はない。だが、その後、締約国を少しづつ増加させ、東西冷戦終結を経て一気に倍増させ、現在47加盟国に至る発展ぶりを見せた(詳細は〔表1〕を参照)。換言すれば、この20年余は「共通の継承財産」を、必ずしも「共通の継承財産」とするわけではない国々にグローバル化する試みを重ねてきたとも評価できる。

人権条約が起草されたのは、第二次世界大戦の筆舌に尽くしがたい惨禍がまだ生々しいヨーロッパであったからこそ、戦後の国際秩序を模索する中

〔表1〕ヨーロッパ人権条約締約国一覧

年代	1940年代	1950年代	1960年代	1970年代
加盟国	フランス(1949) イタリア(1949) イギリス(1949) ベルギー(1949) オランダ(1949) スウェーデン(1949) デンマーク(1949) ノルウェー(1949) アイルランド(1949) ルクセンブルク(1949) (以上、原加盟国) ギリシア(1949) トルコ(1949)	アイスランド(1950) ドイツ(1951) オーストリア(1956)	キプロス(1961) スイス(1963) マルタ(1965)	ポルトガル(1976) スペイン(1977) リヒテンシュタイン(1978)
年代毎合計	12	3	3	3

(注) セルビアは、2003年当時はセルビア・モンテネグロとしてヨーロッパ評議会に加盟。2006年のモンテネグ2007年5月に承認された。

で，理想を掲げ，斬新なアイディアに挑戦できたといえる[18]。人権，民主主義，法の支配を共通の遺産とするヨーロッパ諸国が人権の実施措置の設立によって加盟国間のより強い統一実現を目指すことに同意が得られ，個人が国家を提訴するという，それまでの国際法の枠組からすると画期的なアイディアが採択されたのである。

人権条約起草過程では，人権裁判所の創設自体が激しい論争点であった。ヨーロッパ人権委員会と人権裁判所（いずれもパートタイムの委員と裁判官で

1980年代	1990年代	2000年代	2010年代
サンマリノ（1988）	ハンガリー（1990）	アルメニア（2001）	
フィンランド（1989）	ポーランド（1991）	アゼルバイジャン（2001）	
	ブルガリア（1992）	ボスニア・ヘルツェゴビナ（2002）	
	エストニア（1992）	セルビア（2003）（注）	
	リトアニア（1992）	モナコ（2004）	
	スロベニア（1992）	モンテネグロ（2007）	
	チェコ（1992）		
	スロバキア（1992）		
	ルーマニア（1993）		
	アンドラ（1994）		
	ラトビア（1994）		
	モルドバ（1994）		
	アルバニア（1994）		
	ウクライナ（1994）		
	マケドニア（1995）		
	ロシア（1995）		
	クロアチア（1996）		
	グルジア（1999）		
2	18	6	0

ロ独立に伴い，セルビアがセルビア・モンテネグロの承継国となった。モンテネグロは加盟申請を行い，

---

[18] Bates, *supra* note 14.

〔表2〕国際人権条約の国際的実施措置

	国家報告	国家通報	個人通報	国家申立	個人申立	裁判所
ヨーロッパ人権条約	×	×	×	○	○	○
自由権規約	○	○*	○*	×	×	×
社会権規約	○	○*	○*	×	×	×
人種差別撤廃条約	○	○	○*	×	×	×
女性差別撤廃条約	○	×	○*	×	×	×
子どもの権利条約	○	○*	○*	×	×	×
拷問禁止条約	○	○*	○*	×	×	×
移住労働者権利条約	○	○*	○*	×	×	×
強制失踪条約	○	○*	○*	×	×	×
障害者権利条約	○	×	○*	×	×	×

＊：個別に宣言・選択議定書批准が必要

構成）の二段階システムにし，個人が直接申立できるのは前者のヨーロッパ人権委員会に限定し，かつ個人申立権および人権裁判所の管轄権受託は選択的なものとした上，8カ国が管轄権受諾宣言をした後に設置する（旧人権条約〔以下，旧条約〕[19] という〕56条）という，幾重もの緩衝剤で包んで，人権裁判所は1959年になってようやくスタートした[20]。現在の人権裁判所は。個人が直接提訴できる常設単一裁判所で，締約国は個人申立権も裁判所の管轄権も承認することが義務〔選択の余地はない〕となっている（第11議定書〔1998年発効〕による改革）[21]。ここまでどのように発展してきたのかという点こそが，人権条約を外から観察する場合の醍醐味であり，見逃せば人権裁判所の適切な評価が困難になる。しかも，他の地域的人権裁判所である米州人権裁判所もアフリカ人権裁判所も，いまだ個人による直接提訴を認めていないことから，人権裁判所の到達点として強調できる。また，国連レベルと比

---

19) 人権条約を改正した第11議定書が発効する前の人権条約を旧人権条約と呼ぶことによって，現行の人権条約（第14議定書による改正後のもの）と区別する。
20) 小畑・前掲注3）18頁。
21) 以後，第11議定書前までの人権裁判所と同議定書後の人権裁判所を区別するために，前者を「旧裁判所」，後者を「新裁判所」と呼ぶことがある。

較してもその対比は明確である（〔表2〕参照）。

2 保障される権利

(1) 生きている文書

人権条約も国際条約であるから，条約の解釈に関する国際法上の諸原則に従うことになる。この点で，人権裁判所は，条約法条約の発効前より同条約に基づき，目的的解釈を正当化してきた[22]。他方，人権条約は，「生きている文書」(living instrument) であると解されている[23]。すなわち制定者の意思に拘束されず，社会の変化に応じて内容の発展を認めている。これを可能にするのが，発展的解釈（evolutive interpretation）である[24]。後述するように，人権条約上の権利規定の相当部分は抽象的文言であるので，どこまで拡張解釈できるかは論争的である。

国際裁判所であり，かつ，「第四審」ではなくあくまでも「補完的」存在であること（補完性原則）を前提としながら，他方で，いつ，締約国の決定に介入するか（かつそれをどのように決定するか）は，人権裁判所が長い時間をかけて工夫してきた点である。そのバランスを実際にはかるのが，「評価の余地」(margin of appreciation) 理論である[25]。また，締約国による人権制約が条約上，正当化できるかどうかは，実際には，比例原則を通じて判断されることが多い。

(2) 人権条約および議定書が保障する権利

人権裁判所が判断するのは，人権条約および付随する議定書によって保障されている権利に基づく。主として市民的政治的権利が中心であり，社会権

---

22) Robin C.A. White and Clare Ovey, *Jacobs, White & Ovey, The European Convention on Human Rights* (Oxford, 2010), 64.
23) Tyrer v. UK 判決（1978年）が最初である。Tyrer v. UK, judgment of 25 April 1978, Series A, no. 26. Cf. White, *supra* note 22, 73.
24) このほかに，自律的解釈（autonomous interpretation），実効的解釈（effective interpretation）など，ヨーロッパ人権裁判所が活動を開始して以来，開発させてきた解釈方法がある。詳細は，江島晶子「ヨーロッパ人権裁判所の解釈の特徴」戸波江二，北村泰三，建石真公子，小畑郁，江島晶子（編）『ヨーロッパ人権裁判所の判例』28頁以下（信山社，2008年）参照。
25) 「評価の余地」理論については，同上30頁参照。

についてはヨーロッパ社会権憲章が保障している。人権条約が保障する権利については，以下のような特徴を引き出すことができる[26]。

第一に，条約上，緊急時であってもデロゲート（免脱）することが認められない絶対的権利（absolute rights）が存在する。具体的には，生命に対する権利（2条〔合法的な戦闘行為から生ずる死亡の場合を除く〕），拷問の禁止（3条），奴隷状態・隷属状態の禁止（4条1項）法律なくして処罰なし（7条）である。上記に該当しない他の権利は，緊急時においては条約に基づく義務を免除する措置をとることができることから，相対的権利（relative rights）と称される。

第二に，権利の中には，権利の内容または条約上，権利の制約が認められる場合が具体的に規定されている場合がある[27]。典型的なのは，人身の自由（5条）および公正な裁判を受ける権利（6条）である。規定ぶりが相当程度具体的なことから，各文言の解釈が，条約違反の有無を決めることが多い。その際に，発展的解釈，自律的解釈，実効的解釈といった，解釈方法が重要な役割を果す。

第三に，1項で権利の保障を規定し，2項で当該権利の制約を認めることができる目的が一般的に列挙される場合がある。典型的なのは，私生活および家族生活の尊重を受ける権利（8条），思想，良心および信教の自由（9条），表現の自由（10条），集会結社の自由（11条）である[28]。この場合には，続く(3)で後述する判断枠組み（評価の余地の有無と比例原則が鍵となる）に基づき判断がなされる。

上記の他に，婚姻する権利（12条），効果的な救済を受ける権利（13条），差別禁止原則（14条）があり，かつ，第1議定書（1952年署名，1954年発効）では，財産権（1条），教育に対する権利（2条），自由選挙（3条），第4議定書（1963年署名，1968年発効）では，契約不履行による抑留の禁止（1条），移動の自由（2条），国民の追放の禁止（3条），外国人の集団的追放の

---

26) 条約自体が何らかの分類論を採用しているわけではない。ここで紹介するのは，イギリスの教科書における一般的な分類である。
27) イギリスの教科書では limited rights という表現が用いられている。
28) イギリスの教科書では qualified rights という表現が用いられている。

禁止（4条），第6議定書（1983年署名，1985年発効）では，死刑廃止（1条〔戦時を除く〕），第7議定書（1984年署名，1988年発効）では，外国人の追放についての手続的保障（1条），刑事事件における上訴の権利（2条），誤審による有罪判決に対する補償（3条），一事不再理（4条），配偶者の平等（5条），第12議定書（2000年署名，2005年発効）では，差別の一般的禁止（1条），第13議定書（2002年署名，2003年発効）では，死刑全廃（1条）を規定している。死刑廃止については，人権条約自体は，死刑を生命に対する権利の保護から除外していたが（2条1項），第6議定書において戦時等を除き死刑廃止を導入し，第13議定書においてあらゆる状況下での死刑廃止を導入した。

(3) 条約違反の認定

人権裁判所は，条約違反の有無をどのように判断するのか。とりわけ，人権条約8-11条の権利の場合には，抽象的な文言の解釈が問題となる。これまでのところ確立した判例に基づけば，①権利自由に対する制約が法によって規定されているか，②当該制約が条約上認められた目的のいずれかに該当するか，③当該制約が民主的社会において必要か（条約上認められた目的のいずれかによって正当化されるか）の順番で検討される。①については，条約上の権利に対する制約の法的根拠の認定，法に対するアクセスの保障，法の明確性が問われる。②については，条約上，列挙されたいずれかの目的に該当するかが検討される。②の要件で違反が認められることは皆無である。③については，実際には，正当とされた目的と制約の手段が釣り合っていることが求められる（比例原則）。

たとえば，10条を例にとって説明すると，1項で「すべての者は，表現の自由についての権利を有する。この権利には，公の機関による介入を受けることなく，かつ，国境とのかかわりなく，意見を持つ自由ならびに情報および思想を受け取りおよび伝える自由を含む（以下略）。」と規定しておいて，2項では，「前項の自由の行使については，義務および責任を伴うので，法律によって定められた手続，条件，制限または刑罰であって，国の安全保障，領土保全もしくは公共の安全のため，無秩序もしくは犯罪の防止のた

め，健康もしくは道徳の保護のため，他の者の名誉もしくは権利の保護のため，秘密に受けた情報の暴露を防止するため，または，司法機関の権威および公平さを維持するため，民主的社会において必要なものを課することができる」と規定する。よって，たとえば，ある制約が条約違反かどうかは，①当該制約が法によって規定されているか，②当該制約目的が正当か（上記の制約目的のいずれかに該当するかどうか），および③当該制約が制約目的と釣り合っているか（比例原則）を判断することになり，③の段階で，どれだけ国家の評価（裁量）の余地（margin of appreciation）が認めるられるかが，条約違反の成否を左右する。

3　組織

人権条約の実施に中心的に関与する機関は人権裁判所であるが，その他に，閣僚委員会（Committee of Ministers）および議員会議（Parliamentary Assembly）が関係する。

人権裁判所は，「条約および条約の諸議定書において締約国が行った約束の遵守を確保するために」，設立されている（19条）。同裁判所は，締約国の数と同数の裁判官で構成する（20条）。各締約国は3名の候補者から成る名簿を出し，議員会議における投票によって最多投票を得た1名が選出される（22条）（以下，「出身国裁判官」という）。人権裁判所は，個人申立（34条）および国家申立（33条，締約国による他の締約国の条約違反の申立）を受け，一定の受理可能性要件（後掲5参照）を満たしたものについて（受理可能性審査），条約違反の有無を判断し（本案審査），判決を下す。判決は確定すると法的拘束力を有する。

人権裁判所の予算は7千百万ユーロである（2016年）。裁判所の経費はヨーロッパ評議会が負担する（50条）ことになっており，閣僚委員会の承認に服する。ヨーロッパ評議会自体の予算は各締約国の拠出によって賄われており，拠出額は各締約国の人口とGNPに比例して決定される。たとえば，2016年のヨーロッパ評議会の予算は3億2千6百万ユーロであるが，イギリスは32,151,875ユーロ（10％）を拠出している。

人権裁判所の活動において鍵を握るのが，同裁判所に置かれる書記局

(Registry) である（24条1項）。書記局の機能と組織はヨーロッパ人権裁判所裁判所規則（以下，「裁判所規則」という）で規定される。書記局の役割は，裁判所が司法的機能を果たす上で，法的および行政的サポートを提供するこ

〔表3〕書記局スタッフの出身国内訳

国名	人数	国名	人数
フランス(1949)	147	ハンガリー(1990)	6
イタリア(1949)	24	ポーランド(1991)	37
イギリス(1949)	43	ブルガリア(1992)	17
ベルギー(1949)	9	エストニア(1992)	3
オランダ(1949)	7	リトアニア(1992)	3
スウェーデン(1949)	4	スロベニア(1992)	7
デンマーク(1949)	1	チェコ(1992)	5
ノルウェー(1949)	0	スロバキア(1992)	7
アイルランド(1949)	9	ルーマニア(1993)	38
ルクセンブルク(1949)	1	アンドラ(1994)	0
（以上，原加盟国）		ラトビア(1994)	8
ギリシア(1949)	8	モルドバ(1994)	15
トルコ(1949)	46	アルバニア(1994)	2
アイスランド(1950)	0	ウクライナ(1994)	40
ドイツ(1951)	21	マケドニア(1995)	3
オーストリア(1956)	3	ロシア(1995)	65
キプロス(1961)	1	クロアチア(1996)	7
スイス(1963)	2	グルジア(1999)	6
マルタ(1965)	0	アルメニア(2001)	7
ポルトガル(1976)	4	アゼルバイジャン(2001)	7
スペイン(1977)	6	ボスニア・ヘルツェゴビナ(2002)	2
リヒテンシュタイン(1978)	0	セルビア(2003)	16
サンマリノ(1988)	0	モナコ(2004)	0
フィンランド(1989)	9	モンテネグロ(2007)	1

＊ヨーロッパ人権裁判所HPのCountry Profilesから作成（そのため合計数に他の資料との間で若干の違いがある）

とであるが，中でも，個人申立を裁判に向けて処理することである。よって，書記局の全スタッフ640人（ヨーロッパ評議会に雇用されている）のうち，270人が法律家である（各締約国の申立件数に比例して法律家が採用されている）。書記局の長である書記（Registrar）および書記補（Deputy Registrar）は，人権裁判所の全員法廷において選任される（25条(e)）。

書記局の法律家は，事件処理を行う31の課に配属される（各課に事務スタッフが配属）。法律家は裁判官のために事件ファイルおよび事件の分析メモを準備すると同時に，手続関係について当事者とやり取りをする（事件を決することはない）。事件は，関係する言語および法制度に基づいてそれぞれの課に割り当てられる。書記局が裁判所にために準備する文書は公用語である英語またはフランス語のどちらかで起草される。

判決の履行は閣僚委員会が監視する（46条2項）。閣僚委員会は，各締約国の外務大臣（またはその代理）によって構成される政治機関であり，判決が履行されたかどうかは閣僚委員会が判断する。閣僚委員会は，ヨーロッパ評議会の条約の起草も担うことから，ヨーロッパ評議会の立法の一翼を担う（もちろん，条約の批准は各国の政治部門によって行われるので，閣僚委員会だけで条約を発効させることはできない）。

議員会議は，裁判官の選挙に関与する。また，議員会議は，人権条約締結時の誓約の遵守状況を監視する一方，人権問題に関する調査や勧告を行う

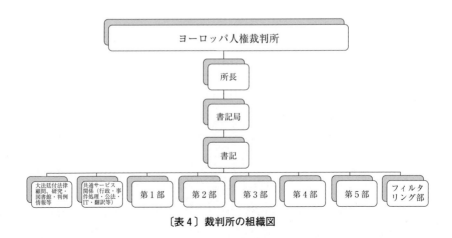

〔表4〕裁判所の組織図

（たとえば，チェチェンの空爆の問題や CIA によるテロリスト容疑者の移送に締約国が関与した問題など）。議員会議は，締約国の国内議会の議員の中から，国内議会によって選出または任命された議員318名（議員及び予備議員各318名，総計636名）で構成される。各締約国の定数は締約国の人口に応じて決定される[29]。

4 裁判官

人権裁判所裁判官の資格要件は，「徳望が高く，かつ，高等の司法官に任ぜられるのに必要な資格を有する者または有能の名のある法律家であること」（21条1項）で，「個人の資格で裁判」を行う（21条2項）。任期中は，「独立性，公平性または常勤職の要請と両立しないいかなる活動にも従事してはならない」（22条3項）。裁判官の任期は9年で，再選されることはない（23条1項）。定年は70歳である。

裁判官の経歴は，弁護士，裁判官，検察官，弁護士，法学部教授が大半である。興味深いのは，第一に，人権裁判所発足時（1959年）は，大学教授が73.3％と圧倒的多数を占めていたのが，36.2％（2012年）％と減少傾向を見せているのに対して，裁判官および弁護士を中心として実務家の割合が増加している。裁判官は，20.0％（1959年）から27.7％（2012年）へ，弁護士は，6.7％（1959年）から19.1％（2012年）％へ，法務官僚・検察官が，0％（1959年）から8.5％（2012年）％へと増加している[30]。第二に，人権裁判所の書記局の書記[31]や法律官から裁判官への転身というコースが登場していることである。代表的な例として，イギリス選出のマホーニー（Mahoney）裁判官（2001年から2005年まで書記でもあった），リヒテンシュタイン（本人の国籍はスイス）選出のフィリガー（Villiger）裁判官等がある。裁判件数の増加とその

---

[29] もっとも多くの議員を送っているのが，フランス，ドイツ，イタリア，ロシア，イギリスで各18名である。もっとも少ないのは，アンドラ，リヒテンシュタイン，モナコで，各2名である。
[30] 以上の数値は，小畑・前掲注3）115頁参照。
[31] ヨーロッパ人権裁判所の書記は，全員法廷で選出され，裁判官に次ぐ（実質的には並ぶ）ポストで，670名のスタッフを束ね，判例の首尾一貫性を確保する重要な任務を担う。

結果としてのフルタイム化が，アカデミックな雰囲気を後退させ，実務的な処理を追求する傾向を加速させているという指摘もある[32]。

裁判官の質についても問題として提起されてきた。たとえば，元裁判官のルカイデス（Loucaides）は，人権についての訓練どころか知識さえ有しない人物がいたり，公用語のいずれも解さない（よって事件の検討および結論に参加できない）人物がいたと批判している[33]。また，ルカイデスは，実質的作業（申立および添付文書を検討し，報告を準備し，解決を示唆すること）は，書記局の法律官によってなされているので，もしも裁判官が熱心ではない場合や能力に欠く場合には，書記局法律官の判断が通ってしまうことも指摘している[34]。現在，締約国が出してきた裁判官候補者名簿（3名）に対して面接を行うという質の保障を工夫すると同時に，新規加盟国の法律家に対してトレーニングの機会を提供するなどして全体の底上げをはかっている。

地理的バランスという点では，各締約国が裁判官の候補者リストを出すことができるので，他の国際裁判所が行うような地域的割り当ての必要はない。むしろ小国ゆえに自国出身者を指名できず，他の国籍保持者を指名するという場合もある（たとえばリヒテンシュタインはこれまでカナダ国籍やスイス国籍の裁判官を出している）。

ジェンダー・バランスは，この10年位は女性の裁判官の割合が35-40％台を推移しており，国際裁判所および国内裁判所の中では高い方である[35]。これは，裁判官の選出過程における工夫に基づく。前述したように議員会議が締約国が指名した3名の候補者名簿の中から裁判官を選出するのであるが，この候補者リストについては，特別委員会が実際に候補者に対して面接を行い，議員会議に名簿受領の可否を推薦する機会が設けられている。その際の

---

[32] 小畑・前掲注3）116頁。旧裁判所から新裁判所の移行期にストラスブールを訪れたことがある筆者としても同感する。
[33] Loukis G. Loucaides, 'Reflections of a Former European Court of Human Rights Judge on his Experiences as a Judge 〈http://www.errc.org/cikk.php?page=8&cikk=3613〉.
[34] Ibid.
[35] 国際裁判所におけるジェンダー・バランスに関する新たな論調として，〈http://www.ejiltalk.org/launch-of-gqual-a-global-campaign-for-gender-parity-in-international-tribunals-and-monitoring-bodies/〉。なお，ここで引用されているヨーロッパ人権裁判所に関する統計はミスリーディングであることを付け加えておく。

〔表5〕ジェンダー・バランスの推移

年	裁判官総数	女性裁判官の数	割合(%)
1998	39	8	20.51
1999	41	8	19.51
2000	41	8	19.51
2001	41	10	24.39
2002	41	10	24.39
2003	43	11	25.58
2004	43	11	25.58
2005	45	12	26.67
2006	46	13	28.26
2007	45	14	31.11
2008	46	16	34.78
2009	46	17	36.96
2010	47	18	38.29
2011	46	19	41.3
2012	45	18	40
2013	47	17	36.17
2014	45	16	35.57

　ルールの一つとして，締約国は，特別な事情のない限り，代表過小となっている性別（the under-represented sex）から一人以上の候補者を出さなければならないというものがある[36]。だが，いまだ女性の所長は出ておらず，副所長どまりである。具体的には，1998-2001年にスウェーデン出身のパルム（Palm, 1998-2001年在任），2011-2012年にベルギー出身のトゥルケン（Tulkens, 1998-2012年在任）[37]，そして2015年から現在，トルコ出身のカラカス（Karakaş, 2009年-現在）が副所長となっている。

---

36) European Court of Human Rights, Court's Advisory Opinion, of 12 February 2008.
37) 後掲Ⅲ3参照。

336　第8章　ヨーロッパ人権裁判所における少数意見（個別意見）

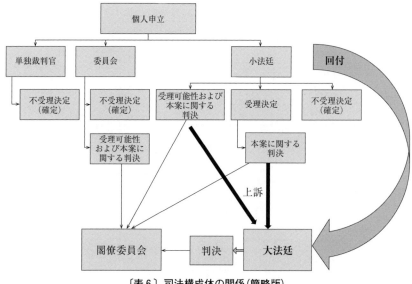

〔表6〕司法構成体の関係（簡略版）

5　裁判手続

(1)　ヨーロッパ人権裁判所の司法構成体

　人権裁判所には，4種類の司法構成体（judicial formation）がある。①単独裁判官構成（Single judge formation），②委員会（Committee），③小法廷（Chamber），④大法廷（Grand Chamber）である。これに加えて，全員法廷（Plenary Court）という構成体があるが，これは，裁判所長（President），裁判所次長（Vice-President），各部の部長（President of the Section/ Section President）の選出や裁判所規則の制定を行い，裁判は行わない（25条および規則8条）。これとは別に，恒常的な組織として5つの部（Section）がある（前掲〔表4〕参照）。全裁判官は5つの部のいずれかに属し，部書記および部書記補によって補佐される。部の構成については，地理的バランス，ジェンダー・バランスおよび締約国間の様々な法系を反映していることが求められている（規則25条）。委員会および小法廷のメンバーは，原則として，事件ごとに部の中から輪番制で指名される。

　裁判がどの構成体によって行われるかは，端的に言えば，受理可能性の度合（実質的には事件の重要性）に応じて決まる。申立には，国家申立（33条）

と個人申立（34条）があるが，申立の大半は後者で占められている。以下，個人申立に限定して説明する。まず，申立は各部[38]に割り当てられ，不受理であることまたは総件名簿から削除すべきことが明らかである場合は，単独裁判官が扱う。そうでない場合，部長が報告裁判官（Judge-Rapporteur）を指名する。報告裁判官は委員会または小法廷のいずれがこれを扱うべきかを決定する（規則49条）。

①単独裁判官構成（1名の裁判官）は，不受理を宣言するかまたは総件名簿（list of cases）から削除できる（その決定は確定的なものとなる）。そうしなかった場合には，委員会または小法廷に提出しなければならない（条約27条）。

②委員会は同一部内の3名の裁判官で構成される。報告裁判官が申立を委員会に付託した場合または単独裁判官が申立を委員会に提出した場合，委員会は全員一致の表決で不受理を宣言するか，または総件名簿から削除できる（28条1項(a)）。受理決定をした場合，本案審査を行う（28条1項(b)）。そうしなかった場合には，小法廷が決定する（29条）。

③小法廷は，部長，関係締約国について選挙された裁判官（被告国出身の裁判官となる），および当該部長により指名された当該部に所属する裁判官の合計7人の裁判官で構成される[39]。報告裁判官が申立を小法廷に付託した場合，または，単独裁判官または委員会が決定をしなかった場合，小法廷は，受理可能性および本案の審査を別々にまたは一括して行う（29条1項）[40]。手続は通常は書式によるが，小法廷は公開審理を開くことを決定できる。小法廷による受理可能性決定は，多数決により行われ，理由を付して公表する。

小法廷に係属する事件が人権条約もしくは諸議定書の解釈に影響を与える重大な問題を生じさせる場合，または小法廷での問題の決定が裁判所の先例と両立しない結果をもたらす可能性がある場合には，当事者が反対しないかぎり，いつでも事件を大法廷に回付（relinquishment of jurisdiction）できる（条約30条）。

---

38) 部については，前掲〔表4〕を参照のこと。
39) 構成の仕方については，規則26条参照。
40) なお，国家による申立は小法廷によって審査される（29条2項）。

④大法廷は，小法廷からの回付事件と上訴（再審理）事件を扱う。上訴を認めるかどうかは，審査部会（Panel）が決定する。審査部会は，所長，2人の部長（原審の小法廷が属する部の長除く），2人の裁判官（原審の小法廷に属さない裁判官）および2人の補欠裁判官（substitute judges）で構成される。

上記の単独裁判官構成は，第14議定書（2004年署名，2010年発効）によって導入され，人権裁判所の事件処理能力を挙げることを目的としている。単独裁判官で裁判する場合には，裁判所は，裁判所長の権威の下で活動する報告者（書記局の一部）により援助される（24条1項）。単独裁判官は，それ以上審査することなく決定できる場合には，不受理または総件名簿から削除できる上，その決定は確定的なものとなる以上（27条1項および2項），申立が受理できないことが当初から明白な事件が単独裁判官に割り当てられることになる。なお，単独裁判官は，当該単独裁判官を選出した締約国に対する申立を扱ってはならない（26条3項）。単独裁判官構成は，個人申立を重視の考え方に立つ側からは，たった一人の裁判官によって決定がなされることに懸念が表明されたが，事件処理数を増加させるのに貢献しているといえよう。

さらに，事件処理能力の増加という点で興味深いのは，2011年に設立されたフィルタリング部（Filtering Section）である。これは単独裁判官構成の実効性を挙げるために，インターラーケン宣言の後押しを受けて導入された。この部は，申立件数が最も多い5カ国（ロシア，トルコ，ルーマニア，ウクライナおよびポーランド[41]）に集中して事件処理を行うもので，一定の効果を上げている[42]。

(2) 受理可能性審査と受理基準

個人申立において，実際に人権裁判所に提訴できるのは，個人（自然人），個人で構成される団体，NGOである（34条）。申立の受理可能性の決

[41) ヨーロッパ人権裁判所に係属中の事件の半数をこの5カ国の事件が占めている。European Court of Human Rights, Filtering Section speeds up processing of cases from highest case-count countries, 〈http://www.echr.coe.int/Documents/Filtering_Section_ENG.pdf〉.

[42) Ibid. 導入された2011年に限っても，単独裁判官構成で扱われる割合を42％増加（前年比）させている。

I　ヨーロッパ人権裁判所の司法制度　339

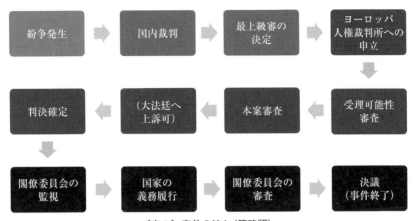

〔表7〕 事件の流れ（簡略版）

定がなされる前においては，申立人またはその代理人は，締約国の公用語を用いることができるが，受理された後は公用語で行われければならない（規則34条2項および3項，ただし例外あり）。2014年初頭から，事件処理速度を上げる観点から（とくにフィルタリングを迅速に行うため），人権裁判所が用意した新たな申立書類フォーマット（人権裁判所HPからダウンロード可）の使用が要請されている[43]（将来的には電子申請の導入を準備中[44]）。

申立の受理基準は，以下の通りである（条約35条）。

① 申立人が人権条約または諸議定書上に規定された権利を侵害された被害者であること
② 国内的な救済手段が尽くされていること
③ 国内における最終決定から6ヶ月以内に申立がなされていること
④ 申立が匿名でないこと
⑤ 人権裁判所がすでに審理していないこと，または，他の国際的調査もしくは解決の手続に付託された事案と実質的に同一でないこと（ただし新しい関連情報がある場合は別）

---

[43] 2014年にヨーロッパ人権裁判所に届いた52758件の申立中，23%がこの新しい要件を満たしていないという。〈http://www.echr.coe.int/Documents/Report_Rule_47_ENG.pdf〉.
[44] 〈http://www.echr.coe.int/Documents/PD_electronic_filing_applicants_ENG.pdf〉.

⑥ 申立が，条約または諸議定書の規定と両立しないか，明白に根拠不十分かまたは申立権の濫用ではないこと
⑦ 申立人が相当な不利益を被っていること

上記のうち，⑥および⑦は，急増する申立件数に対する対応として，第14議定書によって付加された[45]。

(3) 受理決定後の手続（本案審査）

小法廷が個人申立の受理を決定すると直ちに，当事者にさらなる証拠と書面による意見書の提出を要請し，必要と考える場合には口頭審理（公開）を開くことができる（規則59条）。また，事件当事者ではない締約国または申立人ではない関係者に，書面による意見提出や口頭審理への参加を招請することができる（条約36条）。審理は対審構造で行われ，口頭審理は公開で行われる（規則63条1項）。評議は非公開で，秘密である（規則22条1項）。公用語は英語および仏語である（規則34条1項）。和解に相当する友好的解決（friendly settlement）という手続もあり，この場合は非公開で行われ，友好的解決が成立した場合には，決定により総件名簿より削除する（条約39条）。友好的解決の条件の執行は，閣僚委員会が監視する（同39条4項）。

(4) 判決

判決および申立の受理または不受理の決定には，理由を付さなければならない（45条1項）。判決の全部または一部について裁判官の全員一致の意見を表していないときは，いずれの裁判官も個別の意見を表明する権利を有する（45条2項）。実際の判決文は，判決に至るまでの手続，事実，理由および主文で構成されている。裁判所規則では，判決の内容として盛り込むべきことが明文で規定されている（規則74条1項）[46]。当事者が上訴受理を要請する意思がないことを宣言するか，上訴を申立てずに3ヶ月経過するか，または大法廷の審査部会が上訴受理要請を却下した場合，小法廷の判決は確定する（44条）。

45）小畑・前掲注3）476頁。
46）具体的には，(a)小法廷または大法廷を構成する裁判長その他の構成員の名前ならびに

条約または諸議定書の違反を認定し、かつ、当該締約国の国内法によってはこの違反の結果を部分的にしか払拭できない場合で、必要に応じて、被害当事者に公平な満足（just satisfaction）という賠償金の支払いを締約国に命じることもできる（条約41条）。ただし、条約違反の認定自体が被害者の救済として十分であるという判断に至る場合が少なくない。

締約国は、自国が当事者である事件について、確定判決に従わなければならない（条約46条1項）。さらに、人権裁判所は、反復的事件（repetitive cases）に対する対応として、パイロット判決という手法も編み出している。これは、多数の類似の申立の中から一つ取り出して、それについて判決を下し、他の類似の申立はそれに従って処理させるものである[47]。

(5) 大法廷への上訴

事件の当事者は、①小法廷の判決が出されてから3ヶ月以内で、かつ、②当該判決が条約もしくは諸議定書の解釈・適用に影響する重要な問題または一般的に重要性を有する重大な問題を提起する場合には、大法廷に上訴の受理を要請できる。大法廷の審査部会は、上記の条件を満たす場合には、要請を受理し、大法廷の判決によって決定する（条約43条）。大法廷は多数決で決する。大法廷の判決は確定的なものである（条約44条）。

(6) 判決執行の監視

判決の執行自体は、当事者である締約国に任されている。よって実効的実施の鍵を握るのが、閣僚委員会による執行監視である（条約46条2項）[48]。確定判決が閣僚委員会に送付されると、違反事例は、閣僚委員会の人権特別会合（年6回）の議題として、閣僚委員会によって当事国が執行を完了したと

書記および書記補の名前、(b)判決の採択日および言渡し日、(c)当事者についての情報、(d)当事者の代理人または顧問の名前、(e)とられた手続の説明、(f)事件の事実、(g)当事者の主張の要約、(h)法的論点についての理由、(i)主文（operative provisions）、(j)費用に関する決定（決定がある場合）、(k)多数を構成した裁判官の数、(l)適当な場合、いずれのテキストが正文であるかの記述である。

47) ⟨http://www.echr.coe.int/Documents/Pilot_judgment_procedure_ENG.pdf⟩. Broniowski v. Poland, judgment of 22 June 2004がその先駆的存在である。
48) ⟨http://www.coe.int/t/dghl/monitoring/execution/default_en.asp⟩.

判断されるまで，繰り返し取り上げられる。よって，判決の実効性は，ヨーロッパ社会において名誉ある地位を占めたいと，締約国がどれだけ真剣に考えるかにかかっている。最終手段として，ヨーロッパ評議会からの追放という手段はあるが，威力が強すぎる上，行使してしまうとかえって「監視」の網から外れることになるので人権保障の観点からはかえって不都合であり，実際にとられたことはない[49]。

　当事国が果たすべき義務として具体的に考えられるのは，①賠償金（公平な満足）の支払い，②個別的措置（再審・釈放等，違反を終了させ，できるかぎり現状回復を図ること）の採用，および，③一般的措置（法改正等，同様の違反を防止し，継続的違反を終了させること）である。当事国は判決執行のためにとった措置を閣僚委員会に通知し，これに基づき，閣僚委員会は審査を行う（以上，判決執行の監視等に関する閣僚委員会規則（以下，「監視規則」という）6条参照）[50]。執行が確認されると，事件終了となる。議題の中には，判決が確定してから10年以上経過しているものも見られる[51]。

　人権裁判所は，以前は，条約違反の有無を述べるにとどまっていたが，最近では具体的措置にも言及するようになっている。また，閣僚委員会側も執行監視に関するシステムを強化しており，構造的問題（反復的事件の原因となる）を優先的に扱っている（監視規則4条1項）[52]。さらに，第14議定書は，新たに不履行確認訴訟（infringement proceedings）を導入した（46条4項

---

49) ヨーロッパ評議会規程3条および8条参照。Statues of the Council of Europe, ETS no.1 (5 May 1949). ヨーロッパ評議会規程について，〈https://rm.coe.int/CoERMPublicCommonSearchServices/DisplayDCTMContent?documentId=0900001680306052〉.

50) Rules for the Committee of Ministers for the supervision of the execution of judgments and of the terms of friendly settlement (adopted by the Committee of Ministers on 10 May 2006 at the 964th meeting the Ministers' Deputies), 〈http://www.coe.int/t/dghl/monitoring/execution/Source/Documents/Docs_a_propos/CMrules2006_en.pdf〉（visited 31 December）.

51) 2015年12月8-10日の会議の議題に上がった事件および国について，以下を参照。〈http://www.coe.int/t/dghl/monitoring/execution/News/CP-19.11.2015_en.asp〉（visited 31 December 2015）. たとえば，イギリスは，受刑者の選挙権一律剥奪について出された違反判決を執行できないまま，Hirst No. 2 group として何度も議題に挙げられている。

52) ルチア・ミアラ（江島晶子翻訳）「新たに改革されたヨーロッパ人権裁判所における判決履行の監視」比較法学46巻2号（2012年）111頁以下。

および5項)。閣僚委員会が,当事国が確定判決に従うことを拒否していると考える場合に,当事国に正式通告を行ったのち,かつ,閣僚委員会における3分の2の多数決による決定によって,46条1項に基づく義務の懈怠の有無について人権裁判所に付託できる。人権裁判所が46条1項違反を認定した場合,取られるべき措置の検討のために事件を閣僚委員会に付託できる。そもそも不履行確認訴訟は例外的なものとして考えられており,現時点では,同訴訟の例はない[53]。

6 現状と課題――制度改革――

以上のような説明からわかるように,ゼロから出発した人権裁判所は,数ある国際人権機関の中でも白眉(the jewel in the crown とよく称される)として,その実績と権威に対して高い賞賛が寄せられる一方,それがさらなる申立を招来することになり,ほとんど処理不可能な膨大な申立を抱えているため,自分自身の成功の犠牲者(a victim of its own success)ともいわれている。前述したように10カ国でスタートした条約が,まずは共通の基盤を有するといえる締約国の中で時間をかけてゆっくりと発展していたのが,東西冷戦終了を契機に締約国の一気に倍増し,同時に,高い実効性ゆえに信頼性と権威を確立したことが,より一層,個人申立の増加に拍車をかけるというやや皮肉な状況を呈している(現在,個人申立の内,9割は受理される見込みのない申立だと言われている)。

注目すべき点は,制度改革の努力を続けてきたことである。かつ,それは裁判所の性格の変化も伴っている。まず,第11議定書による単一の常設人権

---

53) 2012年7月30日,ロシアの人権 NGO である European Human Rights Advocacy Centre が,Isayeva v. Russia (judgment of 24 February 2005) 判決に基づく義務を全く履行していないとして,同種の事件である Abuyeva v. Russia (judgment of 2 December 2010) を契機として,閣僚委員会に対して,不履行確認訴訟を開始するように文書で要請している。Committee of Ministers, 1150 DH meeting (24-26 September 2012), Communication from a NGO (EHRAC-European Human rights Advocacy Centre) (30/07/2012) in the case of Zara Isayeva against Russian Federation (Application no. 57950/00) ⟨https://wcd.coe.int/com.instranet.InstraServlet?command=com.instranet.CmdBlobGet&InstranetImage=2133031&SecMode=1&DocId=1916062&Usage=2⟩. 2015年9月,議員会議は,閣僚委員会に対して,同訴訟の活用を勧告したところである。

裁判所の設立である（1998年11月から）。この改革は，人権裁判所のあり方を大きく変更すると同時に，個人申立権も裁判所の管轄権も承認することが締約国の義務となったので，名実ともに個人が直接提訴できる国際裁判所が出現したことになる（実施措置の司法的純化）。

ところが，機構の一本化と常設化をはるかに凌駕するさらなる申立の急増を受けて，ただちに第14議定書の制定に着手した。第14議定書の目玉は，いかに裁判所の機構を効率化して，裁判所の事件処理能力を高めるかである。そのために，前述したような，単独裁判官構成（また，その実効性を高めるためのフィルタリング部），新しい不受理基準，不履行確認訴訟等が導入された。同議定書は2004年に採択されたが，ロシアが長らく批准しなかったために2010年にようやく発効した（この間の発効遅延がさらに申立の滞留を招いた）。また，議定書によらずとも対応できる部分について，人権裁判所はあらゆる努力を払ってきた。たとえば，優先ルールの採用（2009年）[54]，パイロット判決の導入等がある。他方，政治部門として閣僚委員会も，この間，裁判所の制度改革のために，何度も会合を持ち，直近では，ブライトン宣言（2012年）を受けて，第15議定書および第16議定書の採択に至った（両議定書とも2015年末段階では未発効）[55]。第15議定書は，受理期間を6か月から4か月に短縮すると同時に，条約前文に補完性原則と評価の余地を追加する。前者は申立件数の削減，後者は，人権裁判所の積極主義にブレーキをかけようという締約国の意思の表れである（とはいえ，当初，イギリスは条約の本文に入れることを提案したが，締約国間に様々な意見があり，妥協の産物として前文に落ち着いたのであるから，イギリスの見解が多数派という訳ではない）。第16議定書は，国内の上級裁判所が人権裁判所に対して人権条約の解釈に関する勧

---

[54] 2009年6月以前は，事件は，若干の例外はあるが，基本的に先着順で処理されてきた。これでは，非常に深刻な人権侵害の申立が処理されるまでに数年待たねばならず，その間により犠牲者を増やし，ヨーロッパ人権裁判所への申立件数も増加されることになる。そこで，事件の重要性と緊急性に応じて処理することにした（裁判所規則41条）。これに基づき，7段階で事件が区分されている。European Court of Human Rights, The Court's Priority Policy ⟨http://www.echr.coe.int/Documents/Priority_policy_ENG.pdf⟩.

[55] 江島晶子「ヨーロッパ人権裁判所と国内裁判所の「対話」？──*Al-Khawaja and Tahery v the United Kingdom* 大法廷判決を手がかりとして」坂元茂樹・薬師寺公夫編『普遍的国際社会への法の挑戦』信山社（2013年）85頁以下参照。

告的意見（advisory opinion）を求めることを可能にする。

他方，この間の様々な改革の成果が，ようやく申立件数の減少につながるという結果となって表れてきた。とはいえ，それが，いかなる負の結果を伴うものか今後の観察を待たなければならない。

さらに，EUが人権条約に加入する問題は長年の懸案事項である[56]。EU司法裁判所は個別意見を認めない制度であることから，仮にEUが加入した場合に，EU司法裁判所と人権裁判所との関係は興味深い問題であるが，その差異に，個別意見の取扱いについて両者が違うことから，それに関してどのような問題が生じるのかという問題も存在する。

以上のような特徴を有する人権裁判所において，裁判官の個別意見はどのような意義を有するのか次に検討する。

Ⅱ　個別意見の種類・特徴

1　条約上の位置づけ

人権条約は，明文で，「判決がその全部または一部について裁判官の全員一致の意見を表していないときは，いずれの裁判官も，個別の意見を表明する権利を有する（If a judgment does not represent, in whole or in part, the unanimous opinion of the judges, any judge shall be entitled to deliver a separate opinion）」（45条2項）と規定しており，各裁判官が個別意見（separate opinion）を表明することを認めている。さらに，裁判所規則では，「小法廷または大法廷による事件の検討に参加したいずれの裁判官も，判決に賛成もしくは反対の個別意見，または単に反対であるという記述を判決に付すことができる」（Any judge who has taken part in the consideration of the case by a Chamber or by the Grand Chamber shall be entitled to annex to the judgment either a separate opinion, concurring with or dissenting from that judgment, or a

---

[56]　リスボン条約上，EUの人権条約加入は義務であり，かつ，人権条約側も59条2項で法的根拠を整えており，2014年，EUが加入する草案がまとまっていたが，EU司法裁判所から問題点が提示され，再び頓挫している。Opinion 2/13 of the Court (Full Court), 18 December 2014, ⟨http://curia.europa.eu/juris/document/document.jsf?docid=160882&doclang=EN⟩.

bare statement of dissent.）（74条2項）と規定しており，個別意見として，同意意見（concurring opinion）および反対意見（dissenting opinion）を予定している。実際にも，人権裁判所の判決において，多数の多様な個別意見が観察できる。

個別意見には，大別すると，以下の種類がある。①反対意見（単独），②同意意見（単独），③部分的反対意見（単独），④部分的反対＋部分的同意意見（単独），⑤共同反対意見（二人以上），⑥共同同意意見（二人以上），⑦共同部分的反対意見＋部分的同意意見意見（二人以上）である[57]。

2　個別意見に関する仮説

前述したような，人権裁判所の背景および制度の下で，かつ，以前とは異なり天文学的数字の申立が押し寄せている現状において，個々の裁判官が個別意見を書くのはなぜか。先行研究における考察を踏まえて，考えられる仮説をまず紹介しておく[58]。

第一に，国際裁判所という特質から，訴訟当事国について選挙された裁判官が，出身国である締約国を弁護するために，個別意見を書くことが考えられる（仮説1）。とりわけ，反対意見を書いているのが出身国裁判官だけであれば，訴訟当事国である自分の出身国の主張を弁護する文脈である可能性がある（後掲〔表8〕参照）。こうしたことが特に懸念されうるのは，条約創

---

[57] Robin C. A. White and Iris Boussiakou, 'Separate Opinion in the European Court of Human Rights' 9 (1) *Human Rights Law Review* (2009) 37 at 48.

[58] ヨーロッパ人権裁判所の個別意見に関する主な先行研究として，以下を参照。Fred J. Bruinsma and Matthitsde Blois, 'Rules of Law from Westport to Wladiwostok. Separate Opinions in the European Court of Human Rights' 15 (2) *Netherlands Quarterly of Human Rights* (1997) 175；Florence Rivière, Les opinions séparées des juges à la cour européenne des droits de l'homme (Bruyland, 2004)；Arold, *The Legal Culture of the European Court of Human Rights* (Nijhoff, 2007)；Eric Voeten (a), 'International Judicial Appointments: Evidence from the European Court of Human Rights', 61 *International Organization* 669 (2007)；Eric Voeten (b), 'The Impartiality of International Judges: Evidence from the European Court of Human Rights' 102 (4) *American Political Science Review*((2008) 417; Fred J. Bruinsma, 'The Roome at the Top: Separate Opinions in the Grand Chamber of the ECHR (1998-2006)' Ancilla Iuris (2008) 32；Robin C. A. White and Iris Boussiakou, 'Separate Opinion in the European Court of Human Rights' 9 (1) *Human Rights Law Review* (2009) 37.

設期と東中欧諸国が大挙して人権条約に加入した時である。前者は,そもそも裁判所のスタイルが確立していないので,各締約国の法制度がもちこまれやすい。後者は,民主主義,法の支配および人権保障が十分に確保されていないと考えられる国々の裁判官が一気に増えることによって,人権条約体制の人権水準が引き下げられる可能性があるからである[59]。もしも新規加盟国出身の裁判官が,出身国の弁護に余念がないというのであれば,人権裁判所の質に赤信号が灯る事態となる。

　第二に,司法積極主義および司法消極(抑制)主義という見地から考察できる(仮説2)[60]。人権条約の文言の一部は,非常に一般的抽象的なので,人権保障をより高めるという見地(条文上の権利を広く認め,締約国による人権制約を厳しく審査する)から,目的的解釈,発展的解釈を駆使することが考えられる(これを司法積極主義と呼ぶ)[61]。多くの反対意見を書いたルカイデス(Loucaides)裁判官は,その典型例である[62]。他方で,このような流れに対しては,伝統的国際法学の立場や締約国政府の立場からは,強い警戒と批判が示されてきた。フィッツモーリス(Fitzmaurice)裁判官が典型例といえよう[63]。条約締結時にそのような約束をした覚えはないという訳である。司法消極主義者は,個別意見を利用して,行き過ぎた解釈をした多数意見に対して歯止めをかけようとする。

　第三に,個々の裁判官の司法的性格・気質(legal temperament)である(仮説3)。これは,人権裁判所に着任するまでの経歴および価値観によって形成されよう(仮説4)。学者としてのバックグラウンドは,結論もさるこ

---

[59] 実際にも,人権条約に加入しうる人権水準を満たしていないのに,政治的理由から安易に受け入れたという批判が存在する。
[60] Voeten (a) and (b), *supra* note 58.
[61] 後述Ⅲ参照。
[62] 後掲Ⅲ2参照。ルカイデス裁判官の個別意見をまとめた本もある位である。Françoise Tulkens et al (eds.), *Judge Loukis Loucaides. An Alternative View on the Jurisprudence of the European Court of Human Rights, A Collection of Separate Opinions (1998-2007)* (Brill/Nijhoff, 2008)
[63] 後述Ⅲ1参照。ヨーロッパ人権裁判所の書記を長らくつとめ,現在,裁判官であるマホーニーも,従来から司法積極主義を警戒する意見を表明している。Paul Mahoney, 'Judicial Activism and Judicial Restraint in the European Court of Human Rights: Two Sides of the Same Coin', 11 *Human Rights Law Journal* 57 (1990).

ながらその理由づけの違いについて相当細かな部分まで明確にしたがる傾向があるのに対して，裁判官や法官僚・検察官は，組織の一員として働くという経験を経てきているので，全体的なまとまりをより重視する傾向があるのではないか。また，政府の法律顧問や外務省公務員という前歴は，政府の立場を理解しやすい一方，人権保障を促進する見地から弁護士の経歴は，申立人の状況により共感しやすいかもしれない。たとえば，フィッツモーリスやマッチャ（Matscher）は前者に該当し，ルカイデス，ペティティ（Petiti）[64]は後者に該当する。

第四に，コモン・ローと大陸法という法系の違いによる影響である（仮説5）。

3　個別意見の状況

人権裁判所の個別研究については，近年，実証データを用いた研究が登場している[65]。これらに依拠して，人権裁判所の個別意見の現状を検討する[66]。

まず，1960年から1998年の38年間では，908件の個別意見が示されており，その内訳は，反対意見が413（45.5％），同意意見204件（22.5％），部分的反対意見170（18.7％），単に個別意見と認定されるもの95（10.5％），宣言26（2.8％）に分類できるという[67]。

より最近のデータとして，1999年から2004年（5年間）では，事件の80％が全員一致に至らなかった評決であるという[69]。さらに，1999年から2007年（8年間）の大法廷の166判決に限定すると，全員一致でかつ同意意見も付されていないのは，24判決（14.5％）に過ぎないが，事件の中核的問題に絞る

---

64) ペティティは，ヨーロッパ人権裁判所裁判官になる前に，本国において人権弁護士として長年活躍してきた。
65) 主たる先行研究については，前掲注(58)参照。
66) 分析上の問題点が幾つか指摘されている。ヨーロッパ人権裁判所判決は，複数の争点があることが多く，一争点については条約違反だが，他の争点について条約違反なしという場合に，統計上，どのように取り扱うか，また，ある事件の中で中核的問題と周辺問題がある場合に，統計上どのように取り扱うかといった点である。
67) Rivière, *supra* note 58 at 25, n 113（確認）
68) White and Boussiakou, *supra* note 58のTable 2から作成。
69) White and Boussiakou, *supra* note 58 at 50.

〔表 8〕 大法廷判決（1999年-2007年）における評決の内訳[68]

評決の種類	件数	%
17-0	70	42.2
16-1	26	15.7
15-2	8	4.8
14-3	7	4.2
13-4	7	4.2
12-5	25	15.1
11-6	7	4.2
10-7	10	6
9-8	6	3

と70判決（42%）が全員一致であるという[70]。他方，133件（72%）において反対意見が付されている。事件の中核的問題に関する判断の評決の内訳は〔表8〕のようになる。興味深い点は，一人の裁判官だけが反対している26件のうち，16件は本案において提起された重要な問題について当事国選出の裁判官による反対意見であるという[71]。

次に，小法廷と大法廷を比較する。1999年から2004年（5年間）で，判決（小法廷および大法廷）全体の90.1%において，条約違反が認められている。1999年から2007年（8年間）の大法廷では，67%であるので，大法廷の方が，条約違反が認められる可能性が低い[72]。

さらに，単独反対意見に注目すると，1999年から2004年（5年間）で，211件の単独反対意見が存在するが，うち，134件は訴訟遅延に関する類似の事件に対する出身国裁判官によるほぼ同一の反対意見なのでこれを除くと，77件（調査母体数の0.2%）となる。このうち42件が出身国裁判官だけが反対している場合である。内訳はトルコ13件，イタリア12件，イギリスおよびロシアが各2件，キプロス，ギリシャ，ラトヴィア，スロヴァキアが各1件で

---

70) White and Boussiakou, *supra* note 58 at 50.
71) White and Boussiakou, *supra* note 58 at 51.
72) White and Boussiakou, *supra* note 58 at 51-52.

ある。よって，人権裁判所は，当事国出身裁判官が出身国の利益を終始擁護する場所ではないことが明らかである[73]。これは，人権裁判所の独立性・中立性を確保する上で重要な点であり，同裁判所がこれまで権威と信頼性を獲得できたバックボーンになっている。

WhiteおよびVoetenは，唯一の反対意見を書く裁判官たちは，司法積極主義にせよ，司法消極主義にせよ，それぞれの両極に立つ裁判官であることが多いという。Voetenの作成した司法積極主義・消極主義スケールでは，積極主義者の上位には，ルカイデス（キプロス），メイヤー（Meyer）（ベルギー），トゥルケン（ベルギー），ボネロ（Bonello）（マルタ），カサデバル（Casadevall）（アンドラ），エヴレグニス（Evregnis）（ギリシャ），スピールマン（Spielmann）（ルクセンブルク），ペティティ（Petiti）（フランス），スカルセド（Scalcedo）（スペイン），ストラズニッカ（Straznicka）（スロヴァキア）が，消極主義者の上位には，フィッツモーリス（イギリス），マッチャ（オーストリア），ボレゴ（Borrego）（スペイン），ヴィヤルムソン（Vilhjàlmsson）（アイスランド），ブラヴォ（Bravo）（サンマリノ），レイシュ（Liesch）（ルクセンブルク），ヤムブレク（Jambrek）（スロヴェニア），バカ（Baka）（ハンガリー），ガーズイング（Gersing）（デンマーク），ザグレブルスキー（Zagrebelsky）（イタリア）が名前を連ねる[74]。両者のそれぞれのトップであるルカイデスおよびフィッツモーリスは，それぞれの両極の代表者であり，Ⅲで，個別に検討する。

1999年から2004年の間に，221本の単独反対意見のほかに，205本の共同反対意見，146本の共同部分的反対意見，103本の単独部分的反対意見，3本の部分的反対・部分的同意意見が存在した。Whiteは，本案に関する判決の25％が全員一致で下され，15％は少なくとも一つは反対意見があり，60％は少なくとも同意意見が付加されていると結論づける[75]。

条文ごとの違いとしては，人権条約8条（私生活に対する権利），それに次いで10条（表現の自由）が，もっとも反対意見を生じさせているという調査

---

73) White and Boussiakou, *supra* note 58 at 52.
74) Voeten (a), *supra* note 58 at 686.
75) White and Boussiakou, *supra* note 58 at 53.

結果があるが，他方で，条文ごとに判決の数が極端に異なるので評価については慎重であるべきである[76]。反対意見が生じる原因は，文言の抽象性（条約8条が典型）および締約国の評価の余地の範囲（条約10条が典型）に起因する[77]。

同意意見の意義は，反対意見に比して実務家からも学者からも注目されていない[78]。人権裁判所の既存の判例に挑戦する場合には，多数意見に対する反対意見の方に注目するのは当然ではあるかもしれない。

III 個別意見の具体例（歴史的経緯を踏まえて）

個別意見の実相を紹介するという観点から，仮説の検証もかねて，特徴的な個別意見を紹介する。

1 フィッツモーリス裁判官（1974年-1980年在任）

イギリス出身のフィッツモーリス裁判官の在任期は，人権裁判所が人権条約の解釈方法を発展させていく時期に当たっており，前述の仮説を検証する上で興味深い。Voeten の司法積極主義・司法抑制主義の順位付けの中で，司法消極（抑制）主義の筆頭に位置づけられている。フィッツモーリスは，外務省の法律顧問を務め，学者としても有名で，かつ，人権裁判所に加わる前は，国際司法裁判所裁判官（1960年-1973年在任）を長らくつとめ，「名のある法律家」（21条）である。人権裁判所が発展的解釈等を開発する過程は，その後の人権裁判所の判例法の基礎となり非常に重要であるが，これには，当然批判があり，その代表格がフィッツモーリスである。フィッツモーリスは，判決に関与した12件中8件で個別意見を書き，人権裁判所が選択した目的解釈，発展的解釈に反対している[79]。国際法の伝統的解釈方法という観点からも，イギリスの裁判官は司法立法にならないように謙抑的に司法

---

76) White and Boussiakou, *supra* note 58 at 54.
77) Ibid.
78) Bruinsma and de Blois, *supra* note 58, at 186 and White and Boussiakou, *supra* note 58 at 55.
79) Golder v. UK, judgment of of 21 February 1975, Series A, No. 18; National Union of

権を行使するというイギリス法の伝統からしても（かつ，現在もイギリスには違憲審査制が存在しない点からも），当時のフィッツモーリスの反応は予期し得る。むしろ，注目すべきは，それでも，目的的解釈，発展的解釈が主流になっていたことである（フィッツモーリスの見解は多数意見にならなかった）。

フィッツモーリスに並ぶ例として挙げられるのはオーストリア出身のマッチャ（Matscher）裁判官（1977-1998年在任）であるが，彼も17年間の外交省勤務の経験を有している。マッチャは，人権裁判所は法解釈ではなく法政策の領域に入ってしまったと，同裁判所の司法積極主義的傾向に警鐘を鳴らしている位である[80]。

(1) Golder v. UK（1975年）

フィッツモーリスの個別意見の中から特徴的なものを幾つか紹介する[81]。まず，Golder v. UK[82]では，受刑者が弁護士との接見を求める権利等が争われた。多数意見は，公正な裁判を受ける権利（人権条約6条）は，裁判所にアクセスする権利（そこには弁護士との接見を求める権利も含まれる）を保障するという解釈を行って条約違反を肯定したが，フィッツモーリスは，解釈ではなく，司法立法だと批判する。すなわち，本件の問題は，人権裁判所が「裁判所にアクセスする権利」を規定すべきかではなく，現に，規定されているかどうかだという。そしてこのことは，純粋な解釈プロセスの範囲にと

Belgian Police v. Belgium, judgment of 27 October 1975, Series A, no.19; Ireland v. UK, judgment of 18 January 1978, Series A, no.25; Tyler v. UK, judgment of 25 April 1978, Series A, no. 26; The Sunday Times v. UK, judgment of 26 April, Series A, no. 30; Marckx v. Belgium, judgment of 13 June 1979, Series A, no. 31; The Sunday Times v. UK (Article 50), judgment of 6 November 1980, Series A, no. 38; Guzzardi v. Italy, judgment of 6 November 1980, Series A, no. 39.

80) F. Matscher, Methods of Interpretation of the Convention, in McDonald, Matscher and Petzold (eds), *European System for the Protection of Human Rights* (1993, Nijhoff) 70. 7年の任期の間に関わった判決が12件なので，当時のヨーロッパ人権裁判所のゆっくりしたペースが感じられるところである。

81) なお，ここに挙げた事件はいずれもイギリスを被告国とするものだが，被告がイギリスだからフィッツモーリスが個別意見を書いているというよりは，当時，イギリスは申立件数，敗訴件数ともに1位を占めていたので，そもそもイギリスの事件が多いことと，職務上の構成員としてフィッツモーリスは加わるからである。

82) Golder v. UK [PC], judgment of 21 February 1975, Series A, no. 18.

どまりつつ，司法立法に踏み出さないために，国際条約の解釈方法として何が正当であるかという問題に関わるという[83]。

人権条約6条は，明文では裁判所にアクセスする権利も弁護士との接見を求める権利も規定していないので，文理解釈の立場（イギリス裁判所の伝統的な立場）に立てば認められる余地はない。だが，人権裁判所多数意見は，人権条約が法の支配を重要な基礎原理とすることを根拠として，6条の解釈を広げる目的的解釈を行ったのである。

(2) Tyrer v. UK（1978年）

Tyrer v. UK[84]では，イギリスの属領マン島における未成年者に対する体罰が，品位を傷つける取扱い（条約3条）だとして条約違反が認められた。この判決では，「生きている文書」という概念を初めて導入した[85]。すなわち，人権裁判所は，「人権裁判所は生きている文書であり，…今日の状況に照らして解釈されなければならない。本件において，裁判所は，この領域におけるヨーロッパ評議会締約国の刑事政策における発展および共通に承認された基準に影響されないわけにはいかない」と述べている。

これに対して，フィッツモーリスは，人権条約3条の解釈が同じく問題となったIreland v. UK[86]と比較しながら，いかにそこでの事情と本件の事情が異なるかを強調しながら，条約の文言に非常にこだわって人権条約違反を否定している。なかでも，極めつけは，フィッツモーリス自身が学校時代に体験した体罰にまで触れ，学校における体罰は品位を傷つける取扱いではないと言っており，裁判官自身の価値観・経験が垣間見られる例である。

---

83) Ibid.
84) Tyrer v. UK, judgment of 25 April 1978, Series A, no.26.
85) White, *supra* note 22, 73.
86) Ireland v. UK [PC], judgment of. 数少ない国家申立の事件で，北アイルランド紛争下におけるイギリス政府のテロリスト容疑者の取扱いが問題となった。この判決においても，フィッツモーリスは長い個別意見を書いている。

(3) Sunday Times v. UK（1979年）

Sunday Times v. UK[87]では，日曜紙である Sunday Times の告発記事に対して裁判所侮辱に基づく差止が科されたことに対して，人権条約10条（表現の自由）が認められた（ただし11対9という僅差）。多数意見は，条約10条2項の制約目的の一つである「司法部の権威」は「道徳の保護」[88]よりもはるかに客観的概念であるとして評価の余地を狭く認定したことについて，フィッツモーリスを含む9人の裁判官は共同反対意見と表明し，司法制度および司法手続は締約国間で多様だと反対している。

(4) Marckx v. Belgium

Marckx v. Belgium[89]では，ベルギー民法が嫡出子と婚外子との間で大きな違いを設け，婚外子に対して不利益な取扱い（出生の事実のみでは母子関係さえ確定せず，母親の認知または裁判所の認定手続が必要，相続分における差別等）をしていることに対して，人権条約8条（私生活および家族生活の尊重を受ける権利）違反，8条と連携した14条（差別の禁止）違反および第1議定書1条（財産権）と連携した14条違反を認めた[90]。この判決は争点も多岐に渡る上，それぞれに反対意見が付されているが，中でも重要なのは，条約8条の射程範囲である。この点について，フィッツモーリスは，8条の趣旨は，公権力による個人の住居内への侵入（たとえば，突然の個人居宅への早朝の急襲，盗聴，テレビ・ラジオの使用制限，電気や水の遮断，子どもによる親の活動に関する子どもの密告や配偶者間の密告）から保護することだとし，子どもの

---

87) Sunday Times v. UK [PC], judgment of 26 April, Series A, no. 30.
88) 同じく表現の自由が問題となった（かつフィッツモーリスも裁判官として担当した） Handyside v. UK [PC], judgment of 7 December 1975, Series A, no. 24を指している。
89) Marckx v. Belgium [PC], judgment of 13 June 1979, Series A, no.31.
90) 同判決は，婚外子法定相続分違憲決定（最大決2013（平成25）年9月4日民集67巻6号1320頁に対して間接的に影響を及ぼした Mazurek v. France の前身となる判決である。この点について，Akiko Ejima, 'Emerging Transjudicial Dialogue on Human Rights in Japan: Does it contribute in making a hybrid of national and international human rights norms? 明治大学法科大学院論集（Meiji Law School Review）14号139頁以下（2014年）および江島晶子「憲法の未来像（開放型と閉鎖型）—比較憲法と国際人権法の接点—」全国憲法研究会編『日本国憲法の継承と発展』403頁以下（三省堂，2015年）参照。

民法上の地位の問題は無関係だとする。

確かに，フィッツモーリスが列挙したような事柄は，ナチズムや全体主義下で起きたことであり，それを念頭に置いているのは間違いないが，他方で，多数意見は個人の家族生活への公権力による恣意的な侵害から個人を保護するだけでなく，家族生活の尊重に内在する国家の義務も含むと解し，子が通常の家族生活を送ることができるようにするために出生によって家族の一員となれるような法的保護が国家に要請されていると解し，この要請を充たしていないと条約8条違反になると解した。以後，条約8条は，もっとも射程範囲の広い（換言すれば曖昧な）条文となっている[91]。

2 ルカイデス裁判官（1998-2008年在任）

キプロス出身のルカイデス（Loucaides）裁判官は，司法積極主義者としてフィッツモーリスと対極の立場にある。Voetenの司法積極主義・消極主義の順位付けの中で，司法積極の筆頭に位置づけられている。歯に衣着せぬ発言で有名で，多くの反対意見を書いているが，高潔な人物（man of integrity）として同僚からの信頼も受けている人物である[92]。ルカイデスは，まずヨーロッパ人権委員会に9年在任し，新裁判所に裁判官として加わったので，ヨーロッパ人権委員会時代から通算すれば20年ストラスブール（人権裁判所所在地）で活動したことになる。また，キプロスでは弁護士としての長い経験と司法次官の経験を有し，人権に関する著作も多い。また，フィッツモーリスが人権裁判所の黎明期に当たっているとすれば，ルカイデスの在任期間は，一定の判例蓄積を基礎に権威と名声を確立しながら，急増する締約国と申立に脅かされ，第11議定書による制度改革を行った時期に重なる。

---

91) これまで，条約8条の下で，狭義のプライバシー権の範疇に属する私生活の保護（たとえば警察による電話盗聴，パパラッツィによる有名人のプライバシー暴露，住居の尊重）だけでなく，「私生活」や「家族生活」の尊重という観点から，受刑者の信書の自由，氏名権，性同一性障害者の出生証明書上の性別記載変更，同性愛者の権利，自己情報開示請求権，性暴力からの保護，環境問題，外国人の国外追放，公的ケア下にある子どもと面会興隆する親の権利，婚外子等，多様な問題が取り扱われている。社会の変化を受けて新たにクローズ・アップされる問題の多くがカバーされる傾向がある（たとえば人工授精等）。

92) Nicholas Bratza, 'A Man of Integrity' in Tulkens, *supra* note 62.

よって，パートタイム時代ののどかな時代と「判決工場」に転換する時期を両方知っていることになる。同裁判官は，退官後，人権裁判所は訴訟当事国の利益に関係する厄介な問題について違反を認めることには消極的だと批判している[93]。

(1) Stec and others v. UK（大法廷）

Stec and others v. UK[94]では，年金における男女の取扱いの違いが問題となった。多数意見は，締約国間で制度が多様で，異なる取り扱いを維持している国もあることから，評価の余地を広く認め，本件は評価の余地の範囲内の問題として条約違反を否定したが，これに対してルカイデス裁判官が唯一の反対意見を書き，新しい社会立法が，いかにバランスがとれたものであろうと，明らかに合理的で客観的な正当化を明らかに欠く差別を防止するために適切な期間内に行動しなかった理由として，評価の余地の下で援用することはできないと批判した（かつ，ルカイデスは，本件が人権裁判所が訴訟当事国の利益に関係する厄介な問題の一例として挙げている）。これは評価の余地の範囲というのが，裁判官によって相当開きがあることを示す例でもある。

(2) Hatton v. UK（大法廷）

Hatton and others v. UK[95]では，ヒースロー空港における夜間飛行の開始が人権条約8条および13条違反であるかどうかが争われ，大法廷は8条違反（12対5）を否定したが，13条違反（16対1）は肯定した。8条違反を否定した多数意見に対しては，5人の裁判官は反対意見を書いており，大法廷の判決は人権裁判所の判例法の発展からの逸脱ないし後退であり，申立人の騒音に対する敏感さを少数者のものと限定することによって，基本的な健康条件よりも経済的考慮を優先させていると厳しく批判する。ルカイデスは大法廷には加わっていないが，その原審である第三小法廷のメンバーで，第三小法廷では8条違反（5対2）および13条違反（6対1）を認めていた（よっ

---

93) Loucaides, *supra* note 33.
94) Stec and others v. UK [GC], judgment of 12 April 2006.
95) Hatton v. UK [GC], judgment of 8 July 2003, Reports 2003-VIII.

てイギリス政府が大法廷に上訴)。よって、8条違反を認める大法廷の反対意見(コスタ、リー、テュルメン、ズパンチッチ、スタイナー)をルカイデスは全面的に支持している[96]。小法廷では5対2で条約8条違反が認められており、必ずしも僅差という訳ではないことから、大法廷において逆転の可能性があり、かつ、小法廷よりも大法廷の方が条約違反を認めることに慎重という統計を裏づける一例でもある。なお、大法廷において13条違反を否定する唯一の反対意見はイギリス出身の特任裁判官カー(Kerr)によるもので、解釈方針はフィッツモーリスを彷彿させる[97]。

(3) H. M. v. Switzerland

H. M. v. Switzerland[98]では、自宅で十分な介護が受けることが困難な状態になっている高齢者を本人の同意に基づかずに強制的に老人ホームに移すことが、人権条約5条1項にいう「自由の剥奪」に該当するかが問題となり、多数意見は条約違反ではないと判断した(5対1)。多数意見は、この移動は申立人自身の利益のために権限を有する当局が行った責任ある手段であるので、自由の剥奪に該当しないと判断した。だが、唯一の反対意見を書いたルカイデス裁判官は、この考え方は、本件のような場合を5条の範囲外としてしまうことによって、恣意的濫用を招く危険があるとして(具体例として、親族が親族自身の利益のために強制的移動を悪用する危険を挙げる)強く批判する。全体的に考慮して妥当な結論かどうかという多数意見とあくまでも原則論に忠実なルカイデスの対比が浮き彫りになっている。換言すると、人権裁判所全体としては、その結論を締約国(締約国の国民)は受け入れるであろうかということを、どこかで意識しているように思う。

(4) Cyprus v. Turkey (2001年)

Cyprus v. Turkey[99]は、国家申立の事件であるが、本書のテーマである個別意見との関係で興味深い点を含むので紹介しておく。本件は、1960年の

---

96) Loucaides, *supra* note 33.
97) 特任裁判官については、注13) 参照。
98) H. M. v. Switzerland, judgment of 26 February 2002, Reports 2002-II.

キプロス独立後，1974年のトルコによるキプロスへの軍事介入によって南北が分断されたことに起因する。トルコ系住民はトルコ軍を後ろ盾として1983年に北キプロス・トルコ共和国として独立を宣言した（現状では，ギリシャ系住民によるキプロス共和国のみが国家として国際的承認を受けている）。この北キプロス地域におけるギリシャ系キプロス人の人権侵害（ギリシャ系キプロス人の行方不明者が出ていること，ギリシャ系避難民が北部にある自己の住居に戻れないこと，ギリシャ系住民の選挙権，ギリシャ系住民の劣悪な生活条件等）についてキプロス政府によって1994年にヨーロッパ人権委員会に申立があり，同委員会は多くの違反を認定した報告書を採択すると同時に，人権裁判所大法廷に付託し（トルコが裁判所の管轄権受諾をしたので初めて可能になった），人権違反が認定された[100]。

ここで興味深いのは，トルコおよびギリシャの出身国裁判官の扱いである。まず，トルコのテュルメン（Türmen）裁判官は訴訟参加を回避し，その後，被告トルコ政府によって特任裁判官として指名されたダイヨグルゥ（Dayıoğlu）に対しては，申立側のギリシャ政府が異議を唱え，フェルディ（Ferdi）が特任裁判官として指名された。他方，キプロスのルカイデス裁判官に対しては，被告トルコ政府から異議が唱えられ，特任裁判官としてハミルトン（Hamilton）が指名された（規則28条参照）。

3 トゥルケン裁判官（1998-2012年在任）

次に，積極主義・消極主義スケールでは，積極主義の最上位グループ（三番目）に位置するベルギー出身のトゥルケン（Tulkens）をとりあげる。トゥルケンは，在任前は，弁護士であると同時に，Université catholique de Louvainの教授でもあり，数多くの学術論文を発表している。新裁判所が発足した時からのメンバーであり，女性として2番目の副所長（2011-2012年）も務めた。

---

99) Cyprus v. Turkey [GC], judgment of 10 May 2001, reports 2001-IV.
100) この他に Cf. Loizidou v. Turkey (preliminary objections)[GC], judgment of 23 March 1995, Series A, no. 310; Xenides-Arstis v. Turkey, judgment of 12 July 2005; Demades v. Turkey, judgment of 22 April 2008.

(1) Leyla Şahin v. Turkey

Leyla Şahin v. Turkey（大法廷）[101]は，公的空間における宗教的理由に基づくスカーフ着用が問題となった。トルコの国立イスタンブール大学には世俗主義の観点から女子学生のスカーフ着用を禁止する規則があったが，申立人（同大学女子学生），イスラム教信者としてスカーフを着用して登校したところ，授業への出席停止を命じられた事件である。申立人は，国内裁判所では敗訴したので，人権裁判所に，信教の自由（9条），表現の自由（10条），教育を受ける権利（第1選択議定書2条）等の違反を申立てた。トルコ政府は，憲法上の世俗主義保護，ジェンダー間の平等の保護，イスラム原理主義による干渉からの個人の保護を禁止の目的として主張した。小法廷は，4対3という僅差で，違反なしという判断を下したので，申立人は大法廷に上訴した。大法廷は，トルコ政府の意見を認め，16対1で違反なしという判断を下した。そこで唯一の反対意見を書いたのがトゥルケンである。トゥルケンは，イスラム教徒の女性がスカーフを着用する理由は多様，スカーフ着用を決めるのは女性の意見であるべき，スカーフ着用禁止は，実際には教育を受ける権利の侵害となっていると主張する。ここで注目したいのは，イスラム教徒の女性がかぶるスカーフに対するステレオタイプ的な見方にチャレンジする視線である。元来，信教の自由に関する判例は少なく，かつ，人権裁判所は締約国に対して，広い評価の余地を認めてきた。そして，人権条約には政教分離の規定はなく，政教分離のあり方自体，締約国によって多様である。フランスのような厳格な政教分離から，イギリスや一部の北欧諸国のように，国教制度を維持しつつ宗教的マイノリティに対する寛容を認めることによって政教分離と同じ効果を達成するタイプのものまである。そして西側ヨーロッパ社会自体が世俗化を進めてきたので，政教分離については各国の裁量に任せるという方針でよかったのである。だが，ヨーロッパにおけるイスラム教徒（直近ではシリア難民）の増加によって，ヨーロッパ社会は新たな困難な問題に直面しつつある。すなわち，これ以降，9条に関わる，より多くの困難な事件が人権裁判所に挑戦を迫っている。本件のトゥルケンの唯

---

101) Leyla Şahin v. Turkey [GC], judgment of 10 November 2005.

一の反対意見は，ますます重要な意味をもってくる（後掲 S. A. S. v. France 参照）。

4 ヌスバーガー裁判官（2011年-現在）

ドイツ出身のヌスバーガー（Nußberger）裁判官は，新裁判所になってから10年以上経過した時期（換言すると新裁判所の任期要件からすると，新裁判所になった際のメンバーが一掃される時期）に加わったメンバーであり。2011年の就任だが，翌年の2012年には部次長に選出（部内における選挙）され，2015年から部長に選出（全員法廷での選挙）されていることから，一定の能力と人望を推測できる。ヌスバーガーは，就任前は，ケルン大学の法学部教授である（2010年にはケルン大学副学長）。

(1) S. A. S. v. France（2014年）

S. A. S. v. France[102]では，フランスが導入したブルカ禁止法について，人権条約8条，9条，10条，14条違反が問題とされた。本件は，小法廷が大法廷に回付した事件である。人権裁判所は，全員一致で10条および14条の条約違反は否定したが，8条および9条については，ヌスバーガーとスウェーデン出身のイェーダーブロム（Jäderblom）裁判官による共同反対意見が付いた。S. A. S. v. France は，ヨーロッパ社会におけるイスラム教徒の存在が様々な論争を引き起こしている状況の中での困難な事件の一つであることには間違いないが，申立時においては，フランスが導入したような一律禁止という手法をとる国はヨーロッパではフランスを含め2国であった（その後，追随する国が登場したが）を念頭におくと，フランスの判断には相当批判もあったところである。

そうした状況の中で，共同反対意見は，これまでの人権裁判所の判例理論を基礎にして適確な批判を行っている。幾つか紹介すると，第一に，人権条約の8～10条は前述したように，制約が認められる目的を明記しているが，多数意見は今回，フランス政府が主張した共生（living together）を確保する

---

[102] S. A. S. v. France [GC], judgment of 11 July 2014.

こととという目的を「他者の権利および自由の保護」(protection of the rights and freedom of others)（8条および9条）に含まれると解した。だが，判例理論は，「他者の権利および自由の保護」が何であるかを明らかにしておらず，かつ，共生という概念は端的に他者の権利および自由のいずれにも該当しない上に，多数意見は本件においてそれが何であるかを明らかにしていない。第二に，規制手段が一律禁止である一方，規制の影響を受ける女性の影響という点では，当該女性の社会包摂をはかるどころか社会排除を招く結果になる上[103]，より緩やかな規制手段の存在することを考慮すると，目的と規制手段は釣り合っていないと批判する。第三に，評価の余地を決める，ヨーロッパのコンセンサスの有無を決める要素として，①国際条約法，②比較法および③国際的ソフト・ローがあると提示して，47カ国中45カ国（圧倒的多数）はフランスが行ったような立法を必要と考えていないという事実が，これについてのヨーロッパのコンセンサスの存在を示していると述べた点である。この反対意見は，将来の事件における参照ポイントになりうる。

Ⅳ 個別意見の意義と問題点

1 個別意見の意義（一般論）
(1) 個別意見に反対する論拠

裁判官が個別意見を表明することに対する反対する論拠として，以下が挙げられる[104]。

第一に，歴史的には，裁判官の役割は君主の意思を宣することであったので，君主は一人しかいない以上，全員一致は当然の結論ということになる[105]。また，協議の秘密は秘密主義の文化に由来する。

第二に，裁判官の独立を維持するためである[106]。判決が団体としての決

---

103) 禁止法によって，宗教的信条に忠実であろうとすると刑罰の危険を賭してブルカを着用するか（しかも法で禁止されている以上，往来で侮蔑や暴力の危険にさらされやすい），ブルカ着用せずに外出できないので外出を一切とりやめ，男性家族に依存するしかない。
104) European Parliament, *supra* note 9, at 9ff.
105) European Parliament, *supra* note 9 at 9.

定であれば，個々の裁判官の決定は秘密であり，個々の裁判官の良心に基づいて自由に決定できる。裁判官が執行府によって任命・再任される場合には，重要である。

第三に，上記の点は，国際裁判所における裁判官の場合には，その必要性がより強くなる[107]。そもそも，国際裁判所においては，自分を任命した国家の肩をもつという推測さえあるし，また，国際裁判において，国籍裁判官を有しない当事国は特任裁判官を指名する権利も認められている（国際司法裁判所が典型例）。

第四に，判決および裁判所の権威を保護するためである[108]。裁判官の意見が不一致であったことや別の結論に至る可能性を示すことは，司法府に対する人々の信頼を損ね，判決，そして，司法府自体の権威を揺さぶりかねないとする。さらに，注目を狙って個々の裁判官が反対意見を書き，裁判がショー化する危険があるという。とりわけ，裁判所が新参者で，かつ弱体であるときがそうである。EU 司法裁判所が個別意見を認めないことにした元々の理由は，同裁判所の権威を確保するためで，それは当時，まだ脆弱な存在である上に，全く新しい立法の適用を任されていたからである。人権裁判所の場合は，発足当時，個別意見が同裁判所の権威を弱める要素になっていたという評価もある。

第五に，裁判所の最終判決の明確さを確保することである[109]。判決の目的は，特定の法的問題に対して確定的答を出すことで，最良の法解釈についての議論を開始することではない。後者は学者が好むことであるが，提訴者は前者を望んでいるという。

第六に，裁判官の一体性・協調性を確保することである[110]。だが，この論拠は後述するように，逆に展開することもできる。

第七に，訴訟の迅速性および費用という実際上の要請もある[111]。だが，

---

106) Ibid.
107) Ibid.
108) Ibid. 10-11.
109) Ibid. 11.
110) Ibid.
111) Ibid.

Ⅳ　個別意見の意義と問題点　363

この論拠をもち出せば，迅速性および低費用に資するということでさしたる理由づけもつけない簡略な判決をも正当化してしまうし，透明性，公開性およびしっかりした理由づけを省く理由にはならない[112]。

(2)　個別意見を支持する論拠

では，次に，個別意見を支持する論拠を紹介する。

第一に，各裁判官がそれぞれ完全な決定を行うという，イギリス法の伝統（deciding seriatim）である[113]。ただし，大陸法諸国でも評議の秘密を完全に守っているわけではない。

第二に，裁判官の独立および表現の自由を維持することである[114]。個別意見を書けることこそが裁判官自身の独立性，とくに他のメンバーからの自律性を確保する。また，裁判官自身が同意できない理由づけや結論に従わなくてよいので，裁判官自身の知的インテグリティを確保できる上，裁判官の表現の自由を保障できる。秘密性によって裁判官を不当な影響から守るというのは，目的と手段が釣り合っておらず，他の制度的保障によって裁判官を不当な影響から守ることは可能である。

第三に，権威と明晰性の確保である[115]。権威は，秘密にあるのではなく，質にある。個別意見は判決の質を高める（反対意見が提示されるため，多数意見はそれに応答する中でより精錬された判決に到達する）。個別意見のない判決は，あたかも判決が唯一の解決策であるかのように装うことになる。

第四に，裁判官の一体性を確保することにおいて個別意見は障害にはならないだけでなく，反対意見を表明できることが少数派の裁判官を不満の解消になる[116]。確かに個別意見を書くことが認められると，誰もが同意できる結論に到達する努力を怠るというが，現実は逆の結論を示している。

第五に，民主的説明責任の一環として透明性を確保し，内部的批判を可能にすることである[117]。

---

112) Ibid. 16.
113) Ibid. 12.
114) Ibid.
115) Ibid. 13.
116) Ibid. 14.

第六に，未来の裁判所および下級裁判所との対話に資する[118]。反対意見は，未来の知性へのアピールであり，将来の決定は反対意見の方に変更するかもしれない。さらに，反対意見は裁判所，立法者，法律家の間の対話を生じさせる手段として考えられてきた。

2　ヨーロッパ人権裁判所における個別意見の意義と問題

では，一般論としての個別意見の意義を前提として，人権裁判所の状況に即して，人権裁判所における個別意見の意義と問題を検討する。

第一に，裁判官の独立性，中立性という点であるが，実証研究および個々の特徴的な個別意見からも，人権裁判所が個別意見を許しているがゆえに裁判官の独立性，中立性を害しているということを示す証拠は見られない。とりわけ，国際裁判所の裁判官の独立性の確保のためには，個別意見を認めないことが必要で，かつ，その前提には国籍裁判官は自分を任命している国家の肩をもちやすいという仮定があったわけだが，いずれも人権裁判所の場合にはあてはまらない。実際に，1990年代の締約国の急激な拡大の際に，再任を得るために締約国政府の機嫌をうかがう可能性が指摘されたことを受け，第14議定書（2010年発効）によって，裁判官の任期を 6 年（再任可）から，9 年（再任不可）に制度変更している（23条 1 項）。また，前掲Ⅲで検討したように，出身国の肩をもつとは言えない[119]。そして，フィッツモーリス，ルカイデス，トゥルケン，ヌスバーガーの個別意見から見えてくるのは，裁判官個人としてのインテグリティの維持という点で個別意見が重要だということである。

第二に，個別意見は，判決における中心的論点が何か，どのような議論があったのかがわかる点で，裁判過程における裁判官の間の議論の透明性を高めることに貢献している。

第三に，個別意見が人権裁判所の権威を低下させているという証拠もない。むしろ，公開性，透明性が裁判所への信頼を確保している[120]。

---

117) Ibid.
118) Ibid. 15.
119) Voeten (a) and (b), *supra* note 58 and White and Boussiakou, *supra* note 58.

第四に，反対意見は，裁判所における討議の発展の支えとなっている。とりわけ，人権条約は「生きている文書」であると人権裁判所は解しているわけだが，そうであることを強く認識できるのは反対意見の存在ゆえにである（今日の反対意見は明日の多数意見）。たとえば，性同一性障がい者の権利に関して，人権裁判所は長らく国家の評価の余地を広く認め，条約8条および12条（婚姻の自由）違反を否定してきた。だが，反対意見は当初から存在する[121]。そして，2002年のChristine Goodwin v. UK[122]で，大法廷は，多くの締約国で権利を認めるようになっていることから評価の余地を狭く解し，判例変更して，条約違反を認めた。こうした例を見れば，申立人にとって，国内裁判所にとって，ひいては，立法者にとっても将来の検討素材になっている[123]。

第五に，裁判所の一体性を阻害しているという証拠はないし，注目を集めるために反対意見を書くという例は聞かない。

第六に，訴訟の迅速性や費用の問題は杞憂であろう。むしろ心配すべきは，現在の膨大な申立件数を前提とすると，実際上，裁判官にどれだけ余力が残されているかである。フィッツモーリスの長大な反対意見を読むと，このような余裕が現在あるだろうかと考えざるを得ない。現代的な新しい問題についてどこまで考察を深めておくことができるかは，長期的には人権裁判所の真価を決める。これは，裁判官だけの問題ではない。実際上，事件の分析と解法を下準備するのは書記局であることから，法律官の能力の問題にもかかっている[124]。また，毎年，膨大な判決が出されることから，これを

---

120) ヨーロッパ人権裁判所のガラス張りの建物を公開性・透明性を象徴しているという。
121) Rees v. the United Kingdom judgment of 17 October 1986, Series A no. 106, the Cossey v. the United Kingdom judgment, judgment of 27 September 1990, Series A no. 184, p. 15, § 37; the X., Y. and Z. v. the United Kingdom judgment of 22 April 1997, Reports of Judgments and Decisions 1997-II, and the Sheffield and Horsham v. the United Kingdom judgment of 30 July 1998, Reports 1998-V.
122) Christine Goodwin [GC], judgment of 11 July 2002.
123) イギリス議会は，Christine Goodwin判決の前から，すでに検討は始めていた。
124) 現在，申立件数の多い国の法律家をより多く採用している（前掲［表3］参照）。他方で，言語要件（英語・仏語堪能）ゆえに，自国法だけでなく，比較法・国際法を勉強していたり，自国外の大学で勉強した経験が問われよう（知のヘゲモニーと呼ぶか，頭脳流出と呼ぶかはさておき）。

フォローし，咀嚼するのが困難である。その点で，人権裁判所は，HUDOCという判例データベースを開発すると同時に，毎年，報告書を出すことによって現況を知らせると同時に，問題ごとのファクトシートや国別のプロフィールを準備している（いずれもインターネット上でアクセスできる）。

以上を前提として，Ⅱ２の仮説を人権裁判所の場合について検討する。出身国裁判官（訴訟当事国について選挙された裁判官）が，出身国である締約国を弁護するために，個別意見を書くこと（仮説１）はほぼ考えにくい。万が一，そういうことがあったとしても，仕組み上，その影響を受けることはない。単独裁判官構成では，出身国裁判官は裁判官になれないことと，複数裁判官構成では他の裁判官の存在があるからである。また，再任不可となっているので，任期中，締約国の機嫌をうかがう必要もない。ヨーロッパ統合の進展の結果として，その一翼を担う人権裁判所は，一定の法文化を確立しているので，ひとたび人権裁判所の一員となると，人権裁判所の法文化に従うという推論を引き出すこともできる[125]。

第二に，司法積極主義者か司法消極主義者か（仮説２）との関係であるが，これは，当該裁判官が人権裁判所をどのような存在と考えるかにかかっているので，個々の裁判官の司法的性格・気質（仮説３）や人権裁判所に着任するまでの経歴および価値観（仮説４）との関わりがある。そして，前掲Ⅱ３およびⅢにおける検討により，個別意見の動機づけは，裁判官の前歴や価値観によって形成された個々の裁判官の司法的気質が多いに関わっていることが確認できた[126]。そして，これまでのところ，裁判官の多様性に支えられた自由な開かれた空間が維持されているというのが，ストラスブールを何度も訪問しての印象である。多様であることから，両極端の見解が相殺されて，中間的立場に落ち着くともいえよう。人権裁判所の法文化（Legal Culture of the European Court of Human Rights）が形成されていて，それはヨーロッパ評議会締約国拡大による影響よりも，法文化による収斂力の方が上回ると主張する論者もいる[127]。

---

125) Arold, *supra* note 58.
126) White and Boussiakou, *supra* note 58 at 59-60.
127) Arold, *supra* not 58 at 159-162.

第三に，コモン・ロー諸国と大陸法系諸国の違い（仮説5）は，さしたる意味を持たない。EU加盟国に関する実証研究が，コモン・ロー諸国と大陸法系諸国の違いはさしてないと結論づけている[128]。

おわりに

人権裁判所の司法制度とその実践の紹介から，国内裁判所以上に，人権裁判所の実効性は絶妙なバランスの上に成立していることは明らかである。申立人から人権裁判所は締約国の肩ばかり持つと見られれば，申立人は同裁判所を利用しようとはしないであろうし，締約国から見れば，締約国の事情も理解せずに外国の裁判官が勝手な判断をしている（申立人に感情的な同情をしている）となれば，人権裁判所制度の維持に非協力的になるだろう（現に議定書を批准しないで制度改革を遅らせたり，判決の執行を懈怠する態度に出たりすれば，裁判所の実効性を簡単に引き下げることができる）。

これまでのところは，何とかそのバランスを保ってきたと評価できる。だが，今後もそれを継続できるかについては，より一層注意が必要である。なぜならば，現状では，バランスを保つことが難しくなりそうな要因が幾つか指摘できるからである。第一に，締約国の中で，新規加盟国でもなければ，民主主義・法の支配・人権について「学習中」の国でもない国から，人権裁判所に対する批判的な見解が登場している[129]。第二に，そうした批判的意見を受けて，人権裁判所がやや慎重な姿勢を見せ始めているようにも受け取れる（典型例としてブルカ判決（前掲Ⅲ4(1)）や十字架判決[130]）。短期的には，人権裁判所が世論に反応して微調整する能力として評価もできるが，他方で，それは本来人権条約が第二次世界大戦の反省を基礎として追及する理想に反することになり，そのことが人権裁判所のアイデンティティを失わせ，かつ，人権裁判所に圧力をかければ態度が変わるという意味において，人権

---

128) European Parliament, *supra* note 9, 39.
129) イギリスの態度について，江島晶子「イギリス憲法の「現代化」とヨーロッパ人権条約（ECHR）―多層的人権保障システムの観点から―」松井幸夫他（編）『憲法の現代化』（敬文堂，2016年）参照。
130) Lautsi v Italy [GC], judgment of 18 March 2011.

裁判所の独立性・中立性に疑念を生じさせることになる。第三に，裁判所の効率性改善に重点を置いた改革は，人権裁判所のダイナミズム，多様性を失わせる可能性がある。良くも悪くも，法的難問についてじっくりと議論する時間のあった牧歌的時代は終焉を告げ，いかに効率的に「見込みのない事件」，「筋の悪い事件」を本案審査に入る前にふるい落としていくかにやっきになっている現状は，本当にだいじょうぶなのかどこかで検証する必要がある。それには，最近の事件に特化した個別意見の分析が有用であるが，それは将来の課題としたい（S.A.S. v. France における Nussburger 裁判官らのような反対意見が出る余地がどれくらい残されているかである）。第四に，挑戦を受けているのは人権裁判所だけでなく，EU も同様である。一方でテロリズム，他方で難民と，困難な現実の問題に「統合」という考え方自体が揺さぶられており，新たな局面を迎えている[131]。その中で，制度改革が一部功を奏し，申立が減少傾向に傾きつつあることは一筋の光であるのかもしれない。

[131) イギリスは，EU 残留・離脱を問う国民投票を今年（2016年）6月26日に予定している。

事項索引

あ 行

朝日訴訟……………………………26
アトキン卿………………………… 213
イーゼンゼー……………………… 256
意見………………………… 11, 14, 146
イスラム・スカーフ事件………… 252
偉大な反対者……………………… 127
伊藤正己……………………………42, 144
インテグリティ………………… 163, 363, 364
ウォーレン・コート……………… 148, 149
永続的反対意見…………………… 163
オコナー…………………………… 177

か 行

下級裁判所………………………… 7, 8, 9
拡張型同意意見…………………… 118
拡張的同意………………………… 157
機関争訟…………………………… 227
貴族院…………… 196, 197, 203, 211, 213
規則制定権………………………… 10
規範統制…………………………… 227
キャスティングボート…………… 185, 186
行政事件訴訟特例法………………51
強調型同意意見…………………… 119
強調的同意………………………… 156
共同意見…………………………… 22, 23
共同反対意見………………………26
議論の明確化……………………… 174
ギンズバーグ…………… 116, 140, 144, 179
区分審理……………………………86
結果同意意見……………… 147, 153, 155
ケネディ…………………………… 185, 186

さ 行

限定型同意意見…………………… 119
限定的同意………………………… 158
限定反対意見……………………… 297
憲法異議…………………………… 227, 228
憲法カノン………………………… 180
口頭主義…………………………… 201, 202
公表手続…………………………… 236
国籍法3条1項…………………… 57, 58
国民審査…………………………… 9
国会………………… 50, 52, 97, 206
国会主権…………………………… 205
コモン・ロー…… 194, 214, 215, 219, 367

再婚禁止期間………………………54
採択的反対意見…………………… 297
裁判員………………………………86
裁判官の個性……………………… 269
裁判官の独立……………………… 361, 364
裁判所の権威…… 6, 41, 162, 165, 166, 189, 362
裁判所法11条…………………… 5, 13, 24, 27
裁量上訴………………… 109, 113, 130, 152
裁量上訴に対する反対意見……… 152
猿払事件……………………………91
サンスティン……………………… 167, 168
ジェファーソン………… 124, 125, 169, 170
事実認定…………………………… 8
事情判決…………………………… 100
持続的反対意見…………………… 163
司法消極主義……………………… 347
司法積極主義……………………… 347
司法法制審議会……………………28
シュテルン………………………… 256

主文説……………… 12, 14, 15, 16, 18, 19, 20
順繰り意見…… 122, 193, 197, 208, 211, 215,
　　　218, 220, 295
　　　───制……………………… 119, 144, 160
証言拒絶権………………………………… 154
少数意見…………………………………… 146
　　　───の改革要請………………… 173
　　　───の数……………………………43
　　　───の正当化………………… 169
将来の法…………………………………… 172
ジョンソン………………………………… 126
スウィングボート……………………… 185
枢密院……………………………………… 201
スカリア…………………………………… 150
スティーブンス………… 152, 155, 156, 176
ストーリー……………………………… 126
ストーン………… 130, 133, 134, 135, 137, 144
全員一致… 135, 166, 189, 265, 294, 295, 301,
　　　303, 311, 348, 349
先例拘束性………………………… 147, 166
相対多数意見……… 117, 147, 158, 160, 183
ソリスタ…………………………………… 204
尊属殺………………………………… 52, 64
尊属傷害致死事件…………………………26

た　行

第一次堕胎判決………………………… 251
多数意見…………………………………… 146
　　　───執筆者…………………… 115
　　　───の改善…………………… 171
　　　───の矯正機能……………… 148
タフト……………………………………… 130
タフト・コート………………………… 164
ダメージコントロール………………… 172
単独反対意見…………………………… 349
中心的意見……………………………… 212
追加反対意見………………………………12

追加補足意見…………………………………11
通常同意意見……………………………… 118
ディクソン……………… 292, 293, 294, 304
デニング卿………………………………… 204
同意意見…………………………… 146, 153
ドゥウォーキン………………………… 163
討議理論…………………………… 277, 278
同調傾向…………………………………… 168
投票のパラドックス…………… 182, 183
時の経過………………………… 55, 62, 68
特別同意意見…………………………… 118
匿名意見………………………………… 173
独立反対意見…………………………… 297

な　行

ニューバーガー卿…………… 217, 218, 222

は　行

ハーラン……………… 176, 177, 178, 180
発展的解釈…………………………… 347, 351
バリスタ…………………………… 204, 208
反対意見……………………………… 11, 146
反対嫌悪………………………… 166, 167
ハンド……………………………………… 162
判例変更……………………………………69
非嫡出子……………………………… 76, 90
非嫡出子法定相続分違憲決定……………44
1人1票……………………………………84
ピノチェト……………………………… 194
表現の自由…………………… 169, 170, 363
ビンガム卿……… 199, 204, 210, 211, 216
フィッツモーリス… 351, 352, 353, 354, 355,
　　　365
フェデラー…………………… 238, 240, 249
付随的審査制……………………………… 2
不必要な同意…………………………… 157
不本意型同意意見……………………… 119

不本意な同意……………………… 157
不明瞭な多数意見………………… 160
不要型同意意見…………………… 119
ブライヤー………………………… 152
ブラックストン……………… 202, 203
ブランダイス… 127, 132, 145, 158, 175, 178
フリーゼンハーン………… 230, 247, 249
ブレナン…………… 145, 149, 159, 164, 169
ヘーベルレ………………………… 256
ベッケンフェルデ………………… 230
ヘッセ……………………………… 230
法廷意見…………………………… 117
法的安定性……………… 163, 165, 166, 189
法的拘束力………………………… 235
法の支配…………………………… 163
法理上の同意……………………… 158
ホームズ… 127, 132, 145, 162, 175, 180, 248
補足意見……………………………… 11
補足的同意意見…………………153, 155
ホフマン卿…………………… 204, 214
堀越事件……………………………… 92

ま 行

マーシャル…… 120, 121, 123, 124, 125, 127, 128, 130, 148, 160, 169, 170
マーシャル・コート……………… 106, 123
マクラックリン…………………… 292, 293
マンスフィールド卿……………… 209
三鷹事件…………………… 16, 19, 20

目的的解釈………………… 327, 347, 351

や 行

要旨………………………………… 232
ヨーロッパ人権委員会…………… 325
ヨーロッパ人権裁判所… 317, 318, 319, 320, 321, 327, 329, 336
ヨーロッパ人権条約…… 317, 323, 324, 327, 328, 330

ら 行

ライプホルツ……………………… 230
ラスキン…………………… 289, 292, 305
ラマー……………………… 291, 292, 293
リアリズム法学…………………132, 140
リード卿…………………………… 219
留保判決…………………………… 202
理論型同意意見…………………… 119
臨時法制調査会……………………… 28
レイシオ・デシデンダイ………216, 220
レーンキスト……………………… 114
レッドベターケース…………116, 139, 179
連邦憲法裁判所…… 227, 229, 232, 259, 272
連邦国家的争訟…………………… 227
ロークラーク……………………109, 110
ロックナー期………………164, 174, 175
ロバーツ…………………… 114, 150, 189
ロバーツ・コート………… 181, 184, 185
論点説………………… 12, 13, 14, 16, 18, 20

執筆者紹介（五十音順）

江島晶子（えじま　あきこ）
　明治大学法科大学院教授
　主著　「グローバル社会と国際人権―グローバル人権法に向けて」法律時報87巻13号348頁（2015年）
　担当　第8章

喜田村洋一（きたむら　よういち）
　ミネルバ法律事務所　弁護士
　主著　『報道被害者と報道の自由』（白水社，1999年）
　担当　第2章

柴田憲司（しばた　けんじ）
　中央大学法学部助教（専任講師）
　主著　「憲法上の比例原則について：ドイツにおける法的根拠・基礎づけをめぐる議論を中心に（1）（2・完）」法学新報116巻9・10号183頁，11・12号185頁（2010年）
　担当　第6章

溜箭将之（たまるや　まさゆき）
　立教大学法学部教授
　主著　『英米民事訴訟法』（東京大学出版会，2016年）
　担当　第5章

富井幸雄（とみい　ゆきお）
　首都大学東京法科大学院教授
　主著　『海外派兵と議会―日本，アメリカ，カナダの比較憲法的考察』（成文堂，2013年）
　担当　第7章

御幸聖樹（みゆき　まさき）
　横浜国立大学大学院国際社会科学研究院准教授
　主著　「議会拒否権の憲法学的考察―権力分立論の観点から」法学論叢173巻2号70-91頁，6号102-128頁，174巻1号101-130頁，4号173-202頁，5号110-131頁（2013-2014年）
　担当　第1章

編者紹介

大林啓吾（おおばやし　けいご）

慶應義塾大学法学部卒業・慶應義塾大学大学院法学研究科博士課程修了

現在　千葉大学大学院専門法務研究科准教授

主著　『アメリカ憲法と執行特権─権力分立原理の動態』（成文堂，2008年）

『憲法とリスク─行政国家における憲法秩序』（弘文堂，2015年）

担当　第4章

見平典（みひら　つかさ）

京都大学法学部卒業・京都大学大学院法学研究科助手

現在　京都大学大学院人間・環境学研究科准教授

主著　『違憲審査制をめぐるポリティクス─現代アメリカ連邦最高裁判所の積極化の背景』（成文堂，2012年）

「憲法学と司法政治学の対話─違憲審査制と憲法秩序の形成のあり方をめぐって」法律時報86巻8号93頁（2014年）

担当　第3章

最高裁の少数意見　　　定価（本体6000円＋税）

2016年7月20日　初版第1刷発行

編　者	大　林　啓　吾 見　平　　　典
発行者	阿　部　成　一

〒162-0041　東京都新宿区早稲田鶴巻町514

発行所　　株式会社　成文堂

電話 03(3203)9201(代)　　FAX 03(3203)9206

http://www.seibundoh.co.jp

製版・印刷　藤原印刷　　　　　製本　弘伸製本

©2016 K. Obayashi　T. Mihira　　Printed in Japan

☆落丁・乱丁本はおとりかえいたします☆　　検印省略

ISBN978-4-7923-0598-7　C3032